HEYNE ALLGEMEINE REIHE
Nr. 01/10599

Titel der Originalausgabe
THE SEWING CIRCLE
Hollywood's Greatest Secret:
Female Stars Who Loved Other Women
erschien bei Birch Lane Press/Carol Publishing Group, New York

Für Dana Henninger

Besuchen Sie uns im Internet:
http://www.heyne.de

Umwelthinweis:
Das Buch wurde auf
chlor- und säurefreiem Papier gedruckt.

Copyright © 1995 by Axel Madsen
Copyright © der deutschsprachigen Ausgabe:
© 1996 by Ernst Kabel Verlag GmbH, Hamburg
Wilhelm Heyne Verlag GmbH & Co. KG, München
Printed in Germany 1998
Umschlagillustration: Kinoarchiv, Hamburg
Umschlaggestaltung: Atelier Ingrid Schütz, München
Satz: (3110) IBV Satz- und Datentechnik GmbH, Berlin
Druck und Bindung: Presse-Druck, Augsburg

ISBN 3-453-13665-9

Inhalt

Die Mitgliedschaft in der geschlossenen
Gesellschaft der Filmindustrie wird fast nie
wegen moralischer Vergehen aufgehoben.

John Gregory Dunne, *Playland*

Vorwort

Dies ist ein Buch über äußeren Schein, über verleugnete Bindungen, über Emotionen, die Scheinwelt des Geheimnisvollen und des Glamours. Es ist die dokumentierte Geschichte der Liebesbeziehungen und heimlichen Gelüste prominenter Persönlichkeiten. Wenn Greta Garbo und Marlene Dietrich genug von Männern, vom Glamour und von der Kunstwelt hatten, suchten sie bei anderen Frauen Trost, Kraft und Verständnis, in Beziehungen, die geheimgehalten wurden. Auf der Leinwand waren sie die Inkarnation wildester Männerfantasien. Jenseits der Leinwand verkehrten sie mit Frauen, die Frauen liebten. Wie etwa der Dichterin und Drehbuchautorin Mercedes de Acosta, deren Bett sie in Folge teilten. Eine gleichgeschlechtliche Liebe, die weder mit dem Katholizismus noch mit dem Judentum vereinbar war, jenen beiden Religionen, die im Showbusineß durchaus maßgebend waren. Dem in der Goldenen Ära vorherrschenden Sittenkodex wurde durch ein zweigleisiges Versteckspiel gleich doppelt Rechnung getragen: Nicht nur, daß die Lesbierinnen ein Leben im Versteck führten, auch die Öffentlichkeit wandte im großen und ganzen von dem, was nur zu offensichtlich war, die Augen ab. Davon wollte *niemand* etwas wissen.

Greta Garbo, Marlene Dietrich, Katharine Hepburn und Barbara Stanwyck waren im Film die Femmes fatales, die keß, direkt, verführerisch das breite Spektrum sexueller Anzüglichkeiten perfekt zu kultivieren wußten. Aber hin und wieder konnten sie bei ihren Filmstudios auch Rollen durchsetzen, in denen sie Männer spielen durften – was von besonderem Reiz war: So konnten sie sich quasi offen darstellen und gleichzeitig den wahren Rollentausch verbergen. Von Dietrich ist bekannt, daß es ihr Traum war, einen Mann zu spielen, der vorgab, eine Frau zu sein.

Der damals vorherrschende Geschlechterkodex lehrte Lesbierinnen wie Tallulah Bankhead, Alla Nazimova und Greta Garbo, sich als Personen mit einer »dualen Natur« zu begreifen, einer männlichen und einer weiblichen. Was dazu führte, daß sie sich innerlich zerrissen fühlten, zwischen diesen scheinbar gegensätzlichen Seiten. Zumal die damals geläufige Theorie besagte, daß Lesben nichts anderes als in Frauenkörpern gefangene Männer waren. Folglich empfand denn auch Garbo den Teil von sich, der sowohl Erfolg haben als auch Frauen lieben wollte, als ihre männliche Seite.

Hollywoods Frauen, die Frauen liebten, waren in Insiderkreisen als »der Nähkreis« bekannt, ein Euphemismus für einen offiziell dementierten, aber gleichwohl existierenden geheimen schwesterlichen Bund – dessen Band jene Freundschaft war, jene geheimnisvolle Dynamik, die Menschen auf der Grundlage von Loyalität und Vertrauen vereinigt und eine größere Anziehungskraft als körperliche Leidenschaft darstellt.

Sexualität ist im Film nur eine Rolle, die ein Filmstar wie jede andere spielen muß. Aber gerade für diejenigen, die sich über die Bettszene jenseits der Leinwand definierten, gebot die Furcht vor Entdeckung – und die eigene Eitelkeit –, sehr wohl zu wissen, wie intensiv man sich der Bisexualität hinzugeben oder sie zur Schau zu tragen hatte. Die Frage, ob Joan Crawford und Myrna Loy – die als die beidseitig verwendbaren »Rasierklingen« bekannt waren – Frauen liebten und Männer tolerierten, ist weniger eine Frage von Beweisen als eine Frage der Einstellung und Affinität. Lesben belügen Männer, sagte Judith Anderson, weil sie nicht zurückgewiesen werden möchten, auch dann nicht, wenn keine sexuelle Anziehungskraft im Spiel ist. Und so hatten auch die Lesben Hollywoods mehrheitlich durchaus ihren Spaß an und mit Männern – zumindest solange sie ihnen nicht zu nahe kamen.

Ob lesbisch oder homosexuell, es war üblich zu heiraten. Der berühmteste zeitgenössische Homosexuelle, Oscar Wilde, war verheiratet und hatte Kinder. Genauso suchten Hollywoods Lesbierinnen Schutz und gesellschaftliche Akzeptanz in sogenannten »Lavendel«-Ehen mit Schauspielern, die oft selbst homosexuell und somit ideale geheime Verbündete im gemeinsamen Schulterschluß gegen eine feindselige Umwelt waren.

Beispiele hierfür sind etwa Edith Head, Paramounts Chefkostümdesignerin, die Wiard »Bill« Ihnen, den Art Director bei Fox, heiratete. Sie gingen ihrer eigenen Wege, hielten sich aus dem Leben des jeweils anderen heraus und wurden beide über achtzig Jahre alt. Oder Joan Crawford und Barbara Stanwyck, die beide geplatzte Ehen mit Alkoholikern vorzuweisen hatten, Ehen, die den beiden ehemaligen Revuetänzerinnen eine gewisse Seriosität gaben. Desgleichen gab die sexlose Ehe von Linda und Cole Porter beiden eine gewisse Sicherheit und seiner Karriere außerdem zusätzlichen Glanz. Bekannt ist auch, daß die Ehe von Laurence Olivier mit Jill Esmond jahrelang unvollzogen blieb, derweil Jill damit rang, ihr Lesbischsein zu akzeptieren. Die geradezu perfekte Fassade konnte Katharine Hepburn, die bereits sehr früh in fast androgynen Rollen glänzte, mit dem Alkoholiker Spencer Tracy wahren, der sich als Katholik von seiner Frau nie scheiden ließ. Ebenso waren die diversen Eheschließungen von Janet Gaynor, Lili Damita und Agnes Moorehead nichts weiter als erstklassige Scheinehen in Serie. Prominente »Tandem-Paare« waren außerdem Charles Laughton und Elsa Lanchester sowie Vincente Minnelli und Judy Garland. Und wenn es sein mußte, wurden auch Kinder gezeugt.

Für viele kam die Befreiung allerdings nach der Ehe. Nachdem sie ihre Ehemänner verlassen hatten, genossen diese Frauen ihre Freiheit, um zu reisen, sich ihren kulturellen Ambitionen hinzugeben, Freundschaften zu schließen und gleichgeschlechtliche Beziehungen zu pflegen. Manche ließen sich aber auch nie scheiden. Ein klassisches Beispiel ist Dietrichs unorthodoxe Ehe mit Rudolf Sieber, der siebenunddreißig Jahre mit einer anderen Frau zusammenlebte, eine Ehe, die im Berlin der zwanziger Jahre geschlossen wurde, wo sexuelle Ambiguitäten durchaus nichts Ungewöhnliches waren. Des weiteren waren Lili Damita – die Marlene Dietrich im Smoking unwiderstehlich fand – und Errol Flynn, Barbara Stanwyck und Robert Taylor sowie Berthold und Salka Viertel wohl verheiratete, aber sexuell voneinander völlig unabhängige Paare. Was diese Filmgrößen jedoch von vielen Lesbierinnen der Arbeiter- und Mittelschicht unterschied, war, daß sie keine langfristige lesbische Beziehung suchten. Im Vergleich zu denjenigen, die sich in »Lavendel«-Ehen flüchteten, führten Singles wie Greta Garbo, Katharine Hepburn oder Dorothy Arzner, die einzige Regisseurin, die sich in den Dreißigern und Anfang der vierziger Jahre in Hollywood behaupten konnte, durchaus ein wesentlich zwielichtigeres Leben.

Im Brennpunkt dieses Buches stehen die glanzvollen Jahre Hollywoods, jene dreißig Jahre vom Aufkommen des Tonfilms Ende der Zwanziger bis zum Zusammenbruch des Studiosystems und der für alle Nonkonformisten so entsetzlichen antikommunistischen Hatz. Mit Hollywoods »schrägen Girls und zwielichtigen Geliebten« werden wir auch in die Schlafzimmer der Broadway-Größen Maude Adams', Eva Le Galliennes und Katharine Cornells geführt und des weiteren einen kleinen Abstecher zu Natalie Barneys sapphischer Oase in Paris machen sowie zu den »Nähkreisen« in London mit Vita Sackville-Wests aristokratischem Jet-set und Lynn Fontannes schriller West-End-Theaterwelt.

Die Gesellschaft verurteilte jene Liebe, die es nicht einmal wagte, sich selbst beim Namen zu nennen. Sie verurteilte sie mit einer solchen Vehemenz, daß Hollywoods Lesbierinnen nicht einmal seitens der eigenen Geschlechtsgenossinnen auch nur auf so etwas wie eine solidarische Komplizenschaft rechnen konnten, zumindest nicht, was die breite Masse anging. Im Gegenteil, in den Sittenwächter-Institutionen, die sich in jenen Jahren behaupteten, stellten gerade Frauen die Mehrheiten, wie etwa in der konfessionsunabhängigen National League of Decency, und waren als solche denn auch weitestgehend verantwortlich für die 1932 durchgesetzte Straffung des Production Code in Hollywood, jenes branchen-internen Selbstzensur-Kodexes, wonach fortan unter anderem jede Form der Darstellung von Homosexualität verboten wurde.

Emma Goldman und Edith Ellis mögen in jenen Jahren zwar lautstark und rebellisch für Frauenrechte und das Frauenwahlrecht und hinter vorgehaltener Hand auch für die sapphische Liebe eingetreten sein, aber offen als Lesbe zu leben war mit Gefahren, Schuld- und Angstgefühlen verbunden. Die meisten Amerikanerinnen wußten zwar kaum, was eine Lesbierin war, aber wenn, dann wurden diese Frauen sehr schnell als »verdreht« oder mit den neu in Mode gekommenen Freudschen Begriffen als »Invertierte« oder als »entartet« bezeichnet. (Emma Goldman, die »Rote Emma«, eine geborene Russin und Verfechterin des »antimilitaristischen Kampfes und der freien Liebe«, wurde in den feineren Gesellschaftskreisen als Monster betrachtet und 1919 als unliebsame Anarchistin von den USA wieder nach Rußland abgeschoben.) Eine Tatsache war, daß in flagranti erwischte Lesbierinnen vielfach in Irrenanstalten eingewiesen wurden.

Garbo, Dietrich, Crawford, Stanwyck, Bankhead, Garland – die Namensliste der Stars der Goldenen Ära, die bekanntermaßen lesbisch oder bisexuell waren, erscheint durchaus lang im Vergleich zu dem, was wir diesbezüglich von den heutigen Filmgrößen wissen. Da die Homosexualität nach einhelliger Meinung der Sexualforscher jedoch wohl eine konstante

Größe in der menschlichen Evolutionsgeschichte darstellt, so daß weder von einer proportionalen Zunahme noch Abnahme auszugehen ist, muß unterstellt werden, daß sich an den Verhältnissen weder quantitativ noch qualitativ etwas geändert hat. Und das heißt, daß die Antwort auf die Frage, warum so viele Stars, die insgeheim lesbisch sind und sich genötigt sehen, sich zu verstecken, damals wie heute auf der gesellschaftlichen Ebene zu suchen ist.

Im Jahr 1930 hatte das Kino kaum sprechen gelernt. Alle im Filmgeschäft waren jung – Garbo war fünfundzwanzig, Irving Thalberg, der als Wunderkind bekannte legendäre MGM-Produzent, war einunddreißig und D. W. Griffith, der Gründervater, fünfundfünfzig. Die Kunst- und Unterhaltungsbranche hatte seit jeher Homosexuelle angezogen, aber die Filmwelt war nunmehr ein absolut neues Feld. Mit der Leinwand wurden einige Frauen in nie dagewesene ruhmreiche Höhen katapultiert, die ihnen ein Maß an Einfluß und Möglichkeiten gaben, das, einmal abgesehen von einigen wenigen Monarchinnen, bis dahin noch keiner Frau zugekommen war. Garbo, Dietrich, Crawford, und wie sie alle heißen, waren die ersten Superstars, die, weil sie die ersten waren, um so faszinierender erscheinen und, einmal abgesehen von Elizabeth Taylor, bis heute bekannter als die Stars der fünfziger Jahre sind. Und was die heutigen Stars angeht, wer weiß, was wir in fünfzig Jahren über sie wissen werden?

»Niemand liebt eine Lesbe, die vierzig ist«, schrieb die britische *Vogue* 1994 in einer Rezension über Hugo Vickers Buch *Loving Garbo [Loving Garbo: Die Affären der Göttlichen]*. Fünfunddreißig Jahre vorher, als eine derart schonungslose Offenheit in den Medien noch tabu war, hatte Edmund Goulding bereits durchblicken lassen, daß nicht Garbos Eitelkeit der Grund für die frühe Beendigung ihrer Karriere war, sondern ihre Furcht, als Lesbierin entdeckt zu werden. Goulding, der in ihren Filmen *Anna Karenina (Love)* und *Menschen im Hotel (Grand Hotel)* Regie führte, sagte, wenn sie sich mit der Presse arrangiert hätte, würde sie sicher immer noch Filme machen. »Sie sperrt sich nur dagegen, daß die Leute in ihr Schlafzimmer gehen«, erklärte er 1959 Ezra Goodman, dem als scharfzüngig bekannten Hollywood-Historiker.

Sowohl in der belletristischen wie auch der medizinischen Fachliteratur der dreißiger Jahre werden Lesbierinnen als neurotische, tragische und absurde Figuren dargestellt, als Frauen, die zwangsläufig in den Wahnsinn oder Selbstmord getrieben werden. Die Schauspielerin Ona Munson und Irene Lentz, in den vierziger Jahren MGMs Chefmodedesignerin, gehörten zu den Mitgliedern des »Nähkreises«, die sich selbst das Leben nahmen. Im Gegensatz zur heutigen, sich politisch behauptenden, unverblümt offenen sapphischen Literatur, war das, was selbst eine so freimütige Lesbierin wie Mercedes de Acosta schrieb, allenfalls zweideutig und verblümt. Ein Unterschied im Zeitgeist, der allein daran deutlich wird, daß Garbo – nach ihrer jetzt von Antoni Gronowicz vorgelegten umstrittenen Biographie – ihr Verhältnis mit de Acosta offenlegt, wenn sie sagt, sie habe sie »eher körperlich als geistig« erregt, während de Acosta sich in ihren damals geschriebenen Memoiren darauf beschränkt, ihre Beziehung bildlich als ein Gewitter zu beschreiben, das sich über einem Strand zusammenbraut, an dem sie liegen. Die heutigen Biographen und Memoirenschreiber sind weniger zurückhaltend. Und was de Acosta angeht, so wird sie in Hugo Vickers *Loving Garbo: Die Affären der Göttlichen* als eine intelligente Exzentrikerin dargestellt, die verrückt nach der zurückgezogen lebenden, egozentrischen Garbo ist, und in Maria Rivas Memoiren, *Meine Mutter Marlene*, ist sie nichts weiter als eine lästige, lächerliche Figur.

Da es für alle diese Frauen ein Muß war, stets und überall die Kontrolle zu behalten, war es fast unmöglich, wirklich leidenschaftliche und bewegende Emotionen zu teilen. Sie lebten in Glashäusern. Und da als Stars von ihnen verlangt wurde, sich in breiten gesellschaftlichen Kreisen zu bewegen, wurden nur wenige in jenen Bars und Kneipen gesehen, die in jener Zeit eine Anlaufstelle für »invertierte« Frauen waren. Aber auch das Dauerversteckspiel hatte wohl seinen befriedigenden und mitunter besonderen romantischen Reiz.

1. Das merkwürdige Gespann:
Mercedes de Acosta und Irving Thalberg

Irving Thalberg, der Produktionschef von Metro-Goldwyn-Mayer, war nicht zu Scherzen aufgelegt. Die Welt wartete nicht unbedingt, daß Greta Garbo einen Mann spielte, oder?

Ihm gegenüber saß die Drehbuchautorin Mercedes de Acosta. Sie lächelte. Spielen heißt, fremde Identitäten annehmen, sagte sie. Seit der Antike sind Schauspieler in Frauenkleider geschlüpft und haben ihr Gesicht angemalt. Im asiatischen Theater machen sie es noch immer. Zugegeben, die Tradition, daß Frauen in Männerrollen schlüpfen, ist nicht so lang, aber sie geht immerhin bis zu Cherubino in *Die Hochzeit des Figaro* zurück. Am Broadway haben eine ganze Reihe von Schauspielerinnen den Peter Pan gespielt, von Maude Adams und Eva Le Gallienne bis zu Marilyn Miller. Und im Film wurde Hamlet von Asta Nielsen dargestellt.

Thalberg fiel ihr unwirsch ins Wort. Garbo in *Desperate* in einem transvestitenähnlichen Aufzug bringen? Bestimmt nicht! Probleme gab es schon genug, und der Film sollte sie, im Gegenteil, aus einigen herausholen. »Wir haben Garbo jahrelang als faszinierende Filmschönheit aufgebaut, und jetzt kommst du und willst sie in Hosen stecken und einen Deppen aus ihr machen«, fuhr er sie an. »Möchtest du ganz Amerika und die ganzen Frauenclubs gegen sie aufbringen? Du mußt den Verstand verloren haben!«

De Acosta war völlig perplex über Thalbergs Ausbruch. Daß er sich derart Luft machte, war absolut ungewöhnlich für ihn. Aber Garbo ist einverstanden, sagte sie, nachdem sie sich wieder gefangen hatte, sie weiß, daß sie sich nach dem Plot, um der Polizei und den Gaunern zu entwischen, als Mann zu verkleiden hat.

»Dann muß sie auch den Verstand verloren haben!« konterte Thalberg. »Ich will diese Szene einfach nicht! Ich bin in diesem Geschäft, um mit Filmen Geld zu verdienen, und ich werde nicht zulassen, daß dieser ruiniert wird!«

»Erinnerst du dich an Sarah Bernhardts Triumph als Herzog von Reichstadt?« fragte Mercedes de Acosta.

Thalberg fühlte sich geschmeichelt, wenn man ihn für einen Intellektuellen hielt, und umgab sich selbst gerne mit dem Flair eines Renaissance-Prinzen. Paul Poiret, versuchte sie ihn zu erweichen, dessen Konfektionen auch aus meiner Garderobe nicht wegzudenken sind, hat damals Sarah Bernhardts engsitzende Hosen und den extravaganten weißen Mantel für ihre Rolle als Herzog von Reichstadt in Edmond Rostands Stück *Der junge Adler (L'Aiglon)* entworfen... Und als würde sie ihr eigenes Gedächtnis auffrischen, erzählte sie weiter, wie der dreijährige François-Charles-Joseph Bonaparte – l'Aiglon oder »der kleine Adler«, wie begeisterte Bonapartisten ihn nannten – beim Sturz Napoleons als Kaiser von Frankreich anerkannt wurde und sein kurzes, schwächliches Leben als Schachfigur seines Großvaters, Kaiser Franz II. von Österreich, und dessen gerissenen Kanzler Metternich auf Schloß Schönbrunn in Wien verbrachte. Edmond Rostand, der Autor von *Cyrano de Bergerac*, hatte aus Napoleons glücklosem Sohn einen seltsamen und faszinierenden Helden gemacht, der, besessen in seinen pathetischen Träumen vom Wiederaufbau des Bonaparte-Imperiums schwelgend, sich in realiter der politischen List Metternichs jedoch nicht entziehen konnte. Im übrigen hatte Eva Le Gallienne, die in den Zwanzigern lange Zeit Mercedes de Acostas Geliebte war, den l'Aiglon auch am Broadway gespielt.

»Greta wird fantastisch in Uniform aussehen«, schwärmte de Acosta.

Der kleinwüchsige (gerade mal einsfünfundfünfzig große) Thalberg war jedoch nicht umzustimmen: Die Szene mußte raus. Thalberg ließ sich nur selten aus seiner stoischen Ruhe bringen. Das hatte er auch nicht nötig. Macht bedurfte keiner großen Worte. Aber er hatte allmählich Garbos diverse Geliebte satt, die ihm ständig irgendwelche dummen Geschichten als Drehbuchideen verkaufen wollten. Wenn er de Acosta engagiert hatte, dann, weil ihr Exposé eine Garbo mit einem »wilden Charakter« versprochen hatte, jemanden wie Iris March in *Der grüne Hut (The Green Hat)*. Dieser immer wieder verbotene Roman Michael Arlens war so etwas wie ein Fixpunkt für ihn. Da der Stoff nach Auffassung des Production Office – des brancheninternen Selbstzensurgremiums – unmoralisch war, hatte Thalberg kurzerhand eine »sterilisierte« Version produziert, die unter dem Titel *Herrin der Liebe (A Woman of Affairs)* in die Kinos kam – mit Garbo als Iris March, dem zweiundzwanzigjährigen Douglas Fairbanks Jr. in der Rolle des hedonistischen, heruntergekommenen Bruders, dessen Tod der Auslöser des Plots ist, und mit John Gilbert als Iris Marchs Ehemann, der sich unmittelbar nach der Heirat, noch in der Hochzeitsnacht, umbringt, weil er Syphilis hat. Garbo liebte den Roman, und der Film wurde, obwohl die Zensur darauf bestand, daß die Syphilis unterschlagen wurde, einer ihrer erfolgreichsten Stummfilme, berühmt wegen seines Endes, wonach sie mit ihrem Wagen gegen einen Baum donnert, statt ihren Geliebten im Exzeß ihrer Leidenschaft zu vernichten. Thalberg hatte vor, den Film mit seiner Frau, Norma Shearer, in der Rolle der Iris March neu zu drehen.

Im übrigen, sagte de Acosta, würde Garbo auch gerne die Hauptrolle in *Das Bildnis des Dorian Gray (The Picture of Dorian Gray)* nach dem Roman von Oscar Wilde – spielen. Was sagte Dorian noch, als er zum erstenmal sein Bildnis sieht? sinnierte sie, er sagte: »Ich werde alt und häßlich und widerwärtig werden. Aber dieses Bild bleibt immer jung. Es wird niemals älter werden... Wenn es doch nur umgekehrt wäre! Wenn ich stets jung bleiben könnte, und das Bild müßte altern! Dafür – dafür – würde ich alles hingeben!« Und nebenbei, sagte sie, bin ich mit Oscar Wildes berüchtigter Nichte befreundet.

Er selbst, meinte Thalberg, kenne »Dolly« Wilde nicht, die auch in Santa Monica lebte.

Die Legende von Thalberg, der als Wunderknabe und die eigentlich inspirierende Kraft hinter Metro-Goldwyn-Mayers besten Filmen gefeiert wird, ist wohl ebenso unzertrennlich mit der Geschichte Hollywoods wie das Image Louis B. Mayers verbunden, MGMs und damit auch Thalbergs oberstem, skrupellosem und allmächtigen Gebieter. Während Mayer auf der administrativen Ebene und mit seinem Instinkt fürs Showgeschäft dafür sorgte, daß das Studio florierte, hatte das Wunderkind Thalberg nicht nur einen mitunter ganz besonderen Riecher für das, was das Publikum wollte, sondern auch ein ausgesprochenes Talent, Stars aufzubauen und Drehbücher zurechtzuschustern. Die Voraufführung von Filmen war ein perfektioniertes Ritual. Alle Filme hatten ihren Probelauf, dann kamen sie zurück, damit nochmals an ihnen herumgefeilt oder sogar einzelne Szenen nachgedreht werden konnten. Dann wurden sie neuerlich voraufgeführt – und hoffentlich lachte und weinte dann das Publikum im Einzugsbereich von Los Angeles beim richtigen Stichwort. Thalberg lebte und arbeitete ungewöhnlich intensiv und engagierte nur Leute, die er für die besten und glänzendsten hielt. Er war der Überzeugung, daß man Talent kaufen konnte und daß Spitzentalente eben Spitzenhonorare kosteten. Anders als andere Studiobosse hörte er sich Argumente an, was im Endeffekt allerdings auch nicht viel änderte, da er seine Meinung letztlich doch immer durchsetzte.

An diesem Nachmittag im Januar 1932 wußte er jedoch, während er in seinem Sessel hin- und herrutschte, daß er diesmal vorsichtig sein mußte. Die »Garbomanie« war auf dem Höhepunkt. Auf Garbos Image als Frau, die das Anderssein der Europäer verkörperte und die Freuden und Laster der Liebe kannte, auf diese Frau mit ihren tiefsinnigen Augen, ihrem schlanken, lasziv-trägen Körper und ihren breiten Schultern fuhr das männliche genauso wie das weibliche Publikum ab. Ihre etwas rauhe, akzentuierte Stimme flüsterte den Schmerz der Leidenschaft, und ungeachtet ihrer eigenen Ambitionen flogen die Männer auf sie. Sie war in Thalbergs Augen eine faszinierende Schauspielerin, die aber zugleich ihre Grenzen hatte. »Man darf es ihr nie überlassen, Szenen selbst zu entwickeln«, erklärte er dem Regisseur George Cukor. »Sie muß in sie hineingeworfen werden; die Dramatik kommt dann ganz von selbst darüber zustande, wie sie die Situation meistert.«

Das vom Studio aufgebaute – und vom Publikum weltweit vergötterte – Garbo-Bild stand für eine Frau, die allein war, eine emotional verwundbare Frau mit einer Vergangenheit, die letztlich all ihre Kraft zusammennimmt, um weiterzumachen. Garbo wird verrückt, ertrinkt in einem zugefrorenen Gewässer, wirft sich vor einen fahrenden Zug (in der ursprünglichen Fassung von *Anna Karenina*). In ihren Filmen sagte sie nein, ihre jeweiligen Titelhelden sagten ja, und am Schluß der Geschichte besinnt sie sich dann jeweils doch noch eines anderen.

Thalberg war einer der ganz wenigen in Hollywood, die um Garbos lesbische Neigungen wußten. Und er wußte auch, daß Freundinnen wie Mercedes de Acosta und Salka Viertel einen enormen Einfluß auf seinen Star hatten. Wenn Garbo an einem Drehbuch etwas auszusetzen hatte, sagte sie: »Ich glaube, ich gehe nach Hause«, was entweder hieß, daß sie sich von ihrem Chauffeur zu ihrem großen Haus in Brentwood, einem Neubauviertel in Los Angeles, fahren ließ oder daß sie für unbestimmte Zeit nach Schweden entschwand, sofern ihr Vertrag abgelaufen war.

Thalberg hörte Mercedes de Acosta an diesem Nachmittag zu. Was sie sagte, war allerdings nichts anderes als das, was er sowieso bereits wußte: daß Garbo einen Filmstoff haben wollte, der einfach »anders« war. Das alte Spiel, daß Stars ständig um »andere« Rollen bettelten und jammerten, indes ihr Publikum aber nichts anderes wollte, als sie nur immer wieder in den gleichen Rollen zu sehen. Es wollte Maurice Chevalier und Jeanette MacDonald singen sehen, es wollte, daß die Marx Brothers witzig sind, Johnny Weissmüller sich von Bäumen herunterschwingt, und daß Garbo eine emotional verletzte Frau spielt, deren Vergangenheit ihr keinen Frieden läßt, eine Frau, die trotz aller Wunden ihren Weg geht ... bis das Schicksal es fügt, daß sie »ihrem« Mann, dem Richtigen, begegnet.

Filmruhm stand und fiel mit der Fähigkeit, das heterosexuelle Liebesspiel überzeugend darzustellen. Die Kinobesucher wollten eine Garbo sehen, die die desillusionierte Frau spielt, die sich hoffnungslos und impulsiv verliebt, oder die verrufene Lady, die ihren Mann aufgibt oder in einem letzten wilden Aufbäumen stirbt.

Im übrigen war Thalberg immer noch wütend darüber, wie geringschätzig sie am Vorabend der Mata Hari-Premiere mit der Presse umgegangen war. Er hatte sie über Weihnachten nach New York fahren lassen, und alles, was er dafür bekam, waren Berichte über ihren »hochnäsigen Auftritt vor den New Yorker Reportern«, wie der *Motion Picture Herald* es formulierte. Die Wirtschaftskrise, die das Land erschütterte, verschärfte sich zunehmend – und dasselbe Blatt berichtete, wie selbst Broadway-Häuser zunehmend »zermalmt« wurden und ihre Plätze inzwischen für fünfzehn Cents feilboten. Und trotz alledem plante er nun, *Menschen im Hotel* mit einem Spitzeneintrittspreis von zwei Dollar in Umlauf zu bringen. Anders als Fox, RKO und Warner Brothers hatte MGM 1931 Geld verdient. Aber das Studio zahlte Garbo eine Gage von zwölftausend Dollar pro Woche.[1] Ihre Filme verlangten Hochglanz und waren entsprechend aufwendig. Als Stoff für ihre Filme hatte Thalberg für viel Geld die Rechte von beliebten und herausragenden Werken wie etwa von Blasco Ibanez, Hermann Sudermann, Tolstoi, Michael Arlen, Edward Sheldon und Vicki Baums aktuellen Bestseller *Menschen im Hotel* für den Film erworben, bei dem die Dreharbeiten nun mit der Galabesetzung nächste Woche beginnen sollten.

Und natürlich, sagte Mercedes de Acosta, gibt es als klassischen Garbo-Stoff auch immer noch die Jeanne d'Arc oder Theresa von Avila, die eine Cousine liebte und einen Orden gründete. Und es gibt die Königin Christine. Wobei Thalberg nicht erwähnte, daß er Salka Viertel bereits damit beauftragt hatte, sich mit dem Leben der schwedischen Königin aus der Renaissance zu beschäftigen und ihre Geschichte als Drehbuch zu verarbeiten. Was er dabei erwartete, hatte er klargestellt: Er wollte eine zündende Liebesgeschichte und nicht etwa einen nüchternen Dokumentarbericht über eine Königin, die wie ein Junge großgezogen wurde.

[1] Alle Dollar-Angaben entsprechen den damals tatsächlich ausgezahlten Summen und wurden nicht etwa auf den heutigen Geldwert umgerechnet. Um eine Vorstellung von den Dimensionen zu bekommen, ist folgender Vergleich sicher aufschlußreich: Adrian, MGMs Chefkostümdesigner, verdiente eintausend Dollar in der Woche, während versierte Schneiderinnen und Näherinnen bei MGM zwischen $ 15.85 und $ 21 pro Woche verdienten.
Auf heutige Verhältnisse umgerechnet sind diese Zahlen von 1932 mit zwölf zu multiplizieren; Garbos Gage von zwölftausend Dollar in der Woche entspräche nach heutigem Geldwert (1995) etwa einhundertvierzigtausend Dollar. Zu berücksichtigen ist, daß selbst 1930 die staatlichen, bundesstaatlichen und kommunalen Ausgaben lediglich knapp 10 Prozent des Bruttosozialprodukts ausmachten und die für hohe Einkommen anfallenden steuerlichen Gesamtbelastungen im Durchschnitt lediglich bei rund 4 Prozent lagen (Quelle: *American Fashion*, Sarah Tomerlin Lee, Hg., und Federal Reserve Library of Research, Philadelphia).

Nach Thalbergs Meinung war Garbo *die* Garbo in *Anna Karenina* geworden. Nach diesem Film war das Publikum zum erstenmal wirklich von ihrem hypnotischen Stil und ihrer klassischen, fast narzißtischen Schönheit überwältigt gewesen. Das Drehbuch zu Tolstois Klassiker hatte Frances Marion geschrieben, die neben Anita Loos und Leonore Coffee Thalbergs liebste Drehbuchautorin und augenblicklich mit dem Drehbuch von *Dinner um acht (Dinner at Eight)* beschäftigt war... Thalberg engagierte mehr Drehbuchautorinnen als irgendein anderer Produktionschef. Zweidrittel der Garbo-Filme hatten Frauen geschrieben, und zu zwei Filmen hatten Frauen den literarischen Stoff geliefert. Der erste nach Adela Rogers St.Johns' *The Single Standard* entstanden (der unter dem Titel *Unsichtbare Fesseln* in die deutschen Kinos kam), und jetzt kam Vicki Baums *Menschen im Hotel*. Er konnte gut mit Drehbuchautorinnen arbeiten, obwohl er Frauen als solche scheinbar nicht *mochte.*

Thalberg schätzte die Gesellschaft von Männern und hatte eine Vorliebe für typisch männliche Freizeitbeschäftigungen, was vielleicht auch damit zu erklären war, daß er als »Blue baby«, als Kind mit einer ausgeprägten Blausucht und angeborenem Herzfehler auf die Welt gekommen und zu schwächlich für jede Form von Sport war. David Lewis, sein persönlicher Assistent, und George Oppenheimer, sein Drehbuchdoktor, waren schwul. Manche hielten auch Thalberg für einen verkappten Homosexuellen und seine Glamour-Hochzeit mit Norma Shearer 1927 in dem Sinne dann auch für eine clevere Fassade. Shearer kam zumindest schnell dahinter, daß der Sexualtrieb ihres Mannes durchaus seine Grenzen hatte. Aber nach Joan Crawfords Meinung war die Ehe von Shearers Seite genauso Berechnung. »Sie liebt ihn nicht«, erklärte sie Adela Rogers St. Johns, » sie hat das Opfer gebracht wegen der Dinge, die sie aus ihm herausholen kann, wohl wissend, daß er an ihr zugrundegehen wird.«

Thalbergs *modernes* Büro im zweiten Stock des Metro-Gold-wyn-Mayer-Verwaltungsgebäudes war lang und angenehm schattig. Sein massiver glänzender Schreibtisch stand erhöht auf einem Podest, so daß Besucher zu ihm aufschauen muß-ten. Das rechte Ende seines Schreibtischs wurde durch seine neueste Errungenschaft, einen neumodischen Apparat, eine kombinierte Telefon-Gegensprechanlage eingenommen, die wie eine kleine Orgel aussah und dem Auge des Besuchers zumindest einen gut Teil von Thalbergs Batterie an Medi-zinfläschchen verbarg. Mercedes de Acosta hatte gerade an-gesetzt, ihm Theresa von Avila als möglichen Garbo-Stoff schmackhaft zu machen, als sie von der Gegensprechanlage unterbrochen wurde. Es meldete sich eine gereizte Stimme, die sich nach Louis B. Mayer höchstpersönlich anhörte.

»Merk dir, wo wir stehengeblieben sind«, sagte Thalberg zu ihr und eilte schnurstracks aus dem Büro.

Mitten in einer Besprechung von Thalberg sitzengelassen oder weggeschickt zu werden, gehörte zum Alltag des Ge-schäfts. Seine Tage bestanden aus einer endlosen Folge von Drehbuchkonferenzen, Redaktionssitzungen und Filmvorführ-rungen. Und angesichts seines ewig engen Terminkalenders drängelten sich in seinem Vorzimmer für gewöhnlich die Au-toren, die sich, je nachdem, entweder vor Ungeduld aufrieben oder vor Langeweile ausklinkten, weil sie nicht an ihn her-ankamen. Es konnte Tage oder Wochen dauern, bis ein Dreh-buchautor wieder in Thalbergs Büro zurückzitiert wurde. Zwischenzeitlich gab es jeden Samstagabend erst einmal die Lohntüte. Allein während der Wartereien auf Drehbuchkon-ferenzen mit Thalberg habe sie sich ein ganzes Schultertuch gestrickt, sagte Anita Loos, das bei ihrer wöchentlichen Gage von dreitausendfünfhundert Dollar das Studio fünfundacht-zigtausend Dollar gekostet haben dürfte.

Mercedes de Acosta gehörte nicht zu den Autoren, die um einen Job bettelten oder ihre Zeit von neun bis sechs in der Story-Abteilung abrissen. Sie war selbstbewußt, hatte Geld und führte ein unabhängiges Leben. Mit John Colton, Thalbergs schwulem Bühnenautor und Freund, teilte sie sich ein Haus, das nur einige Wohnblocks von Garbos Villa in Brentwood entfernt war. Wie P. G. Wodehouse wurde ihr zugestanden, zu Hause zu arbeiten, was aber vielleicht auch daran lag, daß ihre extravagante Aufmachung mit dem schwarzen dreispitzähnlichen Hut, ihren Schnallenschuhen und dem Cape eine Idee zu exzentrisch für MGMs Autorenflur im vierten Stock war.

Mit ihrer Begeisterung für die östliche Philosophie und alternative Medizin und mit ihren verrückten Kunstvorstellungen faszinierte de Acosta einen zusehends wachsenden Kreis von Frauen, die ihr kosmopolitisches Flair im übrigen als wohltuenden Kontrast zum Provinzialismus Hollywoods empfanden. Sie gab diskrete Partys für »Insiderinnen«. Ihre diversen Mietwohnungen wurden für die »Schwestern« aber dennoch nie zum Äquivalent der West-Hollywood-Residenz George Cukors, wo die männliche Elite der Homosexuellen, Jungs, die auf sexuelle Abenteuer aus waren, und die lesbische Prominenz sich immer wieder ein Stelldichein gaben. »George war für sie das Sprungbrett zur Crème von Hollywood«, sagte sein Kollege, der Regisseur Joseph L. Mankiewicz. »George war wirklich der unangefochtene Hahn im Hühnerstall.« In Cukors Haus war es auch, wo Edna Ferber und Noël Coward beide in Zweireihern auftauchten und Ferber schlagfertig Cowards Bemerkung: »Du siehst fast wie ein Mann aus« mit »du auch« parierte.

Mercedes de Acosta hatte im Laufe der Jahre immer mehr Farben verbannt, bis ihre gesamte Garderobe – und später auch ihre Wohnungseinrichtung – nur noch schwarz und weiß war. »Mercedes de Acosta sah aus wie ein spanischer Dracula«, erklärte Maria Riva, die Tochter von Marlene Dietrich. »Sie hatte den Körper eines Knaben, pechschwarze Haare, kurzgeschnitten wie die eines Torero, einen kreideweißen Teint und tiefliegende schwarze Augen, die immer von Schatten umgeben waren.« Tallulah Bankhead, die de Acosta nicht sonderlich mochte, aber ihre Smokingjacken bewunderte, meinte, sie habe wie eine »Maus im Überzieher« ausgesehen. De Acosta sagte, sie kleide sich bewußt so auffallend und extravagant, um Frauen anzuziehen. Es gab sogar eine Phase, in der sie sich die Ohrläppchen rot schminkte. Die gleichgeschlechtliche Liebe war für sie ein Ausdruck von Lebenskraft, der nicht anders als jede andere Form der Sexualität war. »Wer von uns ist denn wirklich nur ein Geschlecht?« fragte sie.

Als Teenager hatten berühmte und komplizierte Frauen sie fasziniert. Um ihrer Mutter zu gefallen, hatte sie mit Siebenundzwanzig geheiratet, sich jedoch geweigert, ihren Mädchennamen aufzugeben. Die Verbindung mit ihrem Mann, dem Maler Abram Poole, war ihr jedoch zumindest so wichtig, daß sie, wann immer sie in New York oder auf der Durchreise war, Wert darauf legte, mit ihm essen zu gehen. Zwei ihrer Theaterstücke, *Sandro Botticelli und Jeanne d'Arc*, waren mit Eva Le Gallienne in der Hauptrolle in New York und Paris aufgeführt und mit mittelmäßigen Kritiken bedacht worden; und ihr Stück *Prejudice* war mit einem sehr jungen John Gielgud in der Hauptrolle in London aufgeführt worden. Während ihrer langen Freundschaft mit Isadora Duncan hatte sie die Memoiren der Tänzerin redigiert und für deren Veröffentlichung gesorgt (*Memoiren*, Berlin 1988).

Ein Jahr, ehe Isadora Duncan durch ihren berühmten Schal erdrosselt wurde, schrieb sie ein Gedicht für Mercedes de Acosta, in dem es unter anderem hieß:

Zwei schwellende Brüste
Rund und süß

laden meinen hungrigen Mund zum Essen ein.
Zwei Brustwarzen fest und rosafarben
bieten meiner durstigen Seele zu trinken an
Noch tiefer liegt ein geheimer Ort
Wo ich mein liebendes Antlitz verbergen möchte

Meine Küsse sind wie ein Bienenschwarm
Die ihren Weg finden
Zwischen den Knien
Die den Honig von deinen Lippen saugen
Und deine schlanken Hüften umfassen.

2. Verstrickte Leben:
Frauen, die Frauen lieben

Filme sind stilisierte Bilder des Geheimnisvollen und Reizvollen. Was uns ins Kino lockt, ist unter anderem der Reiz, daß wir hier von Glamour umgebene Personen sehen können, Personen, die interessanter und fesselnder, unkonventioneller, geistreicher, witziger und schöner als der Rest von uns sind und die die besondere Anziehungskraft der Leinwand ausmachen. Von allen Stars, die die Fantasie des Kinopublikums beflügelten, reichte hingegen kaum einer an die rätselhafte und unnahbare Garbo heran. Sie war, wie die *New York Times* nach ihrem Tod 1990 schrieb, »der Maßstab, an dem andere gemessen wurden«.

Zur Ironie der Filmwelt gehört, daß Garbo dadurch, daß sie ihre lesbischen Neigungen verbergen mußte, ihren Nimbus des Geheimnisvollen und Reizvollen nur noch erhöhte. Ihre Angst vor Entdeckung war der Grund, daß sie die Presse immer wieder brüskierte. Je erfolgreicher sie ihr Privatleben schützen konnte, desto größer war der Wirbel, den sie damit bei den Journalisten auslöste. Je mehr sie die Reporter mit Verachtung strafte, desto mehr waren sie hinter ihr her. Und je mehr die Zeitungen sie wegen ihrer Reserviertheit kritisierten, desto mehr bejubelten ihre Fans ihre Distinguiertheit. *Photoplay*, das wichtigste Fan-Blatt, mußte sich dafür entschuldigen, sie als »unnahbar, verschlossen, unsozial und unmodisch gekleidet« bezeichnet zu haben, und gestand ihr in seiner Ausgabe im Januar 1930 sogar zu, sich ausgesprochen löblich zu verhalten: »Wo andere um Aufmerksamkeit buhlen und kreischen, sich den Fotografen vor die Linse drängen und sich zu Schachfiguren der Massen machen, verkriecht Garbo sich in einem Loch und verschließt das Loch noch hinter sich. Ob das Ganze nun eine Masche oder eine Frage der Natur der Lady ist, es ist jedenfalls absolut perfekt.«

Nicht, daß Garbo – und MGM – nicht versucht hätte, sich mit der Presse zu arrangieren. Nachdem die Fan-Zeitschrift *Screen Book* hinter ihrer einsiedlerischen Zurückgezogenheit eine werbewirksame Masche des Studios vermutete, versuchte Metro, sich auf andere Taktiken zu verlegen. »Garbo konnte nichts an der Publicity tun, die wir ihr anfänglich aufdrückten«, sagte Joseph Cohn, der General Manager von MGM. »Wir probierten jede Menge verschiedener Posen aus, von denen keine allzu intelligent war. Sie beklagte sich nicht, sie war aber auch nicht hellauf begeistert.« Garbo dementierte nur selten etwas von den Meldungen, die über sie verbreitet wurden; eine Eigenart, die nur noch weiter zu ihrer geheimnisvollen Aura beitrug und in der Öffentlichkeit den Eindruck verstärkte, alles sei sowieso nur reine Berechnung ihrerseits. In späteren Jahren wollte sie, rückblickend, glauben, sie selbst sei die geschickte Manipulatorin, die clevere Verkäuferin ihres Talentes und ihrer Legende gewesen.

Clarence Brown, der bei zwei Stummfilmen von ihr und bei fünf Tonfilmen Regie führte, meinte, er wisse nicht einmal, ob ihr überhaupt bewußt war, daß sie die Fähigkeit besaß, »Gedanken in Aktion« zu zeigen. »Wenn sie eine Person eifersüchtig anzusehen hatte und eine andere verliebt, mußte sie ihren Gesichtsausdruck nicht ändern«, erinnerte er sich. »Man konnte es in ihren Augen sehen, wenn sie von einem zum anderen blickte. Es gab niemanden außer ihr, der das auf der Leinwand konnte. Garbo konnte es, ohne Worte, dazu mußte sie nicht einmal Englisch beherrschen.«

Mit fünftausend Leuten unter Vertrag war Metro-Goldwyn-Mayer das größte der Hollywood-Studios. Paramount mag

zwar Marlene Dietrich und Mae West, und die finanziell ange-
schlagenen Warner Brothers mögen Ruth Chatterton, William
Powell und Kay Francis gehabt haben, aber MGM »besaß«
Joan Crawford, Clark Gable, Wallace Beery, Jean Harlow und
die vielversprechendste von allen: Greta Garbo. Es war Irving Thalberg, nicht Louis B. Mayer, der intuitiv begriffen
hatte, was es war, worauf die Kinobesucher ansprangen, was
die Macht eines Stars ausmachte: die Möglichkeit, sich mit ihm
identifizieren zu können. Und in dem Zusammenhang auch,
daß das Publikum sich auf der Leinwand nicht in erster Linie
zum anderen Geschlecht, sondern zu den Licht-und-Schatten-
Gestalten des eigenen Geschlechts hingezogen fühlte, mit
denen man sich identifizieren und auf die man die eigenen
Wunschvorstellungen projizieren konnte.

Das heißt, daß sich die männlichen Zuschauer in ihrer Fantasie mit der Großspurigkeit eines Douglas Fairbanks herum-
stolzieren oder mit der Jovialität eines Clark Gable um die feineren Damen herumscharwenzeln sahen. Und daß die Frauen
sich mit Garbo identifizierten, für die die Liebe so oft das Ve-
hikel zum Untergang war, oder mit Jean Harlows Vitalität und
Humor oder mit Joan Crawfords gewitzten Frauen, die sich geschickt durch die Wirtschaftskrise schlugen, die Männer her-
ausforderten und nichts anderes im Sinn hatten, als möglichst
schnell einen Ring an den Finger zu bekommen. Die Faszination, die Garbo auf Frauen ausübte, wurde trefflich in dem in
Hollywood kursierenden Witz über den frischgebackenen Ehemann widergespiegelt, der in der Hochzeitsnacht ins Bett steigt
und der Braut gelobt, er werde ihr immer treu sein, mit einer Einschränkung ... Sollte sich ihm je die Chance bieten, mit
Greta Garbo ins Bett zu gehen, dann, so gesteht er, werde er
dieser Versuchung wohl kaum widerstehen können. Worauf
die Braut verständnisvoll entgegnet: »Ich auch nicht.«

Thalberg wußte, daß ein Film, um ein großer Film zu werden,
neben einer konfliktgeladenen und spannenden Geschichte

Schauspieler mit übermenschlichen Qualitäten haben mußte, mit denen sich das Publikum identifizieren konnte. Er hatte die Karriere der Kanadierin Norma Shearer aufgebaut, sie geheiratet und auch weiterhin an ihrer Karriere geschliffen (die britische *Vogue* betitelte sie als »die nahbare Garbo«). Mit der Effizienz eines erstklassigen, auf Prämierungen bedachten Züchters formte, hätschelte und bildete er neue Gesichter auf der Vertragsliste heran.

Die Filmgesellschaften erfanden den sogenannten Standard-Sieben-Jahresvertrag, der mit seinen Optionen insbesondere den Bossen alle Vorteile sicherte. Er sah vor, daß das Studio das Vertragsverhältnis sowohl alle sechs Monate beenden als auch, wenn ein neues Talent vielversprechend war, es sieben Jahre festbinden konnte. MGM erneuerte die Verträge für gewöhnlich alle sechs Monate, was in der Regel mit einer Honorar- bzw. Gagenerhöhung verbunden war. »Talente« – Schauspieler, Regisseure und alle anderen, die für wertvoll genug erachtet wurden, um unter Vertrag gehalten zu werden – profitierten von der Sicherheit des beständigen Beschäftigungsverhältnisses. Der Vorteil für die Studios war, daß so diejenigen bevorzugt werden konnten, die sich schicklich benahmen. Barbara Stanwyck, Cary Grant und Charles Boyer gehörten zu den wenigen, die jeweils nur Verträge über ein oder zwei Filme abschlossen. Ein freiberufliches Agieren, das von Leuten wie Bette Davis und Joan Crawford, die ständig fest unter Vertrag waren, sehr bewundert wurde; es war aber insgesamt ein Glücksspiel, insofern nämlich, als daß kein Studio ein erklärtes langfristiges Interesse daran hatte, eine Stanwyck, einen Grant oder einen Boyer aufzubauen.

Die sogenannte Goldene Ära war eine Zeit, in der die Menstruationen der Schauspielerinnen noch förmlich auf einer allen zugänglichen Termintafel festgehalten wurden, in der Clark Gables falsche Zähne und Gary Coopers Hörschwäche noch streng gehütete Geheimnisse waren, und in der die Studios wußten, wessen Haar in Wahrheit blondiert war. Um zu beweisen, daß ihr blondes Haar echt war, färbte Carole Lombard – genau wie Jean Harlow – sogar wiederholt ihre Schamhaare. Aber das bestgehütete Geheimnis von allen, das Garbo mit ins Grab nahm, war ihre Sexualität.

Freundschaften und Liebesbeziehungen waren Dinge, die zum Teil fließend ineinander übergingen. Und da Frauen offen Freundinnen sein konnten, erschienen Freundschaften oft freier als Liebesbeziehungen. Lesbierinnen waren in den Augen der Öffentlichkeit verabscheuungswürdige Geschöpfe – harte, affektierte Weiber, die unschuldige Mädchen oder Frauen zu mysteriösen »Perversionen« verführten, oder bestenfalls traurige Karikaturen von Männern, die versuchten, sich wie Männer zu kleiden und zu benehmen und oft auch noch die schlimmsten Charakterzüge der Männer nachäfften. Ganz auf dieser Linie wurden lesbische Frauen, die »Mannweiber«, auch von Hollywood verteufelt und als widerliche Monster, Vampire oder sonstwie unmenschliche Wesen dargestellt. Das Kino porträtierte die Anhängerinnen jener Liebe, die es nicht einmal wagte, sich beim Namen zu nennen, als neurotische, tragische oder absurde Gestalten. Keine Frau, die bei Sinnen war, konnte sich wünschen, so negativ gesehen zu werden. Keine Schauspielerin, die zugab, Frauen zu lieben, konnte erfolgreich sein. Die Tatsache, daß die Protagonistin in Edouard Bourdets Stück *The Captive (La Prisonnière)* besessen von einer anderen Frau war und in ihrer Ehe nicht glücklich werden konnte, empfand ein New Yorker Staatsanwalt bei der Aufführung des Stückes 1926 als so anstößig, daß er es unter Berufung auf die geltenden Zensurgesetze absetzte und den Produzenten, Regisseur sowie das zwölfköpfige Ensemble mit dem Vorwurf der Verbreitung von Obszönitäten vor Gericht zitierte. Ein ähnliches Schicksal war dem Stück, das im übrigen ebenso taktvoll wie kühn war, in San Francisco, Los Angeles und Detroit beschieden.[1]

Hollywoods Lesbierinnen und bisexuelle Stars lebten zu sehr auf dem Präsentierteller – und hatten zu große Egos –, um sich einer Frauengruppe anzuschließen, die als Tarnung gegenüber Außenstehenden einfach »Nähclub« oder »Nähkreis« genannt wurde. Der Ursprung dieser euphemistischen Bezeichnung ist durchaus umstritten. Fest steht jedoch, daß Alla Nazimova, berühmt ob der spiritistischen Sitzungen und Orgien, die sie organisierte, und ihres *Salomé* – Films, der als »Hommage« an Oscar Wilde mit einem rein schwulen Ensemble gedreht wurde, den Begriff Mitte der zwanziger Jahre als Bezeichnung für einen sapphischen Kreis verwendete, dem Wildes Nichte Dorothy, verschiedene Schauspielerinnen und Autorinnen angehörten. Zehn Jahre später spielte der »Nähkreis« auf die Gruppe »vergnügungssüchtiger Weiber« an, die sich um Dietrich zusammengefunden hatte, und wurde dann zunehmend als Begriff für ein loses Netzwerk von Lesbierinnen in den darstellenden Künsten verstanden. »Insider« waren nur die »Eingeweihten«.

Die der internationalen Solidargemeinschaft angehörenden »Schwestern«, die sich bisweilen als »zweiseitig orientiert« bezeichneten, waren in der Regel reich, gutsituiert und frei. Sie kamen nur selten aus ihrer Deckung heraus und verlustierten sich miteinander im privaten Rahmen, oft auf sogenannten Themen-Partys mit einheitlichen Maskeraden, die es den All-

---

[1] Durch Edouard Bourdets (1887-1935) Stück *La Prisonnière* wurden Veilchensträuße als Erkennungszeichen von Insidern in sapphischen Kreisen populär. Unter Frauen, die sich liebten, war es ein Jahrzehnt lang die große Mode, sich Veilchen zu schenken, was international als Symbol der Liebe galt und als solches auch in der feministischen Literatur beschrieben wurde. Die von Gourmets gepriesene eßbare Blume hat im übrigen eine lange gallische Tradition als Sinnbild sexueller Freuden.

zubekannten erlaubten, »unerkannt« zu bleiben. In der Öffentlichkeit wurde das Thema »lesbische Stars«, wenn überhaupt, nur verdeckt angepackt und in doppeldeutigen Anspielungen oder witzige Begrifflichkeiten verpackt, die den Horizont des Durchschnittsbürgers vermeintlich überstiegen. So veröffentlichte *Vanity Fair* 1932 etwa Fotos von Garbo und Dietrich unter der Überschrift: »Beide Mitglieder des gleichen Clubs.« Andere bezeichneten Dietrich und Garbo als »Gentlemen im Herzen«. Beatrice Lillie sagte, sie kenne Gertrude Lawrence besser als deren Ehemann, Richard Aldrich. Zu der 1940 geschlossenen Lawrence-Aldrich-Ehe meinte Constance Collier, die ebenfalls dem »Nähkreis« angehörte: »Armer Richard. Er glaubt, er hat *Miß* Gertrude Lawrence geheiratet. Bald wird er dahinterkommen, daß es *Myth* Lawrence ist.«

Die Zugehörigkeit zu diesem Kreis lesbischer Freundinnen war mit Schuldgefühlen und Ängsten verbunden. Diejenigen, die eingeweiht waren, sollten die Existenz dieses Kreises selbst Jahrzehnte später noch dementieren oder, unter Druck gesetzt, sich in Verallgemeinerungen über die Unerfindlichkeit und Ambivalenz der menschlichen Emotionen flüchten. Agnes Moorehead, die es als Verbesserung sah, von *sapphischer Liebe* statt von *weiblicher Homosexualität zu* sprechen, behauptete etwa, die Liebe habe kein Geschlecht, und Frauen könnten, auch ohne homosexuell zu sein, lesbische Gefühle haben.

1932 steckte das Land tief in der Wirtschaftskrise. Paramount meldete Konkurs an. Aber trotz alledem war und blieb das Kino die billigste und für viele die einzige Unterhaltung. Kinos, die durchgehend – also auch über Nacht – geöffnet hatten, mit Platzpreisen à zehn Cents, waren mit obdachlosen Pennern überfüllt. Mit der Zeit wurden die Schlangen der Bedürftigen vor den Essensausgabestellen allerdings länger als die Schlangen vor den Kinokassen, da viele sich die paar Cents für ihr Vergnügen, und sei es auch nur, um einen bequemen Schlafplatz zu finden, nicht mehr leisten konnten, so daß die Besucherzahlen im Vergleich zu den Spitzenzahlen von 1930 von fast einhundert Millionen in der Woche erdrutschartig zurückgingen. Angesichts der bitteren Bruder-hast-du-einen-Cent-für-mich-Armut rückten die traditionellen Werte wieder in den Vordergrund. Was zur Folge hatte, daß die Reichen ihren protzigen Lebenswandel nun nicht mehr zur Schau stellen mochten und Cedric Gibbons als Chef für die Aufbauten und künstlerische Gestaltung der Filme auch entsprechende Abstriche in den Filmkulissen machte, so daß fortan auf Luxus und Pomp verzichtet und statt dessen eine schlichte geschmackvolle Scheinwelt präsentiert wurde. Die Öffentlichkeit hatte für einen unkonventionellen Lebensstil und prunkvolles Gehabe und Getue nichts mehr übrig. Exzentrizitäten, die für Kinobegeisterte bis dato den eigentlichen Zauber der Filmwelt ausgemacht hatten, wurden nun zunehmend als anstößig empfunden. Was etwa Crawford zu spüren bekam, die 1934 harsch von der Presse gerüffelt wurde, als sie es gewagt hatte, sich laut zu fragen, was sie denn von einhunderttausend Dollar pro Film hätte, damit wären doch wohl kaum große Sprünge zu machen.

Die Amerikaner idolisierten ihre Leinwandstars und hörten nie auf zu fragen: Wie sind sie wirklich? Eine Neugier, die die Filmgesellschaften weidlich auszuschlachten wußten – dazu gehörte auch, daß man sich nicht sonderlich bemühte, diese Frage zu beantworten. Die Publicitychefs, Howard Strickling bei MGM, Perry Lieber bei Paramount, Harry Brand bei Fox, Lynn Farnol bei den Goldwyn-Studios, sowie der freischaffende Publizist Russell Birdwell und die übrigen Meister des Publicityrummels porträtierten das Leben ihrer Schauspieler und Schauspielerinnen derart frei nach eigenem Gusto, daß die wahren Persönlichkeiten der Stars, die Privatpersonen, nicht nur weitestgehend unbekannt blieben, sondern das von ihnen gezeichnete Bild oft völlig an der Realität vorbeiging. Dieses Marketing der Stars, insbesondere der weiblichen

Stars, funktionierte – letztlich zu Lasten der Filme – so gut, daß die Kinobesitzer, statt neue Filme nach Titeln anzufordern, »zwei Gable« oder »drei Shearer« verlangten. *Photoplay, Silver Screen, Modern Screen, Screenland* und all die anderen Fan-Zeitschriften halfen dabei tatkräftig mit, die Stars mit vielfach völlig aus der Luft gegriffenen Storys und Attributen zu wahren Helden und Heldinnen zu stilisieren und so den klassischen Hollywood-Stil und -Charakter zu schaffen.

Der legendäre Garbo-Satz: »Ich möchte allein sein«, stammte nicht etwa von Garbo, sondern war eine Erfindung des MGM-Werbeagenten Pete Smith. Wie die Werbemaschinerie funktionierte, wurde vor allem auch in prekären Situationen deutlich. Nachdem Fay Wray sich zum Beispiel über die allzu offensichtliche Vorliebe des Fox-Stars Tyrone Power für Jungs ausgelassen hatte, deckte Fox' Publicitychef Harry Brand die reichlich ausschweifende Homosexualität seines Stars flugs mit weidlich pressemäßig ausgeschlachteten Rendezvous seines Schützlings mit Schauspielerinnen, die ebenfalls bei Fox unter Vertrag waren – Loretta Young, Janet Gaynor und Sonja Henie. Als Power weltberühmt wurde und damit zunehmend kritischen Blicken ausgesetzt war, lancierte Brand vorsichtshalber einige Pressemeldungen über die »heimliche« Romanze des Stars mit dem neuentdeckten Talent Annabella, einer französischen Schauspielerin mit androgynem Touch, die die Hauptrolle in René Clairs Film *Die Million (Le Million)* gespielt hatte.

Howard Strickling verbot den bei MGM unter Vertrag stehenden Männern sogar kurzerhand, in modischem Outfit aufzutauchen oder Auszeichnungen als »bestgekleidetster...« anzunehmen, aus Angst, sie könnten als unmännlich oder »weibisch« angesehen werden. Als eine anonyme Pressemeldung sich, auf vertrauliche Quellen berufend, darüber ausließ, William Haines, MGMs geliebtes Idol der Nachmittagsvorstellungen, sei möglicherweise eine Schwuchtel, sah Stricklings

Büro sich veranlaßt, die Nachrichtenagentur mit der »Meldung« zu bombardieren, Haines und Pola Negri hätten sich verliebt; eine Eilmeldung, zu der dann Fotos von einem riesigen Bett nachgeliefert wurden, das Negri und Haines sich, wie es hieß, für ihr gemeinsames Eheleben ausgesucht hatten. Russell Birdwell, der die Suche nach einer Schauspielerin, die die Scarlett O'Hara in *Vom Winde verweht (Gone With the Wind)* spielen sollte, 1937 mit seinem Pressewirbel zu einem nationalen Ereignis hochpeitschte, sah sich auf gleicher Ebene bemüßigt, Gerüchte über eine schmutzige Liaison des bisexuellen Herzogs von Windsor mit dem Woolworth-Erben James Donahue zu kaschieren, indem er geschickt den Spieß umdrehte und verbreitete, die Herzogin versuche, den notorisch homosexuellen Donahue durch die Affäre, die sie mit ihm habe, zur Heterosexualität zu bekehren. »Was ich haben möchte, ist keine detektivisch genaue Pressearbeit«, sagte David O. Selznick, als er Birdwell engagierte. »Was ich haben will, ist Fantasie.«

Die Filmfabriken, sagte Selznicks Schwiegervater Louis B. Mayer, sind die einzigen Unternehmen, in denen das Betriebsvermögen allabendlich zum Werkstor hinausgeht. Und Brand sagte: »Man nimmt sie unter Vertrag, zahlt ihnen Geld, von dem sie in ihren kühnsten Fantasien nicht träumen würden. Man hätschelt sie und baut sie auf, nur um dann zu sehen, wie sie alles aufs Spiel setzen, sich betrinken und herumbumsen.« Anita Loos, die 1912 angefangen hatte, Drehbücher für D. W. Griffith zu schreiben und sich mit *Blondinen bevorzugt (Gentlemen Prefer Blondes)* einen Namen gemacht hatte, erinnerte einmal an den immensen Einfluß, den Schauspieler und Schauspielerinnen mit ihrem Leben auf die in Amerika vorherrschenden moralischen Maßstäbe ausübten, wie »lockere sexuelle Beziehungen gang und gäbe« wurden, und wie die Werbemanager der Studios mit »Mußheiraten, bei denen die Studiobosse mit gezückter Pistole als Papas posierten«, die

Dinge unter den Teppich kehrten und die Gemüter allgemein wieder beruhigten.

Strickling hatte die Werbeabteilung bei MGM von Frank Whitback übernommen, einem früheren Anreißer für Barnum und Bailey, der Metro-Goldwyn-Mayer wie einen Zirkus behandelt und gemanagt hatte und bezeichnenderweise auch der einzige Mensch war, der sich, soweit der Studiofotograf Laszlo Willinger sich erinnerte, vier Elefanten als Haustiere hielt. Der hemdsärmelige Zirkusansatz kam jedoch außer Mode, als die hauseigenen Presseabteilungen nicht mehr nur die Aufgabe hatten, das Werbehorn für die Filme und die Stars ihrer Studios zu blasen, sondern auch Geschichten ihrer Stars zu vertuschen. Letzten Endes war es zur Aufgabe der Werbeleute geworden, die Kinobesucher und die Stars voreinander und vor sich selbst zu beschützen. Auf dem Höhepunkt der dreißiger Jahre, als Strickling über einen Stab von einhundert Werbeleuten verfügte, hatten die Publicitymaschinen des Studios die Presse längst neutralisiert.

Der Zugang zu Stars, Exklusivinterviews, Fotos, Werbezettel und Arbeitsessen, das alles gehörte zur reibungslosen, umfassenden werbemäßigen Abdeckung der Filme, die wie am Fließband produziert wurden, ein Publicitywirbel, der die Dreharbeiten vom Anfang bis zum Ende begleitete. Weniger offensichtlich war, daß die Stars zunehmend auf Strickling, Brand und Co. angewiesen waren und sich meistenteils denn auch an deren Ratschläge hielten. Hollywood war eine Stadt für sich, eine Firmenwelt, und es war nicht im Interesse eines Schauspielers oder einer Schauspielerin zu rebellieren. »Wir sagten Stars, was sie sagen konnten«, erklärte Strickling in einem offenherzigen Moment, »und sie machten, was wir ihnen sagten, weil sie wußten, daß wir am besten wußten, was zu sagen war.« Die Wirtschaftskrise veranlaßte auch die Publicitymühlen zu einer Änderung ihrer bisherigen Strategie. Die von Strickling, Brand, Farnol und anderen gemanagten Stars spielten nunmehr ihren Glamour etwas herunter und erzählten den Klatschspaltenschreibern und Fan-Zeitschriften, wie sehr sie etwa Sekretärinnen um ihre Freiheit und Anonymität beneideten, die in Ruhe in ihrer Mittagspause einkaufen gehen konnten.

Louis B. Mayer stellte sicher, daß die MGM-Filme sich an die sittenstrengen Zensurrichtlinien des Hays Office hielten, während er sich privat als Ehebrecher befleißigte und ein Bordell für hohe Besucher und Würdenträger unterhielt, das als besondere Spezialität Huren zu bieten hatte, bei denen es sich um ausgesuchte Doppelgängerinnen von Stars handelte. [Will Hays, ein Presbyter aus Indiana und ehemals Postminister der USA, war Ende der zwanziger Jahre an die Spitze der Motion Pictures Producers and Distributors of America (Filmproduzenten und -verleiher Amerikas) gewählt worden, ein Verband, der vor allem Öffentlichkeitsarbeit für die Studios leisten und die Branche vor der Gefahr einer Zensur von außen schützen sollte. So setzte sich die Branche mit dem Motion Picture Production Code selbst ihre Regeln, ein Kodex, der auf Druck der katholischen Kirche und anderer gesellschaftlicher sowie religiöser Gruppen 1934 verschärft wurde. Der Kodex firmierte in der Regel unter dem Namen des jeweiligen Geschäftsführers und wurde entsprechend mal Johnston Office, mal Hays Office oder Breen Office genannt.] Mayer war in Aktienbetrügereien verwickelt, wurde später des konspirativen gemeinschaftlichen Verstoßes gegen das Zinswuchergesetz angeklagt und trieb bei anderer Gelegenheit, als ein betrunkener Clark Gable mit seinem Wagen einen Fußgänger überfuhr und tötete, in Komplizenschaft mit Strickling in den Reihen der Studiobelegschaft einen Sündenbock auf, der bezeugte, er habe zum fraglichen Zeitpunkt am Steuer gesessen. Strickling orchestrierte zu Vertuschungszwecken nicht nur Pseudoliebschaften oder fütterte bei anderer Gelegenheit die Presse mit fiktiven Geschichten über durchgebrannte Geliebte, bei Bedarf arrangierte er auch Abtreibungen in Tijuana (die zeitweilige Indisponiertheit einer Schauspielerin wurde, wenn überhaupt, nur taktvoll erwähnt und etwa mit einer Blinddarmoperation erklärt). Um die junge Judy Garland, gerade mal im Teenyalter, bei Laune zu halten, gab Strickling ihr Betty Asher zur Seite, eine schlanke, relativ unattraktive Werbeagentin, die Garland nicht nur in die Freuden der gleichgeschlechtlichen Liebe, sondern auch in die Welt der Drinks und Pillen einführte, die am Ende ihr Leben ruinierten.

Und wenn es denn im Zweifel notwendig war, zu Vertuschungszwecken für einen homosexuellen Star eine Ehe zu arrangieren, war Mayer gerne behilflich. Noël Coward sagte von Nelson Eddys im Januar 1939 geschlossenen Lavendel-Ehe, sie sei im Himmel gemacht worden und Louis B. Mayer zuzuschreiben. Nachdem Nelson Eddy und Jeanette MacDonald 1936 als Gesangsduo mit *Rose Marie* ein sensationeller Durchbruch gelungen war, hatte MacDonald 1937 geheiratet, was Louis B. Mayer veranlaßte, Eddy anzutragen, nun das gleiche zu tun. »Eddy war einverstanden«, erinnerte Coward sich, »er wollte aber weder eine Jungfrau noch irgendein unersättliches Geschöpf haben, und Mayer hatte verstanden. Manchmal halten gerade die Ehen am längsten, in denen Sexualität eine denkbar geringe Rolle spielt. Mayer fand eine ältere geschiedene Frau [Ann Denmitz Franklin] für ihn, die mit einem Filmregisseur [Sidney Franklin] verheiratet gewesen war. Sie wußte Bescheid über das Leben in der Flitterwelt, war sexuell weder fordernd noch bedürftig, und es gefiel ihr, das angenehme Leben als Frau eines Filmstars zu leben. Sie war zufrieden. Eddy war zufrieden, das Studio war zufrieden, die Öffentlichkeit war zufrieden. Zumindest *unterstelle* ich, daß Eddy zufrieden war. Denn ich hoffe für ihn, daß er einen sehr minimal ausgeprägten Sexualtrieb hatte. Oder vielleicht war er auch nur sehr, sehr diskret, wenn er wegging.«

Wenn Dolores Del Rio und Cedric Gibbons, der bei MGM als Artdirector, zuständig für Filmkulissen, Pionierleistungen erbrachte, ein perfektes »zwielichtiges Tandem« waren, das aus reiner Berechnung geheiratet hatte, so kann das von der »Doppelgang-Ehe« von Elsa Lanchester und Charles Laughton nicht unbedingt gesagt werden, deren Liaison anfänglich offenbar etwas sehr Unschuldiges hatte. In späteren Jahren schrieb Lanchester zwar über die Homosexualität ihres Mannes, nicht aber über ihre eigene. In ihrer Autobiographie *Herself* zeichnet sie ein rührendes Bild von ihrer frühen Beziehung. »In unseren Gesprächen gab es kein Quentchen Offenheit oder Ehrlichkeit«, erinnerte sie sich. »Noch gab es in unserer Beziehung ein Quentchen Berechnung oder Gedanken an die Zukunft der zwei Menschen, die gerade fünfundzwanzig und achtundzwanzig Jahre alt waren und beide vorher ihre Beziehungen gehabt hatten. Unser Mangel an Neugier aneinander war, wie ich denke, eine Art unbewußter Reinigungsprozeß, ein Raumschaffen zwischen der Vergangenheit und der Gegenwart. Allerdings holte uns die Vergangenheit dann später wie ein Bumerang ein.«[2]

Eine Rolle spielen heißt, jemand anderer werden, jemand, der spannender, fesselnder und eloquenter als die Person ist, die man im Spiegel im eigenen Badezimmer sieht. Janet Gaynor, Mitglied des »Nähkreises«, war der Überzeugung, daß jede Frau »Theater spielt«, und daß, genau wie die meisten Männer eine angeborene Aversion gegen das Theater-

---

[2] Während der Dreharbeiten zu *Die Barretts von Wimpole Street (The Barretts of Wimpole Street)* hatte Laughton Thalberg gesagt, daß er homosexuell sei. Daß sein Eingeständnis keine Konsequenzen hatte, lag vielleicht daran, daß Thalbergs Frau, Norma Shearer, neben Laughton die zweite Hauptrolle spielte. Klar war, daß ebensogut die Standardklausel über »moralische Verworfenheit« in den Verträgen der Schauspieler hätte bemüßigt und seine Hollywood-Karriere entsprechend beendet werden können.

spielen haben, Frauen mit einem Instinkt zum Theaterspielen geboren werden. Etwas verschlüsselt erklärte sie bei einem Zeitungsinterview, für Frauen wie sie sei »es mehr oder weniger zur Gewohnheit geworden, daß wir unsere wahren Gefühle verbergen«. Und Harry Hay, Initiator der modernen Schwulenbewegung in Los Angeles, erklärte: »Wir sind immer kostümiert und nehmen immerzu irgendwelche Rollen ein.« Schauspieler und Schauspielerinnen versichern nur immer wieder gerne, wie gut sie sich sowohl in männliche wie weibliche Emotionen einfühlen und diese entsprechend in ihre Rollen einbringen können. Sehr eindrucksvoll schilderte Mercedes de Acosta die Androgynie ihres Freundes John Barrymore, die aus ihrer Sicht so wohl die Quelle »seines großen Talentes als auch seiner ebenso großen Destruktivität war«.

Das klassische Hollywood war eine Stadt für sich. Eine Firmenwelt, in der die Schauspieler und Schauspielerinnen mit ihrer Angst vor Ablehnung nur allzuleicht von den Bossen manipuliert werden konnten, hinter deren Beifall sie schon alleine deswegen wie besessen her waren, weil es ohne sie keine Rollen gab. Für Cedric Gibbons und Dolores Del Rio, Barbara Stanwyck und Robert Taylor war ihre Ehe nicht nur ein sicherer Deckmantel, sie sicherte auch ihren Stand und ihre Stellung in der Gemeinschaft. Wie die Komikerin Patsy Kelly befand, hatten zumindest lesbische Filmgrößen nie Schwierigkeiten, sich notfalls »abzusichern«, da sich immer genügend Männer fanden, die bereit waren, hier das Band der Ehe zu schließen, um nebenbei so ans große Geld zu kommen.

Über die Stars wurde ständig gesprochen, trotz der durch den Ruhm errichteten Barrieren, die die normalen Sterblichen per se auf Distanz hielten. Die Studios hatten zwar die Macht, Polizisten und Journalisten zum Schweigen zu bringen. Es gelang ihnen aber nicht, die immer wieder über das Dienstleistungsgewerbe durchsickernden Gerüchte zu ersticken. Über angeheuertes Hilfspersonal und die Unterwelt der Prostituierten und Gangster fanden gefährliche Einzelheiten immer wieder einen Weg, verbreitet und exakt an jene Leute herangetragen zu werden, die für diese Art der Informationen bezahlten: Privatdetektive sowie Rechtsanwälte, die in der Welt des Showbusineß ihr Geld verdienten, und vor allem jene Reporter und Reporterinnen von Boulevardblättern, die, wie Hedda Hopper und ihre Kollegin Louella Parsons, vor keinem Schlüsselloch haltmachten. Vor allem vor ihnen, den Klatschspaltenschreiberlingen, hatten die Stars eine panische Angst, so daß sie zugleich vor ihnen krochen, sie mit Schmeicheleien umwarben und sich nicht zuletzt auch oft mit Kooperationen andienten, die sich am Ende als Rohrkrepierer erwiesen. Die Ohren von Hopper, Parsons, Cal Young und dem ganzen Rattenschwanz der weniger renommierten Schreiberlinge waren immer gespitzt. Sie kannten keine Skrupel und engagierten ganze Netzwerke von Informanten, um sich auf dem laufenden zu halten. Was sie andererseits aber keineswegs davon abhielt, sich geflissentlich als Sittenwächter der öffentlichen Moral aufzuspielen. Und was hätte für ihre Zwecke schon besseren Zündstoff liefern können als die Skandale der Privilegierten? Öffentlich auf sie einzudreschen hatte damals wie heute den gleichen erbaulichen Unterhaltungswert.

Garbos rauchige Stimme und der Akzent in ihrem Englisch waren nur weitere Attribute, die zu ihrem Nimbus beitrugen. Ein Nimbus, der in immer größere Dimensionen wuchs. Ihr Stil und ihre Zurückhaltung beflügelten die Fantasien. Ihr Publikum war von ihrer Aura der Unnahbarkeit bezaubert, die eine unerschöpfliche Quelle schier unersättlicher Neugier war. Garbo hatte in den Vereinigten Staaten eine geradezu fanatische Anhängerschaft und international einen beispiellosen Ruhm vorzuweisen. Ihre atemberaubende Schönheit war in den Augen der Öffentlichkeit ein Spiegel innerer Perfektion. Ihre vermeintlichen Liebesaffären waren Gegenstand endloser Spekulationen, Affären, die allerdings keineswegs alle auf

Stricklings Konto gingen, aber von den Fan-Zeitschriften und Kolumnisten unermüdlich immer wieder neu ausgeschlachtet wurden. So kursierten in der Presse Berichte über einen fehlgeschlagenen Versuch, mit ihrem Filmpartner John Gilbert durchzubrennen, wie auch über eine angesagte Trauung, bei der sie nicht erschienen war.

Für Lesbierinnen war Garbo hingegen weniger rätselhaft. Wobei allerdings Worte wie *lesbisch* oder *Lesbierin* in jener Zeit mehr als verpönt waren. Frauen, die Frauen liebten, zogen eine schwammigere Terminologie vor oder bemühten sich, das Kind erst gar nicht beim Namen zu nennen. Für sie waren ihre Beziehungen besondere, vereinzelte Erscheinungen, denen sie im übrigen notgedrungen gerne den Anstrich rein platonischer Freundschaften gaben.

Was um so verständlicher war, als daß Hollywood ihnen gegenüber kein Pardon kannte. »Lesbierinnen waren bei denen sogar noch verhaßter«, sagte Louise Brooks in Anbetracht der in Hollywood sowieso bereits üblichen harschen Gangart gegenüber Homosexuellen. Beispielsweise hatte Mayer Haines gefeuert, nachdem dieser sich weigerte, durch eine Heirat mit Negri oder irgendeiner anderen Schauspielerin, auf gewisse Distanz zu seinem Freund zu gehen. Von den lesbischen Stars war Garbo am wenigsten bisexuell. Privatim bezeichnete sie sich sogar selbst als Mann (»Als ich ein junger Mann war: Oh, was für ein komischer Mann war ich«). Sie suchte nie Zuflucht in einer Lavendel-Ehe und war von allen zugleich diejenige, der man nie auf die Schliche kam.

3. Liebende:
Greta Garbo und Mercedes de Acosta

Greta Garbo war vierundzwanzig und lebte in Santa Monica, 1717 San Vicente Boulevard, als sie 1929 Mercedes de Acosta kennenlernte. De Acosta, damals sechsunddreißig, hielt sich gerade drei Tage in Los Angeles auf, als Salka Viertel sie zum Tee einlud und am Telefon erwähnte, *vielleicht* käme auch Garbo kurz vorbei. Nur ein paar Schritte von Garbo entfernt lebte Salka Viertel am Ende einer winzigen Straße in einem Haus mit Blick auf den Pazifik – ein Zigeuner hatte ihr einst erzählt, Leid und Unglück würden ihr erspart bleiben, solange sie nahe am Wasser lebte. Mercedes de Acosta kleidete sich mit Sorgfalt für den Nachmittag und streifte sich ein schweres Armband übers Handgelenk. Sie hatte gehört, daß Garbo eine Schwäche für moderne, auffällige und extravagante Armbänder hatte.

Salka Viertel war vierzig und als Inkarnation mitteleuropäischer Vitalität und mitteleuropäischen Intellekts eine zentrale gesellschaftliche Attraktion. Das Haus, das sie mit ihrem häufig abwesenden Ehemann Berthold und ihren drei heranwachsenden Söhnen teilte, war *die* Anlaufstelle für alle deutschsprachigen Künstler und Künstlerinnen, die in diesen Jahren in Amerika Exil suchten. Als Schauspielerin hatte sie jeden in Berlin und Wien gekannt, und nachdem die düsteren braunen Zeiten über Deutschland hereingebrochen waren, sah sie nun alle wieder – von Max Reinhardt, Arnold Schönberg bis zu Thomas Mann und Bertolt Brecht –, die auf der Suche nach Kontakten, Geborgenheit und Kaffee und Kuchen in die Mabery Road Nr. 165 pilgerten. Die Viertels waren

1928 nach Hollywood gekommen, Berthold, um Drehbücher für den aus Deutschland emigrierten Regisseur F. W. Murnau zu schreiben. Da Salka Viertel ihm bereits in Deutschland bei der Arbeit an seinen Drehbüchern geholfen hatte, wollte sie auf sein Anraten nun auch selbst versuchen, als Drehbuchautorin bei Thalberg unterzukommen. Garbo hatten die Viertels bei einer Smokingparty in einem illustren Kreis prominenter Stars und Produzenten an einem Abend kennengelernt, an dem auch der französische Regisseur Jacques Feyder mit seiner Frau Françoise Rosay zugegen waren. Am nächsten Tag war Garbo in der Mabery Road erschienen und hatte den Nachmittag mit Salka Viertel verbracht. In Erinnerung an diesen Nachmittag schrieb Viertel in ihrer Autobiographie: »Ihr Ruhm hatte sie nicht verdorben, sie war von stählerner Elastizität, aber überempfindlich und nervös und deshalb leicht verletzbar. Von ihren amerikanischen Filmen, in denen sie stets auf die Rolle einer *femme fatale* festgelegt war, hielt sie nicht viel. Sie karikierte sehr komisch die Gleichförmigkeit ihrer Verführungstechnik.«

Garbo war auch unter den elf Trauergästen, die an F. W. Murnaus Beerdigung teilnahmen. Der zweiundvierzigjährige Murnau hatte eine Vorliebe für sehr junge Männer. Am 11. März 1931 hatte er auf dem Beifahrersitz gesessen und seinem vierzehnjährigen »Jungen«, einem Filipino, das Steuer seines Packards überlassen. Bei einem Ausweichmanöver kam der Wagen von der Straße ab und stürzte die Böschung hinab; Murnau erlag wenig später seinen schweren Verletzungen. Garbo ließ eine Totenmaske von Murnau anfertigen, die sie zeit ihrer Hollywood-Jahre auf ihrem Schreibtisch aufbewahrte.

Garbo tauchte, als sie Mercedes de Acosta vorgestellt wurde, mit einer weit in die Stirn heruntergezogenen Tenniskappe auf, die geschickt ihre Augen verbarg. »Garbo so in Fleisch und Blut vor mir zu haben«, erinnerte sich de Acosta Jahrzehnte später, »erschien mir augenblicklich als die natürlichste Sache der

Welt. Als wir uns die Hand schüttelten und sie mich anlächelte, hatte ich das Gefühl, sie schon mein ganzes Leben zu kennen – ja, in allen möglichen Inkarnationen.« Einen Großteil ihres Erfolges hatte Garbo fraglos ihrer bestechenden Schönheit mit ihrer prägnant geformten Nase und ihren faszinierenden grünen Augen zu verdanken. Was in der persönlichen Begegnung aber auch zu der besonderen Faszination an ihrer Person beitrug, war ihre Art, mit der sie jedem, mit dem sie zusammen war, das Gefühl gab, daß jenseits dieses Augenblicks nichts existierte. Und andere mögen noch ihren besonderen Gang, die Art, wie sie sich mit den Schultern vorstoßend vorwärtsbewegte, als eines ihrer besonders augenfälligen Schönheitsmerkmale empfunden haben. Wie auch immer, für Mercedes de Acosta war die leibhaftige Garbo in jedem Fall schöner als das Filmidol.

Anders als Mercedes de Acosta hat Garbo ihre Lebensgeschichte nie niedergeschrieben. Mercedes überarbeitete ihre Memoiren gleich mehrfach und erzählt in der letztlich veröffentlichten Fassung über ihren ersten Eindruck von Garbo:

Sie trug einen weißen Pullover und eine dunkelblaue Seemannshose. Sie ging barfuß, ihre Füße waren, wie ihre Hände, schlank und feingliedrig. Ihr wunderbar glattes Haar fiel ihr auf die Schultern; sie trug eine weiße, tief ins Gesicht gezogene beschirmte Tennismütze, die ihre außergewöhnlichen Augen verbarg, Augen, die die Ewigkeit in sich trugen. Als sie sprach, faszinierte mich nicht nur der Tonfall und Klang ihrer Stimme, sondern auch ihr Akzent. Sie sprach ein sehr fehlerhaftes Englisch mit einem starken schwedischen Akzent, aber ihre falsche Aussprache war einfach bezaubernd. Ich hörte, wie sie zu Salka sagte: »I trotteled down to see you« (»Ich bin hierhergetrottelt, um dich zu besuchen«). Eigenartigerweise waren die Worte, die sie benutzte, oft trefflicher, als die korrekten Begriffe es hätten sein können.

Wie nicht anders zu erwarten, registrierte Garbo – die es haßte, Greta genannt zu werden – de Acostas Armband. »Ich habe es für Sie in Berlin gekauft«, sagte Mercedes, streifte es vom Handgelenk und überreichte es dem Star. Eine Geste, die eine intime Beziehung besiegelte, die Jahrzehnte dauern sollte. So verschieden sie – und Marlene Dietrich, die wenig später mit ins Spiel kam – auch waren, die Langlebigkeit der Liebe dieser drei Frauen, ihre Rivalitäten und das Auf und Ab ihrer Leidenschaft und Hingabe können als der alles überspannende Bogen der sapphischen und bisexuellen Liebe in Hollywood gesehen werden.

Garbo blieb nicht lange. Zwei Tage später rief dann aber Salka Viertel bei Mercedes an, um zu fragen, ob sie nicht Lust hätte, zum Frühstück vorbeizukommen. Wobei sie nicht verschwieg, daß die Einladung Garbos Vorschlag war.

Garbo und de Acosta hatten beide ein anstrengendes Jahr hinter sich. Bei Garbo war Louis B. Mayer mitten in den Dreharbeiten von *Wilde Orchideen (Wild Orchids)* vor laufender Kamera mit einem Telegramm mit der Nachricht von Mole (Mauritz) Stillers Tod in Stockholm in die Szene hereingeplatzt. Stiller, selbst homosexuell, hatte sie seinerzeit entdeckt und nach Amerika gebracht, als Regisseur in Hollywood aber keinen Erfolg gehabt. Ein Mann mit feinfühligen Eigenschaften, Witz und einer quälenden überbordenden Kreativität. Nachdem er sich sein Scheitern eingestanden hatte, war er nach Stockholm zurückgekehrt. Garbo hatte ihm versprochen nachzukommen. Aber Mayer und Thalberg hatten sie mit immer wieder neuen Filmen festgehalten, und so kam es, wie es kommen mußte: Stiller starb, ehe sie den Absprung zur Rückkehr nach Schweden geschafft hatte. Mercedes de Acosta spürte, wie sehr Garbo von Schuldgefühlen gequält wurde.

Und was de Acosta anging, so hatte sie den Proben zu ihrem Stück *Prejudice* mit John Gielgud, Gwen Ffrangcon-Davies und

Ralph Richardson in London beigewohnt und war gerade mit Freunden in Frankreich und Süddeutschland unterwegs, als sie ans Sterbebett ihrer geliebten Schwester Rita in New York gerufen wurde. Daß sie jetzt in Hollywood war, war dem »Nähkreis« zu verdanken. Denn vor wenigen Wochen hatte Bessie Marbury sie angerufen, um ihr zu stecken, daß RKO eine Story für Pola Negri suchte. »Das könnte doch etwas für dich sein«, meinte Marbury.

Beim Frühstück mit Muffins und Kaffee erzählte Mercedes nun Salka Viertel und Garbo, daß sie abends bei Negri zum Dinner eingeladen war – zum Dinner für sechs.

» Das dürften dann eher sechshundert sein«, sagte Garbo. Ob sie nun meinte, daß Negri von vornherein immer zu viele einlud oder bei ihren Dinnerpartys ständig alle möglichen Leute hereinplatzten, sagte sie nicht.

De Acosta ging zu diesem Dinner, und, wie Garbo vorhergesagt hatte, waren die Gäste zahlreich. Negri war Paramounts Antwort auf Garbo. Das Prunkstück in ihrer Villa war ein in ihrem Wohnzimmer integriertes römisches Bad, und ihre Dinnerpartys waren so etwas wie pseudo-aristokratische Ereignisse. De Acosta konnte sich geschmeichelt fühlen, daß man sie erkoren hatte, das Drehbuch zu einem Film für den Leinwand-Vamp, eine gebürtige Polin, zu schreiben, die im Windschatten von Ernst Lubitsch nach Hollywood gekommen war, dem Regisseur, dem sie ihre triumphalen Erfolge in Berlin zu verdanken hatte. Die Frauen kopierten Negris kreidebleiches Gesicht, ihre schwarz ummalten Augen, ihre hautengen Kleider und langen Perlenketten. Genau wie Garbo wurde auch ihr unterstellt, die Geliebte ihres »Ziehvaters« gewesen zu sein, aber für Tallulah Bankhead war sie zunächst einmal »eine verlogene Lesbe, ein polnischer Publicity-Hund«. Negri war nach eigener Aussage zweimal verheiratet gewesen, einmal mit Baron Popper und einmal mit Graf Bomski (böse Zungen behaupteten, ihr wirklicher Name sei Schwartz), und gehörte zusammen mit Gloria Swanson und Mae Murray zum *neuen* Adel der Filmkolonie.[1]

Während des Desserts wurde Mercedes de Acosta von einem Diener ans Telefon gerufen. Als sie den Hörer aufnahm, erkannte sie sofort Garbos rauchige Stimme. Sie fragte, ob sie nicht Lust hätte, sich zu verdrücken und zu ihr nach Hause zu kommen.

Bei diesem ersten Besuch hatte Garbo Blumen für ihre neue Freundin auf die Türschwelle gestreut. Es war ein kurzer Besuch, bei der Garbo ihr nur den Garten zeigte und ihr gleich erklärte, sie müsse sich leider bald schon wieder verabschieden. Bei ihrem zweiten Besuch fand Mercedes das Wohnzimmer reichlich düster. Aber Garbo erklärte, sie benutze den Raum nie und lebe in ihrem Schlafzimmer. So daß sie Mercedes denn auch gleich nach oben führte.

Abgesehen vom Wohnzimmer und Schlafzimmer machte Garbo sich erst gar nicht die Mühe, die verschiedenen Mietvillen zu möblieren, die sie wechselweise im Westen Los Angeles' bezog, da sie immer wieder umzog, sobald Fans ihre Adresse aufgespürt hatten. Durch ihre häufigen Umzüge wußten nicht einmal Mayer und Thalberg immer, wo sie wohnte. Zwei Freundinnen maßen ihrem ständigen Umziehen allerdings auch eine tiefere Bedeutung bei. Für Alice Glazer, deren Mann Benjamin zwei Drehbücher für Garbo schrieb, war ihr permanentes Umziehen nicht nur als Flucht vor den Fans und Journalisten, sondern vielmehr als Drang zu sehen, der in einem tiefsitzenden Gefühl der Unzulänglichkeit wurzelte. Und für Anita Loos hatte Garbos ungeheuere Schönheit dafür gesorgt, daß sie sich als Außenseiterin fühlte und somit die Ab-

---

[1] Gloria Swanson heiratete Henri, den mittellosen, aber gleichwohl echten Marquis de la Coudraye de la Falaise 1925, ein Jahr, ehe Mae Murray den nicht minder verarmten Prinz David Mdivani heiratete, dessen geerbtes »Chateau« sich als kaum mehr als ein Haufen Trümmer im russisch-persischen Grenzgebiet entpuppte.

geschiedenheit suchte. Eine derartige Schönheit, schrieb Loos, »schafft einen kaum zu überwindenden Nachteil«. Viele empfanden Garbos Schönheit einfach als atemberaubend. Auch Leonore Coffee, nachdem sie sich auf Anraten Thalbergs die »Elena« in *Totentanz der Liebe (The Temptress)* angesehen hatte. Sie sollte am Drehbuch des nächsten Garbo-Films mitarbeiten und sich im Vorfeld den Film ansehen, um einen Eindruck von Garbo zu bekommen. Als sie zurückkam, erklärte sie nur: »Neben ihr sehen alle wie billige Fünfer aus.«

Garbo erzählte Mercedes bei ihrem Besuch, an diesem Haus liebe sie besonders die großen Zypressen und Büsche, die das Haus nicht nur vor den Blicken der Nachbarn, sondern auch vor jeder Einsichtnahme von der Straße her schützten. Mercedes fand, daß ihr Schlafzimmer mehr einem Männerzimmer ähnelte. Aber mit diesem Eindruck war der Besuch, wie Mercedes etwas traurig feststellte, auch schon wieder beendet, denn Garbo sagte bald: »Sie müssen jetzt gehen.«

Um ihren ersten Drehbuchauftrag zu feiern, gab Mercedes de Acosta eine Party in dem Haus, das sie zusammen mit Colton gemietet hatte. In der Hoffnung, ihre Gäste zu beeindrucken, lud sie auch Garbo ein, Gäste, zu denen auch ihre Ex-Geliebten Alla Nazimova und Katharine Cornell sowie die Geliebten der Geliebten, Laurette Taylor, Constance Collier und die gerade von der Londoner Bühne nach Hollywood gewechselte Diana Wynyard gehörten. Als Garbo dann anrief, um ihr mitzuteilen, daß sie wegen einer bösen Erkältung doch nicht kommen könne, erklärte sie ihr, sie behandele Erkältungen immer mit einem Gemisch aus Orangen- und Zitronensaft – einem Sonnen- und Energiegeschenk Buddhas. Sie erbot sich, sofort bei Garbo vorbeizukommen. Und ließ sich auch nicht davon abbringen, als Garbo ihr abwiegelnd erklärte, sie habe bereits solche Unmengen von Orangen vertilgt, daß sie schon von den auf den Orangen aufgeklebten Werbegesichtern träume. Aber de Acosta überließ ihre Gäste kurzerhand sich selbst und stand bereits eine knappe Stunde später mit zwei Taschen Zitronen und Orangen bepackt vor Garbos Tür.

Sie marschierte schnurstracks in die Küche und fing sogleich an, Orangen und Zitronen in aufgereihte Gläser auszupressen, wobei sie mit jedem weiteren Glas den Zitronensaft mit immer etwas weniger Orangensaft auffüllte. Das letzte Glas war fast nur noch reiner Zitronensaft. Nach drei Gläsern gab Garbo sich jedoch erst einmal geschlagen, versprach allerdings, den Rest später zu trinken.

Während Mercedes in ihren Erinnerungen nur von einem Spaziergang über die Hügel mit Blick auf den silbrig glänzenden Pazifik schreibt, liefert Antoni Gronowicz einen umfassenderen Bericht von der ersten Nacht, die die beiden Frauen zusammen verbrachten. Gronowicz, Garbos alles andere als zuverlässiger Biograph, der im übrigen behauptet, 1938 ihr Liebhaber gewesen zu sein, schreibt, wie beeindruckt Garbo von Mercedes war, nachdem sie ihr einen Einstieg in ihre persönliche Philosophie gegeben und ihr erklärt hatte, daß der Mensch neben einer gesunden Ernährung und einer angemessenen körperlichen Bewegung vor allem Meditation und Liebe braucht. Durch Meditation und vegetarische Ernährung werde alles möglich sein, sogar die Liebe zwischen Feinden. »Alle Menschen werden Brüder und Schwestern sein«, erklärte sie. Und die gleichgeschlechtliche Liebe werde eine unerhört aufregende Erfahrung, eine leidenschaftliche Erneuerung der Seelen sein.

»Ich möchte gern länger bei Ihnen bleiben«, sagte Mercedes. »Ich möchte Ihnen zeigen, wie man richtig lebt.«

»Meinen Sie, wie man ewig lebt?« fragte Garbo lächelnd.

»Nicht ewig, aber doch sehr lange«, sagte Mercedes, »bis Ihr Leben für Sie selbst sinnlos und für die Welt reizlos geworden ist. Dann werden Sie in einen Zustand unkörperlicher Unsterblichkeit eingehen.« Garbo fand die Philosophie ihrer neuen Freundin ebenso verwirrend wie überzeugend. Sie liebte Mercedes' dunkle Augen, ihre etwas rauhe Stimme und schätzte, daß sie fünf, sechs Jahre älter als sie war.

Wenige Stunden später waren sie Liebende.

Mercedes blieb über Nacht. »Ich weiß, daß ihre Aufregung beinahe ebenso groß war wie meine«, erzählte Garbo Gronowicz. Sie besaß »soviel Lebensfreude, Charme und Kenntnisse in der Liebe. Alles, was sie tat, hatte mich erregt.«

4. »In Amerika lieben die Männer keine fetten Frauen«

Greta Garbo war vier oder fünf Jahre alt, als sie, vortäuschend, in der Ecke in ihrem Bett zu schlafen, mitbekam, wie ihr betrunkener Vater sich weigerte, mit ihrer Mutter zu schlafen. Es war an einem heißen Sommertag, und Karl Gustafsson, ein chronischer Alkoholiker, lag vollständig bekleidet auf dem gemeinsamen Ehebett, um seinen Branntwein-Rausch auszuschlafen. Ob Anna Louise, seiner Frau, nun der Sinn nach Liebe stand oder die Hitze in der Zwei-Zimmer-Wohnung einfach zu groß war, sie zog sich jedenfalls völlig aus. Anna war eine wohlbeleibte Frau. Sie ging in die Küche, kam mit einem Glas Brandy zurück, trat ans Bett, tippte Karl an die Schulter und reichte ihm das Glas. Die Lust zu saufen, nicht der Anblick von Anna, bewegte ihn, sich auf einem Ellbogen aufzustützen. Er bat um ein weiteres Glas. Anna kam seinem Wunsch gefällig nach. Er kippte auch den zweiten Schnaps hinunter, und Anna ging wiederum in die Küche, um das leere Glas abzustellen. Als sie zurückkam, hatte Karl sich mit dem Gesicht zur Wand gedreht und schnarchte. Sie weckte ihn und beugte sich über ihn, so daß ihre dicken Brüste ihm ins Gesicht hingen.

Greta glaubte zunächst, eine der üblichen Versöhnungen zwischen ihren Eltern mitzuerleben, bis ihre Mutter, aufgebracht, daß ihr Mann zu keiner Regung zu bewegen war, vom Bett aufsprang, sich einen Stuhl schnappte, damit auf ihn eindrosch und anschließend hysterisch kreischend durch die Wohnung rannte: »Du bist ein Säufer und Betrüger! Mit anderen Frauen kannst du es treiben, aber nicht mit mir!«

Nach dieser Szene beschloß Greta aufzustehen, Sie setzte

sich auf die Bettkante und sah, wie ihrem Vater Blut von der Stirn auf die linke Wange hinuntertropfte. Ohne ein Wort zu sagen, schleppte er sich zur Tür und verließ die Wohnung. Anna wich dem Blick ihrer Tochter aus und stand, kochend vor Wut auf die Wand starrend, eine ganze Zeit verwirrt im Zimmer. Dann zog sie sich wieder an, holte einen leeren Kohlensack und sammelte zielstrebig die Einzelteile des zerbrochenen Stuhls ein. Als sie damit fertig war, knotete sie den Sack zu und verstaute ihn unter dem Bett – schließlich hatte man damit etwas Brennholz für den nächsten Winter. Als Sven und Alva, Gretas ältere Geschwister, nach Hause kamen und fragten, wo der Vater sei, sagte die Mutter, er sei wie gewöhnlich noch nicht zurück und saufe vermutlich wieder irgendwo. »Du lügst!« schrie Greta von ihrem Bett aus.

Anna stürzte sich auf ihre Tochter und fing an, auf sie einzuschlagen. Nach Gretas Schilderung des Vorfalls gelang es dann Sven und Alva, ihre Mutter von ihr wegzuzerren.

Garbos Kindheit in Stockholm entsprach dem klassischen Dickensschen und Strindbergschen Bild, ein Leben in ärmlichen Verhältnissen und voller Sorgen und Leid. Die Eltern kamen beide aus Bauernfamilien und lebten unter den elenden Bedingungen der Arbeiterklasse in einer kleinen Mietwohnung in der Stadt, im Bezirk Södermalm. Die bescheidene Wohnung, deren einziger Luxus fließendes Kaltwasser war, lag im vierten Stock und war über ein düsteres Treppenhaus zu erreichen. Der Abort im Hinterhof war für alle Hausbewohner da. Im Winter kauerten die Familien zusammen, um sich gegenseitig zu wärmen. Und Tuberkulose war die gefürchtete Krankheit, unter der Karl in seiner Jugend zu leiden hatte und die zeitweilig auch Alva ans Bett fesselte.

Eine Heiratsurkunde bekam zwar nie jemand zu Gesicht, es ist jedoch davon auszugehen, daß Karl und Anna heirateten, kurz nachdem sie sich 1897 kennengelernt hatten. Wenig später wurde das erste Kind, Sven, geboren, vier Jahre später ihre Tochter Alva und schließlich Greta am 18. September 1905. Der Vater, sofern er eine Anstellung hatte, schien als Metzgergehilfe und als Straßenreiniger gearbeitet zu haben. Um etwas dazuzuverdienen, verdingte Anna sich als Putzfrau bei Familien in reicheren Wohngegenden; und Sven und Alva waren kaum aus den Kinderschuhen herausgewachsen, als sie auch schon mitarbeiten mußten, um zum Lebensunterhalt mit beizutragen. Durch ihre Tuberkulose war Alva allerdings oft hustend ans Bett gefesselt; wenn ihre Gesundheit es jedoch zuließ, arbeitete sie als Bürogehilfin.

Greta warf ihrer Mutter vor, Sven und Alva zu bevorzugen, und stellte sich, wenn es Streit in der Familie gab, stets auf die Seite des Vaters. Anna fand umgekehrt, daß Gretas Liebe zu ihrem Vater etwas Unnatürliches hatte.

Greta empfand die Schule als langweilig und demütigend. Ich bin weder begabt, noch habe ich Lust zu lernen, erklärte sie ihrem Vater. Sie las jedoch mit Vorliebe Geschichten und hatte außerordentlichen Spaß daran, die Charaktere nachzuspielen. Sie unterhielt sich in ihrer Fantasie mit Schauspielern und Schauspielerinnen, deren Fotografien sie aus Zeitschriften ausgeschnitten und über ihrem Bett aufgehängt hatte. An Tagen, an denen er nüchtern war, bat ihr Vater sie oft, ihm etwas aus *Die Geschichte von Gösta Berling* vorzulesen. Vater und Tochter liebten diese Geschichte über ein schicksalhaftes Jahr in einem Dorf, wo Fantasie und unkonventionelles Verhalten Gesetz und Ordnung austricksen, wodurch in der Konsequenz sowohl Schönes als auch Chaos entstehen. Greta stellte sich in ihrer Fantasie vor, eine Schriftstellerin wie Selma Lagerlöf zu sein, die als Kind gelähmt war, in *Gösta Berling* ihre Kindheitswelt beschrieb und dafür 1909 mit dem Nobelpreis für Literatur ausgezeichnet wurde. Gelegentlich nahm der Vater Greta auch in den Theaterbezirk mit. Was für sie jedesmal ein besonderes Erlebnis war, wenn sie die in großen Lettern auf dem Vordach angezeigten Namen lesen und mit etwas Glück am Bühneneingang auch einen flüchtigen Blick auf die Schauspieler werfen konnte. Der zunehmende Alkoholismus und ein Wiederauftreten der Tuberkulose waren schließlich der Grund, daß ihr Vater morgens überhaupt nicht mehr aus dem Bett kam. Er war achtundvierzig, als er an einem Sommermorgen, zwei Monate vor Gretas fünfzehntem Geburtstag, starb.

Wenn ihr Vater ihr irgend etwas beigebracht hatte, dann, wie sie sich später erinnerte, daß man sich auf niemanden verlassen konnte. Ihre Mutter suchte ihr eine Anstellung als »Einseifmädchen« in einem nahe gelegenen Friseursalon. Trotz der Einwände ihrer Mutter ging Greta jeden Abend aus und streifte vor den zwei Theatern in der Nachbarschaft herum, wobei es ihr manchmal auch gelang, sich hinter die Bühne durchzuschmuggeln. Sie war zu schüchtern, um die Schauspieler anzusprechen, folgte ihnen aber manchmal durch die Straßen, um sie zu beobachten. Eines Abends versteckte sie sich zu Hause unter der Bettdecke mit einem Foto ihres Lieblingsschauspielers und wurde von ihrer Mutter dabei erwischt, wie sie sich sexuell befriedigte – und in der Konsequenz gezwungen, ihren Pastor, Hjalmar Ahlfeldt, aufzusuchen. Greta nutzte das Gespräch mit ihm, um ihn zu fragen, ob er ihr nicht behilflich sein könnte, eine Arbeit bei Bergström, dem größten Kaufhaus in Stockholm, zu bekommen. Als der Pastor sich erkundigte, ob sie denn keine Schauspielerin mehr werden wollte, sondern Verkäuferin, erwiderte sie: »Erst einmal muß ich mein Brot verdienen, und ich brauche genug Geld, um von meiner Mutter unabhängig zu werden.«

Erst einige Zeit später kam sie dahinter, daß Pastor Ahlfeldt der Liebhaber ihrer Mutter war. Die Vorstellung, wie ihre Mutter und der ältliche Pastor miteinander schliefen, war ihr zuwider. Später in ihrem Leben bekannte Greta, Sex sei für sie immer etwas geblieben, wovor sie sich fürchtete, und sie habe sich nach dem Geschlechtsakt nie befriedigt gefühlt. »Wenn alles vorbei war, fühlte ich mich leer und unbefriedigt. Ich glaube, daß die Ursache dieser Verwirrung die Beziehung zwischen meinen Eltern war... Diese Dreierbeziehung zwischen Vater, Mutter und dem Pastor lag mir schwer auf der Seele«, sagte sie. »Ich fing an, dem Sex gegenüber Ekelgefühle zu entwickeln.«

Greta erwies sich als flotte Verkäuferin in der Hutabteilung von Bergström. Sie hatte etwas Bezauberndes, obwohl sie noch pausbackig und pummelig war, und führte für den Frühjahrskatalog des Kaufhauses 1921 gleich fünf verschiedene Hutmodelle vor. Ihre Abende verbrachte sie in Theatern, wurde kühner und rief eines Abends von ihrem Platz in der ersten Reihe aus Carl Brisson, dem Hauptdarsteller des Stücks, einem Dänen, groß, mit lockigem blondem Haar und großen blauen Augen, in ihrer Begeisterung zu: »Ich liebe dich.« Nach der Vorstellung ließ er sie in seiner Garderobe Shakespeare lesen, gab ihr einen freundschaftlichen Kuß und meinte, sie habe Talent, müsse aber trotzdem noch zur Schauspielschule gehen. Immerhin bekam sie so ihre erste Rolle: In einem Film von Erik Petschler, dem Mack Sennet von Schweden, spielte sie in einer Verwicklungsgeschichte um einen Bürgermeister, dessen Frau und drei Töchter eine Badeschönheit. Greta war fast siebzehn, als Petschler, nachdem er vergebens versucht hatte, sie auf der Couch in seinem Büro zu verführen, ihr vorschlug, sie solle sich um ein Stipendium an der Königlichen Schauspielschule bewerben. Sie war eine der sechs, die angenommen wurden.

Greta fühlte sich ungebildet und der Weltläufigkeit der Theaterwelt nicht gewachsen. Sie studierte jedoch fleißig die ihr zugewiesenen Rollen von J. M. Barrie, Victorien Sardou, Ibsen und Shakespeare ein und fand in Mimi Pollock, einer Kollegin, die ebenfalls neu am Theater war, eine Freundin. Die beiden jungen Frauen blieben bis spät in die Nacht auf, rauchten zusammen Zigaretten und erzählten sich alles. Auf einem Klassenfoto stehen Greta und Mimi, Händchen haltend, etwas abseits von den anderen.

Es war weder so, daß Fräulein Gustafsson nun mit den Klassikern sonderlich geglänzt hätte, noch daß ihre Kostproben auf der Bühne für die Filmproduzenten und Regisseure überwältigend waren, die regelmäßig auf der Suche nach jungen Talenten bei Proben in der Schauspielschule auftauchten. »Du bist groß, hast ein schönes Gesicht und schöne Schultern«, sagte eine Lehrerin zu ihr. »Diese Eigenschaften und dein Lächeln werden sie bezaubern.« Im Frühjahr 1923 wurde sie Mauritz Stiller vorgestellt.

Da Stiller genau wie Louis B. Mayer russisch-jüdischer Abstammung war, heckten die MGM-Werbeleute eine rührende Geschichte über seine vorgebliche Flucht aus St. Petersburg im Jahre 1918 aus, um dem zaristischen Militärdienst zu entkommen (wobei ihnen nachzusehen sei, daß die Bolschewisten Zar Nikolaus II. bereits 1917 stürzten und Lenin zum fraglichen Zeitpunkt bereits einen Separatfrieden mit Deutschland geschlossen hatte). Tatsächlich kam Stiller in Helsinki, im russisch-besetzten Finnland, zur Welt und machte seit 1912 in Schweden Filme. Als er Greta Gustafsson an der Königlichen Schauspielschule vorgestellt wurde, bereitete er gerade *Gösta Berling*, seinen vierundvierzigsten Film vor.

Stiller war fünf, als sein Vater, ein Musiker, an einer unheilbaren Krankheit starb und seine polnische Mutter Selbstmord beging. Mauritz, von Freunden Moje genannt, wuchs bei Verwandten auf, war ein ausgezeichneter Schüler, sprach Schwedisch, Russisch, Deutsch und Polnisch, verliebte sich in die Bühne und organisierte mit Achtzehn ein Laientheater. Da er Helsinki als kulturelles Ödland empfand, beschloß er, nach St. Petersburg zu gehen, wo er, halbverhungert, in einem von Ratten wimmelnden Keller hauste und schließlich als tuberkulosekrank diagnostiziert wurde. Ein ihm wohlgesinnter jüdischer Arzt bot an, einen Sanatoriumsaufenthalt auf der Krim für ihn zu arrangieren, aber Stiller sagte, es wäre ihm lieber, wenn er ihm helfen würde, nach Stockholm oder Paris zu kommen, wo er sich dann selbst um seine Gesundheit kümmern könnte.

Mit tausend Rubeln in der Tasche, die der gutmütige Arzt und eine reiche Witwe, die mit dem Arzt befreundet war, ihm zugesteckt hatten, kam Stiller 1912 in Stockholm an, kaufte sich zwei elegante Anzüge aus feinem englischem Tuch und mietete sich im Strandhotel als »deutscher Filmemacher« ein. Er spielte seine Rolle gut, spendierte für alle Getränke, streute überall aus, ihm fehle nur die Zeit, die wichtigen Leute zu treffen, und faszinierte die Theater- und Filmmenschen mit seinen Gesprächen über die *vielen* Filme, die er plante. Er sprach eine bestrickende Mischung aus Deutsch und Schwedisch, fand als Schauspieler und Regisseur Arbeit an Strindbergs altem Theater und griff bei Svenska Bios erstem Angebot zu, das Drehbuch für eine Kassenfüllerschnulze zu schreiben, selbst Regie zu führen und die Rolle des Verführers zu spielen. Wenige Monate später engagierte die Filmgesellschaft Victor Sjöström, der ebenfalls schon an Kleintheatern gespielt und Regie geführt hatte. Diese beiden, Stiller und Sjöström, führten den aufwärts strebenden schwedischen Film im Laufe der nächsten zehn Jahre zu internationaler Anerkennung.

Während Sjöströms Filme eher zurückhaltend, ernst und nachdenklich waren, brachte Stiller lebhafte, technisch virtuose Melodramen, Krimis und Varietéstücke auf Zelluloid, die ihm die Reputation eines einfühlsamen, exzentrischen Schöpfers mit tiefgreifenden poetischen Fähigkeiten einbrachten. Die Damen, die in seinen Filmen die Hauptrollen spielten, halfen ihm, Leute mit Geld und Einfluß kennenzulernen. Stiller sagte gerne, der Erfolg seiner Filme ließe sich proportional daran messen, wie verliebt die jeweilige Hauptdarstellerin in ihn gewesen sei. Er erhielt 1920 die schwedische Staatsbürgerschaft.

Am Neujahrstag 1923 beging Axel Esbensen, der dänische Designer, der die Kostüme von allen Stiller- und Sjöström-Filmen entworfen hatte, nach einem heftigen Streit mit Stiller Selbstmord. Es konnte nie nachgewiesen werden, daß sie ein homosexuelles Paar waren, und der Selbstmord wurde vertuscht. Nachdem Sjöström nach Hollywood gegangen war, wo sein Name in Seastrom anglisiert wurde, war Stiller der König des schwedischen Kinos. Als er Greta Gustafsson in der Schauspielschule begegnete und sie einlud, bei ihm im Filmstudio vorbeizukommen, war er bereits der arrogante Homosexuelle, der im Pelzmantel und mit diamantenbesetzten Krawattenklammern auftrat und dafür sorgte, daß seine exzentrische Persönlichkeit ein Dauerthema des öffentlichen Klatsches war.

Stiller gab Greta die Hauptrolle in *Gösta Berling*. Impulsiv und grausam sagte er ihr, sie wisse nicht, wie man sich benimmt und denken könne sie auch nicht, sie habe zwar eine gute Figur, anmutige Schultern, schöne Beine, ein ungewöhnliches Gesicht, schöne Augen mit langen Wimpern und eine rauchige Stimme, aber sie sei zu dick, habe einen unmöglichen Gang und ausdrücken könne sie sich auch nicht. Da es nach seiner Einschätzung in Skandinavien Tausende von Gustafssons gab, entschied er, sie müsse ihren Namen ändern. »Nach diesem Film wird dein neuer Name in ganz Europa bekannt sein; man wird in der schwedischen Presse und in den Zeitungen auf der ganzen Welt über dich schreiben. Mach dir keine Gedanken wegen deiner Freunde. Wenn ich mit dir fertig bin, wirst du keine Freunde mehr haben, dafür aber überall Bewunderer.« Sie würde Greta Garbo heißen, erklärte er. »Der Name ist einfach und einprägsam, und er paßt zu dir. Obwohl er aus dem Polnischen stammt, läßt er sich in jeder Sprache gut aussprechen.«

Sie war noch nicht ganz achtzehn; er war vierzig.

Die Premiere von *Gösta Berling* im März 1924 war ein kulturelles Ereignis. Mitglieder der Königlichen Familie, Selma Lagerlöf, die Autorin der Saga, der Regisseur und das ganze Ensemble nahmen an einem glanzvollen Empfang teil. Als die sechsundsechzigjährige Lagerlöf erklärte, der Film sei eine Verkitschung und Verzerrung ihres Werkes, sorgte Stiller dafür, daß sie betrunken gemacht und nach Hause gebracht wurde, noch ehe Vertreter der Presse sie interviewen konnten. Die Filmkritiken fielen zwar mittelmäßig aus, aber an den Kinokassen war der Film ein voller Erfolg. Die Trianon-Filmgesellschaft in Berlin kaufte die deutschen Rechte und lud Stiller samt Ensemble nach Berlin zur deutschen Premiere ein. Ernst Lubitsch, Joe May, Georg Wilhelm Pabst und Fritz Lang machten künstlerisch anspruchsvolle Filme, die Emil Jannings, Asta Nielsen, Pola Negri, Conrad Veidt und Lil Dagover zu internationalen Stars machten. Und Stiller sah seine Zukunft im vibrierenden deutschen Kino.

Gösta Berling war in Deutschland ein größerer Erfolg als in Schweden. Innerhalb von vier Wochen hatte Trianon die Investitionen wieder eingespielt und nahm Stiller nun selbst unter Vertrag. Wobei Trianon als erstes vorhatte, mit ihm *Hotel Stadt Lemberg zu* verfilmen. Aber Stiller hatte etwas anderes im Kopf, was er unbedingt machen wollte: *Das Mädchen von Sewastopol*, Wladimir Sanitjews Geschichte von einem aristokratischen russischen Mädchen, das vor dem Krimkrieg flieht und in einem türkischen Harem landet. Trianon erklärte sich schließlich einverstanden, und Stiller machte sich samt Garbo und Aufnahmeteam nach Konstantinopel (dem heutigen Istanbul) auf, wo er den Film drehen wollte. Die in Deutschland grassierende Hyperinflation trieb Trianon jedoch in den Bankrott, reduzierte das ursprüngliche Millionen-Mark-Budget auf Pfennige und zwang Stiller samt Ensemble und Crew zur Heimreise. Das schwedische Konsulat in Konstantinopel schoß das Geld für die Rückfahrkarten nach Berlin vor.

Im Zug zwischen Prag und Berlin wurde Garbo, als sie im Speisewagen einen Kaffee trank, von einem Assistenten des Regisseurs Georg Wilhelm Pabst erkannt. Der, kaum in Berlin angekommen, seinem Chef sofort erzählte, die fantastische Schauspielerin aus *Gösta Berling* sei in der Stadt... Pabst, dem später der Umgang mit den Nazis leichter fiel als mit den Warner Brothers, ließ von seinen Leuten alle Hotels durchforsten, bis sie schließlich Garbo (und Stiller), auf Kredit lebend, in einer Pension am Tiergarten aufgetrieben hatten.

Für zweitausend Mark bot Pabst ihr die Rolle eines ehrlichen Mädchens in seinem brutal realistischen Film *Die freudlose Gasse* an. Stiller bestand darauf, daß sie die Rolle ablehnte. Als sie dennoch zusagte, warf er ihr vor, sie mache das nur, weil sie ein Verhältnis mit ihrem neuen Regisseur habe. Um sich zu rächen, trieb Stiller eine syphiliskranke Prostituierte auf, die etwas Schwedisch sprach, und stellte sie Pabst in der Hoffnung vor, er werde sich mit ihr einlassen und sich bei ihr anstecken. Was ihn in Wirklichkeit ärgerte, war, daß es Pabst einfach gelang, Garbo von ihrer besten Seite auf der Leinwand zu zeigen.

Auf einer seiner Erkundungsreisen kam Louis B. Mayer nach Berlin. MGM war Hollywoods größter Arbeitgeber von nordischen Talenten, und Stiller nutzte die Gelegenheit, ein Treffen mit ihm zu arrangieren. Mayer gab sich unverbindlich, telegraphierte jedoch nach Hollywood, um über Sjöström nähere Erkundigungen einzuziehen. Sjöström bestätigte postwendend, daß Stiller ein fähiger Regisseur sei. Über den letztendlichen Deal gibt es verschiedene Versionen: Die eine besagt, daß Mayer Garbo im Auge hatte und, um sie zu bekommen, auch ihren Regisseur für einen Film unter Vertrag nahm. Nach einer anderen war Stiller derjenige, der darauf beharrte, daß sein schöner, aber etwas pummeliger Schützling Teil des Paketes zu sein hatte. Worauf Mayer sich angeblich widerwillig eingelassen und gebrummt haben soll: »In Amerika lieben die Männer keine fetten Frauen.«

Stiller und Garbo kamen im September 1925 in Amerika an, wenige Tage vor ihrem zwanzigsten Geburtstag. Victor Sjöström war in New York und hatte Karten für sie für die Weltpremiere von Charlie Chaplins Film *Goldrausch (Gold Rush)* und den anschließenden glanzvollen Empfang besorgt. Stiller hoffte darauf, Chaplin könnte Garbo für seinen nächsten Film in Betracht ziehen, der Komiker fand jedoch, daß sie zu groß für ihn war. Auf Veranlassung Stillers fand der Gesellschaftsfotograf Arnold Genthe sich bereit, eine Reihe von Fotos von Garbo zu schießen. Er war fasziniert von ihrem Gesicht, bürstete ihr Haar zurück, warf ihr ein Umhängetuch über die Schultern und produzierte eine Serie außergewöhnlicher Fotos. Eines davon erschien im November 1925 als Titelbild von *Vanity Fair*.

Einem Studiofotografen gelang ein Schnappschuß von Stiller und Garbo, als sie lächelnd in Los Angeles aus dem Zug stiegen. Stiller mietete für sich ein kleines Strandhaus in Santa Monica, und Garbo zog in das nahe gelegene Miramar Hotel. Sie war völlig abhängig von Stiller und wirkte in Gegenwart Fremder oft wie ein aufgeschrecktes Reh. Nur zu gut erinnerte Pola Negri sich später an ein Abendessen, bei dem ihr aufgefallen war, wie Garbo an Stiller hing und ihn jedesmal, ehe sie den Mund aufmachte, erst angesehen hatte, als müßte sie sich für jedes Wort erst eine Erlaubnis holen. Negri überließ die Männer dann ihren Zigarren und ihrem Brandy, nahm Garbo beiseite und führte sie in ihr Malstudio, wo sie ihr sagte, sie müsse die Leute schockieren, verwegen und egozentrisch sein – alles, aber nur nicht schüchtern. Vor drei Jahren, erklärte sie ihr, als Ernst Lubitsch sie nach Hollywood gebracht hatte, habe auch sie geglaubt, sie verdanke alles ihrem Regisseur. »Aber ich habe mich inzwischen erfolgreich durchgesetzt. Und Sie müssen das auch bald tun ... ohne Stiller.«

»Ich hoffe, ich kann es«, seufzte Garbo.

Irving Thalberg war nicht gerade überwältigt von ihren ersten Filmproben. Auf Stillers Beharren wurden jedoch zweite Proben angesetzt, und diesmal war der Produktionschef wesentlich mehr beeindruckt. Als erstes legte er der 1,73 Meter großen Newcomerin jedoch eine Schlankheitskur nahe und schickte sie außerdem zum studioeigenen Zahnarzt und zum Friseur. Zehn Wochen später zitierte er sie wieder in sein Büro und drückte ihr ein Drehbuch mit dem Auftrag in die Hand, die Rolle der Leonora, eines schönen spanischen Bauernmädchens einzustudieren, das sich in den reichen Don Rafael Brull verliebt. Ricardo Cortez, dessen wirklicher Name Jacob Krantz war, dunkelhaarig und eine stattliche Erscheinung, sollte den Don Rafael spielen. Er war die Antwort MGMs auf Rudolph Valentino, der bei Paramount unter Vertrag war. Garbo war erleichtert, als sie erfuhr, daß auch er weder Spanisch konnte noch jemals in Spanien gewesen war. Der Film, den Thalberg im Auge hatte, *Fluten der Leidenschaft (The Torrent)*, nach einem Roman von Vicente Blasco Ibanez, sollte Cortez den Erfolg bringen, den die Verfilmung von Ibanez' Roman *Die vier apokalyptischen Reiter (Four Horsemen of the Apocalypse)* Valentino gebracht hatte. Bei den täglichen Dreharbeiten kam Garbos Talent, vor der Kamera Gefühle zu transportieren, exzellent zum Tragen. Noch ehe der Film beendet war, erhöhte Mayer ihre Gage. Für *Vanity* war Garbo die »Entdeckung des Jahres«.

Sie war ein derart völlig neues Phänomen, daß die klassische Frauenrolle der zwanziger Jahre, das Mädchen, das sich in Verhalten und Kleidung über alle Konventionen hinwegsetzt, das bei MGM so erfolgreich von Norma Shearer und Colleen Moore gespielt wurde, von der Leinwand verschwand. Jede Schauspielerin, die etwas taugte, wollte Garbo kopieren – am nächsten kam ihr dabei Constance Bennett. Nach *Fluten der Leidenschaft* sollte ein weiterer Film nach einer Romanvorlage von Vicente Blasco Ibanez, *Totentanz der Liebe (The Temptress)*, gedreht werden. Garbo fand ihre Rolle albern und erklärte Thalberg: »Ich kann keinen Sinn darin sehen, mich aufzutakeln und nichts anderes zu tun, als im Film Männer zu verführen.« Wiederholte Streitereien mit Mayer und Thalberg führten schließlich dazu, daß Stiller von den Filmarbeiten ausgeschlossen wurde. Bei ihrem dritten Film, *Es war (Flesh and the Devil)*, brachte MGM Garbo mit dem Star des Studios, John Gilbert, in den Hauptrollen zusammen.

In einer Zeit, als die Kinos zweimal wöchentlich ihr Programm änderten und ein Film, der eine volle Woche lief, ein Erfolg war, brach *Es war* monatelang alle Rekorde. Die Liebesszenen zwischen Garbo und Gilbert, die mit gewagten Gesten gespickt waren, elektrisierten das Publikum. Mit Clarence Brown als Regisseur spielte Garbo die treulose Ehefrau eines ältlichen Grafen (Marc McDermott), die in einer Kirchenbank zwischen ihrem Ehemann und Liebhaber (Lars Hanson) sitzt und sich zurechtmacht, während der Pfarrer sie geradewegs anblickt und über die Sünden des Fleisches wettert. An der Kommunionbank dreht sie den Kelch bewußt so, daß ihre Lippen ihn an der gleichen Stelle berühren, an der ihr Liebhaber ihn zuvor an den Mund geführt hatte. Um den Erfolg mit der Starbesetzung zu wiederholen, verfilmte MGM 1927 ebenfalls mit Garbo und Gilbert in den Hauptrollen eine moderne Fassung samt Happy-End von Tolstois *Anna Karenina*. Ein Film, der unter gleichnamigem Titel in die deutschen Kinos kam, dessen Originaltitel Mayer jedoch in *Love* änderte, da er der Meinung war, »Anna Karenina« könne niemand aussprechen.

Mit seinen pechschwarzen Haaren und funkelnden dunklen Augen war der joviale, aber gleichwohl leicht reizbare und dreimal geschiedene Gilbert nach Rudolph Valentinos vorzeitigem Tod 1926 die Inkarnation der Männlichkeit im Stummfilm. Garbo fand ihn jedoch wenig originell und sexuell unattraktiv. Stets von starkem Ehrgeiz getrieben, litt Gilbert (geboren als John Pringle) an einem Minderwertigkeitskomplex, und Garbo tat nichts, ihm sein Problem zu erleichtern. Derweil bastelten Thalberg und die MGM-Publicity-Abteilung für die Klatschspalten der Zeitungen eine private leidenschaftliche Liebesgeschichte des großen Leinwand-Liebespaares Garbo/Gilbert zusammen. Das Studio sorgte dafür, daß sie des öfteren zusammen gesehen wurden. Über ihn lernte sie Aileen Pringle kennen, mit der sie sich dann zum Tennisspielen verabredete, sowie Dagmar Godowsky, die im wesentlichen als Filmpartnerin Valentinos bekannt geworden war und Garbo in die Astrologie einführte. Nachdem Garbo der Presse gegenüber hatte verlauten lassen, sie habe keine Zeit für Männer, wurde Tallulah Bankhead ihre Freundin. Bankhead, bekannt für ihre Obszönitäten und Extravaganzen, mit denen sie sich gerne über alle konventionellen Regeln hinwegsetzte, war mit ihren Tiraden für alle Welt ein gefundenes Fressen und brachte mit ihren Imitationen von Charlie Chaplin sogar Garbo zum Lächeln.

An einem Abend im Winter 1927 in Gilberts Villa in der Tower Road mit Blick über Beverly Hills wurden er und Garbo dann tatsächlich Liebende. Aber kurz vor dem Höhepunkt ihres Liebestaumels erstarrte Gilbert: »Steh schnell auf«, flüsterte er – er glaubte gehört zu haben, wie Stiller sich an der Haustür mit dem Butler stritt. Garbo raffte im Handumdrehen ihre Kleider zusammen und lief hinter Gilbert auf die kalte Terrasse hinaus. Gilbert sprang im Laufschritt in seine Kleidung, glättete sich das Haar und raunte ihr zu: Zieh dich schnell an, ich gehe Stiller begrüßen und erkläre ihm, daß ich dir gerade den Blick von der Terrasse zeige.

Um Zeit zu gewinnen, unterzog Gilbert den ungebetenen Gast einer zehnminütigen Besichtigungstour durch die Villa. Während sie von Zimmer zu Zimmer gingen, hörte Garbo, wie Stiller immer wieder zornig fragte: »Wo ist Greta?« Als sie ins Wohnzimmer trat, sah sie, wie der eifersüchtige Stiller Gilbert ins Gesicht schlug und dabei schrie: »Zeit, nach Hause zu gehen! Zeit, nach Hause zu gehen!« Sie sprang zwischen die beiden, und Stiller packte sie und zerrte sie aus dem Haus.

In Stockholm starb Gretas Schwester an Tuberkulose, und als Stiller Greta bat, mit ihm nach Schweden zurückzukehren, versprach sie es ihm. Nachdem Stiller abgereist war, hängte sie sich an Salka Viertel, die ihre Unsicherheiten kultivierte, mit ihr über Filmideen sprach und dazu Drehbücher entwickelte, die Garbo dann mit zu Thalberg nahm. Ein Projekt, das sie gemeinsam entwarfen, war etwa eine Tonfilmversion von *Sappho*, nach Alphonse Daudets Roman von 1884 über den moralischen und geistigen Zusammenbruch eines jungen Künstlers, der vollends dem Bann seines Models erliegt. Thalberg war einverstanden, und Clarence Brown übernahm die Regie bei dem Film, in dem Sappho in ›Yvonne‹ umgetauft und Robert Montgomerys Rolle in die eines jungen Diplomaten umgemodelt wurde, und der unter dem Titel *Yvonne (Inspiration)* in die Kinos kam...

Garbo steckte mitten in den Dreharbeiten von *Wilde Orchideen* – der Film basierte auf einer Story von John Colton –, als Louis B. Mayer höchstpersönlich am Drehort erschien, um ihr das Telegramm mit der Nachricht vom Tod Stillers zu überreichen. Die Todesursache wurde auf Tuberkulose zurückgeführt. Er wurde am 9. November 1928 auf dem Nordfriedhof in Stockholm begraben. Abgesehen von seinem Anwalt, Hugo Lindberg, wohnte niemand der Beerdigung bei. Garbo gab sich die Schuld an seinem Tod.

Mayer und Thalberg hielten sie beschäftigt. Nach *Es war* drehte sie 1927 zwei weitere Filme und drei im darauffolgenden Jahr. Nach weiteren drei Filmen 1929 erklärte sie, sie sei erschöpft, und entschloß sich zu einer Reise nach Schweden, in ihre Heimat. An Bord des schwedisch-amerikanischen Ozeandampfers lernte sie Graf und Gräfin Wachtmeister kennen und hatte eine Bordromanze mit der gesellschaftlich prominenten Gräfin, einer großen, vitalen Frau, die neun Jahre älter als sie und mit der Königlichen Familie verwandt war. Nach ihrer Ankunft in Stockhohn erkundigte Garbo sich nach Stillers Grab, suchte den Friedhof jedoch nicht auf. Statt dessen sprach sie mit allen über ihn, als sei er nach wie vor am Leben.

Garbo schloß nie mit ihm ab. Sie hatte das Gefühl, ihr Leben und ihre Karriere könnten um so vieles reicher sein, wenn er noch lebte. Zwanzig Jahre später, als sie eine kurze, aber körperlich befriedigende Affäre mit Cecil Beaton, dem Fotografen und Bühnenbildner, hatte, hielt dieser in seinem Tagebuch fest:

Ein intimes Abendessen, bei dem sie über die Unzulänglichkeit ihrer Karriere sprach ... und die großen Hoffnungen, die sie als Mädchen gehabt hatte, als sie erstmals unter den Fittichen von Maurice Stiller gewesen war (nur, daß sie dabei seinen Namen natürlich nicht erwähnte). Sie konnte über den großen Einfluß, den er auf sie gehabt hatte, nie hinwegkommen, weil sich im Leben ihrer Familie nie jemand für die Dinge interessiert hatte, die sie liebte. Ihn kennenzulernen, kam einer plötzlichen Offenbarung gleich. Sie sprach darüber, wie die Menschen sich verhalten sollten. Sofern ihre sexuellen Wünsche in eine bestimmte Richtung gingen, sollten sie der Welt nicht offenbar werden.

5. Geliebte der Stars

Bis ein Spielkamerad sie herausforderte, ihm *ihren* Penis zu zeigen, war Mercedes de Acosta überzeugt, ein Junge zu sein. Ihre exzentrische Mutter hatte sich einen Sohn gewünscht und nannte ihre Tochter Rafael. Micaela de Acosta zog ihrem Kind Eton-Anzüge an und ermutigte es, als Junge mit Jungen zu spielen. Mercedes / Rafael war sieben, als ein Nachbarjunge sie zum »Kräftemessen« herausforderte, sie hinter eine Umkleidekabine lockte, seine Hose aufknöpfte, ihr *seinen* Penis zeigte und sie fragte, ob sie auch so ein »Ding« hätte. In einer frühen unveröffentlichten Fassung ihrer Memoiren beschrieb de Acosta ihr Entsetzen:

Ich hatte von Erwachsenen und Kindern gehört, die mißgebildet waren. Diese Geschichten kamen mir jetzt schlagartig in den Sinn.
    »Du bist ja mißgebildet«, schrie ich.
    »Wenn du ein Junge bist und so was nicht hast, dann bist du mißgebildet und nicht ich«, schrie er zurück.
    Inzwischen hatten die anderen Jungs uns gefunden, und jeder Junge zeigte mir eilig das gleiche seltsame Ding, das der erste Junge mir vorgeführt hatte. Sie waren wie schreckliche und furchtbare Richter! Sie verlangten von mir, ihnen mein »Ding« ebenfalls zu zeigen.
    »Beweise, daß du kein Mädchen bist«, brüllten sie.
    In dieser einen kurzen Sekunde verfinsterte sich meine junge Seele, und alles wurde gräßlich und entsetzlich.

Sie rannte nach Hause zu ihrem Kindermädchen, und als sie ihre Mutter mit ihrem Problem konfrontierte, war die Antwort, ja, sie sei ein Mädchen.

Es gab wenig, was de Acosta von ihrem Hintergrund her dafür prädestiniert hätte, irgendwelchen romantischen Frauenidolen von der Bühne und Leinwand eine Bedeutung beizumessen und sich mit den überbordenden Egos und widersinnigen Naturen der Hollywood-Stars abzugeben und auseinanderzusetzen. Mercedes war das jüngste von acht Kindern, von denen eines bereits tot war, als sie 1893 geboren wurde. Da ihre Eltern den Sommer immer in Frankreich verbrachten, betonte sie gerne, sie sei zwar in New York geboren, aber in Paris *gezeugt* worden. Ihr Vater und ihre Mutter waren blaublütige Spanier, die ihren kastilischen Hochmut nie ablegten.

»Meine Mutter und mein Vater, die beide von Spanien nach Amerika verpflanzt wurden«, schrieb sie in ihren Memoiren, »vermittelten meinen Brüdern und Schwestern und mir ein Bewußtsein von einer Art Heimatlosigkeit – das heißt, ein Bewußtsein, daß wir nicht wirklich nach Amerika gehörten. Da wir uns jedoch an den modernen Lebensstil in Amerika gewöhnt hatten, konnten wir uns aber letztlich, wenn wir nach Spanien zurückkehrten, auch dort nie zugehörig fühlen.«

Mercedes' Vater, Ricardo de Acosta, ein distanzierter Mann mit grauen Augen, war jemand, den das Leben an den falschen Platz geworfen hatte. Er war im kolonialen Kuba geboren worden, hatte den Großteil seiner Kindheit jedoch im ständigen Pendelverkehr zwischen Havanna und Madrid verbracht. Als junger Mann hatte er sich einem Studentenaufstand in Havanna angeschlossen, war verhaftet und zusammen mit zwanzig anderen vor ein Erschießungskommando auf einer Klippe zur Hinrichtung gestellt worden – ihre Leichen sollten den Haien im darunterliegenden Ozean als Fraß dienen. Mit einem waghalsigen Sprung ins Meer war er den Todeskugeln entkommen und an Bord eines Bostoner Schoners in die Vereinigten Staaten geflohen. Mercedes' Mutter, Micaela Hernandez de Alba y de Alba, war eine Nachfahre des Herzogs de Alba.

Die de Acostas lebten in New York in einem Haus in der Siebenundvierzigsten Straße zwischen der Fifth und Sixth Avenue. Eine elegante Wohngegend. Der frühere Präsident Theodore Roosevelt besaß ein Haus auf der anderen Straßenseite; der künftige Botschafter Großbritanniens, Joseph Choate, wohnte im Nachbarhaus. Auch die Schauspielerin Maude Adams wohnte eine Zeitlang in der gleichen Straße, sie war für ihre außerordentliche Darstellungskunst berühmt wie auch dafür, daß sie nicht heiratete und – um es im Sprachgebrauch der Zeit auszudrücken – gegenüber Männern eine berechnende kühle Gleichgültigkeit an den Tag legte.

Mercedes war zwölf, als ihre Mutter sie mit ins Theater nahm, um sich anzusehen, wie Maude Adams in J. M. Barries Stück den betörenden Peter Pan spielte. Als die dreiunddreißigjährige Schauspielerin im Rampenlicht auf der Bühne vortrat und das Publikum fragte, ob es an Märchen glaube, brüllten die Theaterbesucher einstimmig: »Ja!« Wie das übrige Publikum schaltete auch Mercedes nur allzu bereitwillig ihren gesunden Menschenverstand aus und »lebte mit ihrem« Peter Pan, als sei er eine reale, lebende Person. »Jedes Kind war verrückt nach ihr bzw. nach ihr in der Gestalt des kleinen Jungen, der nie erwachsen wurde, und ich war keine Ausnahme«, schrieb sie in ihren Erinnerungen. »Für mich war sie Peter Pan, und als ich sie in der Rolle sah, geriet ich in einen Zustand der Ekstase.«

Eine der frühesten Erinnerungen de Acostas geht auf den Hochzeitstag ihrer ältesten Schwester Rita zurück. Rita trug ein Prinzeßkleid aus cremefarbener Spitze, eine Zobelfellboa und einen schwarzen Hut. Sie war eine atemberaubende Schönheit, wurde von Sargent und Boldini gemalt, und Mercedes konnte nie vergessen, wie Rita in ihrem Hochzeitskleid die Treppe hinunterkam, um William Graf Dodge Stokes zu heiraten, einen zwanzig Jahre älteren Millionär. »Bei Rita nahm ich zum erstenmal bewußt Schönheit wahr, und sie war mein ganzes Leben für mich das Symbol von Schönheit.«

Wie die übrigen de Acosta-Kinder war auch Rita in der streng katholischen, spanischen Tradition erzogen worden, was sie aber nicht hinderte, sich von Stokes scheiden zu lassen und Philip Lydig zu heiraten. Und als Mrs. de Acosta Lydig wurde sie denn auch berühmt wegen ihrer Extravaganzen, ihrer Kleider, ihres Kunst-Mäzenatentums und ihrer Reisen mit einem Gefolge von sieben Bediensteten. Mercedes war erst zehn, als Rita sie bereits wie eine Erwachsene behandelte und sie bei den Größen und Prominenten jener Zeit einführte, angefangen von Auguste Rodin und Henri Bergson bis zu Yvette Guibert, Gabriele D'Annunzio, Edith Wharton und Sarah Bernhardt. Ethel Barrymore war eine Freundin von Rita, und Catherine Harris, John Barrymores erste Frau, war eine Cousine Phil Lydigs. Baba, eine weitere Schwester von Mercedes, heiratete einen Cousin von George Bernard Shaw.

Ricardo de Acosta wurde mit der Flucht vor dem Tod nie fertig, die ihm als Jugendlicher gelungen war. Warum war keiner seiner zwanzig Kameraden ihm über die Klippe gefolgt? Mercedes war vierzehn, als er sich mit einem Sprung von einem hohen Felsen tötete. In der ersten Fassung ihrer Memoiren schreibt sie, sie habe ihren Vater verstanden: »Ich wußte, diese Geste war für ihn letztlich eine Wiedergutmachung an seinen Kameraden, daß er vor so vielen Jahren mit seinem Leben davongekommen war.«

Nachdem Micaela de Acosta ihre Tochter zunächst wie einen Jungen erzogen hatte, fand die Witwe es nun an der Zeit, Mercedes zur Weiblichkeit erziehen zu lassen und schickte sie auf eine katholische Internatsschule. Die Erziehung klappte nicht so ohne weiteres. Mercedes erzählte einer Nonne, da sie weder ein Mädchen noch ein Junge sei, werde sie immer unglücklich sein und nie irgendwo dazugehören. Als Erwachsene lernte sie ihre Ambivalenz dann allerdings schätzen:

Ich habe dadurch die Zwischentöne des Lebens kennengelernt und
verstanden, und wie das Zwielicht zwischen Tag und Dämmerung,
dessen Vibrieren außerordentlich geheimnisvoll und romantisch
ist, so habe ich diese Zwischentöne des Lebens und die Menschen,
die deren Rhythmus folgen, als die schönsten zu betrachten ge-
lernt ... Gegenüber dem äußerlichen Geschlecht bin ich gleichgül-
tig, ich verstehe nicht die Unterschiede zwischen einem Mann und
einer Frau; und da ich nur an den ewigen Wert der Liebe glaube,
kann ich diese sogenannten »normalen« Menschen nicht verste-
hen, die meinen, ein Mann dürfte nur eine Frau und eine Frau nur
einen Mann lieben. Wenn das richtig wäre, würde das Geistige, die
Persönlichkeit und die Seele des Menschen vollkommen außer acht
gelassen und allein die körperliche Liebe zählen. Ich glaube, aus die-
sem Grund sind die »normalen« Menschen für gewöhnlich weitaus
weniger inspiriert, selten Künstler und viel weniger feinfühlig als
die Menschen der »Zwischentöne«. Sie werden vom Körperlichen
so unterdrückt und beherrscht, daß sie über die äußerliche Gestalt
des Männlichen und Weiblichen nicht hinausblicken können.

Mercedes, die dafür bekannt war, daß sie ihr tiefschwarzes
Haar mit Brillantine glatt zurückkämmte, war als Teenager
lebhaft und kühn. Sie fühlte sich zum Theater, seinen Frauen
und den Geheimnissen der sapphischen Liebe hingezogen. Sie
entdeckte das »kleine Theater« Washington Square Players,
das bald berühmt werden sollte, wo sie Katherine Cornell kennenlernte und sich in sie verliebte, und am Broadway hatte sie
bald selbst Teil am Leben von Peter Pan – Maude Adams.

Cornell, die eine Institution des Theaters wurde und zahl-
lose Angebote zum Leinwandruhm in den Wind schlug, war
fünf Jahre jünger als Mercedes. Maude Adams Kiskadden war
hingegen zwanzig Jahre älter als sie. Maude Adams' Name ge-
nügte, um Theater zu füllen. Daß sie die Presse genauso wie die
persönliche Begegnung mit ihren Fans mied, tat dem Umstand
keinen Abbruch, daß ihre Verehrergemeinde ihren weichen,

unbegreiflichen Charme unwiderstehlich fand. »Nur wenige konnten jemals die unsichtbare Wand durchdringen, mit der sie sich umgab«, schrieb der Broadway-»Historiker« und Kritiker Brooks Atkinson. Mercedes wurde in einem höchst seltenen Moment durchgelassen, als sie zum erstenmal mit Adams allein war.

Kitty Cornell war groß, dunkelhaarig, nicht im klassischen Sinne schön, aber faszinierend. Sie gehörte zu den Ausnahmen, die problemlos auch sehr lange Texte sprechen konnten, und fand wegen dieses besonderen Talentes immer wieder Beachtung. Jenseits der Bühne war sie vor allem wegen ihrer scharfen Zunge bekannt. Sie machte Mercedes mit Elisabeth (»Bessie«) Marbury bekannt, der Doyenne des sapphischen Broadway.

Marbury war eine gesellschaftlich prominente Frau, Theaterproduzentin und Agentin sowie eine mächtige Figur in der Demokratischen Partei. Als Agentin betreute sie die führenden Bühnenautoren, von George Bernard Shaw und James M. Barrie bis zu Victorien Sardou und Georges Feydeau. Als Oscar Wilde im Gefängnis saß, hatte Bessie ihm durch den Verkauf seiner *Ballade vom Zuchthause zu Reading* an die Pulitzer-Zeitungen etwas Geld beschafft. Sie wog über zweihundert Pfund, war eine Kettenraucherin und las drei bis fünf Stücke und Manuskripte täglich, quasi rund um die Uhr, da sie unter Schlaflosigkeit litt. Sie lebte mit der modisch schlanken und ebenso witzigen wie geistreichen Elsie de Wolfe zusammen, einer Schauspielerin, die umgesattelt und sich inzwischen als Avantgarde-Innenausstatterin einen Namen gemacht hatte, mit Wilbur Wright geflogen und für das Frauenstimmrecht marschiert war, sich für das erste Musical Cole Porters eingesetzt hatte und der Herzogin von Windsor beibringen sollte, wie man einen königlichen Haushalt führt. Nachdem sie ihre gemeinsame Freundin Anne Morgan, J. P. Morgans Tochter, in ihre Lebensgemeinschaft mitaufgenommen hatten, wurden sie allgemein die Drei Grazien genannt. Die Partys, die sie in Morgans Haus am Sutton Place gaben, waren derart stilvoll, daß sie vermutlich nicht nur dafür sorgten, daß lesbische Haushalte akzeptiert, sondern auch chic wurden. Mit Sechzig setzte Elsie dann jeden in Erstaunen, als sie Sir Charles Mendl heiratete.

Bessie Marbury war alt genug, um George Eliot gekannt zu haben, und erzählte Mercedes immer wieder, wie ihre Begegnung mit Eliot die Schriftstellerin veranlaßt hatte, sich eine männlichere Garderobe zuzulegen. Von Bessie schrieb Mercedes, daß sie sich »als meine Großmutter zu bezeichnen pflegte, aber in noch recht jungen Jahren brachte ich sie zum Lachen, als ich ihr bei einer Gelegenheit sagte, sie komme mir so sehr wie ein Mann vor, daß ich eher das Gefühl hätte, sie sei mein Großvater. Ihr gefiel das so gut, daß sie fortan ihre Briefe an mich oft mit ›Oma Pa‹ unterschrieb.«

Rita de Acosta stellte Mercedes John Barrymore vor, der sie mit Kahlil Gibran bekannt machte. Die Gespräche mit dem libanesischen Dichter und Philosophen veranlaßten Mercedes, ihren Katholizismus, ihren »blinden Glauben« zu hinterfragen. Mit der Konsequenz, daß sie am Ende beschloß, künftig mehr für sich selbst zu denken.

Im Frühjahr 1917 wurde sie zunächst eine begeisterte Verehrerin, dann eine Freundin und schließlich die Geliebte von Isadora Duncan. Um sich der feurigen Liebeswerbung von Paris Eugene Singer, dem Erben des Nähmaschinen-Magnaten, zu entziehen, bezog die ausgesprochen intelligente und emanzipierte Tänzerin ein Haus auf Long Island, in dem sie den Sommer über bleiben wollte, und lud ihre neue Freundin ein, bei ihr einzuziehen. Isadora Duncan, sechzehn Jahre älter als Mercedes, war das Sexsymbol der Intellektuellen und faszinierte ebenso Maler wie literarische Größen und reiche Mäzene mit ihrer Kunst. An lauschigen Sommerabenden tanzte sie für Mercedes und summte einmal Wagners ganze *Parsifal* – Partitur.

Zehn Jahre später war Mercedes ihre finanzielle Rettung, als

Duncan, hochverschuldet und nicht mehr gefragt, im wahrsten Sinne des Wortes brotlos in einem Pariser Hotel lebte. Mercedes half ihr bei ihrer Autobiographie und wurde mit einer engen Freundschaft und sinnlichen Gedichten belohnt. Einige Monate später starb die Tänzerin an der Riviera, als ihr Schal sich um die Achse eines Bugatti wand – der sie zu einem neuen Liebesabenteuer bringen sollte – und sie erdrosselte.

Der Eintritt der Vereinigten Staaten in den Ersten Weltkrieg 1917 rüttelte patriotische Gefühle wach und verhalf Mercedes zu ihrem ersten Drehbuchlob für die Bühne. Der Anlaß war eine große Benefizvorstellung für den Krieg im Madison Square Garden.

Bessie Marbury schenkte Mercedes eine Karte für eine Nachmittagsvorstellung, um sich Alla Nazimova in *War Bridges* am Princess Theater anzusehen. Nazimova, eine geborene Russin, war die kühnste Lesbierin und exotischste Schauspielerin am Broadway und berühmt für ihre Ibsen- und Tschechow-Interpretationen. In *War Bridges* stellte sie das zaristische Rußland in einer hinreißenden Szene dar, in der sie als Kosake gekleidet und eine zaristische Fahne schwenkend auf die Bühne kam.

»Sie hatte dickes schwarzes Haar, das ihr vom Kopf abstand, und ihre Augen waren die einzigen wirklich purpurfarbenen Augen, die ich je gesehen habe«, erinnerte sich Mercedes. »Ihre Wimpern waren schwarz und dick und bildeten einen Rahmen für das intensive Purpur, das sie umgaben. Ich war immer fasziniert von Nazimovas Augen, die mich nie losließen und mich bereits bei unserer ersten Begegnung sehr beeindruckten, als sie mir beide Hände entgegenstreckte und sagte, sie habe durch Bessie bereits sehr viel über mich gehört.«

Nazimova bat Mercedes, sie nach Hause zu begleiten, und erzählte ihr, daß auch sie spanisches Blut in ihren Adern habe. Sie war die Tochter spanischer, nach Rußland emigrierter Juden, und ihr wirklicher Name war Lavendera. Sie hatte Nazimova als Künstlername gewählt, da *zima* im Russischen Winter bedeutet. Mit ihrer Schwärmerei für Alla entdeckte de Acosta die russische Literatur und verschlang nun Dostojewski, Tolstoi, Gogol und Puschkin.

Im November 1918 feierte Mercedes den Sieg der Alliierten tanzend im Ritz Hotel mit Ivor Novello. In ihren Augen war der Schauspieler, Bühnenautor und Komponist der bestaussehendste Mann in einer britischen Offiziersuniform. Ein weiterer Mann, mit dem sie tanzte, war Abram Poole in einer Hauptmannsuniform. Er stammte aus einer wohlhabenden Chicagoer Familie und gestand, als Kind von vier Schwestern, die ihn vergötterten, sehr verwöhnt worden zu sein. Er wollte Maler werden; sein Bruder Ernest war Schriftsteller. Er fragte, ob er sie wiedersehen könne. Und noch ehe Mercedes, inzwischen fast sechsundzwanzig, nein sagen konnte, sagte ihre Mutter für sie ja.

Mercedes war mehr daran interessiert, sich mit Bessie Marburys Freundinnen zu treffen. Hope Williams war eine davon, eine vielversprechende Schauspielerin, die mit Neunzehn die damals sechzehnjährige Tallulah Bankhead verführt hatte. »Warum schreibst du nicht ein Stück für Hope?« fragte Bessie Marbury Mercedes. Sie schrieb, und das Stück, das dabei herauskam, wurde von einer Laienspielgruppe aufgeführt. De Acostas Begegnung mit Eva Le Gallienne hatte weitreichendere Konsequenzen. Eva war neunzehn, als sie Mercedes kennenlernte, und der Star in Ferenc Molnárs Stück *Liliom*. Nachdem Mercedes sie in dem Stück gesehen hatte, schrieb sie ihr einen förmlichen Brief, in dem sie ihre Bewunderung zum Ausdruck brachte und die Schauspielerin zum Abendessen einlud. Dabei stellte sich heraus, daß sie beide große Verehrerinnen der italienischen Diva Eleonora Duse waren. Le Galliennes Biograph, Robert A. Schanke, schrieb: »Ihr Essen im Ritz begannen sie damit, sich über die atemberaubende Intensität Eleonora Duses auszutauschen, und beschlossen es damit, daß sie gemeinsam zu Mercedes' Wohnung fuhren. Sie wurden Busenfreundinnen und waren fünf Jahre lang ein Liebespaar.«

Im Mai 1920 heiratete Mercedes Abram Poole. Die Hochzeit fand in der Wohnung der Mutter statt. Von ihren Freundinnen war keine anwesend (die heimliche Hochzeit wurde damit erklärt, daß Abram Protestant war). Statt in einem Hochzeitskleid erschien Mercedes in einem grauen Chiffonkleid. Und nur widerstrebend erlaubte sie ihrer Schwester Rita, eine kleine Band zu engagieren, die in einem Nebenraum Mendelssohns »Hochzeitsmarsch« spielte. Als Abram die Braut über die Schwelle ihres neuen Apartments trug, sah er, wie traurig Mercedes war, und fragte, warum sie so deprimiert sei. Sie müßte an ihre Mutter denken, sagte sie. Abram fand, das müßte wohl die traurigste Nacht im Leben ihrer Mutter gewesen sein. Er rief ein Taxi und sagte der Braut, sie könne nach Hause zu ihrer Mutter fahren. Eine Geste, für die Mercedes ihm immer dankbar war.

Abram war heterosexuell. Die Ehe wurde vollzogen, aber in der verschlüsselten Sprache ihrer Memoiren räumte Mercedes ein, daß sie im Bett nicht zusammenpaßten. Le Gallienne war eifersüchtig auf Abram. Während sie mit *Liliom* auf Tournee war, schrieb sie Mercedes, allein der Gedanke, daß ein anderer in ihren Armen läge, sei ihr unerträglich.

Die Ehe war für verschiedene prominente Freundinnen de Acostas aus der Theaterwelt ein Ausweg. Ein Jahr nach ihrer Eheschließung mit Abram heiratete Katharine Cornell den schwulen Regisseur Guthrie McClintic, und Lynn Fontanne ging mit Alfred Lunt den Bund fürs Leben ein.

Während Mercedes sich nach außen als die Frischangetraute ihres »Gesellschaftsmalers« gab, konzentrierte sich ihr Gefühlsleben auf Le Gallienne, die sich ihr ganz hingab. Eva war die Tochter des britischen Literaturkritikers und Dichters Richard Le Gallienne und der dänischen Journalistin Julie Norregaard, die als Paar überhaupt nicht zusammenpaßten und deren Heirat ein absoluter Fehler war; sie lebten von Anfang an getrennt und ließen sich scheiden, als ihre Tochter vier war. Evas Halbschwester, die Malerin Gwendolyn Le Gallienne, war lesbisch und lebte im Paris der dreißiger Jahre mit Yvette Ledoux in einer chaotischen, weil von ständigem Streit und Zank erschütterten Beziehung zusammen. Eva wuchs in Paris auf und machte mit Fünfzehn ihr Schauspieldebüt in London. Ein Jahr später kam sie nach New York.

Bis zu drei Briefen täglich schrieb sie an Mercedes, wenn sie auf Tournee war. Und wenn sie in New York war, trafen sie sich in ihrer Wohnung. Sie verbrachten Abende mit Stark Young, dem Herausgeber von *The New Republic*, und seinem Liebhaber, und wagten sich als Vierergespann auch nach Harlem hinaus, wo sich die auf Klatsch und Skandale begierigen Massen in der Park Avenue nach Theaterschluß um die Kolonne der vorfahrenden Limousinen drängten. Sie gingen in die Kellerkneipen wie das Drool Inn und das Clam, wo Transvestiten auftraten und Lesbierinnen ihre Scheu fallenließen und offen miteinander umgingen. Eines Abends wurden sie Jeanne Eagels vorgestellt, die, »high« von Opium, an Libby Holman hing. Eagels war eine Schauspielerin von unwiderstehlicher Frische und einer ungewöhnlich bestechenden Schönheit; Holman, eine Schauspielerin und Sängerin, war mit Fünfundzwanzig, wie ihr schwuler Freund Clifton Webb erklärte, bereits »verdorben und überreif«. Eagels sagte Mercedes, sie sei auch Spanierin, und ihr wirklicher Name sei Aguila.

Wir wissen nicht, was Abram über die Beziehung der beiden Frauen wußte. Fest steht jedoch, daß er Eva Le Gallienne sofort verständigte, als seine Frau im Mai 1922 krank wurde. Nachdem Mercedes sich wieder erholt hatte und nach Europa

reiste, folgte Eva ihr, um in Paris mit Mercedes zusammenzusein und ihre Mutter in London zu besuchen. Weit weg von
herumschnüffelnden Familien lebten sie im Hotel Foyot in der
Nähe des Jardin Luxembourg, wo auch Casanova und T. S.
Eliot dereinst abgestiegen waren. Die amerikanische und in Paris ansässige Buchhändlerin und Verlegerin von James Joyce,
Sylvia Beach, die mit Adrienne Monnier zusammenlebte, arrangierte in der Regel für sapphische Paare, die zu Besuch
kamen, die Zimmerreservierungen im Foyot. Shakespeare &
Company, Beachs und Monniers Buchladen in der nahe gelegenen Rue de l'Odéon, war die berühmteste Adresse für
ausländische Literatur. Und einige Jahre später konnte Mercedes Sylvia Beach auch dafür gewinnen, ihre veröffentlichten
Gedichte ins Programm zu nehmen. Dieser Aufenthalt in Paris war die glücklichste Zeit in de Acostas und Le Galliennes
gemeinsamem Leben.

Prinz Igor Agoustinksi freundete sich mit den zwei jungen
Frauen an. Vor der Oktober-Revolution und der Machtüber-
nahme durch die Bolschewisten war er ungeheuer reich gewesen, in Paris jedoch ohne einen Pfennig angekommen. Seinen Lebensunterhalt verdiente er sich nun mit dem Verkauf
von Ikonen, Gemälden, Büchern, Möbeln und goldenen Teeser-
vicen aus den Beständen russischer Adeliger. Mercedes fand,
daß er wie ein Pascha aussah, wenn er auf dem Boden inmitten der Schätze seiner Landsleute saß, die mit ihm ins Exil gegangen waren, und sie und Eva diese oder jene Kostbarkeit bewundern ließ.

Die Idylle wurde vorübergehend gestört, als Evas Mutter aus
London zu Besuch kam. Was Mercedes veranlaßte, sich diskret zu verabschieden und nach München zu reisen. Mitte des
Sommers war das Liebespaar jedoch wieder vereint und reiste zusammen nach Genua, Venedig, Wien und Budapest, wo
Molnár den US-amerikanischen Star seines *Liliom* – Stückes mit
einer Blaskapelle und eigens an der Fassade des Dunapalata

Hotels gehißten Fahnen begrüßte. Nur allzufrüh traf dann allerdings auch Abram dort ein. Während Eva nach London zurückkehrte, reisten die Pooles nach Konstantinopel weiter, wo sie im Pera Palace abstiegen, dem berühmten Hotel, das auch Agatha Christie zu seinen Gästen zählen konnte.

Mercedes und Abram hielten sich im August 1922 zehn Tage in der Türkei auf. In ihren veröffentlichten Memoiren erwähnt Mercedes, wie sie Garbo begegnete, aber nicht mit ihr gesprochen habe. Vielleicht war sie von Thomas Manns *Der Tod in Venedig* beflügelt, als sie schrieb, wie sie in der Halle des Pera Hotels »eine der atemberaubendsten, schönsten Frauen« sah, die sie je zu Gesicht bekommen hatte. »Ihre Erscheinung und ihre Bewegungen waren so elegant und aristokratisch, daß ich dachte, sie müsse eine exilierte russische Prinzessin sein.« Der Portier des Hotels wußte ihren Namen nicht, sagte jedoch, sie sei eine Schauspielerin, die mit dem schwedischen Filmregisseur Mauritz Stiller gekommen sei. Mercedes schrieb, sie sei der Frau, deren Augen sie nicht losließen, einige Male durch die Straßen gefolgt, habe aber nie den Mut gehabt, sie anzusprechen. Wegen des Trianon-Filmprojektes, das dann scheiterte, waren Stiller und Garbo bekanntlich tatsächlich in Konstantinopel gewesen, also mehr als zwei Jahre später. Im ersten Entwurf ihrer Memoiren wird Garbo noch stärker als bedeutende Vision dargestellt, der »Mensch, der mir eines Tages mehr als irgendwer sonst auf der ganzen Welt bedeuten würde«.

Mercedes und Eva trafen in London wieder zusammen. Inzwischen stellte Abram jedoch Forderungen, die Mercedes mit Selbstmorddrohungen beantwortete. Eva reiste jedenfalls alleine nach New York ab.

Im darauffolgenden Jahr waren die beiden Frauen wieder zusammen in Paris. Als leidenschaftliche Verehrerinnen von Eleonora Duse standen sie in der Rue de Rivoli unter den Fenstern der alternden Diva und waren zu Tränen gerührt, als sie sie in eine Decke gehüllt auf dem Balkon sitzen sahen. Sie schrieben Gesuche, um zu einem Gespräch vorgelassen zu werden, wurden aber von der Lebensgefährtin der Duse, Désirée, abgewiesen. Wie zwei Tramps wanderten sie durch die Bretagne, kampierten bei einem Fischer und seiner Frau und wurden, als sie wieder in Paris zurück waren, von Natalie Barney zum Freitagnachmittagstee eingeladen.

Natalie Barney war die Doyenne der reichen Amerikanerinnen und von Amerika nach Paris übergesiedelt, weil sie sich hier freier fühlte. Ihre dreihundert Jahre alte Villa in der Rue Jacob war ein offenes Haus, in dem sich alles traf, was Rang und Namen hatte – eine Oase für »verrückte Mädchen«, Exilsuchende und die heimischen Intellektuellen. In ihrem Garten tanzte Isadora Duncan, und dort war es auch, wo Anita Loos mit Willa Cather, Djuna Barnes und Hemingways Schwägerin, Virginia Pfeiffer, verkehrte. Und dort war es auch, wo Janet Flanner, die unter dem Pseudonym Gênet als Paris-Korrespondentin regelmäßig eine Kolumne unter dem Titel »Letter from Paris« für die Zeitschrift *The New Yorker* schrieb, sich in ihre Kollegin, die Schriftstellerin Solita Solano verliebte.

Vor dem Ersten Weltkrieg hatte Barney ihre Gäste damit unterhalten, daß sie eine Tänzerin aus den Folies-Bergére, Margaretha Geertruida Zelle, auslieh und sie nackt auf einem weißen Pferd reiten ließ. Die Holländerin hatte zeitweilig auf Java gelebt, dort die eindrucksvollen Tänze der Eingeborenen gelernt und sollte unter dem Künstlernamen Mata Hari eine beispiellose Karriere als orientalische Ausdruckstänzerin machen. Da sie kaum Brüste hatte, trug sie bei ihren Aufführungen ein kunstvoll mit Perlen besetztes, ihre Brüste knapp bedeckendes Oberteil; aber »ihr Rücken und ihre Oberschenkel«, schrieb Colette, »sind erstklassig«. Als Dolly Wilde in Paris war, gab sie Barneys Villa in der Rue Jacob Nr. 20 als ihre Adresse an.

Als Eva Le Gallienne und Mercedes de Acosta erfuhren, daß die glamouröse Eleonora Duse in London eine Abschiedsvorstellung geben würde, bestellten sie sich telegraphisch Karten. Kurz nach Mercedes' dreißigstem Geburtstag waren sie dann in London und begeistert von der *Cosi Sia* – Vorstellung der fünfundsechzigjährigen Schauspielerin. Zurück in New York wurde Eva der Vorzug gegenüber Billie Burke für die Broadway-Produktion *Der Schwan (The Swan)* gegeben, Molnárs romantischer Komödie über einen Prinzen, eine Prinzessin und einen gewöhnlichen Sterblichen. Mercedes schrieb das Drehbuch zu *Sandro Botticelli* und trieb zusammen mit Eva das Geld für eine konzeptionell fulminante Produktion auf. Basil Sydney, durch seine Auftritte am West-End-Theater in *Verhängnisvolle Liebe (Strange Interlude)* und *Dinner um acht (Dinner at Eight)* berühmt, spielte den Renaissance-Maler und Eva die hinreißende Adelige Simonetta Vespucci, die als Model für Botticellis *Geburt der Venus* seine große, allerdings unerwiderte Liebe war.

Sam Lyons, Evas Agent, fürchtete, Gerüchte über ihr Lesbischsein könnten ihre Karriere zerstören. »Du brauchst einen Kerl«, forderte er. Sie fand einen – in ihrem britischen Bühnenpartner Basil Rathbone. Aber drei Wochen, nachdem sie das erste Mal mit ihm geschlafen hatte, glaubte sie schwanger zu sein. Als sie es ihm sagte, brach er die Beziehung ab.

Eleonora Duse starb auf ihrer Abschiedstournee durch die Vereinigten Staaten in Pittsburgh. Als ihr Leichnam vor der Überführung zur Beisetzung in Italien in einer kleinen Kapelle in Manhattan aufgebahrt war, hielten Eva und Mercedes eine Totenwache. Eva konnte sich dabei des Gefühls nicht erwehren, die Duse und sich selbst damit betrogen zu haben, daß sie sich einen Liebhaber genommen hatte.

Jeanne d'Arc, Mercedes' zweites Stück für Eva, war ein kostspieliger Flop; das Stück fiel in New York wie auch in Paris durch. Gemeinsam trieben sie zwölftausend Dollar – und schließlich weitere achtundzwanzigtausend Dollar – auf und engagierten Norman Bel Geddes, um Regie zu führen. Mercedes' Johanna war ein einfaches Mädchen, das auf dem Scheiterhaufen stirbt, weil es sich weigert, seinen Häschern Zugeständnisse zu machen. Bel Geddes, dem die Drehbuchvorlage nicht zündend genug war, überzeichnete das Stück mit eindrucksvoll inszenierten wogenden Menschenmassen, die die Geschichte dann jedoch, statt ihr Farbe zu geben, insgesamt eher erstickten. Samt ihrem Regisseur gingen Mercedes und Eva 1925 mit dem Stück nach Paris. Wo sich zunächst einmal das Problem stellte, daß der Szenenaufbau für die Pariser Bühne zu groß war und ein zweites größeres Theater angemietet werden mußte.

Mißerfolge, Gereiztheiten und Evas Bedürfnis nach neuen Eroberungen beendeten ihre Affäre. Auf der Rückreise in die Vereinigten Staaten verliebte Eva sich auf dem Schiff in Gladys Calthrop, Noël Cowards Bühnenbildnerin. 1926 gründete LeG, wie Eva Le Gallienne in Theaterkreisen genannt wurde, ein populistisches Theater für klassische Schauspielkunst in New York, das Civic Repertory Theater. Sie lehnte attraktive Hauptrollen am Broadway ab, um sich an ihrem Theater, das sie mit bewußt verbilligten Eintrittspreisen betrieb, ganz ihren Shakespeare-, Ibsen- und Tschechow-Aufführungen zu widmen. Mercedes entdeckte nach der Trennung ihr Interesse an spirituellen Dingen und begann, sich nach einer Begegnung mit Jiddu Krishnamurti mit dem Buddhismus zu beschäftigen. Der gutaussehende und beeindruckende Guru, der, wie seine Anhänger behaupteten, die Inkarnation aller vergangenen und künftigen Gottheiten war, machte in London und New York eine stattliche Figur. Die Londoner Theosophische Gesellschaft behauptete gar, er sei der Messias.

Von de Acostas Gedichten wurden drei Bände veröffentlicht. *Moods* sowie *Streets and Shadows* und *Archways of Life*. Sie blieb dem Theater verbunden und wollte eigentlich immer noch ein weiteres Stück für Eva Le Gallienne schreiben. Den Sommer 1927 verbrachte sie mit Bessie Marbury in Maine. Ein Jahr später, als Mercedes' frühere Geliebte Hope Williams zusammen mit Donald Ogden Stewart in der Hauptrolle in *Holiday* am Broadway auftrat und Eva sich mit Alla Nazimova im Spielhaus in der Vierzehnten Straße in Tschechows *Der Kirschgarten (The Cherry Orchard)* die Bühne teilte, lernte Mercedes Cecil Beaton kennen. Ihrer Meinung nach machte der schmächtige und schlaksige vierundzwanzigjährige Engländer einen gebrechlichen Eindruck. Er fand seinerseits, daß sie »eine nette & clevere Freundin und Führerin ohne jedes falsche Gehabe und überschwengliches Getue« war. Hätte es da seine Beziehung mit Adela Rogers St. Johns nicht gegeben, brüstete er sich, wäre er liebend gerne mit ihr ins Bett gegangen. Als sie sich im Januar 1930 in Palm Beach wiedersahen, notierte Beaton in seinem Tagebuch, wie sehr er es genossen habe, mit Mercedes über »die ätzende New Yorker Lesbenschar« zu klatschen, »wir amüsierten uns über ihre langweilige Loyalität untereinander, über ihren Ernst, den sie an den Tag legten, über ihre Erbärmlichkeit und Armut und ihren völligen Mangel an Humor«. Die Freundschaft zwischen de Acosta und Beaton – und ihre Schwärmerei für die betörende Garbo – sollte vierzig Jahre währen.

Bessie Marbury dachte an Mercedes, als RKO auf der Suche nach Stoff für Tonfilme für Pola Negri war. Mercedes schrieb ein Exposé zu einer Story, das sie ihrem schwulen Freund und Kollegen John Colton mit dem Vorschlag zeigte, das Drehbuch zusammen zu schreiben. Colton war berühmt wegen einer Geschichte, die er 1920 in Los Angeles mit Somerset Maugham erlebt hatte. Beide teilten sich ein Hotelzimmer, und Colton fragte Maugham eines Abends, ob er nicht etwas zum Lesen für ihn habe. Worauf Maugham ihm den Fahnenabzug von seiner Kurzgeschichte »Miß Thompson« in die Hand drückte. Am nächsten Morgen erklärte ein aufgeregter Colton, er wollte unbedingt ein Stück daraus machen.

Zusammen mit Clemence Randolph machte Colton aus Maughams klassischer Geschichte über unterdrückte Sexualität das sensationelle Broadway-Stück *Rain*. Mit Jeanne Eagels in der Hauptrolle als die Südsee-Hure war *Rain* vier Jahre lang der Kassenknüller am Broadway.

Die Colton/de Acosta-Story verkaufte Bessie Marbury an RKO. Negri kam nach New York und riet, nachdem sie das Drehbuch gelesen hatte, die beiden Autoren unter Vertrag zu nehmen. So fand es sich, daß Mercedes und John Colton zusammen mit der britischen Ballerina Marjorie Moss im Januar 1929 in New York den Century Limited Express bestiegen, um damit die erste Etappe ihrer drei Tage und vier Nächte dauernden Reise nach Los Angeles zurückzulegen. Als der Zug den Colorado River überquerte, schrie Marjorie, sie werde in Kalifornien sterben, was dann tatsächlich vier Jahre später der Fall war.

6. Die perfekte sapphische Liaison

Am 14. Januar 1932 berichteten die Zeitungen in Los Angeles von zwei bemerkenswerten Ereignissen. In Hollywood schneite es, und John Barrymore und Garbo trafen zum erstenmal am Drehort von *Menschen im Hotel* zusammen. Um letzteres gebührend zu begehen, hatte die MGM-Publicity-Mannschaft sich ausgedacht, daß Garbo am Haupteingang des Studios Barrymore öffentlichkeitswirksam begrüßen sollte. Eine halbe Stunde verging, ehe dann jemand zu ihr hinunterlief, um ihr zu sagen, daß Barrymore bereits früher eingetroffen war, in der Absicht, sie förmlich zu begrüßen und ins Studio zu geleiten. Um trotz dieser Publicity-Panne noch etwas aus dem Ganzen herauszuholen, lancierte die Presseabteilung hernach die Meldung, nach Abdrehen ihrer gemeinsamen Eröffnungsszene habe Garbo ihren Co-Star impulsiv geküßt und gesagt: »Du hast keine Ahnung, was es heißt, neben so einem perfekten Schauspieler zu spielen.«

De Acostas neuerlicher Besuch bei Thalberg verlief mit weniger Tamtam. Sie hatte ihre Garbo-Maskeraden-Story gemäß seinen Änderungswünschen umgeschrieben, und eine Woche, nachdem Edmund Goulding mit den Dreharbeiten von *Menschen im Hotel* begonnen hatte, wurde ihre *Desperate-Story bei* MGM ins Programm genommen. Ein Film, der die Geschichte eines Mädchens erzählte, dessen Mutter mit einem Sprung von einer Klippe Selbstmord beging. Wie Mercedes ihre Heldin charakterisierte, hätte gut und gerne eine Beschreibung von Garbo oder vielleicht auch von ihr selbst sein können:

In ihr spürt man etwas Fremdes, Wildes, sie vereint in sich die widerstreitenden Naturen ihrer Mutter und ihres Vaters – der Alten

Welt und der Neuen Welt – schon früh tobte dieser innere Kampf. In ihr spürt man Trauer und Fröhlichkeit, geistige Gesundheit und Neurose, Vitalität und Erschlaffung, Zurückgezogenheit und Unruhe, Scheu und Wagemut, die in ungeheurer Widersprüchlichkeit miteinander verbunden sind und ihre ganze Energie aufzehren und sie auf sich selbst zurückwerfen; dadurch bleibt sie für den gewöhnlichen Sterblichen auf immer ein Geheimnis. In ihren Augen ist bereits das Verhängnis sichtbar, das von innen her und nicht von äußerlichen Geschehnissen kommt – regungslose Augen, die in ihrer Tiefe diese Ahnung der Ewigkeit haben.

Zwei Jahre nach Beginn ihrer Liaison war Garbos und de Acostas Beziehung ebenso reich wie manchmal stürmisch. Garbo war eigenwillig, launisch, verwöhnt und schnell damit bei der Hand, Personen fallenzulassen. Ein Charakterzug, den Mercedes erstmals bei ihr beobachtete, als sie Ivor Novello mitbrachte, um ihn ihr vorzustellen. Garbo war freundlich zu dem gutaussehenden schwulen Schauspieler und Autor, der in jener Zeit die populärste Figur der britischen Musicalwelt war. Novello war aufgrund eines kurzbefristeten Vertrages in Los Angeles, um seine Gesellschaftskomödie *The Truth Game* für Thalberg umzuschreiben. Unvermittelt verschloß sich Garbo, versteifte sich, wie sie selbst später erzählte, und sagte Novello auf Wiedersehen.

De Acosta war gelegentlich ein Opfer finsterster Depressionen, bei denen sie »die dunkle Nacht der Seele« aushalten mußte, wie sie sagte. Garbo besaß die geniale Fähigkeit, sich selbst und jedem in ihrer Umgebung die Dinge schwerzumachen, und es war dann an Mercedes, die Dinge wieder geradezubiegen. Garbo umgab sich mit Personen, die sie beherrschen konnte – Haushälterinnen, schwule Männer, vom Starruhm geblendete servile Damen –, und verlangte die totale Hingabe. De Acosta und Garbo definierten ihre Beziehung nicht in erster Linie als sexuell bedingt, sondern vielmehr im

Sinne einer emotionalen Bindung, obwohl Garbo Mercedes auch als erotisch erregend empfand. Bezeichnend war, daß keine von beiden ihre Sexpartner und – partnerinnen als wichtiger oder unwichtiger einstufte, und daß jede sich selbst als Single betrachtete.

Garbo vermied gezielt jeden Anschein, mit jemandem liiert zu sein. Mercedes lebte auf einem anderen Kontinent als Abram Poole und nahm ihre Freiheit als selbstverständlich. Sie wünschte ihrem Mann das Beste und gab ihm, nebenbei, den Rat, Janice Fair zu verführen, ein Model, das es ihm angetan hatte – ein Vorschlag, den er allerdings, wie er zurückschrieb, als unmoralisch empfand.

Mercedes de Acosta hatte mehr, als daß man sie nur auf Sex, Eleganz, Buddhismus und vegetarische Ernährung hätte reduzieren können. Sie gab Garbo ein Maß an Selbstvertrauen, das neu für sie war, und sie führte sie in die Welt der Literatur, Musik, Poesie und Malerei ein. Und George Cukor hielt Mercedes zugute, Garbo ein »schönes« Englisch beigebracht zu haben. »Ich war wie ein Schiff ohne Steuer, verloren und sehr allein«, erklärte Garbo gegenüber Associated Press, ohne allerdings zu sagen, *wer* dafür sorgte, daß sie sich jetzt weniger verlassen fühlte. Sie weckte in Menschen das Bedürfnis, sie beschützen und verteidigen zu müssen, ohne daß sie genau wußten, gegen was sie sie eigentlich verteidigen sollten.

Mercedes entdeckte auch weniger angenehme Seiten an ihrer Freundin. Als leidenschaftlich tierlieb war Mercedes entsetzt zu sehen, wie Garbo Insekten verbrannte, die sie im Haus oder auf dem Rasen fand. Es gab alles in allem seltsame kleine Geheimnisse zwischen ihnen. Etwa auch folgende Geschichte, wonach Mercedes Thalberg eines Tages den Vorschlag machte, Garbo die Jeanne d'Arc spielen zu lassen. Die Idee gefiel ihm, und Mercedes setzte sich hin und arbeitete neun Monate an dem Drehbuch. Bis Thalberg sie eines Abends zu Hause anrief, um ihr zu sagen, Garbo habe keine Lust mehr, die kämpferische Jungfrau zu spielen. Mercedes vermutete, daß Garbo von irgend jemandem beeinflußt worden war, sie brachte das Thema ihr gegenüber jedoch nie zur Sprache.

Garbo kultivierte reichlich exzessiv ihre Zerbrechlichkeit. Sie beschrieb sich oft als depressiv, weniger depressiv oder stark depressiv, als krank, sehr krank oder gerade auf dem Wege der Genesung. Sie war immerzu erschöpft, wie sie sagte, verblüffte Mercedes allerdings mit dem Elan, mit dem sie schwimmen und rudern konnte. Sie war regelmäßig Gast auf dem Tennisplatz von Cedric Gibbons und Dolores Del Rio. Als MGMs Art-director war Gibbons der unumstrittene Herr und Gebieter über Stilfragen. Allmorgendlich kam er – stets in dunkelblauem Anzug, mit grauem Homburg und passenden Handschuhen mit seinem hochglanzpolierten weißen Duesenberg vorgefahren, um einen Stab von zweihundert Untergebenen herumzukommandieren. Von Dolores Del Rio wurde gesagt, sie sei die schönste Frau, die die Leinwand je geziert habe; als Tochter eines Bankiers in Durango, Mexiko, geboren und in einer Klosterschule erzogen, wurde sie mit Sechzehn mit einem schwulen Schriftsteller verheiratet, der Selbstmord beging. Eines Nachmittags entdeckte Gibbons, wie Dolores am Swimmingpool liegend Garbos Brüste streichelte.

Garbo war MGMs bestbezahltester Star, und um ihre Gage von zwölftausendfünfhundert Dollar in der Woche zu rechtfertigen, versuchten Louis B. Mayer und Thalberg, im Jahr drei Garbo-Filme zu drehen. Sie haßte dieses Tempo. Mercedes de Acosta war allerdings der Meinung, sie sollte die Chancen nutzen, statt sich über jeden dieser Filme aufzuregen und sich ständig mit dem zwiespältigen Bedürfnis nach Rückzug zu quälen.

Bei den Filmarbeiten bestand sie auf geschlossenen Sets. William Daniels war der einzige Kameramann, dem sie vertraute, wenn Portraitaufnahmen zu machen waren. Mit seinem innovativen Stil und den stimmungsvollen Effekten, die er in seine

Aufnahmen hineinbrachte, fehlte ihm aus Garbos Sicht nicht viel zum Genie. Bei Nahaufnahmen von ihr wurden, um eines optimalen Effektes willen, schwarze Leinwände um sie und die Kamera herum aufgestellt. Auf die Frage, warum sie es ablehne, Zuschauer dabei zu haben, sagte sie, wenn andere ihr bei den Aufnahmen zusähen, sei sie gehemmt und hätte das Gefühl, sie würde nur Grimassen schneiden. Garbo gab sich ihren Stimmungen hin. Es gab Tage, an denen sagte sie, sie müsse allein sein, und schickte Mercedes weg – und Tage, an denen sie sie herbeizitierte und ihr sagte, wie sehr sie ihre Feinfühligkeit und ihre Fähigkeit zuzuhören bewundere. Zeitweilig vergrub sie sich tagelang allein oder suchte in der Natur Zuflucht an einem abgeschiedenen Ort, um die Rolle einer Nymphe zu spielen. Als Wallace Beery ihr anbot, sie könnte seine auf einer Insel mitten auf dem Silver Lake in Nevada gelegene Blockhütte nutzen, brach sie spontan mit James, ihrem Chauffeur, auf, um dann allerdings kurz in Los Angeles anzurufen und Mercedes zu bitten, nachzukommen.

James wurde alsbald nach Hause entlassen, und die beiden Frauen verbrachten sechs Wochen allein an dem See. Sie badeten und erzählten einander bis tief in die Nacht hinein aus ihrem Leben. Garbo briet Forellen und erstaunte Mercedes mit ihrem Sinn für Humor. Auf Fotografien, die Mercedes machte, ist Garbo oben ohne, nur mit einer Baskenmütze und Shorts, Turnschuhen und weißen Socken oder auch in einem Hemdchen zu sehen, das kaum ihre Brüste bedeckt.

Sie liebten stürmisches Wetter. Wenn in Ausnahmefällen sintflutartige Regenfälle mit heftigen Gewittern über Los Angeles hereinbrachen, fuhren sie den Mulholland Drive hinauf oder den Highway an der pazifischen Küste zum Decker Canyon entlang, um das Schauspiel zu genießen, das der Himmel und das Meer bei diesen seltenen Gelegenheiten bot. »Wir rasten zum höchsten Aussichtspunkt mit Blick auf das Meer, um zuzuschauen, wie der Blitz wie ein großartiger gezackter Feuerstrahl den Himmel durchbrach, und zu hören, wie der Donner auf uns herunterkrachte«, erinnerte sich Mercedes. »Bei Sturm und Gewitter waren wir immer glücklich und erregt.«

Weihnachten 1929 war es ausnehmend warm in Los Angeles. Um sich dennoch in weihnachtliche Stimmung zu versetzen, schlossen sie in Garbos Haus die Vorhänge und zündeten ein Kaminfeuer an. »Um Greta wirklich zu kennen, muß man den Norden kennen«, schrieb Mercedes. »Auch wenn sie den Rest ihres Lebens in südlichen Gefilden verbringt, wird sie immer ein Mensch des Nordens bleiben mit all seiner Nüchternheit und Introvertiertheit. Um sie zu kennen, muß man den Wind, den Regen und den mit schweren Wolken verhangenen Himmel kennen – *wirklich kennen*.«

Im Januar 1931 gelang es Thalberg und Garbo, RKO und Pola Negri die *Mata Hari*-Story wegzuschnappen. *Mata Hari* war letztlich eine Imitation des Paramount-Films *Entehrt (Dishonored)* und ein Film, den sowohl Garbo als auch ihr Regisseur George Fitzmaurice alsbald lieber vergaßen. Dabei hatte Thalberg geglaubt, daß Garbo als Mata Hari ein todsicherer Erfolg sein würde. Mercedes de Acosta kannte die Story, sogar noch aus einer anderen Perspektive. Ihr Schwager, Philip Lydig, war der Liebhaber der wirklichen Margaretha Zelle gewesen, die während des Ersten Weltkriegs so plump für die Deutschen spioniert hatte, daß sie sie an die Franzosen verrieten. Ramon Novarro spielte den russischen Leutnant, dessen Informationen sie stehlen sollte, und Lionel Barrymore ihren Ex-Geliebten (und Novarros Vorgesetzten). Sie erschießt Barrymore und steht schließlich selbst, wie im wirklichen Leben, vor dem französischen Erschießungskommando.

Garbos Kostüme hatte Adrian entworfen. Der von seiner Statur her schmächtige Designer (geboren als Adolph Greenberg in Naugatuck, Connecticut) war verantwortlich für die fantastischen Kostüme, die den Glamour von Metro-Goldwyn-

Mayer ausmachten. Er steckte Garbo in Anzüge und schuf, um die Aufmerksamkeit von Joan Crawfords Hüften abzulenken, die Schulterpolster, die Crawfords Markenzeichen wurden. Garbos Gesicht faszinierte ihn, und er nutzte gerne augenfällige Kopfbedeckungen, um die Aufmerksamkeit auf ihre Augen zu lenken. Garbo vertraute seinem Geschmack und ging gerne mit ihm auf Einkaufstour und oft mit ihm essen – in Mercedes' Augen sah er, nebenbei, wie ein arabischer Junge aus. Für *Mata Hari* schuf er, ohne jede Rücksicht auf Kosten, die Kostüme, die den gleichen Akzent auf breite Schultern setzten wie die 1931 in Paris vorgeführten Kollektionen. Mercedes haßte *Mata Hari*, für eine Szene konnte sie sich allerdings begeistern, die, in der Garbo vor dem Erschießungskommando steht: »Sie hat nie schöner oder faszinierender oder dramatischer ausgesehen als in dem langen Cape mit ihrem streng zurückgekämmten Haar und ihrem angespannten Gesicht.«

Privat bevorzugte Garbo Rollkragenpullover, einfache, glatte Röcke oder Freizeithosen und flache Schuhe, aber auf der Leinwand war Adrian seit *Herrin der Liebe (A Woman of Affairs)* für ihre Garderobe zuständig. Für die Anproben, Beleuchtungsproben und extrem lange Einstellungen hatte das Studio ihr zwei Doubles zur Seite gestellt, Chris Meeker und Geraldine de Vorak. De Vorak hatte vom Gesicht und ihrer Figur her eine so frappierende Ähnlichkeit mit ihr, daß Howard Strickling sich den Spaß machte, sie in Garbos Filmkleidern in elegante Restaurants und Nachtclubs zu schicken. Was ihr alles in allem dann aber zu Kopf stieg, da sie sich dazu verstieg, andere tatsächlich in dem Glauben zu lassen, sie *sei* Garbo, und anfing, Autogramme zu schreiben und wie eine Filmgröße zu leben. In seinem Ärger, daß er nie ein Interview mit der wirklichen Garbo bekommen konnte, schrieb ein Hollywood-Reporter: »Geraldine hat alles, was Garbo hat, abgesehen von dem, was die Garbo hat, was immer das auch sein mag.«

Salka Viertel blieb im Rampenlicht, sehr sogar. So sehr, daß die Presse mitunter die beiden vestalischen Gefährtinnen an Garbos Seite verwechselte. In der Ausgabe vom 2. Januar 1932 berichtete der *Hollywood Reporter* zum Beispiel, wie Salka Viertel nach Weihnachten nach Pasadena zum Bahnhof fuhr, um die aus New York zurückkehrende Garbo abzuholen:

> *Mrs. V kam in einem ausgesprochen gutsitzenden Kostüm, mit flachen Schuhen [etc. . . .] zum Bahnhof und wurde sofort von Reportern umringt, die ebenfalls auf die Glanzvolle warteten. Sie fragten sie, ob sie sich mit Garbo treffe, und sie sagte: »Ja.« Woraufhin alle Kameraleute Mrs. Viertel baten, für einige Fotos zu posieren. Und als sie mit ihren Schnappschüssen fertig waren, meinten die Reporter: »Wir danken Ihnen sehr, Miß d'Acosta [sic].«*

De Acosta hatte Salka Viertel über Eleonora von Mendelssohn kennengelernt. Die steinreiche Enkelin des Komponisten – Eleonora genannt nach ihrer Patin, Eleonora Duse – hatte Dietrichs schwulen Busenfreund, Hans von Twardowsky, geheiratet, der wie eine Klette an ihr hing, lebte aber, unbeeindruckt von Adolf Hitlers Machenschaften vor ihrer Haustür, im Schloß ihrer Familie in der Nähe von Salzburg. In der Zeit des Ersten Weltkrieges hatte Salka Viertel sich während eines gemeinsamen Engagements an einer Repertoirebühne in Düsseldorf in die schöne Eleonora verliebt. Und der Kreis schloß sich, da Mercedes und Eva Le Gallienne des öfteren zu Gast bei Eleonora von Mendelssohn waren. Eleonora lebte mit Alice von Hofmannsthal zusammen, und zu ihrem Freundeskreis gehörten unter anderem Arturo Toscanini und Max Reinhardt. Von der schönen Eleonora sagte Mercedes, sie sei »sehr stark sowohl auf Männer als auch auf Frauen fixiert«.

Verstrickte Leben: Die glamouröse
Garbo und die faszinierende
Mercedes de Acosta
Fotos: (1) Sammlung des Autors
(2) Library of Congress

Wunderknabe und inspirierende treibende Kraft: Irving Thalberg wußte, daß das Publikum sich auf der Leinwand nicht in erster Linie vom anderen Geschlecht angezogen fühlt, sondern sich mit den Licht- und Schatten-Figuren des eigenen Geschlechts identifizieren will.
Foto: The Motion Picture Arts and Sciences

1717 San Vicente Boulevard. Garbo streute für ihre neue Freundin Mercedes de Acosta Blumen auf die Türschwelle.
Foto: Axel Madsen

Anna Gustafson und ihre Tochter, 1928. Greta Garbos Mutter fand, Gretas Liebe zu ihrem Vater habe etwas Unnatürliches.
Foto: National Archives

Rita Lydig. Mercedes de Acostas Schwester war berühmt für ihre Extravaganzen, ihre Kleider, ihr Mäzenatentum und ihre Reisen mit einem Gefolge von sieben Bediensteten.
Foto: Library of Congress

Die Doyenne des sapphischen Broadway: Elisabeth (»Bessie«) Marbury nach einem 1932 entstandenen Gemälde von William Rankin.
Foto: Library of Congress

Eva Le Gallienne als L'Aiglon (Der junge Adler, Napoleons Sohn). Als Geliebte von Mercedes de Acosta schrieb Le Gallienne, der Gedanke, eine andere läge in Mercedes' Armen, sei unerträglich.

Foto: Library of Congress

Die Schriftstellerin, Dichterin, Bühnen- und Drehbuchautorin Mercedes de Acosta 1925. »Sagen Sie, was sie wollen, über Mercedes«, erklärte Alice B. Toklas, »sie hatte die drei bedeutendsten Frauen des zwanzigsten Jahrhunderts.« De Acosta prahlte gerne damit, daß sie jedem Mann jede Frau ab-spenstig machen konnte. Gegenüber dem »Nähkreis« machte sie kein Geheimnis aus ihren Affären mit Garbo und Dietrich, und ein Spaßvogel spekulierte, bei ihrer dritten Eroberung, auf die Toklas anspielte, habe es sich in Wahrheit entweder um Gertrude Stein oder Eleanor Roosevelt gehandelt.
Foto: Library of Congress

Hätte es da seine Beziehung mit Adele Rogers St. Johns nicht gegeben, sagte Cecil Beaton, wäre er liebend gerne mit Mercedes de Acosta ins Bett gegangen. Beaton war 1924 als *der* Gesellschaftsfotograf bekannt.
Foto: UPI/Bettmann

Garbo mit achtundzwanzig. Eigenwillig, launisch, verwöhnt und schnell
damit bei der Hand, Personen fallenzulassen.
Foto: Sammlung des Autors

Garbo von De Acosta fotografiert. Mercedes de Acosta fotografierte während
ihres einsamen sechswöchigen Aufent-
halts am Silver Lake in Nevada Garbo
oben ohne, nur mit einer Baskenmütze,
Shorts, Turnschuhen und weißen
Socken bekleidet.
Foto: Sammlung des Autors

Adrian und Crawford. MGMs Chefkostümbildner steckte Garbo in Anzüge und schuf, um die Aufmerksamkeit von Joan Crawfords Hüften abzulenken, die Schulterpolster, die Crawfords Markenzeichen wurden.
Foto: Sammlung des Autors

Joan Crawford war eine Bisexuelle, die einen großen Verschleiß an Männern hatte und sie ging mit der gleichen Skrupellosigkeit, die sie nach oben brachte, an die Verführung junger Frauen. Fotos von ihr und einer unbekannten Frau zirkulierten im pornographischen Untergrund.
Foto: Sammlung des Autors

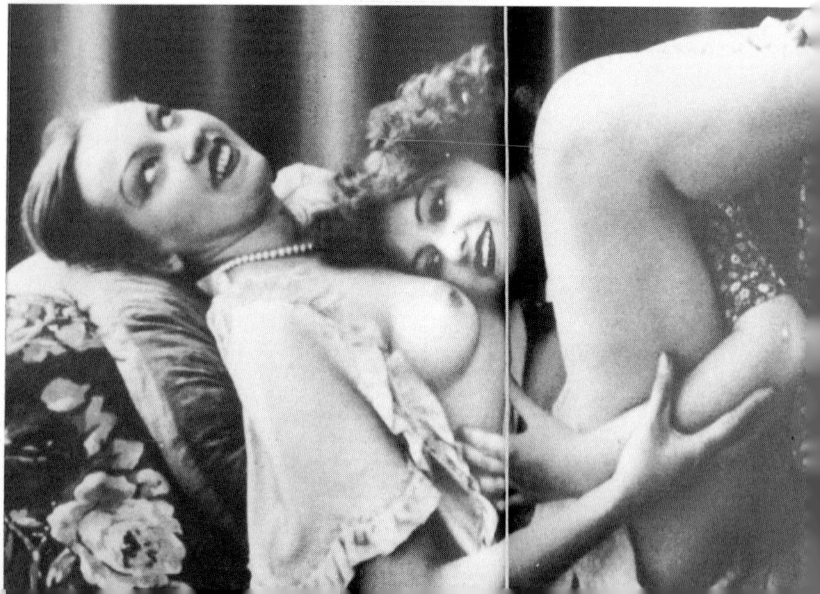

7. Den Reigen erweitern: Joan Crawford und Katharine Cornell

Während Garbo in *Menschen im Hotel* die verblassende Ballerina spielte und sich in John Barrymore verliebte, und Harry Edington, ihr Agent, Mercedes de Acosta bei RKO einen Auftrag verschaffte, kämpfte Salka Viertel mit der Geschichte der Königin Christine. Thalberg hatte zunächst abgewehrt und erklärt, er sei nicht interessiert und habe nicht vor, die Geschichte der Schwedenkönigin (1626-1689) zu verfilmen, da es sich bei Christine um eine historische Figur handele und er historische Filme nicht möge. Am Ende zahlte er Salka jedoch siebentausendfünfhundert Dollar für ihr Drehbuch und nahm sie darüber hinaus für dreihundertfünfzig Dollar in der Woche unter Vertrag. Zur weiteren Arbeit an dem Drehbuch gab er ihr Bess Meredyth an die Seite, die bereits zwei Garbo-Gilbert-Stummfilme geschrieben hatte.

Das Publikum erwarte eine gute Liebesgeschichte, erklärte er Viertel und Meredyth bei ihrer ersten Drehbuchkonferenz. Und fragte, ob die Zuneigung der unverheirateten Königin zu ihrer Hofdame, Gräfin Ebba Sparre, nicht etwas Ähnliches hergebe wie die Lehrerin-Schülerin-Beziehung in *Mädchen in Uniform*, bei der lesbische Liebe im Spiel war. Eine zensierte Version des deutschen Films war gerade in New York angelaufen, aus dem einige Szenen herausgeschnitten worden waren, um die sexuelle Qualität, die lesbische Beziehung, zu verdunkeln und in den Bereich der Spekulation zu rücken, und Thalberg spielte mit dem Gedanken, der Regisseurin des Films, Leontine Sagan, einen Hollywood-Vertrag anzubieten. Salka Viertel war seit langem mit Leontine Sagan befreundet – sie hatte vor

Jahren zusammen mit ihr in einem Ibsen-Stück auf der Bühne gestanden. Wenn es »geschickt« gemacht wird, erklärte Thalberg den beiden Drehbuchautorinnen, könnte Königin Christines Zuneigung zu ihrer Hofdame »interessante Szenen« hergeben. Als Salka Viertel Thalbergs Büro verließ, war sie tief beeindruckt von seiner »toleranten Einstellung«. Bess Meredyth war sich hingegen sicher, daß er jede Originalität, mit der sie ankämen, am Ende doch wieder herausnähme.

Menschen im Hotel war Garbos zweiter Film mit Edmund Goulding. Der Regisseur und Autor, bisexuell und geistreich, ein Mann voller Ideen und Selbstvertrauen, der eine gewisse Ähnlichkeit mit Noël Coward hatte, war bei den meisten Schauspielerinnen der beliebteste Regisseur, da es ihm mit seiner Regieführung gelang, ihnen das Gefühl zu geben, daß sie eine gewisse Größe in sich hatten. Er begrüßte Temperament, das er dann, je nachdem, auf ein angemessenes Maß zurechtstutzen konnte, und bei *Anna Karenina* hatte er das Vergnügen gehabt, genau das bei Garbo zu tun. Niemand konnte ihr die Haare richtig machen, hatte sie ihm in ihrer Garderobe geklagt. Da keine Zeit war, einen neuen Friseur für sie zu finden, steckte Goulding sich kurzerhand ein paar Haarklemmen in den Mund und machte sich an ihren Haaren zu schaffen. Binnen einer Minute war die Garbo von ihrem hohen Roß herunter. Bei *Menschen im Hotel* war er in Topform und führte bei dem Film derart souverän Regie, daß Thalberg die Voraufführung bereits für Ende März ansetzte.

In einer Geste, die seine Freunde ergreifend fanden, hatte Goulding die todkranke Marjorie Moss geheiratet, mit der Mercedes de Acosta und John Colton nach Kalifornien gekommen waren. Im Strandhaus der Gouldings in Santa Monica traf sich ein bunter, gelehrter Kreis von Gästen, wozu, neben heimischen Amerikanern, britische Landsleute sowie Heimatlose verschiedenster Nationen und gelegentlich auch Garbo gehörten. Während der letzten Wochen der Dreharbeiten zu *Menschen im Hotel* war Cecil Beaton Hausgast der Gouldings.

Beaton, der von seinen sexuellen Neigungen her im wesentlichen Männern zuneigte, und dessen Appetit nach Glamour unersättlich war, war im Auftrag von Modezeitschriften auf einer seiner vielen Hollywood-Touren. Er hatte Marlene Dietrich und die Marx Brothers fotografiert, Dolores Del Rio und »Tarzan« Johnny Weissmüller, aber Garbo hatte er bisher nicht vor die Linse bekommen. Anita Loos, die zu seinen ersten »Förderern« gehörte, stellte ihn John Gilbert und Ina Claire vor und sicherte ihm eine Einladung in William Randolph Hearsts Haus in San Simeon. Daß es Beaton bisher nie gelungen war, Garbo zu treffen – und zu fotografieren –, hinderte ihn nicht, sich über sie in den Klatschspalten auszulassen. Da Goulding täglich mit Garbo arbeitete, bat Beaton seinen Gastgeber, sie einzuladen. Als sie sonntags anrief und hörte, daß Beaton dort war, wollte sie nicht kommen. »Nein«, sagte sie zu Goulding, »er plappert gegenüber den Zeitungen. Ich möchte ihm nicht begegnen.«

Beaton zog sich in sein Zimmer zurück, um seinen gekränkten Stolz mit einem langen heißen Bad wieder aufzupäppeln. Als er wieder nach unten kam, war Garbo da. Er tat so, als wolle er sich auf Zehenspitzen wieder davonschleichen, wurde jedoch von Marjorie dazugerufen und Garbo vorgestellt. In seinen Tagebüchern beschrieb er, wie Garbo ihm Komplimente gemacht habe, wie jugendlich und gut er aussähe, wie sie zusammen Scharade gespielt und Bellinis getrunken hätten, und wie sie ihn geküßt habe, als sie einlud, mit ihm in sein Zimmer zu kommen, um sich seine Fotos anzuschauen. Dabei soll sie zu ihm gesagt haben: »Du bist ein griechischer Junge. Wenn ich ein Junge wäre, würde ich solche Dinge wie du machen.«

Die Party ging die ganze Nacht. Die Lichter wurden ausgeschaltet, und »unser Bacchanal wurde im Schein des Kaminfeuers immer wilder«. Als Garbo im Morgengrauen aufbrach, jammerte Beaton: »Dann ist das der Abschied.«

»Ja, bedaure, aber es ist so«, antwortete sie und stieg in ihren großen Wagen. »*C'est la vie.*«

Erst nach dem 2. Weltkrieg sollten sie sich wiedersehen.

Goulding und William Daniels, Garbos Lieblingskameramann, erfanden raffinierte Kameraeinstellungen, um in ihrem Film *Menschen im Hotel* Garbos gefühlvolle schauspielerische Leistung als verblassende russische Ballerina zu unterstreichen. John Barrymore spielte den mittellosen Baron, der ihre Juwelen stehlen möchte, statt dessen aber sein Herz an sie verliert. Lionel Barrymore hatte den armseligen Buchhalter zu spielen, dessen Bedeutung mit den zunehmenden Abenteuern in dem Luxushotel jedoch wächst. Wallace Beery übernahm die Rolle des aufgeblasenen, pathetischen Industriellen auf dem absteigenden Ast, der Joan Crawford als seine Sekretärin und Gespielin anheuert. Crawfords Sekretärinnenrolle war nicht gerade eine Glanzrolle, sie wollte jedoch unbedingt einmal in einem Film mit Garbo mitwirken, auch wenn sie in keiner Szene gemeinsam auftraten.

Crawford war drei Jahre jünger als Garbo und stand als Ehefrau von Douglas Fairbanks Jr. unter dem Verdikt, beweisen zu müssen, daß sie eine ernsthafte Schauspielerin war. Um das ihr anhaftende typische Frauenimage aus den Filmen der zwanziger Jahre, das Mädchen, das sich in Verhalten und Kleidung über alle möglichen Konventionen hinwegsetzt, abzuschütteln, ahmte sie Garbos Reserviertheit, Frisur und Make-up nach und versuchte auch, ihre dramatische Intensität zu kopieren. Sie hatte einen großen Mund und volle Lippen und trug »ihren Lippenstift mit breiten, kühnen Strichen auf«, wie ihr Mann, Fairbanks Jr., sagte. Um rassiger auszusehen, ließ sie sich einige Backenzähne entfernen. Die Operation war schmerzhaft, aber George Hurrell, der Studiofotograf, sagte ihr, sie käme mit ihrem Gesicht Garbos perfekten Proportionen am nächsten.

Crawford gelang es eines Morgens, Garbo im Treppenhaus zu begegnen. »Wie schade«, sagte Garbo, »unser erster gemeinsamer Film, und wir arbeiten nicht zusammen.« Sie nahm Crawfords Gesicht in die Hände. »Tut mir leid«, fügte sie hinzu, »Sie haben ein wunderschönes Gesicht.« Als sie diese Treppenhausbegegnung Jahre später im Rahmen von Veröffentlichungen erzählte, meinte Crawford: »Wenn es in meinem Leben je die Versuchung gab, eine Lesbierin zu sein, dann dort.«

Crawford war eine Bisexuelle, die einen großen Verschleiß an Männern hatte und, sofern verfügbar, ging sie mit der gleichen Skrupellosigkeit, mit der sie nach oben kam, an die Verführung junger Frauen. Im engeren Bekanntenkreis wurde sie Billie genannt. Mehr als nur eine junge Reporterin erzählte von Interviewbesuchen in Crawfords Haus, bei denen der Star unter dem Vorwand, sich umziehen zu müssen, der Journalistin anbot, die Unterhaltung fortzusetzen, während sie sich zum Dinner zurechtmachte. Im Schlafzimmer ließ Crawford dann Bemerkungen zur farblichen Kombination der Kleidung der Reporterin fallen, nahm einige Designerkleider aus ihrem Schrank und machte der Besucherin das Angebot, einige Outfits anzuprobieren. Christina Crawford, Joans Adoptivtochter, behauptete später, ihre Mutter habe versucht, mit einer der Gouvernanten ihrer Kinder zu schlafen. »Ich wußte von Mutters lesbischen Neigungen«, schrieb Christina Crawford in *Meine liebe Rabenmutter*. »Was die Gouvernante erzählte, bestätigte mir, was ich bereits selbst gemerkt hatte.«

Nach L. Brooks' Meinung gehörte Crawford zur dunklen Seite der goldenen Hollywood-Ära; sie stand selbst nicht hinter ihrem Leben, sagte sie. »Das Gefühl, daß Hollywood ihr privates Selbst nicht guthieß und die Öffentlichkeit es nicht gutheißen konnte«, meinte Brooks, »verursachte zwangsläufig einen mörderischen Zustand der Verwirrung.« Crawford hatte ein besonderes Geschick, sich dramatisch in Szene zu setzen, mit ihren Fans zu kommunizieren und, etwas blumig ausgedrückt, ihnen die Wahrheit zu sagen. Mit Neunzehn war sie in einem Pornostreifen aufgetreten, der 1935 Erpresser auf die Idee brachte, aus MGM stattliche einhunderttausend Dollar gegen Herausgabe des Negativs herauszupressen. Fotos von einer zurückgelehnten, nackten Crawford, mit in gespielter oder echter Ekstase himmelwärts gewendeten Augen und einer Frau zwischen ihren gespreizten Beinen, zirkulierten im pornographischen Untergrund.

De Acosta gefiel ihre Arbeit bei RKO nicht. Die Filmgeschichte, die sie für Negri schrieb, hieß *East Side*. Sie machte keinen Hehl aus ihrer Meinung, wonach sie das Projekt dümmlich fand, und wurde etwa zeitgleich mit dem Abschluß der Dreharbeiten von *Menschen im Hotel* ohne Aufsehen gekündigt... Colton beendete die Arbeit an *East Side* dann allein... Paramount kaufte für Marlene Dietrich das Drehbuch von RKO, ließ das Projekt dann aber bald wieder fallen.

Die Resonanz auf die Voraufführung am 11. März 1932 in Santa Barbara signalisierte Mayer und Thalberg, daß sie mit *Menschen im Hotel* einen Hit gelandet hatten... »Lionel Barrymore als Kringlein verdient alle schauspielerischen Ehren«, rühmte der *Hollywood Reporter* am nächsten Tag. »Die glänzende Garbo ist so glänzend wie immer. Und Joan Crawford gibt ihr Bestes als Stenotypistin und sieht schöner denn je aus, seit wir sie auf der Leinwand kennen.«

Das Thema Geld, nicht Sex, nahm Garbo im Frühjahr 1932 voll und ganz in Beschlag. Der Ruhm verhalf ihr zu Macht und Einfluß, aber hinter der publicityträchtigen aufgesetzten Aufmüpfigkeit war sie in Wirklichkeit eine fügsame Angestellte des Studios. Sie verlangte nie, mit großen Regisseuren zu arbeiten, und die engste berufliche Beziehung hatte sie mit William Daniels, dem schwulen Kameramann, der die meisten ihrer Filme drehte. MGM hatte Garbo auf Diät gesetzt, ihre Zähne korrigiert und ihr eine neue Frisur verpaßt – genau wie die Konkurrenz, Paramount, sich bei Dietrich darum gekümmert hatte, daß ihre Weisheitszähne gezogen wurden, damit ihre Wangen mehr einfallen konnten, daß ihre Knöchel massiert wurden, bis sie gertenschlank waren, daß ihre Augenbrauen gezupft und ihre Brüste mit einem Stützband angehoben wurden. Es waren nicht ihre Rollen, es war das Geld, das Garbo und Dietrich zum Trübsinn und ins Schleudern brachte. Keine von beiden war je nur eine hirnlose Idiotin, und beide hatten Harry Edington als Agenten.

Kurz nachdem Garbo die Dreharbeiten von *Menschen im Hotel* abgeschlossen hatte, wurde sie Opfer einer der vielen Bankzusammenbrüche, die zur Verschärfung der Wirtschaftskrise beitrugen. In ihren Memoiren erzählt Mercedes de Acosta, sie habe geträumt, wie Garbo verzweifelt mit der Botschaft zu ihr kam, die Bank, bei der sie ihre Ersparnisse habe, sei zusammengebrochen. In ihrem Traum lief Mercedes auf den Dachboden, wo sie eine alte Handtasche fand, trommelte Garbo aus dem Bett und wies ihren Chauffeur an, sie schnellstens zur Bank zu fahren. Vor der Bank war Polizei postiert, um aufgebrachte Kontoinhaber in Schach zu halten. Mit Garbo im Schlepptau gelang es Mercedes jedoch, über die Hintertür hineinzukommen, den Manager zu bewegen, Garbos Schließfach zu öffnen und ihre Wertpapiere und Wertgegenstände in die Handtasche zu raffen.

In der Realität war Mercedes nicht weniger findig. Angesichts der kursierenden Gerüchte, wonach die Beverly Hills Bank vor dem Zusammenbruch stand, rief Mercedes einen befreundeten Banker in New York an, der ihr riet, sich Garbo zu schnappen, schnellstens zur Bank zu fahren und zu retten, was zu retten ist. Garbos Chauffeur fuhr die beiden zur Bank. Es gelang den Frauen, durch die wütende Menge von Geldanlegern vor der Bank und die am Hintereingang postierten Sicherheitskräfte hindurchzukommen und zumindest die Wertgegenstände in Garbos Schließfach zu retten. Eine Million

Dollar, die Garbo bei der Bank angelegt hatte, waren jedoch verloren.

Mayer und Thalberg quetschten einen weiteren Film aus Garbo heraus, ehe ihr Vertrag auslief. *Wie du mich wünschst (As You Desire Me)* basierte auf der Vorlage von Luigi Pirandellos neuem Stück *Come tu me vuoi*. Garbo spielt einen an Gedächtnisschwund leidenden Varietéstar, und Erich von Stroheim, der Mann, dessen sie sich nie sicher sein kann, ist ihr Ehemann. Salka Viertel war verantwortlich dafür, daß Garbo und von Stroheim zusammenkamen, und Garbo, daß er neben ihr in der zweiten Hauptrolle engagiert wurde. Bei einem Treffen in Salka Viertels Haus sagte von Stroheim – niemand nannte ihn Erich – Garbo, daß er interessiert sei, zumal er gehört habe, daß es sich bei der Rolle um eine Karikatur Ferenc Molnárs handele. Für den ehrgeizigen Film bleichte Garbo ihre Haare, und Von, wie seine Freunde ihn nannten, rasierte sich seine ab. Es war eine schmerzliche Zeit für von Stroheim, der als Regisseur dereinst bei MGM-Produktionen wie *Greed* und *Die lustige Witwe (The Merry Widow)* das Sagen gehabt hatte, aber Garbo schützte ihn. Sie sagte ihm, an Tagen, an denen es ihm unmöglich erschiene, zu den Dreharbeiten zu kommen, sollte er sie anrufen, sie würde die Sache dann auf sich nehmen und Thalberg benachrichtigen, daß *sie* indisponiert sei. Zu Hause probte sie eine ihrer schwierigsten Szenen mit Mercedes.

Wenn Garbo jenseits der Leinwand ein Talent hatte, dann das, zunehmend mehr Geld aus Louis B. Mayer herauszuholen. Der Vertrag, der sie und Mauritz Stiller 1925 nach Culver City brachte, hatte ihr sechshundert Dollar in der Woche eingebracht. Nachdem sie jedoch dahintergekommen war, daß MGM ihrem Filmpartner John Gilbert zehntausend Dollar in der Woche zahlte, ließ sie Mayer wissen, daß sie eine Gehaltserhöhung wünschte, fünftausend Dollar in der Woche jedoch genügen würden. Mayer explodierte. Welche Undankbarkeit! Er hatte sie nach Amerika gebracht, ihr die Chance gegeben, ein Star zu werden, Geld ausgegeben, um sie aufzubauen – und das war nun ihr Dank dafür! Ungerührt spazierte sie aus seinem Büro hinaus.

Ihr Streit zog sich über sieben Monate hin. Mayer sperrte ihr Gehalt und ließ die Publicity-Abteilung Meldungen herausgeben, wonach die Frage in den Raum gestellt wurde, ob die Einwanderungsbehörde der arbeitslosen Ausländerin die Aufenthaltsgenehmigung wohl verlängern würde. Gilbert riet ihr, jeden nur möglichen Penny aus Mayer herauszuschlagen. Wichtiger aber war, daß Gilbert sie mit Harry Edington bekannt machte, einem ehemaligen MGM-Buchhalter, der sich mit einer Agentur selbständig gemacht hatte und Stars wie Marlene Dietrich zu seiner Klientel zählte. Edington forderte für Garbo einen Fünf-Jahres-Vertrag, der ihr fünftausend Dollar in der Woche sicherte, und zwar zweiundfünfzig Wochen im Jahr, ob sie arbeitete oder nicht. Um ihre Verhandlungsposition zu schwächen, importierte Thalberg Eva von Pletzner aus Österreich, taufte sie in von Berne um und gab ihr in *Die Masken des Teufels (Mask of the Devil)* neben Gilbert die Hauptrolle. Der Film war ein glatter Reinfall, und Eva wurde nach Wien zurückgeschickt.

Jetzt blieb Louis B. Mayer bis Ende Juli Zeit, um Garbo ein Vertragsangebot zu machen. Und im Vorfeld der Verhandlungen verschärften beide Seiten ihre Taktiken. Um ihrer absehbaren Forderung nach mehr Geld argumentativ den Boden zu entziehen, hielt Mayer Edington die, wie er es nannte, gelinde gesagt niederschmetternden Zahlen von *Mata Hari* unter die Nase. Im Gegenzug zog Edington die Ausgabe vom *Hollywood Reporter* vom 7. Januar 1932 mit der Schlagzeile aus der Tasche: »*Mata Hari* schlägt mit der Einspielsumme von $ 80 000 in vier Tagen ein«, sowie die Titelseite der Branchenzeitung vom 14. Januar, wo es hieß, selbst in der dritten Woche fülle der Film noch das New Yorker Capitol Theater. Um Garbos fehlende Kooperationsbereitschaft zu demonstrieren, schickte Mayer eine Einladung zur Premiere von *Menschen im Hotel* an der Westküste im Grauman's Chinese Theater, wohl wissend, daß sie nicht kommen würde.

Garbos – und de Acostas – Schachzüge waren nicht weniger berechnend. Während Mercedes Gerüchte streute, daß Garbo möglicherweise keinen neuen Vertrag abschließe, schickte Garbo Salka Viertels Exposé der *Königin Christine (Queen Christina)* kommentarlos zurück, so als ob sie es erst gar nicht gelesen hätte. Um Mayer weiter zu verunsichern, teilte sie ihm mit, sie plane eine Reise in ihr Heimatland. Da ihr Vertrag am 31. Juli um Mitternacht auslief, hatte sie eine Überfahrt von New York nach Göteborg an Bord eines schwedisch-amerikanischen Passagierschiffes gebucht, das am 1. August 1932 in den frühen Morgenstunden ablegen sollte.

Es erscheint undenkbar, daß Mayer und Thalberg nicht wußten, daß sie bei dem Bankenzusammenbruch ein Vermögen verloren hatte, gleichwohl behauptet de Acosta in ihren Memoiren, sie hätten tatsächlich nichts gewußt. »Hätte MGM gewußt, in welcher Situation sie [Garbo] war, hätten sie doch gut und gerne mit ihrem Angebot heruntergehen können, sehr wohl wissend, daß sie die Abstriche unter dem finanziellen Druck hätte akzeptieren müssen.«

Um ihre Ausgaben zu reduzieren, räumte Garbo ihr teures Haus am San Vicente Boulevard, das sie eintausend Dollar im Monat kostete, und zog in das von de Acosta gemietete Haus. Und Mercedes mietete sodann für sich und ihren Mitbewohner John Colton einen halben Block weiter in der Rockingham Road ein anderes Haus, um so bestimmten Äußerlichkeiten Rechnung zu tragen. Die Rockingham Road verlor sich in den damals noch unbesiedelten Canyons der Berge um Santa Monica. An freien Tagen liehen Mercedes und Garbo sich bei der Bel Air-Reitschule Pferde aus und ritten in die Berge hinaus.

Durch das Netzwerk des »Nähkreises« – und wohl nicht zuletzt auch durch Mercedes' rege Korrespondenz mit weit verstreut lebenden Freundinnen – kam es oft zu Überraschungsbesuchen. Eines Sonntagmorgens läutete Katharine Cornell unangemeldet an der Tür. Garbo flüchtete die Treppe hoch. Cornell, die ihre leidenschaftliche Vorliebe für Frauen hinter ihrer langjährigen Ehe mit dem bisexuellen Broadway-Produzenten und Regisseur Guthrie McClintic verbarg, war als Star eines vierzigköpfigen Ensembles, wozu auch der junge Orson Welles gehörte, auf einer Tournee durch die Vereinigten Staaten und absolvierte gerade die erste Etappe. Sie spekulierte zweifellos darauf, daß *die Göttliche* auch im Haus war und daß Mercedes insgeheim darauf brannte, sie vorzustellen, zumindest zögerte Cornell ihren Besuch arglistig hinaus, ehe sie sich wieder verabschiedete, und bat, in Erinnerung an alte Zeiten, um ein Frühstück. Seit ihrer gemeinsamen Liaison war einige Zeit verstrichen, und sie hatte inzwischen triumphale Erfolge mit *Eine Scheidung (A Bill of Divorcement)* gefeiert und war in der Rolle der Iris March in *Der grüne Hut (The Green Hat)* zu Starruhm gelangt – jener Protagonistin, nach der Mercedes auf Thalbergs Geheiß ihre *Desperate*-Heldin zuschneiden sollte. Und jetzt war United Artists hinter ihr her, seufzte Cornell, daß sie ihren Bühnenerfolg mit *Die Barretts von Wimpole Street (The Barretts of Wimpole Street)* nun in einer Filmfassung wiederholen sollte, aber das Filmgeschäft sei einfach nichts für sie. Schließlich kam Garbo dann doch noch herunter, um sich vorstellen zu lassen.

Einige Wochen vor Garbos geplanter Reise nach New York und Stockholm machte sie mit Mercedes einen langen Spaziergang am Strand entlang. Aus dem Augenblick heraus beschloß Garbo, kurz bei Ernst Lubitsch vorbeizuschauen.

»Mein Gott, mein Gott«, rief Lubitsch, als er Garbo sah.

Ona Munson, die Schauspielerin, mit der er zusammenlebte, ließ vor Aufregung fast die zwei Cocktails fallen, die sie aus der Küche herbeibrachte, sie war aber wenigstens so geistesgegenwärtig, Garbo etwas anzubieten.

Lubitsch drückte Garbo aufs Sofa und setzte sich neben sie. »Warum sagen Sie diesen Idioten in Ihrem Studio nicht, sie sollen uns zusammen einen Film machen lassen«, sagte er. »Gott, wie gerne würde ich bei einem Film mit Ihnen Regie führen.«

»Sagen Sie's ihnen, Ernst«, sagte sie lächelnd. »Ich bin viel zu erschöpft, um mit Studiomanagern zu reden.«

Während Lubitsch sich darüber ausließ, wie blöd er Mayer und Thalberg fand, nahm Munson Mercedes mit in die Küche und sagte: »Ich wollte Sie immer schon kennenlernen. Nazimova hat mir sehr viel von Ihnen erzählt.«

Geboren als Owena Wolcott in Portland, Oregon, war Munson bereits mit Vierzehn im Varieté aufgetreten. Durch Musicalkomödien hatte sie eine steile ruhmreiche Karriere gemacht, in *Nein, nein Nanette (No, No Nanette)* die Hauptrolle gespielt und ihr Filmdebüt neben Edward G. Robinson in dem Film *Spätausgabe (Five Star Final)* gemacht. Sie sammelte Werke von Picasso, Dali und Braque. Mercedes fand sie extrem schön. »Was mich an ihr faszinierte«, schrieb sie, »waren ihre Augen. Sie waren sehr traurig und hatten etwas, das mich tief berührte.«

Nach dieser Begegnung sahen sie sich sieben Jahre nicht, wurden 1940 dann jedoch ein Liebespaar. »Ich sehne mich danach, Dich in meine Arme zu schließen und meine Liebe in Dich zu verströmen«, schrieb Ona in jenem Jahr an Mercedes. Sechs Jahre später schrieb sie ihr, sie hätten »gemeinsam den erhabensten spirituellen Augenblick erlebt, den Menschen je erleben können«, und »eine Wesenheit geschaffen, ganz so, als ob [wir] ein Kind empfangen und geboren hätten«.

Die Wochen vor Garbos Abreise waren durch Gereiztheiten und Streitereien quälend für sie und Mercedes. Fetzen ihrer Auseinandersetzungen gelangten sogar bis zu den Ohren von Anita Loos, die drei Monate später den ganzen Klatsch prompt in einem Brief an Cecil Beaton ausbreitete:

Hier bei uns am Set ist so viel los, daß mich jedesmal, wenn ich Dir schreiben will, die Unmöglichkeit, alles erzählen zu können, wieder abschreckt. Die Garbo-Mercedes-Geschichte ist einfach unglaublich. Sie haben sich furchtbar gestritten, und Garbo ist abgereist, ohne sich zu verabschieden. Daraufhin flog Mercedes nach New York, um mit ihr zu sprechen, verlor ihre Arbeit bei MGM und befindet sich jetzt in einem miserablen Zustand. Sie sagt auch, sie sei pleite – es scheint aus und vorbei, einfach schrecklich.

De Acosta äußerte sich nie dazu, ob sie mit Garbo an die Ostküste reiste, aber nach Gronowicz' Bericht fuhr das Paar zusammen nach New York. Um den Fotografen und Reportern zu entgehen, die in Erwartung des Twentieth Century Limited den Grand Central Station in Manhattan belagerten, stiegen sie bereits an der Station an der 125sten Straße in Harlem aus und checkten sich in das Hotel Gramatan im Westchester County, einem Vorort von Bronxville, ein.

Getarnt als Harriet Brown und Lilyan Tashman machten Garbo und Mercedes in New York einen Einkaufsbummel. Einige Tage vor der geplanten Abfahrt des Passagierschiffes kam es auf der Fifth Avenue zu einem Vorfall. Während Mercedes sich die Schaufensterauslagen ansah, trat ein Mann, der eine verblüffende Ähnlichkeit mit dem verstorbenen Mauritz Stiller hatte, auf Garbo zu und erklärte ihr: »Gestern habe ich mit meinem Bruder gesprochen, er will, daß du nach Stockholm zurückkehrst und dir auf seinem Grab das Leben nimmst.«

Mit diesen Worten drehte der Mann sich um und verschwand. Als Mercedes ihre Verstörtheit bemerkte und sah, wie totenblaß sie war, eilte sie zu ihr hin, legte ihr den Arm um die Hüfte, geleitete sie an den Straßenrand und rief ein Taxi. Auf dem Bett in ihrem abgelegenen Hotel liegend, erzählte Garbo Mercedes aus ihrem früheren Leben, in welch armselige Verhältnisse sie hineingeboren wurde, wie sie den ständig alkoholisierten Arbeiter, der ihr Vater war, vergötterte und ihre Mutter haßte, wie sie mit Dreizehn, ein Jahr, ehe ihr Vater starb, die Schule verließ, wie sie ihren Glauben verlor, als sie dahinterkam, daß ihre Mutter eine Affäre mit ihrem Pastor hatte, wie sie das erste Mal einen Vorgeschmack von sexueller Lust erfuhr, als ihre ältere Schwester Alva sie an einem Sommertag zwischen den Beinen berührte und sie aufforderte, das gleiche bei ihr zu tun, wie sie nach dem plumpen Versuch eines Jungen, in sie einzudringen, von einem Mann mit Erfahrung träumte, und von Frauen, die sich lieben, und wie ein neues Leben für sie begann, als Stiller sie an der Schauspielschule aus einer Reihe von Schülerinnen herauspickte. Sie erzählte von ihrem Leben bis zu dem Tag, an dem Thalberg Stiller feuerte, den Regisseur, der bis dahin ihr Leben absolut bestimmt hatte.

Es war dunkel im Hotelzimmer, als Garbo schließlich fertig war mit Erzählen. Als letztes hatte sie Mercedes noch anvertraut, wie eine alte Zigeunerin ihre und Stillers Zukunft vorhergesagt und erklärt hatte, er werde wie eine Ratte sterben, einsam und weit weg von ihr, während sie unter vielen Menschen leben, aber keine Freunde haben werde. Mercedes hatte ihr schweigend zugehört, ging kurz aus dem Zimmer, nachdem sie geendet hatte, und kam mit kleinen Statuen von dem heiligen Franz von Assisi, der Jungfrau Maria, der heiligen Theresa und von Buddha zurück. Sie sagte, sie müßten die bösen Geister austreiben, um Ruhe vor Stiller zu finden. Er leide in der Hölle, habe ihr einen Teufel in die Fifth Avenue geschickt, der sie überreden sollte, Selbstmord zu begehen. Sie stellte die Statuen in den vier Ecken des Zimmers auf, zündete ein Gemisch aus Ölen und Kräutern vor ihnen an, kniete sich in die Mitte des Raumes und zog sich aus.

»Komm her, knie dich neben mich und zieh dich aus«, sagte sie zu Garbo. »Der duftende Rauch und meine Gebete sollen deinen nackten Körper streicheln und dich beschützen.«

Garbo kniete sich neben Mercedes, die mit einemmal anfing,

in Zungen zu reden, und dann von Zeit zu Zeit wiederum die Jungfrau Maria, den heiligen Franziskus, die heilige Theresa und Buddha anrief. Nach einer Weile fühlte Garbo sich frei, unbeschwert und schläfrig. In Trance sah sie sich durch eine Kirche schweben, umgeben von Gesichtern von Tausenden junger Mädchen. Als sie erwachte, lagen sie und Mercedes auf dem Bett. Mercedes streichelte sie und sagte, von nun an werde der böse Geist Mauritz Stillers sie nicht mehr verfolgen.

Garbos Entscheidung, allein nach Schweden zu reisen, zwang sie, einmal grundsätzlich über ihre Beziehung zu sprechen. Die Reise in ihr Heimatland war die erste von mehreren von Fotografen und Reportern rege verfolgten Reisen, und Garbo wollte allein und nicht in Begleitung fahren. Mercedes warf ihr vor, eine Sklavin ihrer Karriere zu sein, das Glück anderer zu opfern, die sie liebten, und sich nur um zwei Dinge, um Ruhm und Geld, zu kümmern.

»Gott akzeptiert mich so, wie ich bin«, sagte Garbo, und »das solltest du auch tun.«

»Ich bin sicher«, konterte Mercedes eingeschnappt, »du hast Angst, man könnte dich lesbischer Neigungen bezichtigen.«

»Du hast recht«, sagte Garbo.

Um tausend Fans auszuweichen, schlüpfte Garbo am frühen Morgen des 31. Juli an Bord der SS Gripsholm und schloß sich in ihre Kabine ein. Eine Stunde vor Ablegen des Schiffes um Mitternacht klopften zwei Repräsentanten von Loews, MGMs Muttergesellschaft, an ihre Kabinentür und legten ihr einen Vertragsentwurf vor. Außerdem hatten sie einige Abschiedsgeschenke für sie mitgebracht. Sie überreichten ihr eine teure Uhr von Mayer und anderes mehr, unter anderem ein goldenes Zigarettenetui von dem Kameramann Bill Daniels und ein antikes Armband von John Gilbert, das er, wie sie vermutete, wohl auf Veranlassung des Studios gekauft hatte. Und nicht zuletzt übergaben sie ihr auch ein Paket mit Büchern über Königin Christine.

Als der Stewart kam, um zu melden, das Schiff werde gleich ablegen, begleitete sie die beiden zur Gangway. Sie brauche Zeit, um über den Vertrag nachzudenken, erklärte sie den Loews-Vertretern beim Abschied. Als das Schiff Long Island hinter sich gelassen hatte, las sie den Vertragsentwurf. Sie sollte pro Film zweihundertfünfzigtausend Dollar erhalten, und ihre Forderung, nur zwei Filme pro Jahr zu machen, war verhandelbar.

Mercedes kehrte nach Los Angeles zurück, wo Thalberg einen Job für sie hatte, und, um sich zu trösten, die Geliebte von Marlene Dietrich wurde. Garbo nahm ihrerseits in Stockholm die Affäre mit Gräfin Wachtmeister wieder auf.

8. Dietrich als Seelentrösterin

Marlene Dietrich erzählte, wie sie Mercedes de Acosta bei einer Party im Hause der Thalbergs schluchzend in der Küche fand. Der Grund für die Tränen war, daß die Garbo sie wieder einmal grausam behandelt hatte. An ihren Mann in Paris schrieb die Dietrich:

> *Thalberg gab eine dieser großen Gesellschaften. Ich lernte eine sehr attraktive Schriftstellerin kennen, Mercedes de Acosta. Angeblich ist die Garbo ganz verrückt nach ihr. Für mich war sie eine Abwechslung von der allgemeinen geistigen Beschränktheit Hollywoods. Die Kirchen müßten hier eigentlich die Form von Kinokassen haben. Küsse.*

In Mercedes' Erinnerungen ist von Tränen nicht die Rede. Ihren Memoiren zufolge begegnete sie Dietrich erstmals im Theater, bei einer Vorstellung des deutschen Tänzers Harald Kreutzberg. Mercedes saß, wie sie schreibt, eine Reihe hinter Dietrich und ihrem Begleiter, Cecil Beaton. Während der Vorstellung habe die Dietrich sich dann irgendwann zu ihr umgedreht und sich vorgestellt.

Mercedes saß am nächsten Tag an ihrem Schreibtisch, als ihre Haushälterin Anna mit einem großen Strauß weißer Rosen ins Zimmer trat und meldete, Marlene Dietrich sei unten. Mercedes ging hinunter, um ihren Gast zu begrüßen. Ihr die Hand schüttelnd erklärte Marlene, sie kenne nur wenige Leute in Hollywood und habe ihr die weißen Blumen gebracht, »weil Sie gestern abend wie ein weißer Prinz ausgesehen haben«. Sie sah, daß Mercedes traurig war, und sagte, ihr gehe es auch nicht gut. Mit einiger Übertreibung erklärte sie ihr weiter, sie sei der erste Mensch, zu dem sie sich hingezogen fühle. »So ungewöhnlich es auch sein oder klingen mag, aber ich bin zu Ihnen gekommen, weil ich nicht anders konnte.«

»Marlene sah anders aus als andere, und sie kleidete sich anders als andere«, sagte Ruth Albu. Albu und Dietrich hatten 1927 als Revuetänzerinnen in Berlin gemeinsam auf der Bühne gestanden. »Ich war achtzehn, sechs Jahre jünger als Marlene, und fand sie wie jeder andere bezaubernd, schön und faszinierend.« Bei dem Stück handelte es sich um die deutsche Fassung von *Broadway*, George Abbotts und Philip Dunnings pikante Story über Revuetänzerinnen und ein Varietégirl, das den Sprung in die Welt der Stars schafft. »Das erstemal, als ich sie über die Bühne gehen sah, wußte ich gleich, daß sie anders war. Wenn Bühnenhelfer an der Garderobentür klopften und hereinkamen, huschten wir alle in unsere Kostüme. Aber Marlene nicht. Ihr war es egal, was die Männer sahen. Ich habe das immer als ein Zeichen mangelnden Interesses an Sex gesehen.«

In jungen Jahren galt Dietrich als freundliches Mädchen, das weder einen besonderen Ehrgeiz noch besondere Talente hatte. Sie war manchmal rührend und liebenswert, obwohl der Ruhm ihr zu einem enormen und vielleicht sogar pathologischen Ego verhalf. Sie war provozierend und ironisch, sentimental und leicht zu beeindrucken, jemand, für den nichts unwichtig war, und eine Frau, die von sich gerne glauben wollte, sie sei mit dem Glück verheiratet. Albu und Dietrich kamen zur gleichen Zeit 1930 in Kalifornien an, Albu als Frau von Heinrich Schnitzler und Schwiegertochter des Wiener Schriftstellers Arthur Schnitzler. In Hollywood war man nicht weniger als in Berlin an Sex interessiert. »Man wußte, daß es alles gab, auf der bisexuellen Ebene natürlich«, erinnerte sich Albu. »Was hier anders war, war, daß durch die Prohibition, durch den Reiz des Verbotenen verschärft getrunken wurde. Die Hollywood-Partys endeten selten in Sexorgien, weil die Männer sich betranken.«

Albu mag Marlene Dietrich für sentimental, leicht zu beeindrucken, liebenswert und sorglos gehalten haben. Für das Anfang der Dreißiger selbst schäbig gekleidete Publikum, das Traumgeschöpfe auf der Leinwand sehen wollte, war Dietrichs Gesicht, Name, Stand und Gegenwart der Inbegriff des Geheimnisvollen und Zaubers.

Marlene Dietrich erlebte ihre Jugend im Nachkriegschaos des Ersten Weltkrieges in Berlin, Tochter einer Leutnantswitwe mit Theaterambitionen. Genau wie Garbo und de Acosta war Marlene in ihrer Jugend in Theater- und Filmgrößen verliebt. Als Teenager zupfte sie sich nicht nur die Augenbrauen, um Henny Porten, Deutschlands erstem Filmstar, ähnlich zu sehen, sondern brachte der Schauspielerin unter dem Fenster ihrer Berliner Wohnung auch Ständchen auf ihrer Violine dar und verfolgte sie frühmorgens in Garmisch mit ihrem Geigenspiel, nachdem sie Henny Portens Name unter den Gästen des Skiortes ausfindig gemacht hatte.

Von ihren ersten Auftritten im Kabarett, auf der Bühne und im Film an spielte Dietrich mit einer aufreizenden Kühle, die das Publikum als provokativ und fesselnd empfand. 1927 war sie bereits ein Star, ihr Name prangte groß über den Titeln der Filme, in denen sie die diebische Liebhaberin oder eine Kurtisane spielte, die Männern Nachhilfe in Sachen Liebe gab. In *Ich küsse Ihre Hand, Madame* war sie eine heißbegehrte Witwe, die, als ein fettwanstiger kleiner Anwalt ihr anbietet, alles auf der Welt für sie zu tun, erwidert: »Gut, Sie können mit meinem Hund spazierengehen.« In *Das Schiff der verlorenen Menschen* spielte sie eine junge, reiche Amerikanerin, die bei einem Soloflug über dem Atlantik mit ihrem Flugzeug abstürzt und gleich zweimal gerettet wird – das erstemal, als sie nach ihrem Absturz von einem herumkreuzenden Schiff aufgenommen wird, und das zweitemal, als die lüsterne Crew entdeckt, daß in der Pilotenuniform eine Frau steckt und sich über sie hermachen will. Der Plot erlaubt ihr, sich auch in Männerkleidung als attraktiv zu präsentieren. Verbliebene Kopien des Stummfilms zeigen sie in geliehenen Seemannshosen und Pullovern an Deck des Schiffes und wie sie Fritz Kortner, den heruntergekommenen Kapitän, und Gaston Modot überrascht, die sich gerade um sie prügeln wollen. In der Revue *Es liegt in der Luft* erregten Dietrich und die offen bisexuell veranlagte französische Schauspielerin Margo Lion mit ihrer Nummer »Meine beste Freundin« allgemeines Aufsehen, einem unverhohlen lesbischen Duett, das sie in einem Kaufhaus trällern. In ähnlichen Kostümen, schwarzen Kleidern und großen Hüten, sangen sie, Lion im Falsett und Dietrich mit rauchiger Stimme in tiefer Tonlage, das Duett von zwei Freundinnen, die Dessous kaufen gehen und sich gegenseitig mit ihrer Reizwäsche in Stimmung bringen.

Dietrich war eine junge Mutter, ständig im Film und im Kabarett beschäftigt, als *Der blaue Engel,* ihr erster Film mit Josef von Sternberg, das Image schuf, das zur Legende werden sollte – die sinnliche Blondine mit ihren aufreizenden Beinen und ihrer rauchigen Stimme, die eingenebelt in Wolken von Zigarettenqualm in überfüllten Spelunken erfrischende, freche Lieder singt. In jedem ihrer sechs Hollywood-Filme, die Sternberg und Dietrich zusammen machten, sollte eine Szene enthalten sein, in der sie als Mann gekleidet war.

Vieles von dem, was Garbo auf der Leinwand nur suggerierte, zeigte Dietrich. Anders als die zurückgezogen lebende Garbo war Dietrich eine ausgesprochene Hedonistin, die das pulsierende Leben suchte und es in vollen Zügen genoß, sich Nacht für Nacht in Hollywood herumtrieb und mit Vorliebe edelsten Champagner nippte. In Restaurants und Nightclubs wurde sie auf der Toilette von Lesbierinnen angemacht. Dido Renoir, Ehefrau des Regisseurs Jean Renoir, eine Brasilianerin, erinnerte sich, wie Marlene Dietrich sie irgendwann während der Zeit des Zweiten Weltkrieges gebeten hatte, sie zur Toilette zu begleiten. Dido glaubte, die Dietrich wollte ihr ihre berühmten Beine vorführen, bis sie ihr sagte, sie brauche Schutz vor Frauen, die ständig hinter ihr her wären.

Bei allen wechselnden Geliebten, männlichen wie weiblichen, blieb Dietrich ein Leben lang Rudi Sieber engverbunden, ihrem Ehemann, der in Paris lebte und den sie unterstützte. »Papilein«, wie sie und ihre gemeinsame Tochter Maria ihn nannten, spionierte ihr weder nach, noch machte er ihr jemals Vorwürfe, und in dem nicht endenwollenden Strom von Briefen, Telegrammen und den endlosen Überseegesprächen mit ihm war sie auf ihre Art ihm gegenüber geradezu zwanghaft ehrlich. Daß sie ihm von ihrer neuen Bekanntschaft, Mercedes de Acosta, erzählte und auch, daß sie sich in sie verliebt hatte, war keine Ausnahme. Nach ihrem zuvor zitierten Brief schrieb sie ihm gleich am nächsten Tag:

Papilein,
ich habe Mercedes de Acosta wiedergesehen. Die Garbo macht ihr offenbar das Leben schwer, nicht nur, weil sie sich mit anderen abgibt – deshalb liegt sie übrigens mit Tripper im Krankenhaus –, sondern auch, weil sie so ein Mensch ist, der jedes Stück Zucker zählt, um sicher zu sein, daß das Hausmädchen nicht stiehlt oder zuviel ißt. Mir tat Mercedes leid. Ihr Gesicht war bleich und schmal, sie schien traurig und einsam – wie ich –, und es ging ihr offensichtlich nicht gut. Ich fühlte mich zu ihr hingezogen und brachte ihr einen Armvoll Tuberosen. Ich sagte ihr, ich würde ihr wunderbare Gerichte kochen und dafür sorgen, daß es ihr wieder gutgeht und daß sie zu Kräften kommt.

Dietrichs Botschaften an ihren Mann sind mit Vorbehalt zu genießen. Marlene war jemand, der sich über Konventionen hinwegsetzte und machte, was ihm paßte, und was sie an Neuigkeiten an Papilein weitergab, muß durchaus für bare Münze genommen werden. Gleichwohl ist kaum vorstellbar, daß sie mit de Acosta ins Bett kroch, wenn sie wußte, daß Mercedes die Geliebte der tripperkranken Garbo war. Im August, als Marlene Rudi Sieber und dessen Geliebte in Paris besuchte und Rudi eine Nierenkolik erlitt, war sie sich zumindest unsicher, ob Garbo oder Erich von Stroheim während der Filmarbeiten von *Wie du mich wünschst* Harnwegsprobleme gehabt hatte. »Mercedes, Süße«, kam ihre vertraute Stimme über den Atlantik durchs Telefon, »Rudi hat Nierensteine – ich muß einen hervorragenden Arzt finden. Hatte nicht Garbo schon mal Probleme beim Pinkeln... oder war es Stroheim, als sie diesen entsetzlichen Film mit ihm machte, in dem sie wie ein gebleichtes Huhn aussieht?« Marlene hatte schon wieder aufgelegt, ehe Mercedes ihr Ratschläge geben konnte.

Dietrich war bekannt dafür, daß sie ihre Liebhaber durch Fellatio befriedigte – so behielt sie die Oberhand und konnte die Szene bestimmen –, es aber vorzog, mit Frauen ins Bett zu gehen. Frauen sind im Bett besser, sagte sie, »aber *leben* kann man mit einer Frau nicht«. Von den meisten Schauspielern, die neben ihr in ihren Filmen spielten, meinte sie verächtlich, sie hätten nur »ein winziges Etwas, wo andere Menschen ein Gehirn haben«.

Ihre Affäre mit Mercedes de Acosta war sehr sinnlich. In einem Brief an Marlene schrieb Mercedes:

> *Ach, du Wunderbare,*
> *heute ist es eine Woche her, daß Deine wunderbare »ungezogene« Hand eine weiße Rose öffnete. Die letzte Nacht war noch schöner, und jedes Mal, wenn ich Dich sehe, wird es wunderbarer und aufregender. Du mit Deinem feinen bleichen, sapphischen Gesicht – ruf mich an, bevor Du zu Bett gehst, damit ich wenigstens Deine Stimme höre.*

»Sagen Sie, was Sie wollen über Mercedes«, erklärte Alice B. Toklas, »sie hatte die drei bedeutendsten Frauen des zwanzigsten Jahrhunderts.« De Acosta prahlte gerne damit, sie könne jedem Mann jede Frau abspenstig machen. Sie machte gegenüber dem »Nähkreis« kein Geheimnis aus ihren Affären mit Garbo und Dietrich, und ein Spaßvogel spekulierte sogar, bei ihrer dritten Eroberung, Toklas, habe es sich in Wahrheit entweder um Gertrude Stein oder Eleanor Roosevelt gehandelt. Als Truman Capote, der Autor von *Frühstück bei Tiffany (Breakfast at Tiffany's)* sich in den fünfziger Jahren mit Mercedes anfreundete und ihr Geschichten über ihr Sexleben entlockte, erfand er ein Spiel, das er International Daisy Chain (»Internationaler Reigen«) nannte. Ziel des Spiels war, Personen durch möglichst wenige Betten miteinander zu verkuppeln, und Capote behauptete gerne, die beste Karte, die man dabei auf der Hand haben könne, sei Mercedes, weil »man damit zu jedem kommen kann – von Kardinal Spellman bis zur Herzogin von Windsor«.

Das trefflich von Sternberg geschmiedete Leinwandimage Dietrichs als der souveränen Frau, die einem Mann ebenbürtig war, selbst in Liebesfragen, machte sie zu einer Verführerin ohne spezifisches Geschlecht. Während Garbo für alle, die ihr zusahen, etwas Mysteriöses hatte, war Dietrich zwar weniger rätselhaft, aber mitnichten weniger narzißtisch. Sie kannte jeden Millimeter ihres Gesichtes, brachte sich selbst bei, wie sie sich möglichst vorteilhaft Zigaretten anzünden konnte, und ließ sich mit einem neben der Kamera angebrachten Spiegel filmen, so daß sie ständig ihre eigene Mimik beobachten konnte. Sie bestand darauf, ständig und überall Hosen zu tragen, und als ihre Hosen als Sensation empfunden wurden, wurde sie – ganz im Merkur'schen Geist des Studiosystems – als »die Frau« gekürt, »für die selbst Frauen schwärmen können«. Kleider waren wichtig genug für sie, um Irene (geborene Irene Lentz) zu verführen, die Designerin, die Adrians

Nachfolge bei MGM antrat, nachdem dieser sich mit seinen Arbeitgebern überworfen und das Studio 1941 verlassen hatte.

Sternberg und Dietrich hingen wie siamesische Zwillinge aneinander. Der in Wien geborene Autor und Regisseur, ein blasser, kleiner Mann mit düster-traurigen braunen Augen, schwarzem Haarschopf und einem großen, nach unten gezogenen Schnurrbart, der sich mit einem etwas geckenhaften Flair umgab und sich das falsche »von« selbst verpaßt hatte, pflegte seine Macht über andere in der Form geltend zu machen, daß er sie eindringlich, unter schlangenähnlichen Lidern hervor anstarrte und sich lauthals über die Bodenlosigkeit menschlicher Dummheit wunderte. Als Sohn armer orthodoxer Juden war er mit Vierzehn nach New York gekommen und hatte nach einer sehr bunten, mal hier ein bißchen, mal dort ein bißchen, flickwerkartigen Ausbildung angefangen, als Filmcutter zu arbeiten. Dietrich war bereits ein Begriff in den deutschen Jazz-Szene-Filmen, als Sternberg 1929 nach Berlin kam und sie auswählte, die anrüchige Lola-Lola in *Der blaue Engel (The Blue Angel)* zu spielen. Dietrich haßte die Rolle, und ihre Beziehung zu ihrem Regisseur war zeit ihrer Zusammenarbeit von Heftigkeiten, Starrsinn und Reizbarkeit geprägt.

Sie haßte auch Los Angeles und packte ihre Koffer nie ganz aus. Die diversen Miethäuser oder -wohnungen, in denen sie lebte, waren so unpersönlich wie die Filmkulissen, an die sie erinnerten. Sie liebte Schwarz-Weiß-Ausstattungen, und in ihrer Vorliebe für Zebrafell- und Leopardenvorleger sah mehr als nur eine Hochglanzzeitschrift einen Abklatsch ihrer Kostümierung in *Die blonde Venus (Blonde Venus)*. Ihre Liebhaber kamen, um sie in ihrem Bett anzubeten, aber »wegen des Kindes«, womit ihre Tochter Maria gemeint war, tauchte nie einer dieser Fremden im Morgenmantel am Frühstückstisch auf. »Diese Aktivitäten im Morgengrauen müssen für alle Beteiligten ausgesprochen strapaziös und unbequem gewesen sein«, schrieb Maria in ihren Memoiren sechzig Jahre später, »aufstehen, anziehen, nach Hause fahren, nur um ein paar Stunden später zurückzukehren, als sei nichts ›passiert‹.«

Marlene Dietrich hatte gerade eine traumatische Erfahrung hinter sich. Die Entführung und Ermordung von Charles und Anne Lindberghs zweijährigem Sohn Charles im März 1932 schien Schule zu machen und Nachahmungstäter zu animieren, mit Kindesentführungen Reichen hohe Lösegeldforderungen abzupressen. Die Wirtschaftskrise hatte 1929 jeden vierten Arbeitsplatz vernichtet und die Reichen der Gesellschaft, vor allem die Filmkolonie, zu einer Hauptzielscheibe krimineller Gemüter gemacht. Einen Monat, nachdem der kleine Charles Lindbergh ermordet aufgefunden worden war, drohten Erpresser Dietrichs und Siebers siebenjährige Tochter Maria zu kidnappen.

Der erste Erpresserbrief mit der Lösegeldforderung war aus Buchstaben und Worten, die aus einer Zeitung ausgeschnitten waren, zusammengestückelt und lautete: »Ihre Tochter wird entführt, wenn Sie uns nicht $ 10 000 geben. Wir wollen 10 000 Dollar um 23 Uhr am 16. Mai. Parken Sie Ihren Wagen direkt vor Ihrem Haus. Legen Sie die Notenbündel etwa 15 Zentimeter von der Straße entfernt auf die hintere Stoßstange. Rufen Sie nicht die Polizei. Nur Fünf- und Zehndollarnoten erwünscht. Rasche Bedienung. Lindbergh-Angelegenheit. Schweigen Sie. Seien Sie nicht verrückt.« Dietrich verständigte sofort die Polizei in Beverly Hills und erzählte auch ihrer kleinen Tochter Maria alles.

Sie ließ ihre Tochter keinen Augenblick aus den Augen, zumindest in keiner wachen Minute, rief Rudi Sieber in Paris an und bat ihn zu kommen. Er brach sofort auf, aber die Reise von Europa nach Los Angeles dauerte immer noch mindestens zehn Tage. In dieser Zeit engagierte Marlene Detektive, die rund um die Uhr das Haus und den umliegenden Garten bewachten. Die Fenster wurden mit zusätzlichen Eisengittern gesichert und ein elektrisches Alarmsystem installiert. Maria schlief auf dem Boden neben ihrem Kindermädchen, das aus Sicherheitsgründen bewaffnet war. Tagsüber nahm Dietrich die Kleine ins Studio mit, wo sie unentwegt von anderen Wachtposten beaufsichtigt wurde. Rudi Sieber versuchte, so schnell wie möglich zu kommen.

Die Anspannung wuchs mit näherrückendem Stichtag. Paramount gab in Dietrichs Namen eine Erklärung ab, die besagte: »Zum Schutz des Kindes und auch zu meiner Sicherheit wurden alle notwendigen Maßnahmen ergriffen.« Am 16. Mai deponierten FBI-Beamte eine Tasche mit vermeintlichem Geld, die in Wahrheit auf Dollarnotengröße zurechtgeschnittenes Zeitungspapier enthielt, auf der Stoßstange und sperrten weiträumig das vor Dietrichs Haus geparkte Auto ab. Niemand kam, um das Geld zu kassieren. Der Vorfall veranlaßte Dietrich, unter entsprechend verstärkten Sicherheitsvorkehrungen samt Kind und Anhang in das Haus Charles Macks, eines vor allem durchs Radio populären Varietékünstlers, am North Roxbury Drive umzuziehen. Eine nicht sehr glückliche Lösung, wie sich zeigte, denn widersinnigerweise konnten die Nachbarn, Fans und denn auch etwaige Kidnapper sehen, wenn sie zu Hause war, sobald ihr blauer Rolls-Royce, ein offener Zweisitzer, in der Einfahrt stand. Jedenfalls zog sie, nachdem sie Mercedes de Acosta kennengelernt hatte, ein weiteres Mal um, diesmal in ein Strandhaus, Ocean Front Avenue No. 321 in Santa Monica, das sie von Marion Davies mietete.

Dietrichs Briefe an ihren Mann dokumentierten ihre Affäre. Dietrich und de Acosta wurden am 16. September 1932 ein Liebespaar, und als Mercedes sie nach ihrem nachmittäglichen Stelldichein zu ihrem Strandhaus zurückfuhr, stieg Dietrich schnell aus dem Wagen aus, um möglichst zu vermeiden, daß ihre Tochter sie sah. Wenige Tage später lud sie Mercedes dann jedoch ein, um Maria kennenzulernen. Eines Abends, als Sternberg Dietrich unbedingt sehen wollte, entschuldigte sie sich bei Mercedes, daß sie nicht zu ihr zum Essen, sondern erst später kommen könne, jedenfalls solle sie im Bett auf sie warten. Maria mochte Mercedes nicht, sie fand, daß sie »wie Dracula« aussah und nannte sie hinter ihrem Rücken auch so.

Mercedes nannte Dietrich »meine Goldene« und unterschrieb ihre Briefe mit dem Namen, den man ihr in ihrer Kindheit gegeben hatte, »Raphael«. Sie verfaßte ein Liebesgedicht, »Für Marlene«:

> Dein Gesicht erstrahlt im Mondlicht
> das sanft, blaß und schimmernd
> Deine Haut durchdringt.
> Dein Leuchten benötigt keine Sonne
> Denn Du selbst bist
> die Sterne und der Mond und
> das Geheimnis der Nacht.

Dietrich belustigte sich über zwei deutsche Homosexuelle, die ebenfalls in Hollywood gestrandet und zeitweilig in ihrem Haus zu Gast waren. Martin Koslek, ein Charakterdarsteller, sollte sich in den späteren Hollywood-Filmen über den Zweiten Weltkrieg vor allem auf die Verkörperung von Nazigrößen, insbesondere von Goebbels, spezialisieren. Und Hans von Twardowsky war mit Eleonora von Mendelssohn, einer Freundin Salka Viertels und Mercedes de Acostas, verheiratet. Komplettiert wurde die fröhliche Runde der Lustbarkeit – und ein wenig Marias Verwirrung –, als dann auch noch Rudi Sieber mit seiner russischen Mätresse, Tamara Tamul, aus Paris ankam. Während Sieber sich bemühte, das übliche finanzielle Chaos, das Marlene immer wieder anrichtete, wieder einmal zu entwirren und Ordnung in ihre gemeinsamen Finanzen zu bringen, brachte »Tami« Maria das Schwimmen bei, mit dem Ergebnis, daß das Mädchen ganz vernarrt in die Geliebte ihres Vaters war und sie abgöttisch liebte. Es wurden Poolpartys veranstaltet, und man ging zusammen ins Meer schwimmen, und Rudi schenkte bisweilen geduldig Mercedes sein Ohr, wenn diese ihm erzählte, wie heiß sie seine Frau liebte.

Mercedes de Acosta arbeitete fleißig für Thalberg. Sie stürzte sich mit Wonne auf die Geschichte von Grigori Rasputin, jenem Mönch, dessen pathologischer Einfluß auf das Zarenpaar, Nikolaus II. und seine Frau Alexandra, zum Sturz der Romanow-Dynastie und Sieg der bolschewistischen Revolution unter Lenin beitrug. Das alles war jüngste Geschichte. Prinz Felix Jusopow, der im Bemühen, die Monarchie zu retten, den Mönch im Dezember 1916 umgebracht hatte, lebte mit inzwischen erworbener britischer Staatsbürgerschaft in London. Mercedes hatte ihn in Paris über Prinz Agoustinski kennengelernt, den belesenen Adeligen, der sich mit dem Verkauf der Schätze seiner Landsleute, die mit ihm ins Exil gegangen waren, einen erquicklichen Lebensunterhalt verdiente.

Die Hauptrollen mit den *drei* Barrymores zu besetzen, war, wie Thalberg meinte, der Clou, der die Geschichte über die letzten Tage des zaristischen Rußlands garantiert zu einem durchschlagenden Erfolg werden ließe. Lionel Barrymore sollte sich über seine Rolle als Rasputin Gedanken machen. Seine Schwester Ethel, die seit vierzehn Jahren nicht vor der Kamera gestanden hatte, sollte die Frau des Zaren spielen und Jack Barrymore Rasputins Mörder. Mercedes' Freundin, Diana Wynyard, bekam die Rolle der Hofdame der Zarin. Mercedes hatte keine Schwierigkeiten, sich in die Geschichte des verrückten Mönchs und die schicksalhaften Wirren der in Bedrängnis geratenen Romanows hineinzuversetzen und daraus in ihrer Fantasie eine spannende Story zu entwickeln.

Genau wie bei *Desperate* wurde sie auch hier, als sie mitten in der Arbeit steckte, in Thalbergs Büro zitiert. Er ließ sie Platz nehmen, während er hinter seinem erhöht stehenden Schreibtisch thronte, und eröffnete ihr, er habe eine Idee. Er wollte, daß sie eine Szene in das Stück einbaut, in der Rasputin versucht, Prinzessin Irina zu verführen. »Das muß eine sehr heftige, stürmische und fantastische Szene werden«, erklärte er. Mercedes wandte ein, Rasputin und Prinzessin Jusopow seien sich nie begegnet.

»Wen kümmert das?« entgegnete Thalberg. »Wenn diese Szene reinkommt, wird der ganze Plot zündender.«

»Aber das ist Geschichte«, warf Mercedes ein. »Aktuelle Geschichte, und die Beteiligten leben noch. Eine derartige Szene wäre absolut nicht authentisch und wahrscheinlich sogar Gegenstand einer Verleumdungsklage.«

»Diesen ganzen Unsinn, was Gegenstand einer Verleumdungsklage sein kann und was nicht, brauchen Sie nicht vor mir auszubreiten«, gab Thalberg ungeduldig zurück und erhob sich brüsk. »Ich will diese Szene drin haben, und mehr ist dazu nicht zu sagen.« Damit spazierte er aus seinem Büro und knallte die Tür abschließend hinter sich zu.

Mercedes fuhr völlig irritiert nach Hause. Ihr war klar, wenn sie sich weigerte, die Szene zu schreiben, würde Thalberg sie feuern. Noch am gleichen Abend setzte sie sich hin und schrieb Prinz Agoustinski in ihrer großen schönen Handschrift einen Brief. Sie bat ihn, Prinz Jusopow mitzuteilen, daß sie derzeit an dem Drehbuch für MGM schrieb und wie sehr ihr dabei die Geschichte helfe, die er ihr über Rasputin und seine Ermordung erzählt habe. Rat und Trost suchend, stattete sie des weiteren Krishnamurti einen Besuch ab. Der Guru riet ihr, eher den Job sausen zu lassen, als die Szene zu schreiben.

Thalberg ließ einige Wochen verstreichen, ehe er sie wieder zu sich rufen ließ. Als er sich meldete, ging sie mit einem Telegramm von Jusopow zu ihm, der ihr darin mitteilte, er vertraue ihr mit der Story, verbiete ihr aber, Irina zu erwähnen.

Als sie ihm das Telegramm gab, explodierte er. »Wie können Sie es wagen, jemanden wegen des Films zu konsultieren?«

Sie habe der Gesellschaft damit möglicherweise ein Gerichtsverfahren erspart, antwortete Mercedes. Um festzustellen, ob er sie auf der Stelle feuern könne, gab Thalberg einer Sekretärin Weisung, ihm de Acostas Vertrag zu bringen. Noch ehe sie ihn gebracht hatte, feuerte Mercedes sich selbst, ihre Freunde seien ihr wichtiger als das Geschäft, sagte sie. Als der Vertrag schließlich ankam, zerriß Thalberg ihn. Charles MacArthur beendete das Drehbuch, wobei Ben Hecht den Actionteil übernahm. Um sich für alle Fälle abzusichern, wies Thalberg MacArthur an, Jusopow hinter der fiktiven Gestalt Prinz Paul Chegodieff zu verstecken. Charles Brabin fing 1932 während der Olympiade in Los Angeles mit den Dreharbeiten von *Rasputin und die Kaiserin (Rasputin and the Empress)* an, wurde dann aber wegen Inkompetenz gefeuert und durch Richard Boleslawski ersetzt. Und was de Acosta anging, so stellte Thalberg – oder auch der Troß seiner Getreuen – sicher, daß sie auch bei den anderen Filmgesellschaften geächtet war. Wieder und wieder hatte Harry Edington, ihr Agent, nur die Nachricht für sie, daß er nirgends einen Job für sie bekommen konnte.

Auch Dietrich war unter Druck. *Die blonde Venus*, ihr vierter amerikanischer Film mit Sternberg, hatte sich als Flop erwiesen, und beide, das Studio wie auch ihr Regisseur, waren – im Gegensatz zu Dietrich – der Meinung, daß es Zeit für einen Wechsel sei. Bei einer heftigen Unterredung in ihrem Haus hatte Sternberg ihr erklärt, nach nunmehr fünf Filmen mit ihr fühle er sich ausgelaugt, und den nächsten Film, *Das Lied der Lieder (Song of Songs)*, sollte sie, wie Paramount es verlangte, mit Rouben Mamoulian machen. Dietrich fühlte sich verraten und verkauft, sie erstarrte vor Wut und schloß sich, nachdem Sternberg gegangen war, vierundzwanzig Stunden in ihrem Schlafzimmer ein. Ihre Finanzen erlaubten es ihr jedoch nicht, sich in den Schmollwinkel zurückzuziehen.

Dietrichs Lebensstil war so extravagant wie Garbos geizig war. Neben allem, was sie für die ganze Menagerie in der

Ocean Front Avenue – die Villa, den Stab der Bediensteten, die Bodyguards und die Schar des Gefolges, die sich hier immer wieder einfand – aufzuwenden hatte, finanzierte sie mit ihrem Verdienst Papileins Leben in Paris, seine transatlantischen Reisen mit Tami und versorgte darüber hinaus ihre Mutter in Berlin. Anfang September zog Paramount alle Register, wohl wissend, daß sie es sich nicht leisten konnte, nein zu sagen: Sie sollte sich unverzüglich zur Arbeit an *Das Lied der Lieder* bei Mamoulian melden, andernfalls werde sie suspendiert, büße ihr Gehalt von dreihunderttausend Dollar ein und werde auf die einhundertfünfundachtzigtausend Dollar verklagt, die es das Studio gekostet habe, aus Hermann Sudermanns Roman von 1908, *Das hohe Lied*, einen Stoff für die Dietrich zu machen. Sie willigte ein, sich mit dem Regisseur zu treffen.

Rouben Mamoulian, explizit vom Broadway importiert, um seine Bühnenerfolge auf der Leinwand zu wiederholen, avancierte ironischerweise zu einem der führenden Regisseure Hollywoods, indem er gegen das »abgedroschene Kino« revoltierte. Mit seiner Vorliebe für Großaufnahmen und einer Kameraführung, die trefflich aus einer Szene das Wesentlichste und Prickelndste herauszuholen wußte, übertraf er sogar seine eigenen Glanzleistungen am Theater. Jesse Lasky hatte ihn 1929 für Paramount vom Broadway weggelockt, und spätestens ab seinem dritten Film, *Dr.Jekyll und Mr. Hyde (Dr.Jekyll and Mr. Hyde)*, beherrschte er sein neues Medium perfekt.

Mamoulian und seine Frau Azadia kamen aus Georgien, er war russisch-armenischer Abstammung, Sohn eines Bankkaufmannes aus Tbilissi, hatte einen Teil seiner Kindheit in Paris verbracht, Kriminologie an der Moskauer Universität studiert und am Moskauer Künstlertheater unter den Fittichen Konstantin Stanislawskis eine Bühnenausbildung absolviert. Garbo verliebte sich in Azadia und traf sich, obwohl ihre Gefühle nicht erwidert wurden, noch regelmäßig lange mit ihr, auch nachdem Mamoulian und Garbo die Dreharbeiten von *Königin Christine* abgeschlossen hatten. Der vierunddreißigjährige Regisseur war mit seiner Hornbrille eine beeindruckende Erscheinung. Er versuchte, Dietrich, die das Drehbuch von *Das Lied der Lieder* schlichtweg unmöglich fand, zu besänftigen, indem er ihr erklärte, er werde an den romantischen Unsinn wie beim Theater herangehen und ihre Rolle im Laufe der Arbeit entwickeln.

Die für ihr Alter reichlich frühentwickelte Maria glaubte zwar, ihre Mutter würde Mercedes bald überdrüssig sein, aber die beiden Frauen überschütteten einander mit Aufmerksamkeiten und Liebe. Für die sonntäglichen Tennisspiele verfügte Marlene, daß Maria sich genauso kleidete wie Mercedes, und das hieß, cremefarbene Flanellhosen mit cremefarbenen Blusen oder Rollkragenpullovern. Aber mit *Das Lied der Lieder* entdeckte Dietrich in puncto Liebe ein neues Interesse: Brian Aherne, der neben ihr die Hauptrolle spielte. »Warum kommen Sie als namhafter Schauspieler vom Broadway hierher, um diesen albernen Film zu machen?« fragte sie ihn bei ihrer ersten Begegnung. »Ich muß, weil Herr von Sternberg gegangen ist und ich keine Protektion mehr habe. Aber Sie! Sind Sie verrückt?«

Aherne, ein Engländer und damit »kultiviert« in Dietrichs Augen, besuchte seine angehende Filmpartnerin zu Hause. Für die Dauer des Besuches wurde de Acosta angewiesen, der achtjährigen Maria am Strand beim Schwimmen zuzusehen. Die Rolle des ebenso reichen wie lüsternen alten Barons, in den Dietrich sich als Lily in *Das Lied der Lieder* verliebt, wurde mit Lionel Atwill besetzt.

Nachdem Dietrich und Aherne ihre Liebe füreinander entdeckt hatten, ließ Mercedes sich zusehends seltener in Dietrichs Haus blicken, schickte ihr aber weiterhin Briefe. In dieser Zeit trafen auch Rudi Sieber und seine Geliebte wieder einmal zu einem Besuch aus Europa ein. Was Dietrich zum Anlaß nahm, ihrem Mann laut aus Mercedes' Briefen vorzulesen:

... meine wahren Gefühle gegenüber Greta erklären zu wollen, wäre unmöglich, denn ich verstehe mich selbst nicht. Ich bin mir bewußt, daß ich mir in meinen Gefühlen einen Menschen geschaffen habe, den es nicht gibt. Mein Verstand sieht den wahren Menschen – ein schwedisches Dienstmädchen mit einem Gesicht, das Gott berührt hat, doch dieses Mädchen interessiert sich nur für Geld, das eigene Wohlergehen, Sex, Essen und Schlafen. Und doch täuscht ihr Gesicht meinen Verstand, und meine Seele macht aus ihr etwas, das mit meinem Gehirn kämpft. Ich liebe sie, aber ich liebe nur den Menschen, den ich geschaffen habe, und nicht den Menschen, der wirklich existiert ... Wenn ich Dir fern bin, sehne ich mich oft schrecklich nach Dir, und mir geht es immer so, wenn ich bei Dir bin. Ich weiß, Du hast meine Sehnsucht gespürt, weil ich es gemerkt habe, als Du sie gespürt hast.

Ich bin nur, wie ich bin, und Gott weiß, daß ich alles in meinem Leben dafür geben würde, anders zu sein. Du wirst sehen, daß ich diesen »Wahnsinn« überwinden werde, und dann wirst Du mich vielleicht wieder ein bißchen lieben. Aber wenn ich ihn überwinde, zu wem soll ich dann beten? Und was wird dann dieses graue Leben mit Sternenglanz erfüllen?

In einem weiteren Brief bot sie Dietrich an: »Ich bringe Dir an Dein Bett, wen Du willst!« Viele Jahre später, als Maria die Briefe entdeckte, fragte sie sich, was wohl passiert wäre, wenn ihre Mutter von dem Angebot Gebrauch gemacht und gesagt hätte: »Bring mir die Garbo.«

Das Land steckte in jener Zeit mitten im Wahlkampf. Präsident Herbert Hoover, der unter Berufung auf das Konzept der freien Marktwirtschaft nur zaghaft zu staatlichen Eingriffen bereit war und mit dem Land während seiner Präsidentschaft in die Weltwirtschaftskrise schlidderte, war so unbeliebt, daß berittene Polizei ihn bei Auftritten in verschiedenen Großstädten schützen mußte, während Franklin D. Roosevelt in seinem Sonderzug bejubelt kreuz und quer durch das Land fuhr und jedem erzählte, er sei zu massiven staatlichen Eingriffen bereit, um das Land aus der Wirtschaftskrise herauszuziehen. Am 25. Oktober 1932 hielt Roosevelt in Baltimore seine berühmt gewordene Rede, in der er zu den »vier Zugpferden« der Republikaner Stellung bezog, die mit den vier Schlagworten »Zerstörung, Verschleppung, Täuschung und Verzweiflung« in den Wahlkampf gezogen waren.

Mayer und Thalberg setzten alles daran, einen Wahlsieg Roosevelts – und Upton Sinclairs, der für den Gouverneursposten in Kalifornien kandidierte – zu verhindern. Angesichts der gigantischen grassierenden Arbeitslosigkeit und der staatlichen Haushalts- und Wirtschaftsprobleme – allein in Los Angeles waren dreihunderttausend Menschen arbeitslos, und ständig strömten weitere Mittellose auf der Suche nach Arbeit in die Stadt – forderte der Schriftsteller dringlichst eine höhere Besteuerung der Kalifornier mit hohen Einkommen und der Filmstudios. Bei MGM wurde die Parole ausgegeben, daß von jedem, der mehr als einhundert Dollar in der Woche verdiente, erwartet wurde, daß er umgerechnet mit einem Tagesverdienst den Wahlkampf des republikanischen Gouverneurskandidaten, Frank Merriam, unterstützte. Zur allgemeinen Stimmungsmache lieferten Mayer und Thalberg einen gestellten Filmbeitrag zur Wochenschau, der Horden grimmiger Landstreicher zeigte, die nach Kalifornien strömten und willens und bereit waren, sich des Privateigentums der Einheimischen zu bemächtigen, sobald Sinclair gewählt sei. Bei den »Landstreichern« handelte es sich in Wahrheit um Komparsen des Studios, und der Pseudo-Wochenschaubeitrag mit dem Titel *The Inquiring Reporter* wurde kostenlos an die Kinos geliefert. Roosevelt wurde als neuer Präsident der Vereinigten

Staaten gewählt und hatte sich in vierundvierzig von achtundvierzig Bundesstaaten durchsetzen können. Sinclair unterlag demgegenüber bei dem Rennen um den Gouverneursposten. Und eine der ersten Amtshandlungen des neugewählten Gouverneurs Merriam bestand darin, ein Einkommensteuergesetz zu erlassen.

Rudi Sieber und Tami reisten wieder nach Paris ab – Tami mit einem riesigen Koffer voller Kleider, die Dietrich abgelegt hatte. Die Filmarbeiten zu *Das Lied der Lieder* begannen im Januar 1933, als Hitler Reichskanzler wurde und mit einer ersten Auswanderungswelle deutscher Liberaler und Juden – darunter die Crème der deutschen Intelligentia – der Exodus begann, der Los Angeles am Ende in ein neues Weimar am Pazifik verwandeln sollte. Mamoulian gab dem Film geschickt seine persönliche Note. Als Lily (Dietrich) zum erstenmal in das Studio des Bildhauers (Aherne) kommt, ist sie entsetzt, als sie seinen Entwurf sieht, wie er sich die Statue vorstellt, für die sie ihm Modell stehen soll (»Oh, ich habe ja keine Kleider an«), ist dann aber nichtsdestotrotz bereit, für ihn, mit viel Scham und Erröten, in voller Nacktheit als Modell zu posieren. Als er ihr zusieht, wie sie sich hinter einem Vorhang entkleidet und ihre Silhouette beobachtet, streichelt er die Statue, die er von ihr macht. Beim Verlassen des Ateliers begegnet ihr der alte Baron (Atwill), der die Statue in Auftrag gegeben hat, und brummt: »Sie interessiert mich sehr ... *sehr sogar.*« Und Ahernes saloppe Erwiderung: »Sie bedeutet mir nichts«, provoziert sie ... den Baron zu heiraten, um dann am Schluß mit dem von Schuldgefühlen geplagten Bildhauer wiedervereinigt zu werden. Der visuelle Kitzel des Films ist eine lebensgroße nackte Statue, die Marlene Dietrich in dem melodramatischen Ende mit einem Holzhammer zertrümmert.

De Acosta vermißte Garbo. Der Besuch in ihrem Heimatland war zu einer weiteren Flucht vor begeisterten Fanmassen geraten. In Stockholm waren Fans nicht einmal davor zurückgeschreckt, das Fenster der Limousine einzuschlagen, in der sie fuhr, und sie sah sich genötigt, Zuflucht bei Graf und Gräfin Vilhelm Wachtmeister auf deren Landgut Tistad zu suchen.

Graf Vilhelm Wachtmeister war königlicher Stallmeister, und Tistad war eines der größten und ältesten Landgüter Schwedens. Garbo verbrachte den Großteil des Herbstes 1932 auf Tistad. Zusammen mit der Gräfin besuchte sie die Universitätsstadt Uppsala, besichtigte das Schloß, in dem Königin Christine 1654 dem Thron entsagt und abgedankt hatte, und sah sich Gemälde an, die van Dyck und Velázquez von der ledigen Königin gemacht hatten. Die Gräfin legte ein gutes Wort bei der königlichen Familie für Garbo ein und verschaffte ihr Zugang zu deren Archiven. Christines Leben endete, wie sie hier feststellen konnte, keinesfalls mit ihrer Abdankung, wie Salka Viertels Drehbuch es vorsah, sondern dauerte noch weitere fünfunddreißig Jahre. In ihrem Exil in Rom hatte die Königin sich mit Schriftstellern, Malern und Musikern umgeben. Garbo las Lindbergs *Christine*, ein Stück, das anfänglich von jedem Stockholmer Theater abgelehnt worden war. Als es dann schließlich 1908, sieben Jahre, nachdem er es geschrieben hatte, aufgeführt wurde, wurde es von den Kritikern als infantile Klamotte, unverschämte Provokation und irrsinnige Verzerrung verrissen, die nichts mit der schwedischen Geschichte zu tun hatte. Dadurch, daß Garbo nun dem Schatten der Renaissance-Königin folgte und viel über sie las, gelangte sie zu neuen Einsichten über ihre Protagonistin. Auch Christine hatte sich, wie sie feststellte, als Mann verkleidet und sich als männlich gesehen.

Ivor Novello traf aus London ein und nahm Mercedes de Acosta zum Dinner ins Haus von Joan Crawford und Douglas Fairbanks Jr. mit. Außerdem traf Mercedes sich noch mit anderen britischen Freunden, unter anderem mit Laurence Olivier und Jill Esmond, deren Ehe nichts weiter als ein Täuschungsmanöver für die Öffentlichkeit war. In der Hochzeitsnacht hatte sie sich voller Abscheu von ihrem Mann abgewendet. Beide waren zusammen in der Broadway-Produktion von Noël Cowards Stück *Intimitäten (Private Lives)* aufgetreten und waren jetzt in Hollywood, wo RKO einen Vierzig-Wochen-Vertrag mit ihnen unterzeichnet hatte. Olivier hatte neben Lili Damita und Adolphe Menjou in *Friends and Lovers* eine Rolle, und Esmond hatte man an Paramount ausgeliehen, um neben Ivor Novello und Ruth Chatterton in *Once a Lady* zu spielen. Sie wohnten im »Garten Allahs«, einer ebenso ordinären wie teuren Bungalowsiedlung, die um einen großen Swimmingpool am Sunset Boulevard herum angelegt worden war und von den ständig wechselnden Schauspielern und Autoren frequentiert wurde. Esmond hatte inzwischen den »Nähkreis« und dessen neuestes Mitglied Cheryl Crawford entdeckt, die Theaterproduzentin und neben Lee Strasberg und Harold Clurman Mitbegründerin des neuen Group Theater in New York.

Ein weiteres neues Mitglied des »Nähkreises« war Diana Wynyard. Sie war eine der ersten englischen Ladys in Hollywood, hatte 1932 am Broadway den triumphalen Erfolg, den sie seinerzeit in London neben Basil Rathbone in *The Devil Passes* hatte feiern können, wiederholt und war noch im gleichen Jahr in den Westen, nach Hollywood, gekommen, wo sie die frühen Fox- und MGM-Tonfilme mit ihrem Charme, ihrer Ausstrahlung und ihrem aristokratisch edlen Aussehen bereichert hatte. Sie fand die Flitterwelt Hollywoods reichlich verrückt, als ihr parallel eine Rolle in dem Film *Heimat unter fremden Sternen (Cavalcade)* nach Noël Cowards Stück und in *Rasputin und die Kaiserin* zugewiesen wurde, wobei ihr erstere eine Nominierung für den Academy Award, ›Beste schauspielerische Leistung‹, einbrachte. Wynyard teilte sich in Santa Monica ein Strandhaus mit einer Freundin, die gerade in der Badewanne lag, als 1932 ein Erdbeben Long Beach traf. Die Frau sprang schreiend aus der Wanne, ehe die Bodendielen nachgaben und das Wasser sich kaskadenartig überall ergoß. Mercedes eilte herbei, um beim Aufwischen zu helfen.

Den Heiligabend verbrachte Mercedes in der Begleitung Dietrichs ohne weihnachtlichen Schnickschnack in Adrians Haus. Das vormals mit Stuckarbeiten und schmiedeeisernen Verzierungen überladene spanische Missionshaus war mit Unmengen von Geld in eine Suite mit luftigen Räumen und spartanischem Ambiente verwandelt worden. Adrians Gäste versammelten sich auf der Terrasse unter einem Pfefferstrauch, neben einer Affenfamilie, die in ihrem zweistöckigen Käfig den Hintergrund bildete. Constance Collier ließ sich ihren Auftritt als Grande Dame nicht nehmen, Basil Rathbone rezitierte einen mit Obszönitäten gepfefferten Limerick, und dann nahm man Platz für ein exquisites Dinner. Mercedes wurde Hedda Hopper vorgestellt, was ihr aber nicht einmal eine Erwähnung in ihrem nächsten Tagebucheintrag wert war. Als Mercedes nach Hause kam, fand sie ein Telegramm von Garbo vor, die ihr frohe Weihnachten wünschte und ihr mitteilte, sie werde bald zurück sein.

9. Königin Christine

Garbo kam im März 1933 zurück – auf dem längsten Weg durch den Panamakanal. Salka Viertel, deren Mann gerade in Mexiko mit Sergej Eisenstein, dem begnadeten Regisseur des sowjetischen Films, *Unter Mexikos Sonne (Que Viva Mexiko!)* drehte, begrüßte den heimkehrenden Star, nachdem das Schiff angelegt hatte. Mercedes de Acosta fand ein neues Haus für sie am San Vicente Boulevard.

Dietrich machte sich daran, ihre Koffer zu packen, um abzureisen, als Garbo eintraf. Wir wissen nicht, ob de Acosta der Grund war, aber Dietrichs Tochter meint, ihre Mutter sei de Acostas »süßliche Gefühlsausbrüche« und ihr ständiges Bedürfnis leid gewesen, ihre Gefühle für Garbo zu erklären.

Marlene Dietrich, ihr Mann und ihre Tochter waren deutsche Staatsbürger. Hitlers Ernennung zum Reichskanzler am 30. Januar 1933 und der Reichstagsbrand drei Wochen später brachten Rudi Sieber zu der Überzeugung, daß dies kein Zeitpunkt war, um nach Berlin zu reisen. Aus Paris telegraphierte er seiner Frau, wenn sie nach Deutschland führe, würde man sie, ohne einen neuen amerikanischen Filmvertrag in der Tasche, vielleicht nicht wieder rauslassen. Wenn sie ihre Mutter und Schwester wiedersehen wollte, könnten sie sich auch alle in Österreich treffen.

Dietrich unterschrieb bei Paramount einen neuen Vertrag, den Harry Edington für sie ausgehandelt hatte und der ihr neben einer beachtlichen Honorarerhöhung ein Vetorecht gegen das Drehbuch und den Regisseur zusicherte. Was die alte Geschichte mit Sternberg anging, der sie aus ihrer Sicht so schmählich im Stich gelassen hatte, war sie inzwischen soweit, ihm zu vergeben. Und er hatte sich seinerseits inzwischen zu der Überzeugung durchgerungen, daß er einen weiteren Film mit ihr machen sollte. Aber was schwebte ihm vor? Die Geschichte vom Aufstieg einer unschuldigen jungen Prinzessin zu einer zynischen und rücksichtslosen Kaiserin. Den ganzen Sommer verbrachte er damit, eine fiktive Geschichte über das Liebesleben der russischen Zarin, Katharina die Große, zu schreiben.

Dietrich gefiel die Idee und erklärte sich einverstanden. Erst einmal reiste sie jedoch zusammen mit ihrer Tochter nach Paris ab.

Mit *ihrer* Vertragsunterzeichnung willigte Garbo ein, unter der Regie Rouben Mamoulians die Hauptrolle in *Königin Christine zu* spielen. Der neue Vertrag sicherte ihr, wie bereits erwähnt, eine Gage von zweihundertfünfzigtausend Dollar pro Film zu. Und was den Regisseur, Kameramann und die Besetzung der zweiten Hauptrolle anging, hatte sie ein Mitspracherecht. Sofern die Dreharbeiten zu einem Film länger als zwölf Wochen dauerten, erhielt sie zusätzliche zehntausend Dollar. Und gemäß einer Sonderklausel wurde sie während ihrer Menstruation einige Tage freigestellt.

Nachdem Mamoulian bei Dietrich Regie geführt hatte, mit wem anderes als mit Garbo hätte er als nächstes arbeiten sollen? Er konnte es sich leisten, schwierig zu sein, und er unterschrieb den Vertrag mit MGM nur unter dem Vorbehalt, daß das Viertel-Meredyth-Drehbuch zu *Königin Christine* nach seinen Vorstellungen umgeschrieben wurde.

Der Mann, den Mamoulian zum Umschreiben mit ins Projekt brachte, war S. N. Behrman. Sam Behrman hielt sich mit seinem großen Kopf und untersetzt, wie er war, für häßlich. Er war als Sohn eines Rabbis in Worcester, Massachusetts, aufgewachsen und hatte siebzehn Theaterstücke geschrieben, ehe das erste schließlich am Broadway aufgeführt wurde. Zusammen mit Dorothy Parker und ihrem homosexuellen Ehemann,

Alan Campbell, sowie Robert Benchley und Donald Ogden Stewart gehörte Behrman zu den auf intellektuell machenden, blasierten Typen, die, alle ein wenig zu intelligent, um Reibach daraus zu schlagen, in den Schreibstuben Hollywoods saßen und sich gegenseitig erzählten, sie würden die kalifornische Sonne schon herunterholen, mit Verlaub, selbstredend möglichst stilvoll. Bei den »Labersitzungen«, wie die Drehbuchkonferenzen genannt wurden (bei Warner Brothers hieß der Konferenzraum »Hallraum«), wurden Labereien kanalisiert, um schwammige Vorstellungen zu konkretisieren und Fraktur zu reden, wobei jeder bemüht war, wie ein Beteiligter es ausdrückte, etwas »zum Komposthaufen« beizutragen.

Thalberg ließ gerne mehrere Autoren am gleichen Projekt arbeiten, ohne daß diese von ihren gemeinsamen Bemühungen wußten. So war es auch nicht vorgesehen, daß Salka Viertel den neuen Mann kennenlernen sollte. Behrman latschte jedoch in ihr Büro, stellte sich vor und meinte, sie möge ihn einfach Sam nennen – was der Beginn einer Freundschaft war, die Jahre dauern sollte.

Salka Viertel und Garbo machten es sich schließlich zur Gewohnheit, sonntags bei Behrman zum Tee in seinem Haus in Beverly Hills vorbeizugehen. Bei einer solchen Gelegenheit nahm er all seinen Mut zusammen und fragte den Star, warum sie sich mit einem Alkoholiker wie John Gilbert einließe. »›Ich war einsam – und konnte kein Englisch‹, antwortete sie langsam mit ihrer Cellostimme«, schrieb Behrman später.

Nach dem endgültigen Drehbuch ist Königin Christine als erstes als Kind zu sehen, das ihrem Parlament als die künftige Herrscherin vorgestellt wird und in einer für sie vorbereiteten Rede verspricht, den Krieg fortzuführen, der ihren Vater tötete. Fünfzehn Jahre später verlangen die Mitglieder ihres Parlaments lauthals von der inzwischen erwachsenen Christine, den Krieg fortzuführen und einen Kriegshelden zu heiraten. Laut Drehbuch ist der Gedanke an eine politische Heirat ihr unerträglich. Sie zieht in Männerkleidung durch ihr Land und verliebt sich in Don Antonio de la Prada, den spanischen Botschafter, der gekommen ist, für seinen König um sie zu werben, sich dann aber selbst in sie verliebt.

In den Drehbuchkonferenzen wurde die Liebe der Königin zu Frauen letztlich auf eine kühne Szene zusammengeschliffen. Hierin stürzt Gräfin Sparre in die Gemächer der Königin, und die beiden küssen sich leidenschaftlich, auf die Lippen. Ebba schlägt vor, zusammen eine Schlittenfahrt zu machen, aber Christine sagt, sie werde im Parlament erwartet. Am Abend sehen sie sich wieder. »Oh, nein, das machen wir nicht«, schmollt Ebba, »du wirst von muffigen alten Männern und muffigen alten Papieren umgeben sein.« Die Königin streichelt liebevoll Ebbas Gesicht und verspricht, daß sie bald zusammen »zwei ganze Tage« aufs Land fahren.

Die Legende besagt, daß es Garbos Idee war, den Film überwiegend in Männerkleidung zu spielen. Es war jedoch Adrian, nicht sie, der die Verantwortung für das Kostümdesign trug, bekannt ist jedoch, daß sie begeistert von seinen Entwürfen für ihre Renaissance-Garderobe war. Sie verliebte sich in einen großen Pelzhut, der kokett an einer Seite herunterhing, und lobte Adrian, die Kostüme seien schöner als die, die er für *Mata Hari* entworfen hatte.

Behrman schrieb einen griffigen Dialog, aber die Verkleidung Christines als Mann warf einige Probleme auf: Wie sollte Don Antonio wissen, daß der Mann, mit dem er sich 1. die Hände zusammen wusch, dem er 2. ein Buch hinschleuderte, und den er 3. bat, ein Fenster zu öffnen, eine Frau ist. Man entschloß sich zu der Lösung, daß die Königin ihr wahres Geschlecht verrät, als Don Antonio sie bittet, ihm beim Aufschnüren eines hartnäckigen Schnürsenkels seines Stiefels behilflich zu sein, und er die Konturen ihrer Brust sehen kann, als sie in einem dünnen Hemd vor ihm kniet, um den Knoten zu lösen.

Elizabeth Young, die zu den oberen Zehntausend New Yorks gehörte und ebenso zum erlesenen Jet-set der Filmkolonie, spielte die Rolle der Ebba Sparre. Die Rolle des Kanzlers Axel Oxenstierna fiel Lewis Stone zu, mit dem Garbo bereits sieben Filme gemacht hatte. Was die Besetzung der männlichen Hauptrolle neben ihr anging, so hatte Garbo sich gegen Leslie Howard, Franchot Tone, Nils Asther und Bruce Cabot entschieden, sich aber mit Thalbergs und Salka Viertels Wahl, Laurence Olivier, einverstanden erklärt.

Nach monatelanger Werbung um Olivier hatte MGM einen Vertrag über drei Monate mit ihm unterzeichnet, der dem vielversprechenden neuen Schauspieler eine Gage von tausend Dollar in der Woche zusicherte. Olivier kam zusammen mit seiner Frau Jill Esmond aus New York. Er meldete sich am 1. August zu den Dreharbeiten zur Stelle und wurde einem ungehaltenen Mamoulian und einer mürrischen, reservierten Garbo vorgestellt.

Für ihre erste gemeinsame Szene wählte Mamoulian die Kulisse eines eleganten Frauengemachs, in dem Don Antonio die Königin mit einer derartigen Leidenschaft umarmt, daß sie ihre Knabenhaftigkeit fallenläßt. Mamoulian erklärte Olivier am Set, er müsse nach vorne kommen, Garbo an der Taille in den Arm nehmen, ihr tief in die Augen sehen und mit seiner Gestik und seinen Worten die Leidenschaft wecken, für die sie dann bereit sein wird, auf den Thron zu verzichten. »Ich ging an die Rolle heran und gab alles, was ich hatte«, erinnerte Olivier sich, »aber sowie meine Hand sie berührte, erstarrte Garbo zu Eis. Ich konnte ihre plötzliche Starre spüren, ihre Augen waren so eiskalt und ausdruckslos, als seien sie aus Marmor.«

Nachdem sie drei Tage gedreht hatten, ging Garbo zu Mayer und bat um John Gilbert. Mayer explodierte. Sie waren Gilbert gerade erst losgeworden und wollten ihn definitiv nicht zurückhaben. Wie üblich ließ Garbo den großen

Boß toben. Als er sich etwas beruhigt hatte, fuhr sie nach Hause und ließ ihm mitteilen, sie sei zu krank, um arbeiten zu kommen, was auch für Szenen galt, in denen ihr Filmpartner nicht mitspielte. Mayer verstand die Botschaft. Olivier wurde gefeuert, und Gilbert war der neue Don Antonio. Die Dreharbeiten wurden am 4. August wieder aufgenommen, so daß Gilbert gar nicht aus der Übung kam.

Während Marlene Dietrich samt Mann, Tochter und Tami durch Frankreich, die Schweiz und Österreich reiste – und auf Siebers Beharren Deutschland mied –, fanden Mercedes de Acosta und Garbo wieder zusammen. Garbo war wie gewandelt, ein anderer Mensch, der seiner Geliebten mit Wärme und ausgesprochen liebenswürdig begegnete. Aber dennoch, als Mercedes einen Autounfall hatte, bei dem ihr Gesicht entstellt wurde, war es nicht Garbo, sondern Dietrich, die von Paris aus telefonisch über den Atlantik den besten Arzt L. A.' für plastische Chirurgie auftrieb, ihn anwies, keine Kosten zu scheuen und ihr die Operation ihrer Freundin in Rechnung zu stellen. Was er zuwege brachte, war alles andere als eine Glanzleistung, und Mercedes mußte ihr Gesicht noch einer ganzen Reihe schmerzhafter Operationen und Behandlungen unterziehen.

Sofern Mercedes etwas Auftrieb gut gebrauchen konnte, dann bekam sie ihn mit dem Nachspiel, das *Rasputin und die Kaiserin* hatte. Charles MacArthur wurde zwar für die beste Drehbuchstory für den Academy Award nominiert, aber die Klage, die Prinz Felix Jusopow anstrengte, sorgte gleichwohl für mehr Aufregung als der Film. Als Jusopows Anwälte bei de Acosta anfragten, ob sie bereit sei, nach London zu kommen, um zu bezeugen, daß der Prinz ihr telegraphisch untersagt hatte, seine Frau in den Film einzubeziehen, und daß Thalberg dieses Telegramm gesehen hatte, engagierte MGM Mercedes mit einemmal wieder.

Thalberg rief Edington an, um ihm zu sagen, de Acosta keinen Job zu geben, sei »ein großer Fehler« gewesen; er lud sie ein, bei ihm vorbeizukommen, und fragte sie bei ihrem ersten Wiedersehen, ob sie eine Idee hätte, woran sie gerne arbeiten möchte. Die Jeanne d'Arc? Er stimmte ihr zu, das sei ein ausgezeichneter Stoff für Garbo, setzte Mercedes wieder auf seine Gehaltsliste und zeigte sich zwei Monate später hellauf begeistert von dem ersten Entwurf, den sie ihm vorlegte.

Prinz Jusopows Klage gegen MGM kam im Februar 1934 in London vor Gericht. Auch ohne Mercedes' Zeugenaussage gewann Jusopow das Verfahren; ihm wurde ein Schadensersatz in Rekordhöhe von fünfundzwanzigtausend Pfund (was heute umgerechnet eine Million Dollar wären) zuerkannt. Daneben hatte MGM sich noch mit anderen Parteien zu arrangieren und Schadensersatzforderungen nachzukommen. Der Film war netto ein Verlust.

Thalberg war aber nie Manns genug, sich bei Mercedes zu entschuldigen.

Garbo und Gilbert spielten ihre beste Szene fast schweigend. Sie sind nach ihrer ersten gemeinsamen Nacht im Zimmer des Gasthofes. Der Botschafter beobachtet betört und verzückt, wie die Königin sich langsam durch das Zimmer bewegt und zärtlich das Mobiliar berührt und streichelt, als wolle sie die Erinnerung an die Nacht in ihr Gedächtnis einbrennen. Mamoulian bezeichnete die Szene als ein Sonett. »Das muß Poesie und Gefühl pur sein«, sagte er zu Garbo. »Die Bewegung muß wie ein Tanz sein. Machen Sie es, als würden sie es zu Musik machen.«

Für Gilbert war *Königin Christine* der große Film, für den er gebetet hatte, auch wenn er dafür nur ein Siebtel seiner früheren Gage bekam. Garbos gönnerhaftes Verhalten gegenüber ihrer alten Flamme war jedoch wenig dazu angetan, seinem Selbstvertrauen Auftrieb zu geben. Sie behauptete später, sie habe darauf bestanden, ihm die männliche Hauptrolle zu geben, um seine bereits stark abschüssige Karriere zu retten. Wie dem auch sei, jedenfalls war das, was sie gleich am ersten Drehtag zu ihm sagte, nicht gerade ermutigend: »Dies wird dein letzter Film mit mir sein – vielleicht sogar dein letzter Film überhaupt.« Aber er sah auch nicht mehr wie der Mann aus, der wenige Jahre zuvor Garbo noch zu ekstatischen Höhenflügen hingerissen hatte. Zwischen den Aufnahmen zog er sich in seinen Wohnwagen zurück, um zu trinken. Er hatte das Gefühl, Garbo sei die einzige, die ihn dabei haben wollte, und daß Mayer und Thalberg ihn mehr denn je haßten, weil sie ihn auf Garbos Beharren wie eine Kröte hatten schlucken müssen. Schlimmer noch, der Funke zwischen ihnen war weg, und er spielte seine liebestrunkene Rolle als Antonio entsetzlich.

Garbo hatte demgegenüber in ihrer Rolle das Gefühl, sie *sei* Christine.

Was ihre Bewegung, ihre Stimme und die Art, wie sie sich gab, anging, war sie ausgesprochen androgyn. Im ersten Drittel des Films läuft sie im Chiton, in Hosen und Stiefeln herum, küßt Elizabeth Young und schwört, als ihr gesagt wird, sie könne nicht als alte Jungfer sterben, »als Junggeselle zu sterben«. Als sie anfängt, Kleider zu tragen, ist die Entscheidung, weicher zu werden und sich zu zeigen und zu offenbaren, ihre, nicht eine von außen auferlegte Entscheidung. Mit seiner Anweisung an Garbo, alles zu unterspielen, brachte Mamoulian die ständig im Konflikt miteinander liegenden Impulse der Königin heraus, den inneren Kampf zwischen dem unerschrockenen Wildfang und dem Wunsch, geliebt zu werden. Bill Daniels war wieder der Kameramann, und die Zusammenarbeit zwischen Regisseur und Kameramann funktionierte ausgezeichnet.

Garbo schätzte Mamoulians Persönlichkeit und empfand die Arbeit mit ihm als stimulierend, obwohl sie verschiedener Meinung waren, was ihre männliche Verkleidung anging, die sie weniger pompös und authentischer haben wollte. Das Studio war nicht bereit hinzunehmen, daß sie ihrem Gesicht mit buschigen, männlichen Augenbrauen einen derberen Ausdruck gab. Sie wirkte in ihrem ersten Auftritt als Erwachsene dann aber dennoch ausgesprochen viril. In dieser Szene reiten vermeintlich zwei Männer wie wild über das offene Land auf ein Schloß zu, wo einer von seinem Pferd abspringt und begleitet von zwei Hunden die Treppe hinaufrennt. Ein Hut mit breiter Krempe verbirgt das Gesicht, bis die Lösung kommt und Garbo gezeigt wird.

Garbo begann, mit ihrem Regisseur auszugehen. Die Zeitungen in Los Angeles berichteten, Garbo und Mamoulian würden des öfteren in beliebten Sunset Strip Clubs beim Essen gesehen, und die Klatschspalten vermuteten dahinter bald eine Romanze zwischen dem Star und ihrem Regisseur. De Acosta fühlte sich durch diese neue Verbindung erstmals gedemütigt, als Garbo, statt, wie geplant, mit ihr ein langes Wochenende im Norden Kaliforniens zu verbringen, mit Mamoulian wegfuhr. Garbo weigerte sich, de Acosta zu sehen. Mercedes war eifersüchtig und wütend und fühlte sich von Garbo gleich doppelt betrogen, nicht nur, daß sie mit jemand anderem ausging, sondern auch noch mit einem Mann. In ihrer Eifersucht versteckte sie sich vor Garbos Haus, um deren Kommen und Gehen zu beobachten.

Mamoulian war ebenso erschreckt wie entsetzt, nachdem er Garbo eines Abends nach Hause gebracht hatte, als sie plötzlich in seinen Wagen schlüpfte und sich auf den Boden kauerte, während er gerade aus der Auffahrt zurücksetzte. Sie setzte sich erst auf den Beifahrersitz, als sie einen Block die Straße hinunter waren.

Ihre Erklärung: Sie möchte nicht, daß eine Freundin sie kommen und gehen sieht. Als das ein zweites Mal vorkam, wurde Mamoulian wütend. »Ich fahre diesen Wagen nicht aus dem

Tor hinaus, bis Sie sich wie ein vernünftiger Mensch benehmen«, sagte er ihr.

»Aber ich will nicht, daß sie mich sieht«, protestierte sie.

Wenn MGM die Garbo als die schwedische Renaissance-Königin hatte, mußte Paramount die Dietrich als Katharina die Große haben. Sowie Josef von Sternberg das Drehbuch für *Die scharlachrote Kaiserin (The Scarlet Empress)* fertig hatte, zitierte das Studio Marlene Dietrich aus Europa zurück. Da die Meerluft ihre Nähnadeln rosten ließ, telegraphierte sie Sternberg, er möge ein anderes Haus für sie suchen. Rudi Sieber fuhr nach Le Havre, um Plätze für die Rückreise zu buchen und inspizierte eigens ihre Kabine. Ehe sie abreisten, trug er seiner Frau Grüße an Sternberg, Edington und de Acosta auf und ermahnte sie, sich von jetzt an nur noch auf die Arbeit zu konzentrieren. Sternberg mietete Colleen Moores Haus in Bel Air für seinen zurückkehrenden Star.

De Acosta war aus Dietrichs Sicht bei Garbo nicht mehr gefragt, und sie erzählte ihrem Mann am Telefon über den Atlantik hinweg, Mercedes sei »tragisch verstimmt«.

Die scharlachrote Kaiserin erzählt die Geschichte der deutschen Prinzessin Sophie Friederike (1729-1796), die mit Sechzehn mit dem Großfürsten Peter III. von Rußland verheiratet und über einen Putsch die russische Alleinherrscherin, die neue Zarin, Katharina II., wird. Die junge Katharina lernt sehr schnell den Wert ihrer sexuellen Reize als Mittel des Selbsterhalts am Hof in St. Petersburg zu schätzen und rennt am Ende, völlig verderbt durch die absolute Macht, die Stufen des Palastes hinauf. Sam Jaffe spielt die Rolle des verkrüppelten Halbidioten Peter, John Lodge mit der dunklen Löwenmähne den großtuerisch herumstolzierenden Alexej, das Objekt ihres Liebesinteresses, und Louise Dresser die korrumpierende alte Zarin Elisabeth.

Dietrich zankte sich mit Travis Banton, Paramounts Chefdesigner und als Alkoholiker bekannt, wegen der Pelze, Federn, Schleier und Chiffonkleider, die er für sie entworfen hatte. Banton fürchtete, die Pelzmütze, die Dietrich wollte, würde aussehen wie ein Abklatsch von Garbos Hut in *Königin Christine*, aber sie versuchte, ihn zu überzeugen, daß niemand sich je daran erinnern würde, was Garbo trug. Durch die Anproben verzögerte sich der Beginn der Dreharbeiten bis Thanksgiving, als Dietrich an ihren Mann schrieb:

> *Liebster Papi,*
> *man feiert hier Erntedank, deshalb arbeiten wir heute nicht. Mamoulian hat angeblich einen sehr schlechten Film mit der Garbo gedreht. Ich habe geheime Entwürfe gesehen – an den Kleidern kann es nicht gelegen haben. Morgen wollen sie ein paar Takes wiederholen und das Ende noch einmal drehen [sic].*

Dietrich hatte halbwegs recht. Eine massive Herz-Kranzgefäßgeschichte hatte den gestreßten Irving Thalberg zu Fall und *Königin Christine* in Gefahr gebracht. Den Ärzten zufolge war sein sowieso bereits schwaches Herz nun zusätzlich geschädigt, und sie legten ihm eine lange Rekonvaleszenz nahe. Thalberg fühlte sich verraten, als Mayer an seiner Statt nun seinen einunddreißigjährigen Schwiegersohn, David Selznick, für die Produktionsleitung engagierte und ihm seine Stars, Regisseure und Storys und außerdem ein wöchentliches Honorar von viertausend Dollar gab. Was Selznick von *Königin Christine* sah, gefiel ihm nicht. Er wollte den ganzen Film neu drehen und bat Ben Hecht, den gewieften Drehbuchautor und -doktor, das Ganze völlig umzuschreiben.

Wobei nichts herauskam. Nachdem nicht einmal mehr zwei Wochen für die Dreharbeiten geblieben waren, ignorierte Mamoulian Mayers Schwiegersohn einfach und drehte den Film zu Ende. Verärgert wegen dieses Zwischenspiels fühlte Garbo sich veranlaßt, Selznicks Vorschlag abzulehnen, in dem Film *Opfer einer großen Liebe* nach einer Vorlage von George Emerson

Brewer Jr. und Bertram Blocks Stück die Hauptrolle zu spielen.[1]

Die scharlachrote Kaiserin sollte der Höhepunkt der Zusammenarbeit zwischen Sternberg und Dietrich werden, ein exzentrischer Film, dem jede dramatische Substanz fehlte, aber visuell eine brillante Hommage für den Star war. Sternberg drehte fast die ganze Handlung in Großaufnahmen, er zeigte die ursprünglichen Emotionen in den Gesichtern, das Entsetzen, den Wahnsinn oder leidenschaftliches Entzücken. Sternberg und Dietrich machten Filmgeschichte mit einer Szene, in der sie mit einem hohen Kosakenhut aus Nerzfell ihre Leibwache inspizieren, eine angetretene Reihe von Männern, die sie schon alle besessen hat. Sie wendet den Kopf, blickt langsam an der Reihe der Liebhaber entlang, während sie genüßlich an einem Strohhalm zwischen den Zähnen kaut.

Garbo und Mercedes de Acosta nahmen ihre Affäre wieder auf, als hätte es das Intermezzo mit Mamoulian nie gegeben. Im Dezember 1933 brachte MGM *Königin Christine* mit der Premiere im New Yorker Astor Theater und mit einer umfassenden Publicity-Kampagne in die Kinos, eine Kampagne, die neben dem üblichen Pressewirbel auch die Kaufhäuser mit einbezog, die mit der Werbung mit Königin Christine-Manschetten, -Kragen und -Ausschnitten fleißig mit die Werbetrommel rührten. Die Pariser Modedesignerin Elsa Schiaparelli griff diese Idee auf und kam 1935 mit einer Kollektion im Uniformstil heraus – auf Taille gearbeitete, breitschultrige Kostüme mit Schulterklappen, Tambourjacken, mit Federn ge-

[1] Für Barbara Stanwyck war die Hauptrolle in *Opfer einer großen Liebe* die Rosine im Kuchen, auf die eine Schauspielerin wartete, und sie hatte sich mehrere Jahre bemüht, Selznick zu überzeugen, ihr eben diese Hauptrolle zu geben. Er verkaufte die Rechte jedoch an Warner Brothers. Bette Davis wurde 1939 für ihre künstlerische Leistung bei der Darstellung der jungen Frau, die an einem Gehirntumor stirbt, für den Academy Award nominiert.

schmückte Hüte und Stulpenhandschuhe. Das *World-Telegram*, das Aushängeschild der Hearst-Gruppe in New York City, war die einzige Zeitung, die den Film ob »der Intensität der Hingabe der Königin zu ihrer Gräfin« rügte.

Gilbert gab Mayer die Schuld für seinen Absturz. Virginia Bruce, seine vierte Frau, reichte nach achtzehn Monaten Ehe die Scheidung ein. Eines Tages, als Adela Rogers St. Johns, Gilberts Nachbarin in Malibu, sah, wie er unverkennbar wutentbrannt und in einem wüsten Fahrstil seinen Wagen rückwärts aus der Garage raussetzte, ihn anhielt und fragte, was er vorhabe, schrie er: »Ich werde Louis B. Mayer umbringen.«

Sie sprang auf das Trittbrett auf. »Nimm mich mit. Bei einer derartigen Mission solltest du nicht allein sein. Abgesehen davon kannst du in diesem Zustand nicht fahren. Du hast getrunken.«

St. Johns, deren Vater als Alkoholiker gestorben war, gelang es, Gilbert von seiner Verzweiflung abzubringen. »Es brachte ihn um«, sagte sie Jahre später. »Es war zuviel für einen Mann mit seinem Ego, das barmherzige Rollenangebot von Garbo anzunehmen und dann ignoriert zu werden.«

Gilbert machte einen weiteren Film und wurde überall mit Dietrich gesehen. Er starb, verbittert und gebrochen mit Achtunddreißig infolge eines Herzinfarkts und seiner Unfähigkeit, sich damit abzufinden, daß er als Liebhaber auf der Leinwand nicht mehr gefragt war. Salka Viertel schrieb als nächstes *Der bunte Schleier (The Painted Veil)* für Garbo. Dietrich und Sternberg drehten zusammen *Die spanische Tänzerin / Der Teufel ist eine Frau (The Devil Is a Woman)*, eine langatmige *folie á deux*, alles andere als ein kommerzieller Streifen, der völlig außerhalb des Hollywood-Mainstreams lag und den beide seltsamerweise als ihren Lieblingsfilm bezeichneten. Es war ihr letzter gemeinsamer Film.

Hinter Thalbergs Rücken versuchte Louis B. Mayer, Darryl Zanuck als Produktionschef zu gewinnen, aber Thalberg war bald gesundheitlich wieder auf der Höhe und meldete sich zur Arbeit zurück. Als Salka Viertel ihn aufsuchte, kam sie mit dem Vorschlag, Garbos nächster Film sollte sich um die Lebensgeschichte Maria Walewskas drehen, Napoleons langjährige Geliebte. Als Frau von Alexandre Colonna, Graf von Walewska, gebar Maria Napoleon einen unehelichen Sohn, und da die Zensurbestimmungen des Hays Office Ehebruch verboten, schien es müßig, auch nur zu versuchen, die Geschichte auf Zelluloid zu bringen. Thalberg war dennoch der Meinung, mit etwas Raffinesse sei daraus ein guter Stoff zu machen und ermutigte Salka Viertel, sich tiefer in die Story hineinzuknien.

Nach *Die scharlachrote Kaiserin* begann Dietrichs Massenpopularität zu schwinden; Garbos nach *Königin Christine*... Der Geschmack des Kinopublikums wandelte sich. Als die beiden Filme in die Kinos kamen, waren pompöse Kostümepen nicht mehr unbedingt gefragt. Gefragt waren inzwischen flotte, freche, mitreißende Musicals oder spannungsgeladene Gangsterstreifen. Was man jetzt sehen wollte, waren Filme wie etwa Frank Capras heiter-seichter Streifen *Es geschah in einer Nacht (It Happened One Night)* über eine Millionärserbin, Claudette Colbert, die durchbrennt und einen mittellosen, weil gefeuerten Reporter, Clark Gable, in einem Überlandbus kennenlernt.

Garbo war immer noch das faszinierendste Gesicht auf der Leinwand. Aber John Meehans und Salka Viertels gefühlvolle Drehbuchfassung von Somerset Maughams Roman *Der bunte Schleier (The Painted Veil)*, eine Dreiecksgeschichte zwischen Garbo, George Brent und Herbert Marshall in einem von Epidemien geschüttelten China, war verwirrend und langatmig. Nach der alles andere als triumphalen Filmpremiere am 7. Dezember 1934 fühlte Garbo sich niedergeschlagen und gedemütigt und entschloß sich, erst einmal nach Schweden abzureisen.

Dietrichs nächster Film nach *Die scharlachrote Kaiserin* war, wie gesagt, *Die spanische Tänzerin / Der Teufel ist eine Frau*, der nach einem Roman von Pierre Louÿs (1870-1925) entstand, einem französischen Schriftsteller, von Lesbierinnen wegen seiner *Chansons de Bilitis* bewundert, mit denen er die Dichterin Bilitis rühmte, die vermeintlich zur Zeit Sapphos auf Lesbos lebte. *Die spanische Tänzerin / Der Teufel ist eine Frau* war die dritte Filmversion seines spöttischen, erotischen, 1898 erschienenen Romans *Die Frau und die Puppe (La femme et le pantin)*[2]. Es war Sternbergs letzter Film mit Dietrich – und mit Lionel Atwill als dem ältlichen spanischen Adeligen, den sie erniedrigt und ruiniert, eine clevere, geschmackvolle Farce, mit der Regisseur und Star im Verein aufwarten. Inbegriffen war eine masochistische Nummer, die die Dietrich zu singen hatte: »If It Isn't Pain Then It Isn't Love«, die allerdings mit weiteren siebzehn Minuten Film nach Einwänden des Production Office der Schere zum Opfer fielen. Die *New York Times* bezeichnete *Die spanische Tänzerin / Der Teufel ist eine Frau* als »einen der anspruchsvollsten Filme, die jemals in Amerika produziert wurden«. Die *New York Sun* befand, es sei »der dümmste Film der Saison«. Und die *New York Herald Tribune* war der Meinung, ihm fehle »fast jede dramatische Substanz«.

Im März '35 startete *Photoplay* einen Garbo-versus-Dietrich-Krieg. Garbo wurde als die schweigsame Schwedin dargestellt, deren Thron durch die »glamouröse Teutonin mit den schläfrigen Augen« gefährdet sei. Nachdem Paramount für *Die spa-*

---

[2] Reginald Barker filmte *La femme et le pantin* 1920 mit Geraldine Farrar, und Jacques de Baroncelli führte 1928 Regie bei einer französischen Version mit Conchita Montenegro. Nach Josef von Sternbergs Fassung mit Dietrich, *Die Frau und die Puppe,* drehte Julien Duvivier 1958 mit Brigitte Bardot noch eine vierte und Luis Buñuel 1977 unter dem Titel *Ein Weib wie ein Satan (Cet obscur objet de désir)* mit *zwei* Conchitas, Carole Boquet und Angela Molina, schließlich noch eine fünfte Version.

nische Tänzerin / Der Teufel ist eine Frau mit dem Namen »Dietrich«, der in doppelt so großen Lettern wie der Filmtitel auf den Plakaten prangte, massiv Werbung gemacht hatte, war klar, daß MGM Garbo ähnlich groß herausstellte. Und wenn Dietrich »die glamouröseste Frau der Welt« war, dann war Garbo »die Göttliche«.

Natürlich wurde die Rivalität zwischen beiden von ihren Studios und der sensationslüsternen Presse aus einschlägigen Gründen hochgespielt, aber auch hinter der Leinwand gab es keinen Burgfrieden. Garbo und Dietrich waren peinlichst darauf bedacht, einander zu meiden, vielleicht auch weil der eine Mensch, den sie gemeinsam hatten, nicht da war. Mercedes de Acosta, die beide geliebt hatte, war in New York und reiste in Europa herum. Ihr Mann, Abram Poole, reichte 1935 die Scheidung ein. Sie dachte, sie seien die besten Freunde und lehnte es ab, ihre Einwilligung zu einer Schnellscheidung in Nevada zu geben. Da die Scheidung seine Idee war, zwang sie ihn, sich auf einen dreißigtägigen Aufenthalt in Reno einzulassen, inmitten der üblichen Masse gekränkter Ehefrauen, die sich hier gegenseitig zu bemitleiden und zu trösten suchten. Anschließend reiste sie nach Italien und Österreich, verbrachte eine gewisse Zeit in einem Kloster mit zwölf Nonnen und war in Salzburg Gast im Hause von Eleonora von Mendelssohn. Per Telegramm bat Garbo sie plötzlich, nach Stockholm zu kommen. Nach einem sentimentalen Abend im Grand Hotel quartierten sie sich zusammen bei Graf und Gräfin Wachtmeister ein, und Garbo zeigte Mercedes bei der Gelegenheit auch das Haus im Bezirk Södermalm, wo sie geboren worden war.

Mercedes blieb, wenn auch mit Unterbrechungen, in den dreißiger Jahren die Geliebte Dietrichs und bot ihr an, bei ihr zu bleiben, als sie zwischen 1927 und 1939 keine Filmangebote bekam. Keine der drei Frauen behauptete, sich wegen Promiskuität den Kopf zu zerbrechen. Die beiden Stars, Garbo und Dietrich, sollten sich erst 1945 persönlich begegnen.

10. Die aufregenden Zwanziger

»Also wirklich, so ein Theater!« rief Dietrich aus, als sie Brian Ahernes Brief las, der sich Sorgen wegen der Aufregung in der englischen Presse machte, die offenkundig Anstoß an Dietrichs Hosen-Look nahm. »Er denkt wohl, ich hätte die Hose erfunden. Hat er noch nie etwas von George Sand gehört?« Die Gepflogenheit, Menschen und ihr Verhalten nach Klischees zu kategorisieren, schafft eine Art von Ordnung, die nicht nur Psychiatern und Statistikern, sondern den meisten Menschen gefällt. So wird das Akzeptable erträglich und das Außergewöhnliche inakzeptabel. Sich auf Forschungen stützend, hat die Wissenschaft nun in den neunziger Jahren die Hypothese aufgestellt, daß die sexuelle Identität keineswegs als etwas zu betrachten ist, was unabänderlich in Stein gemeißelt ist, sondern daß sexuelle Verhaltensweisen Entwicklungen unterliegen und unsere sexuellen Wünsche sich verändern können.

Die in jenen Tagen vorherrschenden geschlechterspezifischen Kodizes lehrten Lesbierinnen, sich als Personen mit »dualen Naturen«, einer männlichen und einer weiblichen, zu begreifen. Garbo fühlte sich innerlich zerrissen von diesen scheinbar widersprüchlichen Seiten und glaubte, der Teil von ihr, der erfolgreich sein und Frauen lieben wollte, sei ihre männliche Seite. Moderne Psychoanalytiker neigen denn auch – im Gegensatz zu Feministinnen, die Freuds Thesen zu Frauen kategorisch ablehnen – zu der Auffassung, daß der Umstand, wenn Lesbierinnen sich männlich kleiden und sich männliche Verhaltensweisen zu eigen machen, eine Anleihe auf den kulturell akzeptierten Trieb der Männer darstellt, Frauen zu erobern.

Wenn Garbo und Mercedes de Acosta sich bewußt, wie sie es

sahen, männlich kleideten und sich männliche Verhaltensweisen zu eigen machten, so stellte dies in der damaligen Zeit eine zusätzliche Art der Provokation dar, die es heute in der Form nicht mehr gibt. »Garbo in Hosen!« lautete die Bildunterschrift zu einem Pressefoto, das von den Agenturen herumgereicht wurde – und an den Aufschrei, *Garbo spricht!*, erinnerte, den es gegeben hatte, als ihr erster Tonfilm in die Kinos kam. »Ahnungslosen Passanten blieb vor Erstaunen die Spucke weg, als sie Mercedes de Acosta und Greta Garbo eiligen Schritts... in Männerkleidung vorbeigehen sahen.«

Wenige Tage später gab MGM in Garbos Namen eine Presseerklärung heraus, in der sie sich dafür entschuldigte, ihre »behoste Einstellung« Empfangsdamen, dem Personal und Oberkellnern aufgedrängt zu haben.

Marlene Dietrich wehrte alle Mutmaßungen ab, sie würde sich aus Publicity-Gründen in männlichem Outfit präsentieren und erklärte der Zeitschrift *Screen Book,* sie habe bereits Hosen getragen, ehe sie nach Amerika kam. »Ich habe in Wirklichkeit sogar schon als kleines Mädchen immer Jungenkleidung angezogen. Ich schätze seit jeher die Freiheit, die mir Männerkleidung gibt.«

Die lesbische Liebe mag in Frankreich toleriert worden sein, Transvestismus jedoch nicht. Die französische Polizei warnte Dietrich, sie könnte verhaftet werden, wenn sie sich in Paris wie ein Mann kleidete. Katharine Hepburns Bosse bei RKO hatten sogar so sehr etwas gegen ihre Vorliebe für Hosen, daß sie ihr drohten, sie rauszuschmeißen, wenn sie nicht bereit sei, auf Röcke umzusteigen. Woraufhin sie wiederum drohte, dann werde sie in ihrer Unterwäsche herumlaufen. Und als das Studio seine Drohung wahrmachte und ihre Kleidung konfiszierte, machte sie ihre wahr und spazierte in Unterhosen von ihrem Set in die Kantine.

Für einen modernen Menschen von heute sind die damals vorherrschenden Tabus und Kleiderordnungen schwerlich zu begreifen. Die Töchter fundamentalistischer moslemischer Einwanderer mögen in Frankreich in staatlichen Schulen für Aufruhr sorgen, wenn sie im Schador zum Unterricht erscheinen, und ein US-amerikanischer Richter mag einem jungen Sikh das Recht absprechen, in der Schule ein Messer bei sich zu führen, aber in einer Zeit, da die meisten Menschen nicht mehr wissen, was sie zu einer Beerdigung anziehen sollen, sind es nur noch sehr wenige, die noch so etwas wie eine Kleideretikette und Tabus kennen. Trotz ihrer prominenten Affären mit Igor Strawinsky, dem Herzog von Westminster, Pierre Reverdy und Paul Iribe wurde Gabrielle »Coco« Chanel nachgesagt, daß sie Frauen gegenüber Männern bevorzugte. Sie begann bereits vor dem Ersten Weltkrieg, Männerkleidung zu feminisieren bzw., anders ausgedrückt, die Damenmode von allzu femininen Attributen zu befreien und einem salopperen männlichen Stil anzupassen. Zeit ihres Lebens machte sie sich einen Namen mit ihrem kühnen Look, der auf natürliche Lässigkeit setzte. Gleichwohl waren ihr Frauen in Hosen ein Greuel. Noch bis Ende der Dreißiger wurde selbst die Vorstellung von Frauen, die Hosen trugen, in konventionellen Kreisen mit Naserümpfen bedacht. Und abgesehen von der Schauspielerin Ina Claire, die bei intimen Diners im Seidenpyjama oder auch in Arbeitsanzügen aus der Zeit des Zweiten Weltkrieges gezeigt wurde, tauchten Hosen in Modezeitschriften nicht auf – erst mit Yves Saint Laurents Hosenanzügen Anfang der Siebziger.

»Obwohl eine Person sich bewußt zu beiden Geschlechtern hingezogen fühlen und eine fixierte sexuelle Identität angenommen haben kann, muß noch etwas anderes berücksichtigt werden, um die sexuelle Präferenz ganz erklären zu können: die soziale Struktur, in der diese dualen Begierden verwirklicht werden können«, schreiben Martin S. Weinberg, Colin J. Williams und Douglas W. Pryor in *Dual Attraction*. »Diese

Strukturen – zum Beispiel: offene Beziehungen – zeigen uns nicht nur, wie Bisexualität im alltäglichen Leben konkret praktiziert wird, sie veranschaulichen auch das tatsächlich existierende weite Spektrum von Bisexualitäten.« Bei bisexuellen Paaren ist in der Regel, so die Forscher, zwischen primären heterosexuellen und sekundären homosexuellen Beziehungen zu unterscheiden. Bei ihren Untersuchungen stellten sie fest, daß der Punkt der Eifersucht am stärksten zutage trat, wenn es sich bei der sekundären Beziehung des Partners oder der Partnerin jeweils um eine gleichgeschlechtliche Person handelte.

Es ist wichtig, in der lesbischen Subkultur eine öffentliche Persönlichkeit zu schaffen, schreibt Pat Califia in *Sapphistrie – Das Buch der lesbischen Sexualität.* »Es galt einst als selbstverständlich, daß eine junge Lesbe für sich entschied, ob sie die maskulinen oder die femininen Merkmale ihrer Persönlichkeit und ihres Aussehens unterstreichen wollte. Dieser ganze Vorgang existiert noch, wenn auch in leicht abgewandelter Form. Die Sitten haben sich geändert, gesellschaftliches Auftreten und Etikette haben sich gewandelt, aber das ideologisch perfekte Gefüge von Männlichkeit und Weiblichkeit hat auch weiterhin Bedeutung in der Lesbenwelt. Die meisten Lesben können dir sagen (wenn ausdrücklich danach gefragt), welche ihrer Bekannten kesse Väter und welche Femmes sind ... Es ist unendlich viel erstrebenswerter, als sexuell aktive und erfahrene Frau zu gelten, als im Ruf von Passivität und Naivität zu stehen. Femmes sind suspekt. Sie sind vielleicht nicht wirklich lesbisch. Sie gelten als gefühlsabhängiger und wankelmütiger« als »kesse Väter«, also Lesbierinnen, die dem klassischen Bild des Mannweibes entsprechen.

Genau wie Janet Flanner, die in Paris ansässige Journalistin, nannte Diana Frederics die Freiheit vor der Angst einer Schwangerschaft einen wichtigen Anreiz für sexuelle Beziehungen zwischen Frauen. In ihrem angeblich autobiographischen, 1939 erschienenen Roman *Diana* schrieb sie:

Es war ganz natürlich, daß der Homosexuelle sich schneller auf Intimitäten als eine normale Person einließ. Gerade, daß seiner Verbindung jegliche Form gesellschaftlicher Anerkennung fehlte, gab ihr eine gewisse Zwanglosigkeit. Die normale Liebe, bei der die Frage von Besitz und Kindern zu berücksichtigen war, mußte Verantwortungen übernehmen, die sich für den Homosexuellen nicht stellten. Die Angst, schwanger zu werden, die große Abschreckung für den Vollzug der normalen Liebe, war für Homosexuelle kein Problem.

Die aufregenden zwanziger Jahre waren für Frauen eine Periode des Experimentierens. Dieses Jahrzehnt war ein buntgemischter Cocktail gesellschaftlicher Umbrüche, in dem die Avantgarde, Verve, Jazz, das Automobil, Hollywood mit allem, was dazugehörte, und ein unbändiges Streben nach Freiheit gemixt wurden. Sport und körperliche Aktivitäten rundeten das Idealbild der Frau ab; neu entdeckt wurde das Sonnenbaden, das die Tönung der Haut veränderte; der Zeitgeist, der Geschmack am schnelleren Leben fand, veränderte die Maßstäbe der Eleganz. »Die Liebesaffären waren romantisch, statt kritisch betrachtet zu werden«, erinnerte sich Anita Loos. »Wir hatten noch nichts von jenem alten Spielverderber in Wien, Sigmund Freud, gehört.« Die typische Frau der zwanziger Jahre – schlank, weltgewandt, flott und modern – verlangte nicht so sehr eine Mode, die jungenhaft, als vielmehr eine, die jugendlich war. Auf der Leinwand setzten Vamps, Karrieremädchen, Revuetänzerinnen und Frauen, die in ihrer Kleidung und in ihrem Verhalten alle Konventionen brachen, sich über Tabus hinweg. Bis zum Ende des Ersten Weltkrieges wurden die Frauen im Westen als asexuelle Wesen gesehen, das war das Bild, das sowohl die Männer von ihnen als auch sie selbst von sich hatten. Sex zu genießen, das war »unschicklich für eine Dame«.

Lesbierinnen wurden entweder als krank oder als sündig angesehen, folglich »wollte niemand als eine gesehen werden«, stellte Lillian Faderman fest. Djuna Barnes schrieb 1928, die gleichgeschlechtliche Liebe sei nach wie vor »so gewagt wie ein Kreuzzug«, und einige Frauen, deren Beziehungen mit anderen Frauen lediglich auf reiner Zuneigung beruhten, wurden in die keimende lesbische Subkultur quasi mit einbezogen. Lesbierinnen wuchsen oft mit Angst vor ihren sexuellen Gefühlen auf, eine Angst, die sie auch als Erwachsene nicht ablegten, und vielfach wußten sie nicht, wie sie mit diesen Gefühlen umgehen sollten. Viele Frauen bekannten sich zwar zu intensiven emotionalen Beziehungen mit anderen Frauen, aber weitergehend sahen sie solche Beziehungen als vereinzelte Erfahrungen an und gingen davon aus, daß sie wie Heterosexuelle heiraten und leben würden.

Frauen, die Frauen liebten, trafen sich im Big House am Hollywood Boulevard oder in der Lakeshore Bar in der Nähe des Westlake (heute MacArthur) Park, am Ende des Wilshire Boulevard, knapp eine Meile vom Ambassador Hotel und seinem Coconut Grove entfernt.

»Die Bars waren fast der einzige Ort, wo man als Lesbierin hingehen konnte, wo andere nicht auf einen zeigten oder über einen lachten, wenn man tätowiert war oder Hosen trug«, sagte die Tänzerin und Schauspielerin Iris Adrian. »Das waren die Orte, wo man hingehen und sich wohl fühlen konnte.« Die Bars boten ein wöchentlich wechselndes Programm mit ein oder zwei Künstlerinnen, von Bauchtänzerinnen bis zu lesbischen Komikerinnen und Musikerinnen. Die Klientel reichte von Gelegenheitslesben mit weniger eindeutigen sexuellen Neigungen bis zu hartgesottenen Lesben der Arbeiterschicht mit betont männlichem Gehabe und Outfit. Das Golden Bull und SS Friendship waren die bekannten nahe gelegenen Schwulenbars, und der If Club und die Open Door beliebte Lesbenstammkneipen.

Mercedes de Acosta, Salka Viertel und ihre Freundinnen zogen es hingegen eher vor, ins Hotel Brevoort zu einer Dichterlesung oder einer spiritistischen Sitzung zu gehen, statt durch irgendwelche Kneipen zu ziehen. Einige wenige aus dem Milieu, in dem sie sich bei diesen Gelegenheiten bewegten, wurden dann allerdings durchaus zu »offenen Hauspartys« eingeladen. Cecil Beaton begleitete verschiedentlich de Acosta, Garbo und Edmund Goulding zu solchen »Veranstaltungen«. Goulding war als voyeuristischer Gast bei sehr privaten libidinösen Wochenendorgien zugegen, die an den Fall Arbuckle erinnerten.

Die Sünde lag meistenteils im Auge des Betrachters. Als die Filmgesellschaften 1913 in den Westen kamen, war in den Anzeigen der Pensionen in Los Angeles noch zu lesen: »Zimmer zu vermieten – Hunde und Schauspieler unerwünscht«. Selbst 1919 waren die Garden-Court-Apartments »Filmleuten« noch immer versperrt. Bis zum Jahr 1923 hatten die zweiunddreißig Millionen Dollar, die die neuen Studios jährlich an Gehältern und für Dienstleistungen unter die Leute brachten, die Gemüter dann jedoch allmählich erweicht. Achtzig Prozent der weltweiten Filmproduktion wurden in Los Angeles abgewickelt. Und dennoch konnte die *New York World* schreiben, daß »Hollywood weder Kunstgalerien noch, abgesehen von Grundschulen und Kindergärten, irgendwelche Bildungseinrichtungen hat – nichts, das auch nur im mindesten einen Anspruch auf Kultur erheben könnte, sei es eine bürgerliche oder was für eine auch immer«. Noch 1927 konnte der für seinen Sarkasmus bekannte H. L. Mencken schreiben, das wildeste Nachtleben, dem er in Hollywood begegnet sei, habe er in Aimee Semple McPhersons Kirche mit ihren Erweckungsfeiern angetroffen. »Und das ist kein Wunder, weil sie abends so geschafft sind, wie Schaffner oder Zeitungsredakteure«, sagte er. »Wenn sie ihr Tagessoll erfüllt haben, sind sie viel zu müde für irgendwelche Freizeitvergnügungen, die, trotz allem, eine gewisse Kondition verlangen. Unmoral? Oh, mein Gott. Hollywood erschien mir als eine der ehrbarsten Städte in Amerika. Selbst Baltimore kann da nicht mithalten.«

In der Person Alla Nazimovas machten die aufregenden Zwanziger ihrem Namen jedoch alle Ehre. Der legendäre Star der russischen und amerikanischen Bühnen und zahlreicher Hollywood-Stummfilme war Frauen leidenschaftlich zugetan und schlug alle Vorsichtsmaßnahmen in den Wind und produzierte nicht nur den mit einem rein homosexuellen Ensemble gedrehten Film *Salome (Salomé)*, sondern wirkte darin selbst auch in der Hauptrolle mit.

Alla Nazimova wurde 1879 in Jalta, an der Südküste der Krim, geboren. Sie studierte Musik am Konservatorium in St. Petersburg und war bereits eine vollendete Violinistin, als sie mit Neunzehn ihr Bühnendebüt machte. Am Moskauer Künstlertheater stand sie unter Konstantin Stanislawski in Hauptrollen auf der Bühne und emigrierte 1906 nach Amerika. Am Broadway war sie so prominent, daß sie ihr eigenes Theater hatte. George Cukor erinnerte sich, wie er in jungen Jahren gleich dreimal in eine Vorstellung gegangen war, um den dunkelhaarigen Star mit seiner starken Ausstrahlung in einem feurigen ungarischen Drama zu sehen. 1921 wurde sie Patin von Nancy Reagan – gerade in der Zeit, als sie mit der frischgeschiedenen Edith Davis auf Tournee war. Nazimovas Neffe, Val Lewton (Wladimir Iwan Leventon) war ein begabter Schriftsteller und Autor von *Yasmine*, ein Buch, das unter Pornographie fiel und unter dem Ladentisch verkauft wurde. David O. Selznick engagierte ihn schließlich als Drehbuchredakteur, und in den Vierzigern machte er sich als Regisseur von Horrorfilmen einen Namen.

Von Anfang an waren im Show-, Theater- und Filmgeschäft Spitzenstars so etwas wie eine niet- und nagelfeste Versicherung, mit der man vor einem finanziellen Desaster gefeit war, weil das Publikum auf Stars und den damit verbundenen Starkult flog. Es war Selznicks Vater, Lewis Selznick, ein ehemaliger Juwelenhändler aus Kiew, der 1917 Alla Nazimova nicht nur tausend Dollar am Tag für ihre Hauptrolle in *War Brides* zahlte, sondern darüber hinaus auch sichergestellt hatte, daß alle Zeitungen wußten, daß er ihr tausend Dollar pro Tag zahlte. Ein Jahr später pries Metro-Goldwyn-Mayer sie als die »Frau der tausend Stimmungen« an, zahlte ihr dreizehntausend Dollar in der Woche und wies Filme wie *Revelation, Toys of Fate, Eye for Eye, Ufer im Nebel (Out of the Fog)* und *The Red Lantern* auf den Plakaten als Nazimova-Produktionen aus. Einige ihrer kühn konzipierten und oft bizarren und unvergeßlichen Filme entstanden unter der Regie von Charles Bryant, einem Engländer und Freund von William Desmond Taylor. Es gab verschiedentlich Gerüchte, sie sei mit ihm verheiratet, und andere Quellen wollten wissen, sie habe ihn aus irgendwelchen obskuren Gründen nicht heiraten können, wozu sie sich allerdings selbst nie konkret äußerte. Ihr erster gemeinsamer Film mit Rudolph Valentino war *Cambial. 1923* wartete sie mit *Salome (Salomé)* auf.

1896 hatte Oscar Wilde die biblische Geschichte Salomes für die Bühne überarbeitet, der Tänzerin, die Herodes Antipas, dem Statthalter von Judäa, mit ihrem Tanz bei seinem Geburtsfest so sehr gefallen hatte, daß er versprach, ihr ihren Wunsch zu erfüllen und ihr den Kopf von Johannes dem Täufer auf einem Teller bringen zu lassen. Henny Porten, jener Filmstar, dem Marlene Dietrich als Teenager nachgestellt und Ständchen gebracht hatte, spielte 1902 in der ersten Filmversion von Wildes Drama die Salome. Drei Jahre später nutzte Richard Strauss das Stück als Vorlage für seine Oper *Salome*.

Nazimova, die Dolly Wilde, Oscar Wildes Nichte, zu ihren Geliebten zählte, griff bei den Szenenbildern und Kostümen auf die von Aubrey Beardsley für Wildes Stück angefertigten Entwürfe zurück. Das Drehbuch schrieb ihre Geliebte Natasha

Rambova unter dem Pseudonym Peter M. Winters. Rambovas wirklicher Name war Winifred Shaughnessy Hudnut. Sie gab sich als Russin aus, war in Wahrheit jedoch die Adoptivtochter von Richard Hudnut, einem Tycoon der Kosmetikbranche. Charles Bryant führte Regie; Nazimova übernahm die Titelrolle, und Mitchell Lewis und Nigel de Brulier traten in Nebenrollen auf. *Salomé* war als stilisierter Stummfilm finanziell und nach dem Urteil der Kritik ein Mißerfolg. In modernen Filmanthologien wird er als fast unerträglich bezeichnet, ein Film, der in Einzelaufnahmen oder Standfotos besser als auf der Leinwand aussieht.[1]

Nazimova kaufte sich am Sunset Boulevard No. 8080, Ecke Crescent Heights Boulevard, eine Villa auf einem rund vierzehntausend Quadratmeter großen, mit Pappeln, Zedern und Obstbäumen bestandenen Grundstück, das sie den »Garten Allahs« taufte. Ihre Gäste nannten sie Madame, und es war ihnen verboten, ihr »gute Nacht« zu wünschen, da sie abergläubisch und überzeugt war, diese Worte brächten ihr Unglück. Zum Interieur ihrer Villa gehörte ein von ihr eigens entworfener »Mondsalon«, und sie ließ den Swimmingpool in Form des Schwarzen Meers anlegen. Der »Garten Allahs« war ein ebenso bekannter wie berüchtigter Treff für ein Stelldichein Prominenter. Mary's war eine Schwulenbar am Sunset Strip, gegenüber dem Café Gala, die ebenfalls Nazimova gehörte und in den dreißiger Jahren Cole Porters zweites Zuhause war.

Bis Jesse Lasky die verwitwete Elinor Glyn aus England importierte, eine Autorin sündiger Bücher und eine einschüchternde Erscheinung, gab es niemanden, der mehr Einfluß als Alla Nazimova hatte. Und wenn ihre Filmherrschaft auch

---

[1] Anläßlich eines Film-Revivals 1980 erklärte der *New Yorker:* »Der Film sieht in den Standfotos besser als in voller Lauflänge aus, aber so etwas Verrücktes sollte man sich vielleicht dennoch nicht entgehen lassen.«

kurz war, ihr Einfluß war langlebig. Die um den Swimming-pool in ihrem »Garten Allahs« hochgezogenen Bungalows waren nicht nur bevorzugte Orte für heiße, heimliche Liebes-treffs, sondern auch die bevorzugten Hollywood-Wohnsitze von hinzuströmenden Größen wie Lili Damita. Nazimova ver-anlaßte zwei ihrer Geliebten in Folge, Jean Acker und Natasha Rambova, Rudolph Valentino zu heiraten.

Rodolfo Raffaelo Filiberto Guglielmi di Valentina d'Antonguol-la verkürzte seinen Namen auf Rudolph Valentino und wurde der mitreißendste männliche Star des Stummfilms. Jean Acker war Tänzerin. Sie und Valentino heirateten ein Jahr, nachdem er zu einer lebenden Legende geworden war. Der Film, der ihn »machte«, war *Die vier apokalyptischen Reiter* nach einem Roman von Blasco Ibáñez, in dem er einen argentinischen Aristokraten spielte, der sich zu einem Pariser Playboy wandelte und auf dem Schlachtfeld den Tod durch die Hände seiner deutschen Cousine erfährt.

»Nach der Trauung gingen wir zusammen essen und tanzten bis zwei Uhr morgens«, erzählte Valentino von der Hochzeits-nacht. »Dann trennten wir uns.« Als Paar lackierten sie zusam-men die chinesischen Möbel, die sie beide so liebten. Als er die Scheidung einreichte, sagte Acker, ihre Ehe sei nie vollzogen worden.

Etwas voreilig heiratete Valentino dann Natasha Rambova in Mexiko, ohne das volle Jahr nach dem vorläufigen Scheidungs-urteil zu seiner Ehe mit Acker abzuwarten, das erst nach Jah-resfrist wirksam wurde. Woran ein ehrgeiziger Staatsanwalt Anstoß nahm, den Star wegen Bigamie hinter Gitter brachte und dafür sorgte, daß die Presse noch vor Valentinos Anwalt informiert war.

Valentino und Natasha gaben ein bemerkenswertes Paar ab. Mercedes de Acosta erinnerte sich, daß sie zusammen tanzten. Den Sommer verbrachten sie an der französischen Riviera, wo

Natasha in der Nähe von Juan-les-Pins ein Schloß besaß. Paramount beschloß, mit Valentino in ihrem New Yorker Studio in Astoria, Queens, *The Sainted Devil zu* drehen. Mit ihren mystischen Neigungen und ihrem Glauben, daß sie von übernatürlichen Kräften geleitet wurde, hatte die neue Mrs. Valentino die Eigenart, allem und jedem ihre Ideen aufzudrücken... und gelangte in dem Fall alsbald zu der Überzeugung, daß sowohl die Story wie die Schauspieler wie die Szenenbilder, die Kostüme und ebenso der Regisseur schlechterdings unmöglich waren. Und diesmal sollte sie mit den kosmischen Weisheiten ihres Astralleibs richtig liegen. *The Sainted Devil* war entsetzlich. Für Valentinos nächsten Film engagierte sie Adrian, dessen Entwürfe und anmutige Kreationen sie liebte. So reiste der dreiundzwanzigjährige Designer zusammen mit Valentino und Rambova sowie deren Gefolge samt Dienstmädchen, Dienern, Koch, Manager, Natashas Affe und drei riesigen Koffern voller Kleider für den Nachmittagstee nach Westen.

Die Ehe ging 1926 in die Brüche, als sich der teuere Valentino-Bebe Daniels-Film *Monsieur Beaucaire* als Kassenflop erwies. Rambova machte denn auch publik, daß die Ehe nie vollzogen worden sei, behauptete dann, nachdem Valentino 1926 tot war, jedoch, sie sei eine heterosexuelle Spiritualistin.

Schauspielerinnen mit sapphischen Interessen, die aufgrund ihres Bekanntheitsgrades Angst haben mußten, in der Öffentlichkeit erkannt zu werden, nutzten fast nie irgendwelche Chancen in Bars – und, nebenbei, auch nicht im Filmstudio. Für sie war der »Garten Allahs« der Ort, an dem angebändelt und Freundschaften geschlossen wurden. Hier, an Nazimovas Swimmingpool, lernte Lili Damita 1928 auch Dolores Del Rio und Ann Boyar kennen, die Verlobte J. L. »Jack« Warners, einer der Brüder, denen die Filmgesellschaft gehörte.

Damita, eine Französin von erlesener Schönheit, strahlte Stil, Esprit und Intelligenz aus. Ganz aus dem Holz anderer ausländischer Größen mit Pfiff und Intelligenz – wie Garbo und Dietrich – geschnitzt, zählte sie zu den Berühmtheiten des Stummfilms und der frühen Tonfilme, deren stürmische Ehe mit Errol Flynn allerdings noch für größere Schlagzeilen als ihre schauspielerischen Leistungen sorgte. Als Liliane Carré in Bordeaux geboren, kam sie als Geliebte von Alfonso XIII. zu ihrem Künstlernamen. »*Petite dame*« nannte der König von Spanien die ehemalige Revuetänzerin. Diane Vreeland, die den König, ehe er 1936 ins Exil gehen mußte, kennenlernte, sagte von ihm, er sei »der aufregendste Mann« gewesen, dem sie je begegnete.

Liliane war die Tochter einer Schauspielerin, die über Jahre mit ihren Engagements ständig auf Tournee war, sich aber bemühte, ihr Kind stets möglichst nahe bei sich zu haben. Was hieß, daß Lilianes schulische Bildung, durch die nur kurze Teilnahme am Unterricht in den spanischen, portugiesischen und griechischen Klosterschulen, die die Kinder von Schauspielern aufnahmen, nur minimal war. Allerdings wuchs sie mehrsprachig auf. Die Mutter und ihre damals jugendliche Tochter schlugen sich im Ersten Weltkrieg mit Auftritten vor verwundeten Soldaten durch, die in dem Bewußtsein lebten, daß der Tod sie vielleicht schon morgen ereilte und ihnen keine weitere Gelegenheit ließe, noch einmal ein Mädchen zu küssen.

Für Aufmerksamkeit sorgte Liliane erstmals, als sie mit Neunzehn für die Nachfolge von Mistinguett als der Star der Revue des Casino de Paris ausgewählt wurde. Nach nicht einmal einem Jahr trat sie für den König von Spanien auf und wurde von Ludwig Ferdinand, dem Sohn des entmachteten deutschen Kronprinzen umworben. Bei einem Engagement in Berlin, wo sie mit interessanten Leuten mit ›prickelnden Vorlieben‹ zusammenarbeitete, freundete sie sich mit Marlene Dietrich an. Die Film- und Theatermenschen, die sie hier kennenlernte, schmissen mit Geld um sich, gaben sich ungehemmt ihren Gelüsten und Launen hin, betrachteten Homosexualität als etwas absolut Normales und lachten über alle, die sich weigerten, mit gleichgeschlechtlichen Personen ins Bett zu gehen.

Samuel Goldwyn importierte Liliane 1928, um neben Ronald Colman eine ungestüme verheiratete Schöne in *The Rescue* zu spielen, nach dem Roman *Die Rettung* von Joseph Conrad. In *Die Brücke von San Luis Rey (The Bridge of San Luis Rey)*, einer Warner Brothers-Produktion, spielte sie als nächstes eine temperamentvolle Tänzerin. Trotz ihres starken französischen Akzents gelang es ihr, neun weitere Tonfilme zu machen. »Alles an ihr war arrogant, und je arroganter, desto schöner«, schrieb Errol Flynn in seinen Memoiren, *My Wicked, Wicked Ways*, über ihre erste Begegnung an Bord eines Ozeandampfers, mit dem er zum erstenmal nach Amerika fuhr. »Sie rannte, wenn sie ging. Lili schien immer zu rennen, das war eine ihrer wundervollen Eigenschaften«, erklärte er, ohne allerdings ihre Bisexualität zu erwähnen. Er war acht Jahre jünger als sie, selbst leidenschaftlich bisexuell, fühlte sich in sexuellen Dingen aber eingeschüchtert durch Lili, die ihm auf dieser Ebene mit ihren Erfahrungen weit überlegen war. Sie begegneten sich in Mexiko City wieder, wo Lill mit Carmen Figueroa zusammen war, einer jungen Frau, die Flynn als »außerordentlich attraktiv« bezeichnete.

Lili Damita lebte 1935 im »Garten Allahs«, wo sie es genoß, ihren Körper zu zeigen und mit Schwulen zusammenzusein, und sich Hals über Kopf entschloß, den Newcomer Errol Flynn zu heiraten und in diesem Zusammenhang mit Hilfe ihrer Freundinnen Dolores Del Rio und Jack Warners Verlobten, Ann Boyar, den Studiochef überreden konnte, ihrem neuangetrauten Mann eine Pause zu gönnen. Die für viele unbegreifliche Ehe dauerte sechs Jahre, und aus ihr ging ein Sohn, Sean Flynn, hervor, der der berühmteste Vietnam-Fotograf werden sollte, von einer Reportage in Kambodscha jedoch nie mehr zurückkehrte und seither als verschollen gilt.

11. Barbara Stanwyck:
Das bestgehütete Geheimnis

Für junge Frauen, die Frauen lieben, in Einsamkeit aufwachsen, mit der ständigen Angst vor Entdeckung und dem Schock der Eltern, und die verzweifelt nach Beispielen suchen, denen sie nacheifern können, war Barbara Stanwyck der Star, dem sie sich zugetan fühlten. Der Grund war nicht, daß es irgendeine versteckte Botschaft in ihrer Gestik oder Haltung gegeben hätte, sondern die Art und Weise, wie Stanwycks Charaktere auf der Leinwand sich nach ihren eigenen Möglichkeiten definierten. Bei ihr gab es keine unterschwelligen Signale à la Ich-bin-Jane-du-bist-Tarzan, wie etwa Bette Davis und Rosalind Russell sie nutzten. Stanwyck war emotional ehrlich, und sie hatte eine andere Art, mit Männern umzugehen als andere. In der dunklen Anonymität des Kinos war es für Lesbierinnen irrelevant, daß der Plot verlangte, daß Stanwyck auf einen Mann flog. Wodurch sie sich bestärkt fühlten, war, daß die Frauen, die sie in den bei Columbia und Warner Brothers entstandenen B-Filmen wie *Damen für die Freizeit (Ladies of Leisure)*, *Ten Cents a Dance, Baby Face* und ihrem Frauengefängnis-Drama *Ladies They Talk About* verkörperte, sich »mit Bravour schlugen«. Spätere Generationen sahen hinter ihren Single- oder Altjungfernrollen allerdings klar versteckte Lesben.

Barbara Stanwyck war äußerst zurückhaltend und von den emanzipierten Schauspielerinnen die verschlossenste, eine Frau zäher Berechnung und unterdrückter Emotionen, zugleich hart und verwundbar, erdig, launisch und sarkastisch, die so leicht niemanden in ihre Privatsphäre eindringen ließ. Sie versteckte tiefe seelische Wunden hinter einer hartherzigen Fassade und war im Spiel der Liebe nicht sehr gut. Die Leute schworen, sie sei neben Garbo Hollywoods berühmteste versteckte Lesbierin gewesen, die »jeder« kannte. Ihren engen Freundinnen, Joan Crawford und Marlene Dietrich, wurde nachgesagt, sie seinen ihre Geliebten gewesen, sie kommt aber nur in wenigen Memoiren von Lesben vor.

Der Konflikt, der ihr Leben prägte – und sie in ihren Rollen auf der Leinwand so interessant machte –, war der innere Kampf zwischen ihrem Wunsch, sich hinzugeben, und ihrem Bedürfnis, die Kontrolle zu bewahren. Sie wurde in Brooklyn als Kind englisch-irischer Eltern aus der Arbeiterschicht geboren, wurde mit drei Jahren Waise und wuchs in der ständigen Angst auf, die Leute könnten herausfinden, daß sie zu niemandem gehörte. Sie war voller Mißtrauen gegenüber allem und jedem. Sie haßte ihre Kindheit und fing ihre Karriere mit Fünfzehn als Revuetänzerin bei Ziegfeld an. Mit dem Tonfilm kam sie nach Hollywood und setzte sich als ebenso scharfzüngige wie witzig schlagfertige Frau mit einer ungeheuren Anziehungskraft durch. Spielen – morgens aufstehen und auf einer Bühne jemand anderer werden –, das lag ihr im Blut und war seit jeher ihr täglich Brot. Der Ruhm lehrte sie, wie man sich auf die unter Männern übliche Kumpelhaftigkeit zurückziehen, kunstvoll ausgetüftelte Fassaden errichten und undurchschaubare Masken überziehen konnte. Gleichwohl nannte Clifton Webb, selbst schwul und ein geistreicher Kopf, der in Titanic ihren Ehemann spielte, sie »meine amerikanische Lieblingslesbe«. Sie vermischte nie ihre Leinwandpersönlichkeit mit ihrem privaten Selbst. In der Öffentlichkeit war sie mit ihrer rauhen Stimme der stets ausgeglichene Profi, der sich über sich selbst lustig machen konnte. Privat, wenn niemand zusah, ließ sie jedoch auch ihr maskulines lesbisches Selbst zu. Ihre dreißigjährige Freundschaft mit ihrer Agentin Helen Ferguson war nach außen eine berufliche Beziehung, die niemand in Frage stellen konnte.

Stanwyck machte hinter sich die Türen zu, selbst für Freunde und Freundinnen. Personen, mit denen sie nicht reden wollte, würgte sie gleich das Wort ab und schmiß den einzigen Journalisten, der es gewagt hatte, sie zu fragen, ob sie homosexuell sei, kurzerhand aus ihrem Haus. Sie war etwas zu Besonderes, um eine Jedermannsfrau zu spielen, so daß ihr viele glanzvolle Rollen entgingen. Dennoch stand sie fünfundfünfzig Jahre lang vor der Kamera und entwickelte in über achtzig Filmen ihr unverkennbares Image der kantigen, selbständigen und selbstsicheren Frau. Sie verlieh den Cowgirls und den moralischen Leitfiguren, die sie spielte, den Ehefrauen und den Weibern, die nur hinter dem Geld der Männer her waren, den Betrügerinnen und den Falschspielerinnen, den Geliebten und den Opfern eine greifbare, konkrete Stärke und sorgte mit ihrer Sinnlichkeit und ihrem Zynismus dafür, daß die Leinwand knisterte. Und dort oben war sie mit ihrer Freundin Joan Crawford die Inkarnation von Anmut, Schönheit und sturer Unverwüstlichkeit.

Sie wurde als Ruby Stevens geboren. Ihr Künstlername, Barbara Stanwyck, wurde ihr von ihren Broadway-Produzenten verliehen. Ihre einzige Schule war die hinter der Bühne, ihre Lehrer und Lehrerinnen andere Künstler und Künstlerinnen. Die Revuemädchen klebten zusammen, um sich vor den Anmachertypen zu schützen, die am Bühneneingang und im Saal herumlungerten. Das Theater war voller »schräger« Typen und Weiber, sagte Mae West. Aber es war provokant für eine Unterhaltungskünstlerin zuzugeben, daß sie lesbisch »angehaucht« war. Die meisten Tänzerinnen gingen, ungeachtet ihrer Neigungen, sowieso davon aus, daß sie heiraten und wie Heterosexuelle leben würden. In *Eine Travestie von Carmen (Burlesque)* stand Stanwyck mit der Tochter eines Geistlichen auf der Bühne, die von zu Hause weggelaufen war und ihren Namen von Mary Tomlinson in Marjorie Main geändert hatte, um ihre Familie vor der Schmach zu bewahren, die wegen ihrer lesbischen Neigungen auf sie hätte zurückfallen können. In Begleitung von Oscar Levant als Anstandswauwau, jenem Pianisten, der in den interessantesten Nachtclubs und Jazzkellern spielte, tingelten die beiden Revuetänzerinnen durch die Flüsterkneipen Harlems, in denen auch Transvestiten auftraten und Lesbierinnen sich offen zu erkennen gaben. Zehn Jahre später spielte Marjorie Main in *Stella Dallas* Stanwycks Schwiegermutter.

Stanwyck war zweiundzwanzig, als sie am 26. August 1928 in St. Louis einen zehn Jahre älteren und zweimal geschiedenen Komiker heiratete. Der Große Faysie, wie Frank Fay sich selbst nannte, war ein großspuriger, dünkelhafter und herausragender witziger Kopf des Varietés und fehlte nie, wenn irgendwo etwas los war. Er gehörte, Harry Hay zufolge, auch zu den Schauspielern, die als versteckte Homosexuelle die moderne Schwulenbewegung in Kalifornien mit begründeten. Eine Woche lang am New Yorker Palace Theater aufzutreten, war der Traum eines jeden Varietékünstlers, zwei Wochen waren eine vollendete Leistung und die Erfüllung kühnster Träume. Fay war der einzige Gesangs- und Tanzkünstler, der 1925 zehn Wochen in Folge bei einer wöchentlichen Gage von siebzehntausendfünfhundert Dollar im Palace auftrat. Hollywood-Kundschafter, die ständig die Bühneneingänge nach Schauspielern und Schauspielerinnen mit geeigneten Stimmen durchkämmten, brachten die Frischvermählten 1929 nach Kalifornien. Nach einem vielversprechenden Start verfiel Fay dem Alkoholismus und mißhandelte seine Frau. Stanwyck etablierte sich als eine vielseitig einsetzbare Schauspielerin, deren Markenzeichen ironische, verführerische und gestandene Figuren waren. Heterosexuelle Männer fanden die Andeutungen von zotigem Sex aufreizend, die in vielen ihrer Filme vorkamen. Lesben gefiel ihre Perversität und ihr Kontrollvermögen.

Fay und Stanwyck kämpften um das gleiche berufliche Revier, wobei jeder den Erfolg nutzte, um den anderen zu verletzen. Sie kauften mit ihrem Geld eine Villa in Brentwood, die sie, nur durch den rückwärtigen Zaun getrennt, zu Nachbarn Joan Crawfords und deren dritten Mann, Franchot Tone, einem Alkoholiker, machte. Crawford erinnerte sich, wie Stanwyck eines Abends über den Zaun geklettert kam und fragte, ob sie die Nacht bei ihnen verbringen könnte... sie wollte Frank verlassen. »Ihre Auseinandersetzungen waren fürchterlich«, sagte Crawford. »Er schlug sie oft. Wie Franchot mich auch geschlagen hat.«

Wir wissen nicht, ob Crawford und Stanwyck Trost in den Armen der jeweils anderen fanden, aber sie blieben ein Leben lang Freundinnen. Stanwyck wußte, daß Garbo und Dietrich lesbisch waren und bewunderte Garbo, daß sie dem Drängen des Studios, zu heiraten, nicht nachgab. Gerüchten zufolge soll Stanwyck versucht haben, Bette Davis bei den gemeinsamen Dreharbeiten zu Edna Ferbers Film *So Big* zu verführen.

Stanwycks wackelige Ehe mit den ständigen Schlitterpartien lieferte das Quellenmaterial für den Film *Ein Stern ist erschienen (A Star Is Born)*. Die ersten Drehbuchentwürfe kamen der Fay-Stanwyck-Geschichte so nahe, daß Anwälte, spezialisiert auf den Bereich der Verletzung der Intimsphäre, in einem zwanzigseitigen Dokument Ähnlichkeit zwischen dem Drehbuch und Vorfällen und Geschichten bei den Fays auflisteten. Wie Joan Crawford bestand auch Barbara Stanwyck darauf, daß sie und Frank ein Kind adoptierten. Sie nannten ihren Adoptivsohn Dion und verloren sehr schnell das Interesse an ihm.

1935 reichte Stanwyck die Scheidung ein, kaufte sich eine Ranch im San Fernando Valley und lebte den Rest ihres Lebens nach ihren eigenen Regeln. Arbeit, nicht Liebe, war das Entscheidende, worum sich ihr Leben drehte. Robert Taylor, der neben ihr in *Zwischen Haß und Liebe (His Brothers's Wife)* die

Hauptrolle spielte, war MGMs Idol der Nachmittagsvorstellungen und erwies sich bei den vom Studio arrangierten Rendezvous als höflicher, wenn auch unerfahrener junger Mann. Er beharrte darauf, nicht homosexuell zu sein, hatte aber eine harte Zeit, immer wieder so zu tun, als wollte er jede Frau nun auch leibhaftig haben. Ein Jahr lang war er der Liebling Gilmor Browns, des allseits bekannten homosexuellen Chef des Pasadena Playhouse. Harry Hay erinnerte sich, die beiden bei einer Abendgesellschaft bei Mercedes de Acosta gesehen zu haben.

Gerüchte über Homosexualität machten Taylor so sehr zu schaffen, daß er Louis B. Mayer bat, ihn hartgesottene Haudegenrollen spielen zu lassen. Wenn wir auch nicht wissen, was Louis B. Mayer hinsichtlich der sexuellen Neigung seines ehrbaren und nützlichen Idols der Nachmittagsvorstellungen wußte, so wissen wir doch, was er als Studioboß Peter Lawford 1942 sagte, nachdem Lawfords Mutter ihn wegen der maßgeblich eingebildeten Homosexualität ihres Sohnes um Rat gefragt hatte. »Wir haben andere junge Männer im Studio, Peter, die das gleiche Problem haben wie Sie, und wir geben ihnen einige Hormonschüsse, um ihnen zu helfen. Und mit ein paar schönen Frauen können wir auch Sie wieder hinkriegen.«
Howard Strickling, MGMs Publicity-Chef, verstand sich darauf, das Robert-Taylor-Image gezielt mit Storys über seine vermeintliche Vorliebe für Waffen und die Jagd zu polieren und, zwecks Abrundung des Bildes, ihn mit verschiedenen Schauspielerinnen zu »liieren«. Als Taylor und Stanwyck ihren zweiten Film zusammen drehten – *Das ist meine Affäre (This Is My Affair)*, in dem er Präsident McKinleys Geheimagent und sie eine Tanzsaalschönheit mit zwielichtigen Verbindungen spielt –, ließen Fox' Pressemeldungen sich darüber aus, wie gefühlsstark ihre Liebesszenen waren und wie beide jeweils am Drehort blieben, auch wenn nur einer von ihnen alleine vor der Kamera zu stehen hatte.

Robert Taylor war vier Jahre jünger als Stanwyck, kaufte sich 1936 eine Ranch in unmittelbarer Nachbarschaft Stanwycks und machte es sich zur Gewohnheit, zum Schwimmen und Barbecue zu ihr hinüberzugehen und sie mit ins Studio und zu den Crawfords zu nehmen. Stanwyck war seit ihrem vierzehnten Lebensjahr eigenständig und für sich selbst verantwortlich gewesen; Taylor hörte demgegenüber auf seine Mutter, seinen Lehrer und Louis B. Mayer.

Photoplay nahm die beiden im Januar 1939 als eines der »unverheirateten Ehepaare« Hollywoods aufs Korn. Die anderen waren Clark Gable und Carole Lombard, Constance Bennett und Gilbert Roland, Paulette Goddard und Charlie Chaplin sowie George Raft und Virginia Pine. Obwohl der Artikel sich lediglich auf versteckte Anspielungen beschränkte, war die Geschichte über die »Unverheirateten Ehepaare« der bis dato freimütigste Bericht, der über das Privatleben der Stars je veröffentlicht worden war. Mayer tobte. Wenn das nicht in der nächsten Nummer zurückgenommen wird, so wurde der Zeitschrift gedroht, würde das Studio nicht nur alle Anzeigen stornieren, sondern auch jeden weiteren Zugang zu seinen Stars unterbinden. *Photoplay* gab klein bei und schrieb im nächsten Monat, nicht gerade überzeugend, die Zitate, die man den Prominenten im Artikel über »Unverheiratete Ehepaare« untergeschoben hätte, hätten »diese Freundschaften in einem völlig anderen Licht als ursprünglich beabsichtigt« erscheinen lassen.

Als diese Geschichte lief, steckte Selznick International gerade mitten in den Dreharbeiten von *Vom Winde verweht.* Im Gegenzug dafür, daß Mayer seinen Schwiegersohn Clark Gable ausgeliehen hatte, erhielt er die Vertriebsrechte des Filmepos – und so ging es bei einer ersten Schadensbegrenzung erst einmal vor allem um Gable. Jeder wußte, daß er und die geschiedene Carole Lombard seit 1936 zusammen waren. Als er nun der Publicity-Abteilung sein Okay gab, der Presse zu sagen, er werde die Scheidung einreichen, beraubte er damit allerdings seine Frau Rhea, etwas älter als er, des einzigen kleinen Triumphs, den sie bisher immer in der Hand gehabt hatte: Wenn das Unvermeidliche denn geschehen sollte, dann würde *sie* diejenige sein, die es öffentlich machte und die Scheidung einreichte. Mayer mußte dreihunderttausend Dollar auf Gables Wochengage von siebentausendfünfhundert Dollar vorschießen, ehe die gekränkte Ehefrau einwilligte, sich in Las Vegas um ein Schnellscheidungsverfahren zu bemühen.

Der Stanwyck-Taylor-Fall war leichter. Mayers Ultimatum, daß Taylor Stanwyck zu heiraten hatte, hatte zwar nur für Taylor Gesetzeskraft. Aber letztlich war auch Stanwyck, die gerade *Goldjunge (Golden Boy)* mit dem Newcomer William Holden bei Columbia drehte, clever genug, sich klarzumachen, daß es, wenn sie ihre Position als Star in Hollywood nicht verlieren wollte, ratsam war, sich nicht mit dem allmächtigen MGM-Boß zu überwerfen.

Am Samstag, dem 13. Mai 1939, kutschierten Getreue der MGM-Publicity-Abteilung Taylor und Stanwyck zur standesamtlichen Trauung vor einem städtischen Richter nach San Diego. Nach dem sich anschließenden Presseempfang in Beverly Hills kehrte Stanwyck zur Ranch zurück, während Taylor die Hochzeitsnacht damit verbrachte, seine besitzergreifende Mutter zu beruhigen. Am nächsten Morgen meldete er sich pünktlich zu den Dreharbeiten von *Lady of the Tropics* und drehte eine Hochzeitsszene mit Hedy Lamarr. Und Stanwyck kehrte wieder zu den Dreharbeiten von *Goldjunge* zurück. Joan Crawford erinnerte sich später, daß Taylor ihr erzählt hatte: »Alles, was ich sagen mußte, war: ›Ja, ich will.‹ Alles andere lief von selbst.« Als er hinzufügte, aber etwas Gutes sei dabei herausgekommen, und Crawford ihn fragte, ob er die Ehe meinte, zögerte er. »Auch, ja, aber ich habe in Wirklichkeit die harten Rollen gemeint, die mir jetzt zugewiesen werden... Boxer, Cowboys, Gangster, solche Sachen.«

Ihre Heirat war nicht nur ein idealer Deckmantel, sie erwies sich als ein ausgesprochen kluger Schritt. Die Heirat mit dem Metro-Idol verlieh ihr strahlenden Glanz und zusätzliche Akzeptanz. Auch für Taylor bedeutete der Ehestand gesellschaftliche Akzeptanz, Halt und Schutz vor Frauen, die ihm auf die Pelle rücken wollten. Stanwyck sorgte dafür, daß Helen Ferguson auch Taylors Agentin wurde, und nur wenige erhielten jemals Einblick in ihr Intimleben oder sahen sich auch nur veranlaßt, einen schiefen Blick auf ihre getrennten Schlafzimmer zu werfen. Taylor war der erste der beiden, der preisgab, er schlafe ein, sobald sein Kopf das Kissen berühre. Und Stanwyck machte andererseits nie einen Hehl aus ihrer chronischen Schlaflosigkeit, wodurch sie im Bett oft die ganze Nacht durch las. Es sollte Jahrzehnte dauern, bis jemand schrieb, Stanwyck und Taylor fühlten sich beide zur gleichgeschlechtlichen Liebe hingezogen.

Stanwyck hatte in der Ehe das Sagen. Sie behandelte Taylor wie ihren Sohn und demütigte ihn gelegentlich vor Männern wie John Wayne, deren Gesellschaft er suchte, in der Hoffnung, ihr Machogehabe werde auf ihn abfärben.

Einige Jahre, ehe Stanwyck die Leinwand mit den Darstellungen junger Frauen erhellte, die ihr Leben selbst in die Hand nahmen, fanden Lesbierinnen ein Rollenmodell in einem Buch. In *Quell der Einsamkeit*, einem Roman der britischen Dichterin, Kurzgeschichtenautorin und Schriftstellerin Marguerite Radclyffe Hall, leidet Stephen Gordon wegen ihres maskulinen Körpers. Ihre Mutter liebt sie nicht, da sie bei ihrer Tochter keinen Abglanz ihrer eigenen Weiblichkeit sehen kann. Als Stephen später im Roman von ihrer Geliebten verlassen wird, versucht sie sich damit zu trösten, daß sie sich elegante Männerkleidung kauft. Der Roman sorgte für einen solchen Skandal, als er 1928 veröffentlicht wurde, daß er zwar in den Vereinigten Staaten in den Handel kam, aber in England verboten wurde. *Quell der Einsamkeit* war jahrzehntelang der einzige weithin zugängliche lesbische Roman, und Radclyffe Hall war so einflußreich, daß sie »unsere heilige Oberschwester« genannt wurde. In einem Artikel, Ende der Vierziger, wurde sogar vorgeschlagen, ihr zu Ehren »das unschöne Wort *butch* durch *clyffe* zu ersetzen«.[1]

Tallulah Bankhead erzählte mit Vorliebe den Witz von dem jungen Mädchen im Teenageralter, das im Bus in New York ein anderes Mädchen fragt:

»Was liest du denn da?«

»Den *Quell der Einsamkeit.*«

»Worum geht's?«

»Um Lesben.«

»Was sind Lesben?«

»Ach, weißt du, Billie Holiday, Rosalind Russell, Cary Grant.«

Es heißt, daß Samuel Goldwyn, der aberwitzig egozentrische Mogul, vorhatte, den *Quell der Einsamkeit zu* verfilmen, um sich dann aber sagen zu lassen, das sei nicht möglich, da es sich bei der Protagonistin um eine Lesbe handele. »Na und?« konterte der Studiomogul. »Wir machen sie zur Amerikanerin!« Ob diese Geschichte nun wahr ist oder nicht, der Goldwynismus erfaßt jedenfalls trefflich die Essenz dessen, wie in Hollywood Realitäten salopp abgetan wurden, die der Traummaschine etwas Lack hätten abkratzen können.

Einer der besseren Insider-Witze des Jahres 1935 war, daß Goldwyn fünfzigtausend Dollar für die Rechte an Lillian Hellmans Roman *The Children's Hour* hingeblättert, aber damit ein nicht verfilmbares Stück eingekauft hatte. Jeder wußte, daß das Stück beim Hays Office nicht durchging – die Zensurbestimmungen besagten explizit: »sexuelle Perversionen sowie jegliche diesbezüglichen Andeutungen sind verboten«. Und der

---

[1] *Butch* = Lesbierin, die sich betont männlich kleidet und gibt.

Witz bei der Sache war, daß er für *The Children's Hour* diese Stange Geld hingelegt hatte, wohl wissend, daß er weder Hellmans Titel noch ihren Plot verwenden, noch überhaupt die Tatsache erwähnen konnte, daß er den Stoff gekauft hatte.

Goldwyn löste das Problem damit, daß als erstes der Titel in *Diese drei (These Three)* geändert wurde. Und als William Wyler auf der Plattform erschien, um die Regie für den Film zu übernehmen, erklärte Hellman als Autorin ihm höchstpersönlich, in *The Children's Hour* gehe es nicht um lesbische Liebe, sondern um Verleumdung: Wichtig ist, was eine Lüge Menschen antun kann, und nicht die Natur der Lüge. In der ursprünglichen Geschichte geht es um zwei Lehrerinnen an einer Internatsschule, Martha Dobie und Karen Wright. Zwischen ihnen stehen die boshafte kleine Mary, die die beiden der lesbischen Liebe bezichtigt, und deren reiche Großmutter. Das Drama dreht sich um drei Erwachsene, die versuchen, sich durch ein von Mary errichtetes brüchiges Lügengebilde – mit einem Körnchen Wahrheit – zu winden und die an dem ständig weiter ausufernden Teufelskreis, die Lügen erklären zu müssen, scheitern. Hellman schrieb ihr Stück um. Sie schrieb das Drehbuch für den Film, bei dem Wyler Regie führte. *Diese drei* war nun eine heterosexuelle Dreiecksgeschichte, in der die Liebe der beiden Lehrerinnen – gespielt von Miriam Hopkins und Merle Oberon – zueinander zu einer Freundschaft und später zu einer erbitterten Rivalität gerät, nachdem eine der beiden beschuldigt wird, mit dem Verlobten ihrer besten Freundin, Joel McCrea, ein Verhältnis zu haben. Als Wyler *The Children's Hour (Infam)* 1961 mit Audrey Hepburn, Shirley MacLaine und James Garner neu drehte, durfte er den Originaltitel, nicht aber das Wort *lesbisch* verwenden, das nach den Zensurbestimmungen immer noch auf dem Index stand.

12. Hollywood und Broadway:
Die transkontinentalen Pendlerinnen

Ein Schwein, hieß es, könnte, ohne umzusteigen, mit dem Zug quer durch die Vereinigten Staaten reisen; ein Mensch konnte das nicht. Der schnellste Weg, um von New York ins südliche Kalifornien zu gelangen, war, in New York Centrals Parade-stück, den Twentieth Century Limited, nach Chicago zu neh-men und dort in den nicht minder berühmten Elitezug Santa Fes, den Super Chief, umzusteigen, der die Reisenden an die Westküste brachte. Die 2985-Meilen-Reise dauerte vier Tage. Im Frühjahr und Herbst konnte die Reise eine durchaus will-kommene Zwangspause zur Erholung sein, aber im Sommer war diese Fahrt – es gab noch keine Klimaanlage – die Hölle. Wenn man nicht wollte, daß die Kleider schwarz vor Ruß wur-den, konnte man kaum einmal bedenkenlos die Fenster öffnen. Und im Winter waren die Abteile, die nahe an der Lokomotive waren, oft zu stickig, und die im hinteren Teil des Zuges zu kalt.

Filmstars und die Oberen der Filmgesellschaften ließen sich vorzugsweise auf der Hin- und Rückreise »Salonwagen« re-servieren. Noël Coward erinnerte sich an eine Fahrt an die Ostküste 1938, bei der Marlene Dietrich, Katharine Hepburn und Gertrude Lawrence den Großteil der Zeit munter klat-schend und tratschend in seinem Abteil verbracht hatten. Sie waren weniger empfindlich als die nachdenklichen New Yor-ker Prominenten wie Dorothy Parker und S. N. Behrman, die durch das wirtschaftlich darniederliegende Land zwischen Hollywood und New York hin und her pendelten, um zwei-tausend Dollar in der Woche zu kassieren, und anfingen, ihr leichtes Dasein angesichts der anhaltenen tiefen Wirtschafts-krise zu hassen.

Während der Twentieth Century Limited und der Super Chief quer über den Kontinent dampften, zogen die Künstler und Künstlerinnen es vor, mit vorgezogenen Gardinen zu reisen. Hätten sie nach draußen geschaut, hätten sie den langsamen Fortschritt, den der mit dem New Deal eingeleitete Aufschwung machte, in den leuchtenden Augen der Männer sehen können, die ihnen von den Güterzügen auf Nebengleisen entgegenstarrten, und an den mit Teerpappe abgedeckten Baracken an den Außenrändern der Großstädte, wo die Obdachlosen sich am Kohlefeuer wärmten, dank der Kohlen, die mitfühlende Heizer auf den Lokomotiven ihnen hingeworfen hatten.

Barbara Stanwyck, zeit ihres Lebens von den Lesbierinnen vergöttert, war am liebsten zu Hause und reiste nur in Notfällen. Tallulah Bankhead pendelte praktisch zwischen dem Broadway und Hollywood hin und her, aber ohne schwulen Anhang. Als sie 1956 mit *Endstation Sehnsucht (A Streetcar Named Desire)* auf Tournee war, fragte Tennessee Williams sie, ob sie jemals eine lesbische Beziehung gehabt habe. »Ja«, antwortete sie, »aber das war 1932. Mit Hope Williams, die einen knabenhaften Körper hatte.« Als der Schriftsteller sie das nächste Mal fragte, sagte sie, Eva Le Gallienne hätte sie verführt, als sie sechzehn war.

Mit einer vielzitierten Tirade gegen oralen Sex erzählte Bankhead den Leuten, wie langweilig die geschlechtliche Liebe ist: »Um was geht's denn dabei? Wenn du an einer Frau heruntergehst, bekommst du einen steifen Hals. Wenn du an einem Mann heruntergehst, bekommst du Kiefersperre.«

Sie war in ihren Knalleffekten von niemandem zu schlagen. Ein junger Yale-Student, der in sie vernarrt war, hatte es mit Hilfe eines Freundes geschafft, sein Idol hinter der Bühne leibhaftig kennenzulernen. Als sie einander vorgestellt wurden, erklärte der Yale-Jüngling: »Wissen Sie was, Miß Bankhead? Ich werde Sie heute abend bumsen.«

»Das werden wir erst noch mal sehen, wer hier wen«, schoß sie zurück, »du scheinst ganz schön altmodisch zu sein, mein Lieber.«

Bankhead und ihre Mitpendlerinnen sahen kaum einen Unterschied zwischen den Lesbierinnen am Theater und deren Schwestern in den Filmstudios. Beide sprengten die Grenzen des Erlaubten, und sowohl das Theater als auch das Kino präsentierte Frauen, die als selbstmordgefährdete und sich selbst verabscheuende Wesen die gleichgeschlechtliche Liebe praktizierten. Ganz wie die Protagonistin in Gale Wilhelms Roman *Wir treiben dahin* ihrer Geliebten erklärt, abgesehen von der schmutzigen Befriedigung, die sie dabei aus ihrem Körper herausquetschen könne, hasse sie das alles. Und, als die andere Frau protestiert, es geht doch um Liebe, ihr entgegenschleudert: »Irgendwann werde ich dich umbringen.«

Das offizielle Theater konnte es sich leisten, toleranter als das Kino zu sein. Zum einen waren die am Theater beschäftigten Heterosexuellen toleranter gegenüber alternativen Lebensformen, die ihnen im übrigen auch bewußter waren, während diese Dinge den Filmmenschen, angefangen bei Louis B. Mayer, angst machten. In Hollywood wurde über lesbische Liebe nicht einmal gesprochen. Zum anderen wandten sie sich jeweils an ein anderes Publikum. Ein Broadway-Schauspieler war jemand, der auf einer Bühne mitten in Manhattan zu sehen war; ein Filmstar war hingegen in Podunk, Iowa, und jedem Provinznest zu sehen. Noël Coward und Eva Le Gallienne konnten auch relativ offen mit ihrer Homosexualität umgehen, weil Coward zum Beispiel nie in Verlegenheit kam, glaubhaft den Sexpartner von Vivien Leigh spielen zu müssen. Und Le Gallienne war sechsundfünfzig, als sie erstmals in einem Film auftrat und 1955 in *König der Schauspieler (Prince of Players)* die Mutter von Richard Burton spielte, und in späteren Jahren, 1959 in *Der Teufelsschüler (The Devil's Disciple)* und 1980 in *Die Auferstehung (Resurrection)*, ähnliche Rollen übernahm.

Was für Hollywood der Production Code mit seinen selbstreglementierenden Zensurbestimmungen war, war für die Theaterbesitzer die gefürchtete Zensur durch die neu etablierte National Organization for Decent Literature. Die allgemeingültige Erfahrung war, daß gelegentlich Stücke und Bücher unzensiert blieben, wenn die lesbischen Charaktere entweder schlecht waren oder zur Heterosexualität bekehrt werden konnten. Nichtsdestotrotz behinderten Drohungen seitens der New Yorker Polizeibehörde, eine einstweilige gerichtliche Verfügung zu erwirken und notfalls einzugreifen, 1934 am Broadway die Erstaufführung von Lillian Hellmans Stück *The Children's Hour*. Die zensurwütigen Moralwächter der dreißiger Jahre schienen, wie Lillian Faderman schrieb, selbst Lesbierinnen, die sich in ihrer Tragödie wanden, für gefährlich zu halten. Denn, es hätte ja sein können, daß »das auf diesem Wege vermittelte Wissen um die bloße Existenz anderer Lesbierinnen, ganz gleich, wie unglücklich diese Charaktere waren, eine Beruhigung und Bestätigung für Frauen hätte darstellen können, die andere Frauen liebten, und bis dato, in den Dreißigern, in denen diese Dinge samt und sonders unter den Teppich gekehrt wurden, in der Angst lebten, sie seien Raritäten.«

Tallulah Bankhead war bekannt dafür, daß sie im Studio und bei den Dreharbeiten keine Unterwäsche trug. Als dieser Punkt von den Fox-Oberen zum Problem gemacht und Alfred Hitchcock bei den Dreharbeiten zu *Lifeboat* aufgefordert wurde, dafür zu sorgen, daß Bankhead am Drehort Unterhosen trug, wiegelte er ab, das sei eine Angelegenheit für die Garderobe. Aber »die Sache mit Tallulah war«, sinnierte er später, »daß sie keine Hemmungen kannte.« 1932 bei einem Paramount-Film, den sie zusammen mit Marlene Dietrich drehte und in dem Dietrich Goldstaub im Haar trug, schockierte Bankhead Gaffer, die ständig mit Stielaugen sie und Dietrich beäugten. Die beiden hatten nebeneinanderliegende Garderoben, Tallulah lieh sich etwas Goldstaub von Dietrich aus, bestäubte damit ihre Schamhaare, präsentierte sich den Leuten und fragte provozierend: »Ratet mal, was ich gemacht habe?« Bankhead und Dietrich bestätigten sich gegenseitig, wie lästig es war, daß man Mädchen erst lange hofieren mußte, ehe man sie verführen konnte, daß man ihnen erst das ganze Haus zeigen mußte, ehe man sie mit ins Schlafzimmer nehmen konnte.

Mit zunehmendem Alter, Alkoholkonsum und Pillen wurde Bankhead ihre eigene Karikatur. Von Komikern und Klatschspaltenschreiberlingen wurde sie auf die Schippe genommen, zitiert und falsch zitiert, so daß ihr Biograph Denis Brian 1972 schrieb, daß es »heute längst unmöglich ist, zwischen Fakten und Fiktion zu unterscheiden... zumal sie dazu neigte, die bessere Fiktion von sich zu übernehmen«.

Von allen, die aus Alabama kamen, war sie zusammen mit Zelda Fitzgerald die Faszinierendste, sagte der Bühnenautor Lawton Campbell. Wie ihre Großmutter hatte man sie nach einem Wasserfall, den Tallulah Falls, benannt. Mit ihrer Vitalität, ihrem schnarrenden Akzent, goldblonden Haar und ihrer Art, für Konventionen allenfalls Spott übrigzuhaben, eroberte sie jeden. Sie sagte von sich, sie sei so »rein wie befahrener Schneematsch«. Als Helen Hayes und Charles MacArthur heirateten, suchte die siebenundzwanzigjährige Braut am Vorabend der Hochzeit Bankheads Rat: »Was kann ein Mädchen, wenn es heiratet, tun, um zu verhindern, daß es schwanger wird?«

»Nichts anderes als das, was du immer gemacht hast«, entgegnete Bankhead. Als Alfred Kinsey sie fragte, ob sie bereit sei, ihm einiges von ihrem Sexleben zu erzählen, sagte sie: »Natürlich, Schätzchen, wenn du mir einiges von deinem erzählst.«

Sie sagte Dinge wie: »Ich komme um fünf, um dich zu vögeln. Sollte ich mich verspäten, fang schon mal ohne mich an.«

Im »Garten Allahs« sprang sie 1933 vollständig bekleidet in den Swimmingpool, tauchte nackt wieder auf und krähte: »Jeder stirbt, um meinen Körper zu sehen.« Sie war superschlank und hatte mit ihrem feingeschnittenen Gesicht mit den hohen Backenknochen und dem von Haarfestiger steifen, zurückgekämmten Haar durchaus etwas von Garbo. Keine Party kam wirklich in Schwung, sagte ihre Freundin Anita Loos, »bis Tallulah auftauchte und mit ihrer besonderen Art für Remmidemmi sorgte«.

Tallulah kam aus einem renommierten Elternhaus. Ihr Vater, William Bankhead, war Sprecher des Repräsentantenhauses, und der Name ihrer Mutter, Adelaide Eugenia Sledge, war in Alabama schlechterdings das Synonym von Schönheit. Ihre Mutter starb kurz nach Tallulahs Geburt, und ihr Vater war für sie immer der über alles Geliebte in ihrer Welt. Und sie hielt sich an seinen Rat: »Wenn du deine Bibel und deinen Shakespeare kennst und gut Craps spielen kannst, dann hast du eine gute Allgemeinbildung.« Sie zog bei ihren Auswüchsen und Flippigkeiten allerdings stets dann die Bremse an, wenn sie das Gefühl hatte, sie könnte damit ihren Vater kompromittieren.

Sie war oft offenherzig, was ihre Affären mit Frauen anging. Daß sie lesbisch war, hatte, wie ihr Biograph Denis Brian mutmaßte, etwas mit der Warnung ihres Vaters zu tun, sich vor Männern in acht zu nehmen, und ihrem Unvermögen, einen Mann zu finden, der sich mit ihm messen konnte. Aber auch darüber machte sie ihre Witze. »Daddy hat mich immer vor Männern und Alkohol gewarnt, aber nie etwas von Frauen und Kokain gesagt.«

Von ihren frühesten Kindheitstagen in Montgomery in Alabama an, wo sie und ihre Schwester Eugenia in erbitterter Rivalität um die Aufmerksamkeit des Vaters, des großen Kongreßabgeordneten, und des als Senator noch bekannteren

Großvaters kämpften, hegte Tallulah den Wunsch, berühmt zu werden. Nachdem sie mit fünfzehn einen lokalen Schönheitswettbewerb gewonnen hatte, machte sie ihr Bühnendebüt in New York und ging 1923 nach London, um in Gerald De Mauriers Stück *Nacht der wilden Ladies (Dancers) zu* brillieren. Das Stück war mit dreihundertvierundvierzig Vorstellungen ein Dauerrenner, eine Glanzleistung, die in ihrer Karriere dann erst mit dem weiteren Rekord von vierhundertacht Vorstellungen in Lillian Hellmans Stück *Die kleinen Füchse (Little Foxes)* am Broadway übertroffen werden sollte. In London war sie jedenfalls sieben Jahre der absolute Star.

Ihre wildromantische, seidig-weiche Schönheit zog einige der interessantesten Lesbierinnen des Theaters an, und zu ihren Bettpartnerinnen gehörten Katharine Cornell, Laurette Taylor, Sybil Thorndyke, Beatrice Lillie und Harlems Gladys Bentley sowie die fast drei Zentner schwere schwarze Mae West, die schmutzige Songs komponierte und vortrug und sich irgendwann in den zwanziger Jahren mit einem Smoking in Schale warf und in New York im Rahmen einer standesamtlichen Trauung eine Frau heiratete. Bankhead war schwulen Männern gegenüber ebenso nett und liebevoll wie sie heterosexuellen Männern gegenüber kalt und ausbeuterisch war, die sie sich aussuchte, verführte und wieder fallenließ. Sie haßte es, angefaßt zu werden, zumal wenn jemand sie überraschend berührte.

»Sie hatte jene erhabene Schönheit, die in einer seltsamen Weise schon wieder häßlich ist«, erinnerte sich Vincent Price, der sie mit zwei anderen lesbischen Schauspielerinnen verglich. »Judith Anderson und Laurette Taylor hatten eben diese Schönheit auch. Sie waren alles in allem durch den Glanz ihrer eigenen Persönlichkeit die schönsten Frauen der Welt.«

»Tallulah glaubte nie an die Theorie der Mittelschicht, wonach Ehrgeiz eine lobenswerte Tugend ist«, schrieb Anita Loos liebevoll von ihr, die sie in New York kennengelernt hatte, als sie gerade aus Alabama angekommen war. »Ehrgeiz war für sie, was er im allgemeinen schlichtweg ist, eine Frage der Eitelkeit, gemischt, mehr oder weniger, mit Habgier. Und so ließ Tallulah, wenn sie auf der Bühne stand, nie zu, daß bei ihrer Darstellung Ehrgeiz ins Spiel kam. Sie lebte nach der erhabenen Manier einer freien Seele mit einer aristokratischen Verachtung für Vorsicht. Und obwohl viele ihrer impulsiven Einfälle und Reaktionen nicht immer gerade glücklich waren, schadeten sie jedoch nie jemandem, außer ihr selbst; weitaus die meisten entsprangen im übrigen ihrem enormen unmittelbaren Interesse an anderen.«

1930 kehrte Bankhead aus London nach Amerika zurück und unterzeichnete mit Paramount einen Vertrag, wonach sie die Hauptrolle in einer Verwicklungsgeschichte spielen sollte. *Eine Lady mit schlechtem Ruf (Tarnished Lady)* wurde in New York gefilmt. Der Regisseur war George Cukor, der ein Leben lang zu ihren Freunden zählen sollte. Im Zug nach Los Angeles begegnete sie ihrem Ex-Liebhaber Douglas Fairbanks Jr. mit seiner neuen Frau, Joan Crawford. Es war Crawfords erste Begegnung mit Bankhead, und sie sollte nie vergessen, wie Tallulah ihr bei der Vorstellung sagte: »Schätzchen, du bist göttlich. Ich hatte eine Affäre mit deinem Mann. Und du wirst die nächste sein. «

Bankhead blieb ein Jahr in Hollywood. Sie mietete das Haus von William Haines, MGMs Ex-Idol, den Louis B. Mayer gefeuert hatte, weil Haines sich weigerte, sich von seinem Freund zu trennen. Zu ihrer Clique gehörten alsbald Laurence Olivier und Jill Esmond, die Barrymores, Anita Loos und Cukor mit seinem schwulen Klüngel. Mit ihren Clownerien gelang es ihr, selbst Garbo zu erweichen. Aber nicht jede(r) fuhr auf sie ab. Bankhead und Katharine Hepburn mochten sich von ihrer ersten Begegnung an nicht. Bankhead bezeichnete Hepburn als prüde, und Hepburn sie umgekehrt als ungehobelt. Bankhead war der Liebling, wenn nicht gar die Geliebte von

Cheryl Crawford, der einzigen freischaffenden Produzentin am Broadway Ende der dreißiger Jahre.

Cheryl Crawford war vierundzwanzig, als sie aus ihrer Heimatstadt Akron in Ohio, bewaffnet mit ihrer Lieblingszeile aus dem Stück *Shakuntana*, in New York ankam – die sie zu ihrem Motto machte: »Es gibt überall Türen zum Unvermeidlichen.« Innerhalb eines Jahres hatte sie den Sprung zur Besetzungsmanagerin der Theater Guild geschafft und war die erste, die Katharine Hepburn für dreißig Dollar in der Woche als zweite Besetzung in einer kleinen Nebenrolle unter Vertrag nahm. 1931 wurden Harold Clurman, Lee Strasberg und Cheryl Crawford Direktoren des Group Theater, einem Ensemble, das nach dem Vorbild des Moskauer Künstlertheaters konzipiert worden war und sich bei den Inszenierungen streng an der speziellen Stanislawski-Methode orientierte. Im Laufe der nächsten Jahre trat Crawford als Co-Produzentin und Co-Regisseurin bei Inszenierungen von Clifford Odets, William Saroyan, Sidney Kingsley und Irwin Shaw auf. In ihren Memoiren, *One Naked Individual, erzählt* sie, wie sie sich zusammen mit Bankheads kleinem Löwenjungen, Winston, den Rücksitz eines Wagens teilte.

Nach ihrem ersten Streifen in Hollywood kam Bankhead mit einhunderttausend Dollar in der Tasche nach New York zurück. Sie hielt es eines Stars für unwürdig, verheiratet zu sein, heiratete ihrem Vater zuliebe 1937 dann jedoch John Emery, mit dem sie in einem Kriminalstück auf der Bühne gestanden hatte. Nach dem Tod ihres Vaters vier Jahre später ließ sie sich von Emery scheiden und gab sich wieder in vollen Zügen ihrem versoffenen Schickerialeben hin.

»Tallu war am besten, wenn sie in einer Krise steckte, und die fabrizierte sie reichlich«, sagte die Komödienschauspielerin Patsy Kelly, die später ihr Leben mit ihr teilte.

Die Premiere des Broadway-Stückes *Die kleinen Füchse* fand im Februar 1939 statt, zwei Wochen nach Bankheads siebenunddreißigstem Geburtstag, und ihre Darstellung als Hellmans bösartiges, habgieriges Monster fesselte selbst die schärfsten Kritiker. Der fünfundzwanzigjährige Tennessee Williams konnte sie zwar nicht überreden, die Hauptrolle in einem Stück zu übernehmen, das er vermeintlich für sie geschrieben hatte, aber ihre gemeinsame homosexuelle Verhaftung und ihre gemeinsame Vorliebe für Alkohol und Barbiturate machten sie zu Freunden. Sechs Jahre später machte sie den Fehler, sein Angebot auszuschlagen, die Blanche Dubois in *Endstation Sehnsucht (A Streetcar Named Desire)* zu spielen. Aber sie konnte Williams überreden, Laurette Taylor die Hauptrolle in *Die Glasmenagerie (The Glass Menagerie)* zu geben.

Laurette Taylor war neunzehn Jahre älter als Tallulah Bankhead und ständig von Alkohol umnebelt, als ihr mit *Die Glasmenagerie* ein triumphaler Erfolg gelang. Bankhead kam hinter die Bühne, um ihrer Ex-Geliebten zu gratulieren. »Du mußt die Rolle auf der Leinwand spielen«, flüsterte ihr Laurette zu. Als Hollywood vier Jahre später soweit war, Williams' Stück zu verfilmen, hatte Jack Warner Bedenken wegen Bankheads Alkoholismus und gab statt dessen Gertrude Lawrence die Hauptrolle.

Laurette Taylor, gebürtige Loretta Cooney aus Manhattan, war zwischen 1910 und 1920 der absolute Star des Broadway. Bereits als Teenager entwickelte Laurette einen besonderen Schauspielstil, der spontan und ausdrucksstark war, eine Technik, die auf dem Wechsel im Tempo, der zögerlichen, unvollendeten Bewegung, die freischwebend, mitten in der Luft innehielt, spöttischen flüchtigen Blicken, einer betonten Aufmerksamkeit für das, was ihr Partner sagte, und einer warmen, ausdrucksstarken Stimme aufbaute, die sich individuell an jeden Theaterbesucher zu wenden schien. Da sie den in der Schauspielkunst 1910 üblichen Manierismus nicht nutzte, wollten manche ihre Art der Darstellung nicht als bühnenreif anerkennen. »Nach Jahren obskurer und oft demütigender Erfahrungen als Mitglied einer Schauspieltruppe wurde sie 1910 in einem inzwischen vergessenen Stück ein Star, das *The Girl in Waiting* hieß«, schrieb Brooks Atkinson, der Papst des amerikanischen Theaters. »Mit einmal hatte jeder begriffen, daß die Spontaneität, die sie im Rampenlicht zeigte, tatsächlich Theaterspielen war, und vielleicht sogar die originellste und virtuoseste Art der Darstellung in jener Zeit.«

Alla Nazimova führte Laurette Taylor in die sapphische Liebe ein und zeigte ihr auch, wie man an große Rollen herankam. Taylor heiratete einen vornehmen englischen Bühnenautor, J. Hartley Manners, der vornehmlich Stücke für sie schrieb. 1912 kam er mit dem Stück *Peg meines Herzens (Peg'o My Heart)* heraus, einer Cinderella-Geschichte von einem irischen Mädchen, das ein Vermögen erbt und nach London zieht, wo ihre arglose Einfachheit sich als zweckdienlicher als das snobistische Gehabe ihrer Londoner Verwandten erweist. Taylor spielte *Peg meines Herzens* in sechshundertsieben Vorstellungen am Court Theater – ein absoluter Rekord, nie wurde ein Drama länger am Broadway gespielt. In den dreißiger Jahren ging in ihrem Leben dann vieles in die Brüche. Ihr Mann starb, und sie wurde Alkoholikerin. 1938 spielte sie eine tief bewegende Rolle in Sutton Vanes Stück *Auf dem Weg nach draußen (Outward Bound)*. Zu ihren Rollen in *Auf dem Weg nach draußen* und *Die Glasmenagerie* sagte Brooks Atkinson: »Sie sah in die dunklen Ecken zweier Menschenherzen und überflutete sie mit dem Licht, das ihr Schauspiel immer ausgestrahlt hatte.«

Alkohol ruinierte die Gesundheit beider, Tallulah Bankheads und Laurette Taylors, aber sie fielen damit nie jemandem zur Last. Laurette Taylor starb im Dezember 1946. Bankhead machte weiter, tourte mit Noël Cowards Stück *Intimitäten (Private Lives)* durch die Südstaaten und sorgte immer wieder für Furore, wenn sie ihre berühmte Sofa-Liebesszene mit ihrem

Partner, Donald Cook, damit unterbrach, daß sie eine Konfö-
deriertenfahne aus dem Dekolleté zog und zum Publikum hin
grölte: »Schafft diesen verdammten Yankee hier weg.«

Ihre letzten Worte, ehe sie 1968 im Alter von fünfundsechzig
Jahren starb, waren: »Kodein, Bourbon.«

Libby Holman stammte aus dem Norden, aus Ohio, aber der
schlechte Ruf, der ihr jenseits der Leinwand nacheilte, beruhte
auf Schauergeschichten, die gut für die Südstaaten gewesen
wären. Kurzsichtigkeit verlieh ihrer konventionellen Schönheit Intensität, und mit fünfundzwanzig stand sie in der Blüte
ihrer Jahre – allerdings schon »verdorben und überreif«, wie
Clifton Webb es ausdrückte. »Ich bin dünn und groß, bin ich
er oder sie, ja was denn bloß?« fragte sie in dem kleinen Vers,
den sie als Teenager über sich geschrieben hatte.

Sie wurde als Elspeth Holzman, Tochter eines renommierten Anwalts, in Cincinnati geboren. Sie hatte eine Schwester,
die Selbstmord beging, und zwei Brüder, von denen einer ihr
nahe und der andere ihr sehr fremd war. Sie war ein sogenann-
tes frühreifes Kind, das Klavier und Geige spielte, die Schrift-
sätze ihres Vaters aus der Kanzlei las, und sie sagte einmal, sie
habe »sich mit Jung und Oscar Wilde beschäftigt«, ehe sie ihre
»Tage bekam«. Sie studierte Jura an der Columbia Law School
in New York, brach dann aber ihr Studium ab, um Jazzsängerin
zu werden. Sie machte 1924 ihr Broadway-Debüt in dem Stück
The Fool, in dem sie eine Hure spielte, und übernahm vier Jahre
später neben Clifton Webb und Fred Allen die Hauptrolle in
Die Dritte stört (Three's a Crowd).

Freunde und Freundinnen sagten, Libby gehe bei Männern
verdammt hart zur Sache, aber allen ihren engen Freundinnen
begegnete sie zärtlich, mitfühlend und ausgesprochen sinnlich.
Sie lebte mit Jeanne Eagels zusammen, bis sie Louisa Carpenter, die schlanke, blonde Südstaaten-Aristokratin und Du Pont-
Erbin, kennenlernte und sich in sie verliebte. Die beiden zeig-

ten sich oft in Männeranzügen und mit Melonen, und gingen ins Clam House, um mit Tallulah Bankhead und Beatrice Lillie Spareribs und Kohlsalat zu essen.

Libby Holman und Louisa Carpenter waren bekannt dafür, daß sie gerne die Nachtclubs in Harlem aufsuchten, wo sie mit Tallulah Bankhead, Jeanne Eagels und Marilyn Miller, einem klassischen Ziegfeld-Girl, zusammenhockten. 1931 waren Holman und Carpenter in London und Paris mit Mercedes de Acosta und Noël Coward auf Zechtour, als der zwanzigjährige Zachary Smith Reynolds, Erbe des Camel-Zigaretten-Vermögens, sich hoffnungslos in Holman verliebte. Sie heiratete ihn, als sie dreißig wurde. Acht Monate später gerieten sie bei einer Party in einen heftigen Streit. Am folgenden Morgen wurde Smith tot aufgefunden, er war einer Schußverletzung erlegen. Libby Holman wurde des Mordes angeklagt.

Ihr Vater übernahm als Anwalt ihre Verteidigung, und sie wurde am Ende des Verfahrens am 15. November 1932 mangels Beweisen freigesprochen. Eine erbitterte gerichtliche Auseinandersetzung über den Nachlaß folgte. Libby Holman zog auf Louisa Carpenters Landgut in der Nähe von Wilmington, Delaware, und brachte zwei Monate später einen kränklichen, knapp zwei Pfund schweren Jungen zur Welt. Sie gab dem Kind den Namen Christopher Smith Reynolds. Sie erbte schließlich sieben Millionen Dollar und Christopher 6,6 Millionen Dollar von dem Camel-Zigaretten-Vermögen. In Hollywood wurde die Reynolds-Tragödie zweimal verfilmt, einmal mit Jean Harlow und ein weiteres Mal mit Lauren Bacall als Libby.

Vier Jahre lang lebte Libby Holman völlig zurückgezogen in einem Haus, das sie in der Nähe von Louisa Carpenters Anwesen gemietet hatte, und gab ein Vermögen für die besten Ärzte für ihren Sohn aus, der zu einem schlaksigen reservierten jungen Mann heranwachsen sollte. 1938 versuchte sie mit

Hilfe von Clifton Webb, mit einem neuen Anlauf ihre Karriere wiederaufzunehmen. Als das fehlschlug, kaufte sie sich außerhalb Stamfords in Connecticut ein knapp zehntausend Quadratmeter großes Anwesen. Ihr Sohn war der Mittelpunkt ihres Lebens. Er schloß als einer der Klassenbesten die Putney School in Vermont ab. Er war achtzehn, als er mit mehreren Knochenbrüchen und steifgefroren nur noch tot aus einer Gletscherspalte auf dem Mount Whitney geborgen werden konnte. Libby gab sich die Schuld an seinem Tod und sagte, sie hätte sich darum kümmern müssen, daß er nicht ohne Begleitperson auf den Berg ging.

Nach einem weiteren Vermögensstreit mit der Reynolds-Familie wurden ihr die Millionen ihres Sohnes zugesprochen. Es gab eine Menge Leute, die, mit der Bitte um eine milde Gabe, hinter ihr und ihrem Geld her waren. Im Namen ihres Sohnes rief sie eine Stiftung für die Förderung der Bürgerrechte ins Leben. Einer der ersten, dem Fördermittel der Christopher-Reynolds-Stiftung zukamen, war Martin Luther King, um nach Indien zu reisen und Mahatma Gandhis gewaltfreien zivilen Ungehorsam zu studieren.

Holman fühlte sich immer zu jungen schwulen Männern hingezogen, die sie beherrschen konnte. Sie war lange Zeit eine Seelengefährtin – und die Drogenlieferantin – von Montgomery Clift, den sie 1941, als er zweiundzwanzig war, kennenlernte. Er war für sie eine zweite Garbo, deren Fotos ihr Haus füllten. Beide waren androgyn und rätselhaft. »Monty weckte große Sympathien durch seine jungenhafte Art, die er an den Tag legte«, schrieb John Huston, der in *Misfits – Nicht gesellschaftsfähig (Misfits)* und *Freud* sein Regisseur gewesen war. Clift hatte Angst vor Holman und wußte, daß sie ihn zerstören konnte. 1949 brachte sie ihn dazu, Billy Wilders Angebot abzulehnen, den ausgehaltenen jungen Mann in *Boulevard der Dämmerung (Sunset Boulevard)* zu spielen, weil sie überzeugt war, der Film handele von ihr.

Holman und Garbo waren in den Fünfzigern Freundinnen, aber es war Jane Bowles, die Holmans Geliebte wurde. Paul und Jane Bowles waren prominente Figuren in der transatlantischen Künstlerwelt. »Die Bowles' waren in der breiten Öffentlichkeit zwar unbekannt, aber Berühmtheiten unter den Berühmten«, schrieb Gore Vidal. »Sie lebten in Mexiko (wo der damals noch unbekannte Tennessee Williams zu ihnen in ihr Haus in Acapulco pilgerte); sie lebten in New York, wo sie sich ein Haus mit Benjamin Britten teilten.« Sie ließen sich schließlich in Marokko nieder und wohnten, wenn sie in Amerika waren, monatelang bei Libby Holman, in deren Haus in Connecticut. Jane war neidisch auf Pauls ruhmreiche, in fernen Gefilden spielende Romane. Ihren lesbischen Vorlieben begegnete er mit höflichem Desinteresse. Jane machte sich lustig über ihr steifes Knie, ihren jüdischen Hintergrund und ihre Vorliebe für Frauen, indem sie sich selbst Crippie, die jüdische Schwule, nannte. In der Obhut Libby Holmans wurde sie allmählich verrückt.

Tallulah Bankhead, Eva Le Gallienne, Gertrude Lawrence und Beatrice Lillie pendelten nicht nur zwischen Hollywood und dem Broadway, sondern auch über den Atlantik zwischen den Staaten und Londons West End hin und her. Eine häufige Begleiterin an Bord der Ozeandampfer war Adele Astaire, Fred Astaires rabenschwarzhaarige Schwester. Sie liebte die Girls, heiratete aber Lord Charles Cavendish, der sich zu Tode trank.

Niemand war jemals auf eine nettere Art boshaft als Beatrice Lillie. Während ihrer fünfzigjährigen Theaterkarriere heimste sie sich den Titel »die komischste Frau der Welt« ein. Sie feierte endlos Triumphe mit ihrem manisch ungezügelten Temperament. Die zwei herausragendsten Textdichter jener Zeit schrieben Songs für sie: Noël Coward *Marvelous Party* und Cole Porter *Mrs. Lowsbrough-Goodby*. »Ich liebe sie«, sagte Tallulah Bankhead, als beide in den Sechzigern waren.

Mit ihrem Markenzeichen, dem sehr kurzgeschnittenen Haar, der fesähnlichen Kappe und der langen Zigarettenspitze, die ihre Kantigkeit unterstrich, arbeitete Lillie mit einigen der bekanntesten Namen der Komödie – Coward, Ziegfeld und Charlie Chaplin – zusammen, und ihre Bühnendarbietungen reichten von dem reinsten Temperamentswirbel und einem geradezu verrückten Gespür für Lächerlichkeit bis zu einem scharfen, beißenden Witz und der umwerfenden Fähigkeit, Hochmut und sentimentale Rührseligkeiten auf die Schippe zu nehmen. Was zwischen ihr und dem Publikum im Theatersaal geschah, war, wie sie sagte, daß das Publikum »etwas erkannte, was ich schon seit Jahren wußte... ich war von Natur aus eine geborene Verrückte«. Homosexualität, weder ihre eigene noch die anderer, blieb von ihrem Sarkasmus ausgespart.

Revue-Sketche und -Songs verhalfen Beatrice Lillie – oft an der Seite von Gertrude Lawrence – zu ihrem West-End-Ruhm. Ein beliebter Song jener Zeit war:

> *Lillie and Lawrence,*
> *Lawrence and Lillie*
> *If you have not seen them*
> *You are perfectly silly.*

Lillie heiratete Sir Robert Peel, einen Enkel des britischen Staatsmannes, als sie vierundzwanzig war. Er starb vierzehn Jahre später und hinterließ ihr einen Familiensitz und einen Sohn, der im Zweiten Weltkrieg ums Leben kam. Sie gab ihrer Autobiographie den Titel *Every Other Inch a Lady,* trug ihren Adelstitel, der ihr, um es mit Kenneth Tynans Worten zu sagen, stand »wie ein Heiligenschein einer Anarchistin«, war aber immer noch Lady Peel, als sie 1989 mit vierundneunzig Jahren starb.

Sie war die Geliebte von Le Gallienne, Judith Anderson und

Katharine Cornell. Wenn sie in Hollywood war, galt ihre Leidenschaft Garbo, die sie entzückend und unendlich komisch fand. An einem Nachmittag im Oktober 1928 sahen Lillie und Tallulah Bankhead in London Aimee Semple McPherson zu, die eine Erweckungsfeier in der Albert Hall abhielt. Die Erweckungspredigerin hatte zu Hause in den Staaten den Leuten aus dem Mittelwesten, die sich in Los Angeles und im unmittelbaren Einzugsgebiet der Stadt angesiedelt hatten, gezeigt, daß Gottesdienst auch Spaß machen konnte, und Bankhead hatte sie einmal zu sich nach Hause eingeladen und zusammen mit Lillie versucht, die Predigerin zu schocken, indem sie ihr ihrer beider Sünden beichteten. Solange sie damit niemand anderem schadeten, sagte Aimee, habe sie nichts gegen das, was sie machten.

Beatrice Lillies Filmkarriere begann 1926 mit einer komischen Glanznummer, *Exit Laughing*, worin sie eine riesige Perlenkette schwingend einen widerstrebenden Freier umwirbt, und endete 1967 mit *Modern Millie (Thoroughly Modern Millie)*. Sie war 1936 für die Rolle der guten Hexe in *Das zauberhafte Land (The Wizard of Oz)* nach dem Märchen »Der Zauberer von Oos« im Gespräch, wurde dann aber doch als ungeeignet, weil zu komisch, befunden. In ihrer langen Bühnenkarriere trat sie in über vierzig Bühnenshows auf. Am Broadway spielte sie 1932 neben Mercedes de Acostas alter Flamme, Hope Williams, die Hauptrolle in *Too True to Be Good*.

Sich jenseits der Grenzen des Erlaubten zu bewegen, weckt zwangsläufig Widersprüche – sowohl den Wunsch, sich konform zu verhalten und angenommen zu werden, als auch eine »Da-habt-ihr's«-Rebellion. Beatrice Lillie war skrupellos und unberechenbar, in jedem Rampenlicht. Wenn der weibliche Clown, der sie war, eines beweisen konnte, dann das, daß in der frechen neuen Welt, in der die lesbische Liebe gegen

Katharine Cornell verbarg ihre Liebe zu Frauen hinter ihrer langen Ehe mit dem bisexuellen Broadway-Produzenten und Regisseur Guthrie McClintic. Sie überraschte Garbo und De Acosta eines Sonntagmorgens und zögerte ihren Besuch hinterhältig lange hinaus, bis sie sich wieder verabschiedete.
Foto: Sammlung des Autors

»Ich sehne mich danach, Dich in meine Arme zu schließen und meine Liebe in Dich zu verströmen«, schrieb Ona Munsson 1940 an Mercedes de Acosta.
Foto: The Academy of Motion Picture Arts and Sciences

Marlene Dietrich mit Ehemann Rudi Sieber und Tochter Maria 1931. Bei einer Wiederveröffentlichung des Fotos in Amerika hieß es 1967 in der Bildunterschrift unter anderem: »Dietrich in ihrer maskulinen Aufmachung, die in jener Ära ihr Markenzeichen war.«
Foto: UPI/Bettmann

Garbo als Königin Christine. Bei Story-Konferenzen wurde die Liebe der Königin zu Frauen heruntergespielt.
Foto: Museum of Modern Art Archives

Alla Nazimova war die Produzentin, Co-Autorin und der Star von *The Brat* (1919). Metro Pictures zahlten ihr dreizehntausend Dollar pro Woche und priesen sie als die »Frau der tausend Stimmungen« an.
Foto: Sammlung des Autors

Ihre Ehe war ein Täuschungsmanöver: Jill Esmond heiratete Laurence Olivier, als sie zweiundzwanzig war. Mit Dreißig war sie nur noch lesbisch.
Foto: Library of Congress

»Welches Recht hat sie zu leben?« Dietrich zertrümmert im melodramatischen Ende in *Das Lied der Lieder* die lebensgroße Statue, die der Bildhauer von ihr angefertigt hat.

Foto: Museum of Modern Art Archives

Eine Lady mit Schlagkraft: Durch die Art und Weise, wie Barbara Stanwyck in ihren Filmen mit Männern umging, wurde sie zum Vorbild für junge, unsichere Lesbierinnen.

Foto: Sammlung des Autors

Eine Lavendel-Romanze: Barbara Stanwyck und Robert Taylor in *Zwischen Haß und Liebe* (1936).
Foto: Sammlung des Autors

© 1913.

OLIVER MOROSCO.

Alla Nazimova lehrte den Broadway-Star Laurette Taylor die sapphische Liebe
und wie man an große Rollen herankam.
Foto: Library of Congress

Ende des Jahrhunderts einen gewissen Chic hatte, Frauen, die Frauen liebten, mehr als nur »langweilige Loyalität... Ernst... und völligen Mangel an Humor« zu bieten hatten. Genau wie die junge Dietrich und Margo Lion mit ihrer Nummer »Meine beste Freundin« 1920 auf der Bühne in Berlin und k.d. lang mit ihren erotischen Balladen in den neunziger Jahren, bewegte auch Beatrice Lillie sich stets am Rande des Erlaubten.

13. Sodom am Pazifik

Minta Durfee Arbuckle, eine schlanke, elegante Lady, hatte sie alle überlebt und thronte für gewöhnlich am Kopfende des Tisches, als Anfang der Siebziger die Überlebenden der Stummfilmära sich mit den jungen Cineasten trafen, die begierig waren, aus erster Hand etwas über das paläolithische Zeitalter vor dem Durchbruch des Tonfilms zu erfahren. Ihre Schilderung des Mordes an William Desmond Taylor war nicht minder lebendig als das, was sie über den Skandal erzählte, der die Karriere ihres Ehemannes vernichtet hatte. In Anbetracht der vergangenen Jahrzehnte und vielleicht auch der Tatsache, daß beides sich im Abstand von nicht einmal sechs Monaten ereignete, gehörten beide Fälle für sie irgendwie zusammen. Beide hatten seinerzeit hohe Wellen geschlagen. Arbuckle war heterosexuell, und die Presse hatte den Fall zu einem Skandal hochgespielt. Taylor war es nicht – und blieb sechzig Jahre begraben.

Roscoe »Fatty« Arbuckle war brutal fett, ein Mann, der über dreihundert Pfund auf die Waage brachte. Was ihn als Fleischkloß zum Star in Mack Sennetts ulkigen Zweiergespannstreifen machte, war, daß er sich fantastisch auf seine Partner abstimmen konnte und trotz seines Gewichtes flink auf den Beinen war, eine ungleiche Kombination, die in wesentlichen Teilen überhaupt die Grundlage seiner Komik war. Das Publikum war vernarrt in ihn. Nachdem er erfolgreich im Gespann mit Chaplin, Mabel Normand und Buster Keaton in Kurzfilmen gearbeitet hatte, wurde er für siebentausend Dollar in der Woche von Paramount unter Vertrag genommen, um fortan in regulären langen Filmen die Hauptrolle zu spielen und auch Regie zu führen. Roscoe und Minta Arbuckle kauften sich für zweihundertfünfzigtausend Dollar eine Tudor-Villa am West Adams Boulevard. In der dazugehörigen Garage waren ihr Cadillac, Renault und Rolls-Royce sowie ein Pierce Arrow für fünfundzwanzigtausend Dollar untergebracht.

Am Tag der Arbeit, der in den USA am ersten Montag im September begangen wird, gab Arbuckle 1921 im St. Francis Hotel in San Francisco eine Party. Virginia Rappe war, gerade fünfundzwanzig, eine Schauspielerin, die kleine Nebenrollen spielte. Arbuckles Freund Buster Keaton sagte später von ihr, sie sei »in etwa so tugendhaft wie die meisten anderen untalentierten jungen Frauen gewesen, die immer wieder jahrelang in Hollywood herumhingen«. Sie hatte einen zuviel getrunken, kippte um und fing an, sich die Kleider vom Leib zu reißen eine Gewohnheit von ihr, wenn sie zu viele Cocktails intus hatte. Über das, was als nächstes passierte, waren sich die Partygäste dann allerdings uneinig.

Gastgeberfreundliche Zeugen behaupteten, Arbuckle habe in Gegenwart anderer Frauen die leblos auf seinem Bett dahingestreckte Virginia in Augenschein genommen, mit einem Stück Eis, das er gegen ihren Oberschenkel hielt, getestet, ob sie nur eine Show abziehe, und dann geholfen, das nackte Mädchen in eine Badewanne zu tragen, um Wiederbelebungsversuche zu machen, während jemand den Hausarzt rief. Weniger freundlich gesinnte Zeugen erzählten von Schreien hinter der verschlossenen Tür, von Fatty, der mit einem tropfnassen Pyjama unter einem trockenen Bademantel aufgetaucht sei, und von dem Mädchen auf dem Bett, das gestöhnt habe: »Ich sterbe. Er hat mich innen ganz zerquetscht. Ich sterbe.« Sie wurde in das exklusive Pine-Street-Krankenhaus gebracht. Ärztlicherseits wurde ein Blasendurchbruch infolge einer heftigen Einwirkung von außen festgestellt. Sie starb vier Tage später an einer Bauchfellentzündung.

Minta Arbuckle war in New York bei ihrer Mutter, als dies

passierte. Sie eilte an die Seite ihres Mannes, um ihm, angeklagt wegen Körperverletzung mit Todesfolge, während des Verfahrens beizustehen, und verlor ihre ganzen Ersparnisse an Rechtsanwälte. Sie hatte neben Chaplin in Keystone die Hauptrolle gespielt und kannte Rappe als eine nette Kollegin und seit neuestem als die Freundin von Henry »Pathé« Lehrman.

Am Arbuckle-Fall entzündeten sich die Gemüter der Öffentlichkeit. Stets vor Augen, daß es kaum etwas Lukrativeres als einen handfesten Skandal gab, peitschte die Presse den Fall zu einer Sexorgie mit Mord auf. Und der Arbuckle-Fall kam zu einer pressemäßig optimalen Verwertung genau zur rechten Zeit – gerade erst hatte man Mary Pickfords Scheidung im Schnellverfahren in Nevada von Owen Moore und ihre Eheschließung, nur einen Monat später, mit Douglas Fairbanks breitgetreten. Charlie Chaplin versuchte, sich den Vorwürfen des Teenagers Mildred Harris zu entziehen, die in Zusammenhang mit seiner Scheidung standen. Und dann war da noch die Enthüllung des California State Board of Pharmacy, daß über fünfhundert Filmprominente offiziell als drogenabhängig registriert waren.

Die Beweislast gegen Fatty Arbuckle wurde als so erdrückend angesehen, daß man vor Gericht nicht einmal laut darüber sprechen konnte, sondern vorzugsweise stillschweigend getippte Notizen und Bemerkungen umlaufen ließ. Bei Arbuckles erstem Erscheinen vor Gericht geriet die Vorsitzende des Frauenselbstschutzkomitees von San Francisco angesichts der Frauen, die dem berühmten Komiker beim Betreten des Gerichtssaals applaudierten, so außer Fassung, daß sie schrie: »Frauen von Amerika, tut eure Pflicht!« und zusammen mit den übrigen Mitgliedern ihres Komitees Arbuckle bespuckte.

Zwei Verfahren endeten damit, daß sich die Geschworenen nicht über die Schuldfrage einigen konnten. Als die Geschworenen in einem dritten Verfahren dann Arbuckle freisprachen und in einer bemerkenswerten Erklärung zum Urteil feststellten: »Nach unserem Gefühl ist hier eine große Ungerechtigkeit geschehen«, brachen im Gerichtssaal Freudenrufe aus. Die Verfahren kosteten den Bundesstaat Kalifornien fünfundzwanzigtausend Dollar und Roscoe und Minta Arbuckle fünfzigtausend Dollar. Unter der breiten Schlagzeile »Arbuckle sofort freigesprochen« stellte Hearsts *Los Angeles Examiner* fest: »Komiker will Comeback, wenn das Publikum will.« Aber Paramount annullierte Arbuckles Drei-Millionen-Dollar-Vertrag und mottete die bis dato noch unveröffentlichten Filme ein. Die Arbuckles verkauften ihr Haus am West Adams Boulevard an Joseph Schenck und Norma Talmadge. Um Roscoe Arbuckle aufzuheitern, machte Keaton ihm den Vorschlag, seinen Namen in »Will B. Good« zu ändern, sozusagen als Versprechen... wobei sie sich dann aber darauf verständigten, den neuen Namen noch etwas zu vervollkommnen – auf William Goodrich. Und unter diesem Namen führte Fatty Arbuckle dann 1927 die Regie bei *Die rote Mühle (The Red Mill)* mit Marion Davies in der Hauptrolle. In der März-Ausgabe von *Photoplay* 1931 bat Arbuckle darum, wieder zurück vor die Kamera kommen zu dürfen. Gebrochen und zerbrochen starb er ein Jahr später in New York. Im Alter von sechsundvierzig Jahren.

William Desmond Taylor war der erste namhafte vom Schauspieler zum Regisseur avancierte Brite, der in Hollywood Fuß faßte. Als der Arbuckle-Skandal ausbrach, war der gutaussehende Junggeselle, der im Ruf stand, ein Frauenheld zu sein und sich mit Vorliebe in seiner Majorsuniform der britischen Army fotografieren ließ, gerade zum Präsidenten des neugegründeten Filmregisseur-Verbandes gewählt worden. Er hatte bei seinem Paramount-Boß, Adolph Zukor, einen Stein im Brett, weil er nicht versuchte, jede Schauspielerin ins Bett zu bekommen, mit der er arbeitete, und weil er den Mund halten konnte. Auch Paramount hatte seinen Anteil an Drogenabhängigen, darunter Wallace Reid, ein blauäugiges Charmepaket von über einsachtzig, der im Handumdrehen das neueste Idol der Nachmittagsvorstellungen geworden war und zweitausend Dollar in der Woche kassierte, sowie Mary Pickfords jüngerer Bruder Jack. Und William Taylor wußte, wie er sie zu nehmen hatte.

Taylors Freunde waren Mickey Neilan und James Kirkwood, Regisseurskollegen, sowie Antonio Moreno, der Schauspieler, dem immer die Latin-Lover-Rollen zufielen, und deren Freundinnen Colleen Moore, Mabel Normand und Mary Miles Minter. Neilan war der Liebhaber der frischgeschiedenen neuen Paramount-Größe Gloria Swanson. Colleen Moore war ein sich schnell durchsetzendes neues Gesicht; Mabel Normand, die einen gut Teil ihrer Karriere Taylor verdankte, war derzeit mit einer Wochengage von eintausendfünfhundert Dollar Sam Goldwyns Nummer eins; und Mary Miles Minter war Paramounts neueste Mary Pickford-Doppelgängerin. Mary Miles Minter, ein Teenager, war die Ex-Geliebte von James Kirkwood, und das große dunkle Geheimnis aus ihrer Ex-Beziehung war eine Abtreibung, zu der Charlotte Shelby, Minters Mutter, ihre Tochter und Ernährerin gezwungen hatte. Shelby kassierte ein Drittel des Verdienstes ihrer Tochter für sich. 1926 verklagte Minter ihre Mutter auf 1345 000 Dollar, gab sich dann aber seltsamerweise mit einem Vergleich von fünfundzwanzigtausend Dollar zufrieden.

Wenn Colleen Moore und Antoni Moreno, Mabel Normand und Mary Miles Minter sowie ihr jeweiliger Anhang sonntags nicht nach Catalina Island segelten oder in ihren fantastischen offenen Sportwagen Spritztouren zum Lake Arrowhead oder nach Palm Springs unternahmen, ließen sie sich aus Schmuggelbeständen hergestellte Cocktails schmecken und tummelten sich in Nightclubs. Nach einem Jahr im Hollywood

Health Club, der Nobelresidenz für betuchte Junggesellen, zog William Taylor in einen Apartmentkomplex in der Alvarado Street. Edna Purviance, Chaplins Filmpartnerin und Intimfreundin, bewohnte die andere Hälfte des Gebäudes.

Am 1. Februar 1922 wurde William Taylor von einem unbekannten Täter in seinem Bungalowapartment erschossen. »Mabel Normand rätselt über Mord an dem Filmchef«, lautete der Aufschrei des Los *Angeles Evening Express* am nächsten Tag. Mabel Normand war in der Tat die letzte Person, die den Regisseur lebend gesehen hatte, und als die Einzelheiten durchgesickert waren, wurden durch die mysteriöse Mordgeschichte mehr Zeitungen als beim Ausbruch des Ersten Weltkrieges verkauft. Als die Polizei am Tatort eintraf, stießen sie auf Edna Purviance, die Paramount-Managern zusah, wie sie Papiere im offenen Kamin verbrannten. Im Schlafzimmer fanden Kriminalbeamte Liebesbriefe und Unterwäsche, die der minderjährigen Mary Miles Minter gehörten. Die Damenwäsche, die zum Teil mit den Initialen MMM ausgezeichnet war, war einige Nummern zu groß, als daß sie der zierlichen Mary hätte passen können, und es hieß, daß William Taylor sie bei Besuchen von heimlichen Transvestitenpartys getragen hatte. Die Beamten der Mordkommission hatten schnell ermittelt, daß Mabel Normand, Mary Miles Minter und Marys Mutter Taylor am Mordabend besucht hatten. Nach wenigen Tagen kursierten Gerüchte, daß Taylor mit allen drei gleichzeitig eine Affäre hatte. Eine vierte Geliebte kam ins Spiel, als die Zeitungen andeuteten, Taylor sei der Grund des Selbstmordes von Zelda Crosby gewesen, einer Paramount-Drehbuchautorin.

Polizei und Presse kamen schließlich dahinter, daß William Desmond Taylor in Wahrheit William Deane Tanner war, der nach dem Ersten Weltkrieg nach New York gekommen war, sich als Bühnenregisseur versucht, geheiratet, ein Kind gezeugt und Mutter und Tochter sitzengelassen hatte, um am Yukon und in Alaska mit Goldschürfen sein Glück zu versuchen. Allan Dwan, der Regisseur, der dem vom Kriegsveteran zum Regisseur und dann zum Goldschürfer avancierten Briten zum ersten Durchbruch als Filmschauspieler verholfen hatte, tat die Namensänderung als unbedeutend ab.

»Jeder machte es«, sagte Dwan. »Ich wurde Aloysius Dwan getauft. Mary Pickford hieß Gladys Smith. Der Name war eine Frage, das richtige Image herzustellen. Und William Desmond Taylor war eine brillante Wahl. Das klang wie jemand aus einem englischen Roman, ganz der Stoff, aus dem Hollywood vorzugsweise seine Filme machte. Er hob ihn aus der Masse der Schauspieler heraus, die mit Ambitionen, aber ohne die Aussicht auf Rollen scharenweise mit den Zügen aus Gegenden wie Kansas und Nebraska hier ankamen. Taylor war auf Draht.«

Die Verfolgung weiterer Spuren offenbarte, daß Sands, Taylors Butler, der, nachdem er die Unterschrift seines Arbeitgebers auf einem Scheck über fünftausend Dollar gefälscht hatte, sich nach Mexiko abgesetzt hatte, in Wirklichkeit sein Bruder war. Als nächstes kam man einer »Rauschgift-Verbindung« auf die Spur. Da Taylor versucht hatte, Mabel Normand von ihrer Sucht abzubringen, die sie fünfhundert Dollar in der Woche kostete, konnte es sich bei dem Mörder vielleicht auch um ihren Kokaindealer handeln.

Bei der Beerdigung ging Mary Miles Minter an den offenen Sarg, küßte Taylors Lippen und erklärte eine Sekunde später den versammelten Trauernden, der Tote habe ihr zugeflüstert, er werde sie immer lieben.

»Als alles über die Zeitungen herauskam«, erinnerte Gloria Swanson sich später, »wußte ich es besser, als daß ich noch irgend etwas hätte fragen müssen.« Sie wußte sehr viel. Sie wußte, daß Mabel Normand kokainabhängig war und in ihrer Freundschaft mit Taylor Hilfe suchte. Und sie wußte, daß Minters Liebesbriefe und Unterhöschen – die seitens der Polizei als Beweismittel ins Gerede gebracht wurden – vom Studio deponiert worden waren, um Taylors großes dunkles Geheimnis zu vertuschen: seine Homosexualität.[1]

Die Presseberichte beschränkten sich auf Anmerkungen der Art, daß Taylor unlängst »anrüchige Treffs« aufgesucht hätte, Höhlen des Lasters, wo verrückte weibische Männer und absonderlich maskuline Frauen sich in Kimonos kleideten und wo Morphium und Opium auf Teewagen kredenzt würden. Die Anwesenheit eines schwarzen Jugendlichen in Taylors Haus in der Alvarado Street wurde nie erwähnt. Autoren, die sich in jüngerer Zeit damit befassen, sehen die sechs Jahrzehnte lange Vertuschung des Taylor-Falles im allgemeinen als Beweis dafür, daß Homosexualität ein größerer Skandal war als ein strafrechtlich nicht verfolgter Mord.

»Schwule waren die perfekten Sündenböcke, die bei Verhaftungswellen hinhalten mußten, oder wenn irgendwo mal wieder hart durchgegriffen werden mußte«, sagte Harry Hay in Erinnerung daran, wie vor jeder Bürgermeister- oder Stadtratswahl die Parks durchgekämmt wurden, wo Schwule sich zu einem mitternächtlichen Stelldichein trafen, so daß die Politiker und die Polizei sich damit brüsten konnten, wie sie aufräumten. »1930, als die Leiche eines ermordeten Jungen gefunden wurde, verkündete die [Los Angeles] *Times* in riesigen Lettern auf der Titelseite, das Haus ›jeder bekannten devianten Person‹ sei durchsucht worden.«

[1] Der Taylor-Mord inspirierte zu Kriminalromanen und Kriminalstücken auf der Bühne, er wurde aber nie gelöst. Die ehemalige Hearst-Korrespondentin in Hollywood, Adela Rogers St. Johns, erzählte 1979 einem Fernsehreporter, es habe nie einen Zweifel gegeben, daß Charlotte Shelby die Mörderin war. Nach intensiven Recherchen über viele Jahre hinweg gelangte der Regisseur King Vidor zu dem gleichen Schluß. Im Gefühl, von Taylor zugunsten ihrer Tochter verstoßen worden zu sein, schoß Charlotte Shelby und tötete den Regisseur am 1. Februar 1922 und bezahlte jahrelang in Folge die Staatsanwälte Los Angeles'.

Sex und Selbstmorde, Drogenabhängigkeit und Mord – Mabel Normand und Mary Miles Minter waren beide am Ende – schienen das Schußgarn und die Kettfäden auf dem Webstuhl des Hollywood-Lebens zu sein. Und die Schocks hörten nicht auf. Valentino heiratete Natasha Rambova in Mexiko, ohne das nach kalifornischem Gesetz vorgeschriebene volle Jahr abzuwarten, bis das vorläufige Urteil zu seiner Scheidung von Jean Acker rechtskräftig wurde. Paramount gelang es, die Tatsache zu vertuschen, daß beide Frauen lesbisch waren. Bei der Geschichte mit seinem mustergültigen Durch-und-durch-Amerikaner, Wallace Reid, war das Studio dann aber nicht mehr so erfolgreich. Er starb als Drogenabhängiger, und seine Witwe, Dorothy Davenport, warf den Studiobossen vor, sie hätten ihn, um das grausame Arbeitstempo, das Paramount seinen Stars abverlangte, beibehalten zu können, mit Morphium versorgt. Und um bei seinem letzten Film die letzten Bilder in den Kasten zu bekommen, hätten Studiohelfer ihn vor der Kamera gestützt. Cecil B. DeMille hatte Reid in einem Privatsanatorium besucht, wo er ans Bett gegurtet in einer ausgepolsterten Zelle untergebracht war, und kam schockiert zurück, nachdem er den bis aufs Skelett abgemagerten Schauspieler gesehen hatte, der nur noch knapp hundert Pfund wog.

Die Fan-Zeitschriften druckten offene Briefe an die Stars ab, in denen sie gedrängt wurden, von ihren verruchten Wegen abzugehen. Die Politiker hatten das Gefühl, wenn sie sich für eine Zensur aussprachen, gingen ihnen Wählerstimmen verloren. In einer Selbstschutzmaßnahme versuchten Adolph Zukor und Jesse Lasky von Paramount sowie zwölf weitere Studiochefs, zur Selbsthilfe zu greifen. Sie nahmen sich die Strategie des Baseballverbandes zum Vorbild, der, nachdem nach den US-Meisterschaftsspielen 1919 die Fixerei ans Tageslicht gekommen war, zur Selbsthilfe gegriffen hatte. Die Baseballmanager hatten eine Fünfzigtausend-Dollar-Lösung gefunden, indem sie den Schiedsrichter Kenesaw Mountain Landis zu ihrem Haltet-das-Spiel-sauber-Jungs-»Zar« gemacht hatten. Die Filmmogule verdoppelten den Betrag und engagierten Will H. Hays, einen Presbyter und Politiker aus Indiana, der als Vorsitzender des Republican National Committee und mit dem Geld des Ölmagnaten Harry »Teapot Dome« Sinclair die Nominierung des unbelasteten Warren G. Harding als Präsidentschaftskandidat 1920 durchgesetzt und ab 1921 in der Harding-Administration als Postminister gedient hatte.

Im März 1922 wurde Hays mit der Generalvollmacht ausgestattet, die Moral in der Filmindustrie zu kontrollieren. In einer umfassenden Public-Relations-Blitzaktion machte er jedem, der in dem Busineß war, klar, daß eines jeden Privatleben den prüfenden Blicken der Öffentlichkeit standzuhalten hatte. Die Studios nahmen »Moralklauseln« in die Verträge auf, die Vertragsannullierungen vorsahen, sofern ihren Schauspielern Unmoral vorzuwerfen war, und wonach diejenigen, deren Verhalten über den Rahmen des Erlaubten hinausging, auf schwarze Listen gesetzt wurden. In dem sogenannten »Verurteilungsbuch« waren schon bald einhundertsiebzehn Namen von Personen enthalten, die als »unsicher« erachtet wurden, da ihr Privatleben nicht mehr privat, sondern in irgendeiner Form öffentlich ruchbar geworden war. Um dem Zustrom junger ambitionierter Schauspielerinnen einen Riegel vorzuschieben, die von »Kundschaftern« aus dem Westen, aus fragwürdigen Talentschulen, angelockt wurden, richtete Hays eine zentrale Agentur für die Vermittlung von Rollen ein, über die Statisten ein Engagement bei den Studios finden und bei der Bewerbungen eingereicht werden konnten. Um die blondgelockten Mädchen des weiteren zu schützen, organisierte Bess Lasky, die Frau des Paramount-Chefs Jesse Lasky, zusammen mit anderen Damen den Hollywood Studio Club, wo »anständige« Mädchen Unterschlupf, Verpflegung und Schutz finden konnten – oft vor den Ehemännern dieser Ladies.

Ein heikles Problem für Hays, schwieriger als alles, womit

sich die Zaren, seine Kollegen beim Baseball und beim Pferderennen hatten herumschlagen müssen, war die Frage, was er eigentlich verbieten sollte. Wie schützt man die Öffentlichkeit, wenn man genau das von der Leinwand entfernt, was die Leute sehen wollten? Die Praxis, einzelne Szenen aus den Filmen herauszuschneiden, um den jeweils unterschiedlichen Anforderungen der einzelnen Bundesstaaten – und mitunter sogar der Kommunen – gerecht zu werden, bereitete den Zensurgremien permanent Kopfzerbrechen. Die Antwort war ein Kodex – eine Kodifizierung der bestehenden bundesstaatlichen, regionalen und kommunalen Zensurerlasse, die eine Richtschnur für die Produzenten war, um sicherzustellen, daß ihre Filme an maximal vielen Orten mit einem Minimum an Kosten für notwendige Änderungen gezeigt werden konnten.

Im Namen der Meinungsfreiheit mobilisierte Hays die Bürgerkomitees *gegen* eine Zensur, um zu verhindern, daß Kongreßabgeordnete und Rechtsgelehrte übereilt Zensurgesetze durchboxten, und kündigte die Einführung des Production Code an, die Selbstzensur der Filmindustrie. Der Production oder Hays Code war radikal und sehr konkret. Die Filmmogule übernahmen den Kodex mit der gleichen Begeisterung, mit der ein Steuergesetz in einem Wahljahr begrüßt wird. Mit einer Verschärfung und diversen Lockerungen überlebte der Kodex bis 1968.

14. Als die Bilder sprechen lernten

> Kann nicht sprechen, nicht singen,
> kann nichts von all den Dingen.
> Kann weder krächzen noch Stöhnen,
> kann niemanden verhöhnen.
> Aber kann ich denn mit all diesen fehlenden Dingen,
> es im Filmgeschäft überhaupt noch zu was bringen?
>
> *Photoplay*, Januar 1929

Das Mikrophon – »König Mikro« oder das »schreckliche Mikro«, sowohl für das perplexe Ensemble als auch für die Aufnahmecrew – spielte vielen Karrieren übel mit und bedeutete neue Probleme für die Darstellung von Homosexuellen. Was bisher in den Stummfilmen eine Pantomime von Gesten, Winks und Andeutungen gewesen war, wurde in schockierender Weise durch Worte intensiviert. Das Aufkommen des Tons verschaffte dem Pro-Zensur-Lager und den Gruppen, die entsprechenden Druck ausübten, zusätzliche Munition. Die Serie von Skandalen in den Zwanzigern gab den Kirchenvertretern, Frauenverbänden, Lehrern und Zeitungskommentatoren die Chance, über das neue Sodom am Pazifik herzuziehen. Ein direkter Bezug zur Homosexualität war verboten. Es gab jedoch einen gewissen Spielraum in der Charakterisierung und Kleidung, der drei Stereotypen erlaubte: die schurkenhafte unweibliche Frau, die raubgierige gerissene Schlampe und die neurotische, für gewöhnlich verschrobene alte Jungfer oder zumindest unverheiratete ältere Frau.

Latente männliche Homosexuelle wurden toleriert, wenn es sich um überzogen komische Charaktere handelte. Edmund Goulding setzte den Trend im Tonfilm, als er 1929 Jed Prouty in

Broadway-Melodie (Broadway Melody) eine magere, habichtgleiche nervöse Tunte spielen ließ, die mit stets erhobenen Händen wie ein Schmetterling herumschwirrte. Edward Everett Horton spielte 1931 in Lewis Milestones *Die Titelseite (The Front Page)* einen sanften, schwulen Reporter und in der Folge eine Reihe überzogen nervöser, verwirrter, sanfter Weichlinge. Eric Blore, der zum Schauspieler gewandelte Londoner Ex-Anwalt, war als Herbert Marshalls schwuler Butler in *Breakfast for Two* Barbara Stanwycks Kratzfläche und machte Karriere in seinen Rollen als hochnäsiger, gereizter Diener – seine Diskurse über Miezen und Teegebäck in *Tanz mit mir (The Gay Divorcee)* setzten einen neuen Höhepunkt für die gentlemanhafte Lustigkeit. In D. W. Griffiths *Die Lady von der Straße (Lady of the Pavement)* hatte Franklin Pangborn Lupe Velez beizubringen, wie man sich als Dame in feiner Gesellschaft benimmt. Was er so gelungen machte, daß er fortan immer wieder in »klugscheißerischen« Komödien wie William Seiters *Professional Sweetheart* mit Ginger Rogers und Mitchell Leisens *Fast Living* mit Jean Arthur übernervöse, ständig in Bedrängnis geratende Weichlinge spielte.

Lesben hingegen waren nicht komisch. Die Jungs konnten als meckernde oder gehässige Tunten karikiert und parodiert werden, aber Lesben waren verbiesterte, verdrehte Kreaturen, deren krankhaftes und gequältes Leben auf der Leinwand keinen Platz hatte. Um das zu beweisen, putzte ein Filmkritiker von *Photoplay* die »widerlichen Perversen« in Rex Ingrams Film *Mare Nostrum* 1926 herunter. Der Stein des Anstoßes war, daß in der Filmversion von Vicente Blasco Ibanez' romantischer Tragödie mit Antonio Moreno und Alice Terry in den Hauptrollen eine lesbisch angehauchte Spionin auftrat.

Mit der Einführung des Tonfilms wurde es schwieriger, sich über die sexuellen Definitionen der Gesellschaft hinwegzusetzen, und die immer heftiger werdenden Forderungen nach einer strengen Zensur führten 1930 zu einer Verschärfung des

Production Code, mit dem die Filmbranche sich selbst ihre Regeln setzte. Die Studios überschlugen sich förmlich, den neuen Restriktionen gerecht zu werden. So wurde bei MGM der Titel eines Films mit Jean Harlow über eine Revuetänzerin, die entschlossen ist, tugendhaft zu bleiben, bis der richtige Millionär kommt, gleich dreimal, von *Born to Be Kissed* in *100 Percent Pure* in *Eadie was a Lady* geändert und schließlich unter dem von allen möglichen Anwürfen bereinigten Titel *The Girl From Missouri* herausgebracht. Warner Brothers behielten den Titel *Baby Face* bei ihrem Film mit Barbara Stanwyck zwar bei, stutzten die Goldgräberin aber im nachhinein am Schneidetisch auf ein moderates Maß zurecht. Wieder in Mode kamen nun Filme nach Vorlagen von Dickens, Louisa May Alcott und J. M. Barrie, die das viktorianische Leben auf die Leinwand brachten. Als Dietrich, Garbo und Hepburn in den Filmen der Dreißiger in Männerkleidung auftraten, ging es vor allem darum, dem Kampf der Geschlechter zusätzliche Würze zu geben und die Göttinnen für ihre Filmpartner noch anziehender zu machen.

Irving Thalberg und viele führende Regisseure waren sich keineswegs sicher, ob der Tonfilm nicht mehr als eine Modeerscheinung war. Sie hatten das Gefühl, der Ton würde eine einzigartige Form der Kunst zerstören und den kommerziellen Wert der Hollywood-Filme in den nicht englischsprachigen Ländern mindern. Keiner der Spitzenregisseure stürzte sich begeistert auf den Tonfilm, teils weil sie Angst hatten, ihre Reputation zu verlieren, teils weil sie der neuen Technologie mit Widerwillen begegneten. Solange der Ton nicht so gefügig wie die Kamera war, war er aus der Sicht Josef von Sternbergs kaum mehr als eine zuckersüße, reizlose Glasur. Die Regisseure mußten genau wie die Stars und Drehbuchautoren nochmals beweisen, was in ihnen steckte. Und so mancher namhafte Regisseur wie etwa auch Fred Niblo, der bei den Garbo-Filmen *Totentanz der Liebe (The Temptress)* und *Der Krieg im Dunkel (Mysterious Lady)* Regie führte, hatte Anpassungsschwierigkeiten.

Der freifließende Ablauf der Handlung und die Kontinuität, an die sich jeder so sehr gewöhnt hatte, wurde durch eine statische, bühnenähnliche Technik ersetzt, zum einen weil die Kameras in schallisolierten Kabinen installiert werden mußten und zum anderen das Mikrophon anfänglich unbeweglich war, so daß jede Handlung sich an seinem Standort abspielen mußte. Die Regisseure rauften sich die Haare, wenn ihre schönsten dramatischen Bemühungen von ihren Tontechnikern vereitelt wurden, jenen neuen von den Telefongesellschaften ausgebildeten Despoten, deren einzige Sorge war, daß jede Konversation auf einem gleichbleibenden Lautstärkeniveau zu führen war. Tontechniker mit ihren an magische schwarze Boxen angeschlossenen Ohrhörern waren jetzt die Herrscher und Gebieter in den Kulissen. Sie versteckten ihre Mikrophone in Blumentöpfen, diktierten, wo die Schauspieler zu stehen hatten, um aufnehmen zu können, und schrien: »Klappe!«, wenn irgendein Schauspieler versehentlich den Kopf vom Mikro abwendete. Da Tonfilme mit einer Bildfrequenz von vierundzwanzig Bildern pro Sekunde statt mit sechzehn wie die Stummfilme liefen, wurde zur Ausleuchtung des gleichen Zelluloidstreifens doppelt soviel Licht benötigt. Und das bedeutete, daß die sowieso bereits nervösen Schauspieler unter der Hitze der zusätzlichen Kilowatt ständig von oben bis unten schweißgebadet waren.

Ausgehend von der Theorie, daß vielleicht nur Bühnenschauspieler den richtigen Tonfall aufbieten konnten, karrten die Studios gleich Zugladungen voller Broadway-Schauspieler an. Zu der Liste der Stars, die unmittelbar vor der Umstellung »auf den Ton« in Wartestellung waren, gehörten Gloria Swanson, Lillian Gish und Norma Talmadge. Aus Angst, ihren Auftritt mit »König Mikro« zu verpatzen, engagierte Swanson die Broadway-Schauspielerin Laura Hope Crews gegen ein

Entgelt von eintausend Dollar in der Woche für eine Sprecherziehung. Die Chancen, die die Hollywood-Stars mit verküm-
merten und unausgebildeten Stimmbändern nun anderen
unfreiwillig boten, setzten einen zweiten Goldrausch in Kalifornien in Gang. Bei Paramount mußten Thomas Meighan,
Richard Dix und Bebe Daniels das Handtuch werfen; das
Studio lehnte es ab, auch nur einen Stimmtest mit ihnen zu
machen. Milton Sills war der erste, der Selbstmord beging.

MGM machte sich mehr Sorgen wegen Garbos Akzent als
wegen Gilberts Stimme. Wie sich herausstellen sollte, wurde
Gilbert dann aber nicht nur Opfer einer unzulänglichen Ton-
technik, die seine Tenorstimme wie die Donald Ducks wieder-
gab, sondern auch von Mayers Machtkampf mit Loews Inc.,
Metros Muttergesellschaft in New York. Das Loews-Büro hatte
Gilberts Vertrag ausgehandelt, und Mayer war wild entschlossen, sich die volle Kontrolle über alle Belange des Studios wieder zu sichern. Und genau das konnte er durchexerzieren, indem er Gilberts Karriere sabotierte und bewies, daß er Schnee
von gestern war. Nicht, daß Gilbert nicht versucht hätte, sich
zu wehren. Sein Vertrag, der ihm zehntausend Dollar in der
Woche sicherte, lief noch über Jahre hinaus, und er unterzog
sich zwei Stunden am Tag einer Sprecherziehung, für die ihm
drei Lehrer zur Verfügung standen. Als Mayer ihn nicht sehen
wollte, platzte Gilbert in Mayers Büro und schrie: »Hören Sie
mir jetzt zu. Ich kann sprechen.«

Mayer und Thalberg schoben Garbos Tonfilmdebüt eine
Weile hinaus, bis sie mit Eugene O'Neills *Anna Christie (Anna
Christie)* einen fast perfekten Stoff für ihr Sprechdebüt gefun-
den hatten.

Garbos letzter Stummfilm, *Der Kuß (The Kiss)*, war im September 1929 fertiggestellt worden, fast zwei Jahre, nachdem
Al Jolson zum erstenmal in *Der Jazzsänger (The Jazz Singer)*
einen Song zum besten gegeben hatte. Nur wenige glaubten, sie könnte den Mikrotest überhaupt bestehen, aber es war

ein cleverer Schachzug von Mayer und Thalberg, O'Neills Drama von 1922, ein bewährtes Zugpferd am Theater, für sie zu wählen. Zum einen paßte ihr Akzent zu der schwedischen Kapitänstochter, die sie zu spielen hatte. Thalberg beauftragte Frances Marion, das Drehbuch zu O'Neills Stück zu schreiben. Als Garbo es in Händen hatte, ließ sie sich zu ein paar bissigen Bemerkungen über Männer hinreißen: »Schon wieder Männer! Wie ich sie hasse, jedes einzelne Muttersöhnchen!«

Der Film verhalf Garbo zu einer neuen Liebhaberin.

»Nie werde ich ihren warmen Körper, ihre einfache Liebe, ihre Weisheit und ihr einfühlsames, freundliches Wesen vergessen«, sagte Garbo von Marie Dressler. »Sie verschaffte mir die Gelegenheit, andere Frauen kennenzulernen, sie liebte alle ihre Freunde. Sie lehrte mich, mich dieser Art von Liebe nicht zu schämen.«

Die korpulente, freundliche Marie Dressler war Metros aussichtslosester Star. Sie hatte in ihrer Jugend den Ruhm gekannt und war in ihren mittleren Jahren in Vergessenheit geraten. Nachdem sie vierzehn Jahre auf ein Comeback gewartet hatte, gelang ihr über Nacht neben Wallace Beery in *Min und Bill (Min and Bill)* erneut der Sprung zu Starruhm, und sie gewann als beste Schauspielerin noch vor Dietrich, Shearer, Irene Dunne und Ann Harding einen Oscar. Nach *Schleppkahn Annie (Tugboat Annie)* hielten sie und Beery den Platz eins bei der jährlichen Umfrage unter den Kinobesitzern zu den größten Kassenschlagerstars.

Dressler würzte ihre kurze Nebenrolle in *Anna Christie als* schlampige Kneipenhockerin mit Humor. Jenseits der Leinwand wußte sie, wie sie ihrem Star Gutes tun und ihn aufheitern konnte. »War ich einmal traurig oder seelisch am Ende«, sagte Garbo von ihr, dann »ahnte sie, daß ich sie brauchte und kam sofort. Wenn sie vor meiner Haustür stand, sang sie immer ›Heaven Will Protect the Working Girl‹. Dieses Lied läutete unseren gemeinsamen Abend ein. Und wenn sie dann am nächsten Tag wieder nach Hause ging, verabschiedete sie sich mit demselben Lied.«

Da Garbo Deutsch sprach, beschloß MGM, den teuren *Anna Christie*-Film ein zweitesmal, mit den gleichen Kulissen in einer deutschsprachigen Fassung, zu drehen, wobei Clarence Brown als Regisseur von Jacques Feyder abgelöst und Dresslers Rolle an Salka Viertel vergeben wurde. Viertel überhäufte Garbo mit bissigen Bemerkungen über jeden. »Ich wünschte, ich wäre wie du«, sagte Garbo ihr eines Tages. »Wenn ich deine Vitalität und dein Temperament hätte, wäre ich weltberühmt.«

Für die US-Premiere am 4. März 1930 überzog MGM das Land mit seiner »Garbo spricht!«-Publicity. Und Regisseur Clarence Brown baute auf Spannung, bis Garbo endlich bei einem Streifzug durchs Hafenviertel, gut zwanzig Minuten nach Filmbeginn, die denkwürdigen Worte hervorbrachte: »Gimme a wyskey. Chinger ale on the side.«

15. Katharine Hepburn und die Regisseurin

Dorothy Arzner war Hollywoods einzige Regisseurin und als solche eine »der Jungs«, sowohl nach ihrem eigenen Verständnis als auch dem ihrer Kollegen. Die Autorin Zoë Akins' war innerhalb des »Nähkreises« der Wiederbelebungsmotor für erlahmte Karrieren, und Katharine Hepburn war Arzners und Akins Glücksstern. Dieses prototypische feministische Trio kam 1933 zusammen, um *Ihr großes Erlebnis (Christopher Strong)* miteinander zu drehen, einen von der Pionierin der Luftfahrt, Amelia Earhart, inspirierten Film über eine illegitime Liebe in den aristokratischen Kreisen Englands. Der Film war ein Flop. Hepburn haßte ihn, von Feministinnen wurde er später jedoch zum Kultfilm erhoben.

Der Regisseur der Stummfilmära war der klassische Hansdampf in allen Gassen und zusammen mit dem Kameramann im ursprünglichsten Sinne zunächst einmal der Techniker vor Ort. Der Kameramann mußte beweisen, daß er mit der Kamera umgehen konnte, während der Regisseur zunächst einmal nichts beweisen mußte. Alles, was er tun mußte, war, herumzuschreien und den Schauspielern etwas vorzumachen. Und für diese Rolle putzte er sich oft heraus, mit feschen Wickelgamaschen, und wedelte mit einer kurzen Reitpeitsche herum. Niemand hätte sich vorstellen können, daß eine Frau als Regisseurin zugelassen wurde, bis Arzner kam, James Cruzes Assistentin bei dem Westernepos *Der Planwagen (The Covered Wagon).* Ganz auf der Linie des Zeitgeistes kleidete Arzner sich betont männlich und kannte die Regeln, wozu auch gehörte, nie über ihre sexuellen Präferenzen zu sprechen.

»Sie sah mehr als jede Schauspielerin wie ein Mann aus, insofern war das keine große Enthüllung«, sagte Marjorie Main.

Arzner war die Geliebte von Laurette Taylor und Zoë Akins, der erfolgreichen Bühnen- und Drehbuchautorin, die vier ihrer Filme geschrieben hatte. Als Hollywoods einzige Regisseurin in den dreißiger und vierziger Jahren führte Arzner zwischen 1927 und 1943 bei achtzehn Filmen Regie und arbeitete dabei mit Joan Crawford, Katharine Hepburn, Claudette Colbert, Clara Bow, Rosalind Russell, Lucille Ball, Merle Oberon, Frances Dee, Anna Sten, Sylvia Sidney, Ginger Rogers und Ruth Chatterton zusammen und gab Fredric March in vieren ihrer Filme die Hauptrolle. Was sie immer bedauerte, war, daß sie und Dietrich nicht zusammenkamen, um *Stepdaughters of War zu* drehen, eine Story, die zeigt, wie der Krieg Frauen hart und männlich macht.

Arzner war so etwas wie eine Rarität im Filmgeschäft. Sie war in Los Angeles geboren. Ihr Vater, Louis Arzner, war Besitzer eines berühmten Restaurants am Hollywood Boulevard, und sie wuchs sozusagen mit Maude Adams, Sarah Bernhardt, David Warfield und anderen Bühnengrößen auf, die sie im Pantages Theater, in unmittelbarer Nähe des väterlichen Restaurants, bewundern konnte. D. W Griffith, Mary Pickford, Douglas Fairbanks, Mack Sennet und andere Filmleute speisten in Arzners Restaurant, aber für Dorothy waren diese Leute weniger interessant. Sie ging zur University of Southern California Medical School, gab ihr Medizinstudium aber beim Anblick der ersten Operation auf. »Ich wollte wie Jesus sein – Wunden heilen und die Toten auferwecken, ohne Operationen und Pillen«, erklärte sie.

William DeMille, Cecil B. DeMilles Bruder, gab ihr die Chance, ganz von unten anzufangen, als Schreibkraft zum Abtippen der Drehbücher bei Paramount. Sie schaute Cecil B. DeMille bei seiner Arbeit zu und fand, wenn jemand beim Film sein wollte, dann als Regisseur oder Regisseurin, da der Regisseur allen sagt, was zu tun ist. Innerhalb von sechs Monaten war sie Cutterin und schnitt insgesamt zweiundfünfzig

Stummfilme, darunter Fred Niblos *Blut und Sand (Blood and Sand)* mit Valentino, in den sie einige Meter eines zweitklassigen Filmstreifens von einem Stierkampf einschieben mußte. Dann kam *Der Planwagen,* James Cruzes Westernepos, das in Utah gefilmt wurde, fünfundachtzig Meilen von der nächsten Bahnstrecke entfernt. Sie blieb bei den Dreharbeiten von *Der Planwagen* und auch noch von *Old Ironsides* bei Cruze, arbeitete am Drehbuch und im Schneideraum bei der Produktion der zwei großen Filme mit und war das Skriptgirl bei einem Nazimova-Film.

Ihrer Meinung nach mußte eine Frau doppelt so gut wie ein Mann sein, um als vergleichbar angesehen zu werden. Sie erwartete, daß man sie, ohne ein weiteres Wort darüber zu verlieren, gehen ließe, als sie B. P. Schulberg erklärte, sie möchte kündigen, um bei Columbia bei kleineren Filmen Regie zu führen. Statt dessen gab er ihr eine französische Posse, *The Best-Dressed Woman in Paris,* mit der Bitte, dazu das Drehbuch zu schreiben und sich schon mal darauf einzustellen, daß sie dann in zwei Wochen anfangen könnte, mit Esther Ralston in der Hauptrolle Regie zu führen. Herman J. Mankiewicz und Jules Furthman waren die gewichtigen Drehbuchautoren des schließlich in *Frauenmoden (Fashions for Women)* umbenannten Films. Ihr neunter Film, *Honor Among Lovers,* mit Fredric March und Claudette Colbert wurde 1931 als die witzigste Komödie gefeiert.

Arzner und Akins waren Anfang der Dreißiger das ideale Gespann, das sich gegenseitig beflügelte, glänzend ergänzte und engstens zusammenarbeitete. Zoë Akins, vier Jahre älter als Arzner, war sozusagen auch die Notärztin des »Nähkreises« für die Wiederbelebung kollabierter Schauspielerinnenkarrieren. Als Dramaturgin und Drehbuchautorin schrieb sie Stücke für Geliebte, Ex- und gegenwärtige, und für die besten Freundinnen der Geliebten. Um Laurette Taylors Karriereflaute wieder aufzufangen, schrieb sie *Die Farm der Besessenen*

(The Furies), ein Kriminalstück über eine Frau, die des Mordes an ihrem millionenschweren Mann beschuldigt wird, ein Film, der später ein klassisches Barbara-Stanwyck-Vehikel wurde. Für Tallulah Bankhead und Lilyan Tashman schrieb sie *Girls About Town*, ein Stück über ein verliebtes Goldgräberinnenpaar. Und Bankhead inspirierte Akins, den Stoff zu *Morgenrot des Ruhms (Morning Glory) zu* schreiben, womit Katharine Hepburn wieder etwas auf der Leinwand zu tun bekam. Um der inzwischen sechzigjährigen und nicht mehr gefragten Alla Nazimova zu helfen, erfanden Zoë Akins und George Cukor für sie den Job der technischen Beraterin bei *Zaza, das Mädel vom Varieté (Zaza)*.

Akins war die Tochter einer reichen und einflußreichen Republikaner-Familie in St. Louis, Missouri. Sie schrieb mit zwölf ihr erstes Stück, war aber schon dreiunddreißig, als sie mit *Déclassée* ihr Debüt als Bühnenautorin gab, ein Salon-Drama, in dem Ethel Barrymore die unverzeihliche Sünde begeht, sich mit einem Falschspieler einzulassen. Von Alexander Woollcott und der Algonquin-Sippe wurde Akins' Stück zwar eher kühl, vom Publikum aber um so begeisterter aufgenommen. Anders als Edna Ferber, die vor den Algonquin-Leuten auf Knien rutschte, um von ihnen zum Essen eingeladen zu werden, war sich Akins mit ihrer würdevollen und distinguierten Art zu schade, bei Woollcott, Franklin Pierce Adams, Heywood Broun, Ruth Hale, Robert Benchley, George und Beatrice Kaufman und Dorothy Parker betteln zu gehen.

Die Washington Square Players nahmen Akins' Stück *Zauberstadt (Magical City)* 1919 in ihr Repertoire auf, und da Akins die europäische Gesellschaft kannte, gab Edith Wharton ihr ihr Plazet, eine Stummfilmfassung von *Zeit der Unschuld (The Age of Innocence) zu* schreiben. In der Folge gewann Akins den Pulitzer-Preis für ihre Bühnenbearbeitung von Whartons *Old Maid*, überarbeitete *Zaza, das Mädel vom Varieté* für Claudette Colberts spezifische Talente und schrieb, was ihr allerdings keine Lorbeeren einbrachte, *Hüterin der Flamme (Keeper of the Flame)* um, um Katharine Hepburns Rolle als Witwe eines prominenten Amerikaners stärker zum Tragen zu bringen.

Zoë Akins war 1928 aus gesundheitlichen Gründen nach Kalifornien gekommen und hatte sich nach nicht einmal zwei Jahren als Drehbuchautorin durchgesetzt. Sie fand die Filmleute vulgär und lebte, versnobt, umgeben von einem Stab livrierter britischer Diener, in einer Villa in Pasadena. 1932 veranlaßte sie ihr Streben nach Vornehmheit, den Sohn eines britischen Diplomaten, Hugo Rumbold, zu heiraten, der, vielleicht sogar sehr gelegen, wenige Monate nach der Hochzeit starb. Sie »schrieb all die schrecklich eleganten Sachen, mit denen sie Maugham nachmachte, und hatte sich den unglaublichsten englischen Akzent angewöhnt«, erinnerte sich Joseph Mankiewicz. 1933 hatten Akins und Mankiewicz im vierten Stock des Autorengebäudes ihre Büros nebeneinander. Eines Nachmittags arbeitete Mankiewicz gerade mit seinem Mentor Grover Jones zusammen, als Akins den Kopf zur Tür hereinsteckte: »Entschuldigen Sie bitte, daß ich Sie unterbreche, aber können Sie mir sagen, wie der *Seitplan* von *Tom Sawyer* genau ist?« Worauf Jones sagte: »Oh, *Seiße.*«

In *Morgenrot des Ruhms* brachte Akins eine Menge von Tallulah Bankhead und auch etwas von sich selbst ein, ein Stück über eine egoistische junge Schauspielerin aus Kansas, die an die Spitze aufsteigen und beweisen möchte, daß sie mehr als nur ein »Morgenrot des Ruhms« ist. Der RKO-Produzent Pandro Berman fand, *Morgenrot des Ruhms* sei ein idealer Stoff für Hepburn, und besorgte, als das Stück im Pasadena Playhouse aufgeführt wurde, Karten für sie und ihre Lebensgefährtin Laura Harding. Katharine Hepburn schockierte andere gerne mit ihrem jungenhaften Aussehen, ihrer grellen Stimme und ihren Manieren – und hatte eine Vorliebe dafür entwickelt, einen schlechten Eindruck zu machen, wenn sie Leuten zum erstenmal begegnete. Die bei ihrem Filmdebüt vierundzwanzigjährige, in ihren Bewegungen noch etwas starre und gehemmte sommersprossige Nordstaatlerin aus Connecticut lebte stets mit Frauen zusammen, verkehrte mit dem »Nähkreis« und erkor Garbo und Katharine Cornell zu ihren abgöttisch verehrten Idolen. Sie schwamm gerade nackt in George Cukors Swimmingpool, als sie Garbo zum erstenmal persönlich sah und sich – gedruckten Schilderungen dieser Begegnung zufolge – ein Handtuch schnappte, artig einen Knicks machte und feierlich erklärte: »Oh, Miß Garbo, wie nett, Sie kennenzulernen!« Hepburn wurde des öfteren mit ihrem ebenso flotten wie erfolgreichen Agenten Leland Hayward gesehen, aber Haywards dritte Frau, Margaret Sullavan, bezeichnete Hepburn nur als »schwule Hexe«.

Im Alter zwischen neun und dreizehn Jahren ließ Kit oder Kathy, wie sie gerufen wurde, ihr Haar so kurz schneiden, daß es wie rasiert aussah, und nannte sich selbst Jimmy. Den Sommer verbrachte die Familie von Dr. Thomas Hepburn aus West Hartford, Connecticut, in ihrem Ferienhaus in Fenwick, an der Mündung des Connecticut River, und die älteste Tochter trug die abgelegte Kleidung ihres älteren Bruders Tom, um segeln und fischen zu gehen oder nach Muscheln zu graben. Toms Selbstmord, als sie zehn war, machte aus ihr eine verbitterte, launische, verschlossene und mißtrauische Heranwachsende. Die Jahre, die sie auf dem Bryn Mawr College, der Alma mater ihrer Mutter, verbrachte, waren schwierig für sie. Nur die Chance, in den Theaterstücken am College mitwirken zu können, ließ sie durchhalten. Ihre bereits im zweiten High-School-Jahr getroffene Entscheidung, Schauspielerin zu werden, führte sie schließlich zu Edwin H. Knopfs Repertoirebühne in Baltimore und zur Theater Guild in New York.

Laura Harding, Erbin des American-Express-Vermögens, und Hepburn waren unzertrennlich, und Pandro Berman war nicht der einzige Filmmensch, der dahinterkam, daß der beste Weg, Hepburn für eine bestimmte Rolle zu gewinnen, der war, ihre Freundin dafür zu begeistern. Laura Harding war eine sportliche Neuengländerin. Sie lernte Hepburn 1928 kennen und war immer noch mit ihr befreundet, als Hepburn 1969 am Broadway in *Coco* Coco Chanel spielte. Die beiden hatten sich unmittelbar nach dem College kennengelernt, und ihr Zusammensein war öffentlich im Rahmen einer Frauenfreundschaft legitimiert. Harding bezeichnete ihre Beziehung als »intensiv« und erklärte Hepburns Biograph Charles Higham, ihr habe Kates unkonventionelle Art allerdings mißfallen. Aber »ich bewunderte sie und tue es noch«, sagte Harding 1975.

Hepburn erinnerte Ethel und John Barrymore – und die Zeitschrift *Time* – an Maude Adams. Hepburns ungestüme Manieren entsprachen durchaus Adams' Art, und Kate fühlte sich geschmeichelt, wenn ihr Ähnlichkeit mit der Schauspielerin nachgesagt wurde, die mit siebzig auf Freilichtbühnen spielte. David O. Selznick, der damals junge RKO-Boß, und sein Regisseur George Cukor fanden sich selbst heldenhaft mutig, als sie mit ihr den Vertrag unterzeichneten, wonach sie in der Filmversion von Clemence Danes Stück *Eine Scheidung (Bill of Divorcement)* die Sidney Fairfield spielen sollte. Katharine Cornell hatte das Stück am Broadway gespielt, und Selznick wollte für den Film ein neues Gesicht.

»Als sie das erstemal bei RKO auftauchte, blieb vor Bestürzung allen erst einmal die Luft weg«, erinnerte er sich später. »›O Gott, dieses Pferdegesicht!‹ riefen alle, und als sich die erste Aufregung gelegt hatte, war die Luft im Studio so dick, daß man sie mit dem Messer hätte schneiden können.« Adela Rogers St. Johns hielt die schrecklich gekleidete Person, die ihr vorgestellt wurde, für Cukors neuen Freund.

Dorothy Arzner wollte Zoë Akins' Bühnenhit, *The Greeks Had a Word for Them*, auf die Leinwand bringen (der schließlich von Samuel Goldwyn verfilmt wurde). Inzwischen brach jedoch erst einmal ihre zweite Gemeinschaftsproduktion mit Akins, *Sarah and Son*, die die Filmkarriere von Ruth Chatterton und Fredric March begründete, alle bisherigen Paramount-Kassenrekorde in New York. Als Lowell Sherman dann bei der Verfilmung von *The Greeks Had a Word for Them* die Regie und auch selbst eine Rolle übernahm, machten Arzner und Akins *Anybody's Woman*, ein langweiliges Ehemelodram von einem alkoholsüchtigen Anwalt (Clive Brook), der, wie er selbst bedauert, eine Revuetänzerin (Chatterton) heiratet, nur um dann zu erleben, wie sie ihn verändern will. Nach ihrer vierten Gemeinschaftsproduktion, *Working Girls*, die Geschichte von zwei schönen Mädchen vom Lande, die das Großstadtleben durch zwei feine Pinkel kennenlernen, machten sie dann *Ihr großes Erlebnis (Christoper Strong)*– für Katharine Hepburn ihr zweiter Film und ihre erste Hauptrolle.

Ihr großes Erlebnis erschien vielversprechend, und alles drehte sich im Grunde um die Frage, ob Hepburn ihren »ersten umwerfenden Eindruck«, wie *Variety* schrieb, aus *Eine Scheidung* würde wiederholen können. Ehe die Dreharbeiten von *Ihr großes Erlebnis* begannen, hatte sie darauf spekuliert, daß Louis B. Mayer ihr in Eugene O'Neills Stück *Trauer muß Elektra tragen (Mourning Becomes Electra)* neben Garbo als Christine die Rolle der Lavinia gäbe. Die Idee stammte von Theresa Helburn, die dem Vorstand der New Yorker Theater Guild angehörte. Alice Brady und Alla Nazimova hatten auf der Bühne O'Neills Mutter und Tochter gespielt, die beide den gleichen Mann liebten, und Helburn war an die Westküste gefahren, um mit den Filmgesellschaften ins Geschäft zu kommen. Hepburn war aus O'Neills Sicht eine wundervolle Wahl für die Lavinia, er fürchtete jedoch, die Zensur könnte seine Dreiecksgeschichte ruinieren. Hepburn ging zu Mayer, um ihm vorzuschlagen, MGM sollte das Stück kaufen und sie von RKO ausleihen. Aber das ging Mayer absolut gegen den Strich.

Zoë Akins war aufgrund persönlicher Probleme nicht voll auf der Höhe, als sie *Ihr großes Erlebnis* schrieb, aber Kate fuhr pflichtgetreu jeden Abend zu Arzners griechischem Haus an der Los Feliz Terrace zum Essen, um ihre Rolle durchzusprechen. Als Akins das Drehbuch schließlich fertig hatte, las sie es allen Mitwirkenden vor, die im Kreis um sie herumsaßen.

Sobald die Filmarbeiten in jenem verregneten Winter 1932 / 1933 dann jedoch begannen, stellte sich heraus, daß die Regisseurin und der Star nicht miteinander zurechtkamen. Hepburn hatte jedesmal hart zu kämpfen, wenn sie sexuelle Leidenschaft simulieren sollte, und ihre Liebesszenen hatten trotz der reichlich verströmten Verzückung und der geschickten Hintergrundbeleuchtung immer etwas Steifes. Sie hielt Arzners Regie für schleppend und fantasielos. Und Arzner empfand umgekehrt den Überlegenheitskomplex ihres blaublütigen Stars als abstoßend, der auch dem Produzenten Pandro Berman reichlich zu schaffen machte. Und wenig förderlich war sicherlich auch, daß Hepburn schließlich herausfand, daß sie eigentlich nur zweite Wahl war und Arzner am liebsten Ann Harding die Rolle der Pilotin gegeben hätte.

»Sie lag in ihrem Tonfall völlig daneben, ich mußte sie ständig dämpfen«, erinnerte Arzner sich. »Aber manchmal war sie einfach wundervoll; da gab es diese Szene in einem Boot mit ihrem verheirateten Liebhaber, und sie sagte: ›Liebst du mich, Chris?‹ – und er antwortete: ›Nenn es Liebe, wenn du möchtest.‹ Ich wollte, daß die Szene ohne irgendwelche Emotionen gespielt wurde. Einen ganzen Morgen arbeitete ich daran, weil die Szene nicht richtig hinzukriegen war, und schließlich beschloß ich, daß es einfach zwei Menschen sein mußten, die keine Emotionen ausdrücken konnten. Zunächst spielte sie die Szene stürmisch, aber als ich ihr sagte, sie sollte einfach unbeteiligt blicken, klappte es, und auch ihre Stimme wurde wundervoll flach und ausdruckslos. Es war toll, wie sie und Colin Clive das dann spielten – die Leute sagten hinterher, es sei die beste Liebesgeschichte auf der Leinwand gewesen.«

Hepburns Darstellung der Pilotin veranlaßte Samuel Goldwyn, *Ihr großes Erlebnis* als den besten Film des Jahres 1933 zu bezeichnen. Die Kritiken fielen allerdings weniger freundlich aus, gleichwohl der Filmkritiker Gerard Peary meinte, die »Hepburn demonstriert mit der Bestimmtheit einer Isadora Duncan, daß eine Frau das wahre Glück über eine intensive und herausragende Beteiligung in einem aufregenden Beruf findet«. Pauline Kael sollte den Film fünfzig Jahre später als einen der seltenen Filme bezeichnen, der vom geschlechtsspezifischen Standpunkt der Frau aus erzählt wird.

In späteren Jahren erinnerte Arzner Interviewer immer wieder daran, daß ihr Film zwar auf dem Höhepunkt des Amelia-Earhart-Fiebers entstanden sei, aber auf der Lebensgeschichte der britischen Fliegerin Amy Lovell beruhte, die rund um die Welt geflogen war und zu ihrer Zeit auch einen Höhenrekord gebrochen hatte. Akins' Filmgeschichte gab Christopher Strong (Colin Clive), jenem distinguierten Politiker, in den die Pilotin sich verliebt, einen Engel von einer Frau (Billie Burke) und eine heiratsfähige Tochter (Helen Chandler) an die Seite, die sich zu einem mehrfach geschiedenen Freund der Familie (Ralph Forbes) hingezogen fühlt. Statt seine Frau zu verletzen, beschließen Christopher und Cynthia Darrington, wie die Pilotin in dem Film hieß, ihre Liaison zu beenden. Sobald sie dann doch zusammen im Bett landen, bedrängt er sie – gleich in der ersten Nacht –, nicht an dem Wettfliegen rund um die Welt teilzunehmen, für das sie sich angemeldet hat. In New York, wo das Wettfliegen mit Cynthia als Siegerin endet, wird ihre Affäre dann neuerlich belebt. Als sie dann jedoch wieder in London sind, erwischt Strongs Tochter die Verliebten bei einem heimlichen Rendezvous. Von der Tochter mit Vorwürfen überhäuft, beschließt Cynthia, das Ganze auf ihre Weise zu beenden. Sie teilt Christopher mit, daß sie schwanger ist, und startet zu einem Soloflug, um einen Höhenrekord zu brechen. In dreißigtausend Fuß Höhe begeht sie Selbstmord, indem sie ihre Sauerstoffmaske abnimmt und die Kontrolle über ihr Flugzeug verliert.

Jene Liebesnacht, in der der Mann darauf besteht, daß sie nicht am Wettfliegen teilnimmt, bezeichnete Pauline Kael, als sie in den Achtzigern den Film analysierte, als die postkoitale Urszene der intelligenten Frau. »Bis zu den Siebzigern wurde diese Urszene in Filmen nie befriedigend durchgespielt; die Frau gab immer nach, entweder wie in den Vierzigern mit hanebüchenen fingierten Lösungen, mit denen alles wieder irgendwie gekittet wurde, oder wie in diesem Film, auf fatale Weise (indem die Heldin Selbstmord begeht).«

Arzner fand Christopher interessanter als irgendeine der Frauenfiguren. Er war ein Mann, der ganz und gar von seiner Karriere in Anspruch genommen wurde. »Er liebte seine Frau, und er verliebte sich in die Pilotin«, sagte sie. »Er litt höllische Qualen. Ich hatte wirklich mehr Mitgefühl mit ihm, aber niemand schien das wahrzunehmen. Natürlich sind es nicht allzu viele Frauen, die Mitgefühl angesichts der Qualen entwickeln, die diese Situation für einen Mann mit aufrechtem Charakter heraufbeschwören kann.«

Akins arbeitete gerade an der Filmfassung ihres Stückes *Morgenrot des Ruhms*, als ihr Mann starb. »Er ist tot, armer Kerl«, sagte sie zu Pandro Berman, der bei Erhalt der Nachricht in ihr Haus in Pasadena geeilt war. Zoë Akins schrieb weiter, und Berman zeigte das fertige Drehbuch Harding, deren Begeisterung Hepburn dann bewegte, ja zu sagen. Lowell Sherman führte die Regie bei *Morgenrot des Ruhms*, wofür Hepburn als das vielversprechende rebellische und skrupellose junge Nachwuchstalent ihren ersten Oscar erhielt.

Arzner hatte als nächstes bei Goldwyns russischem Import, Anna Sten, Regie zu führen.

Das Drehbuch, das Goldwyn Arzner in die Hand drückte, war die fünfzigste Fassung. Irgendwann hatte er belichtetes Filmmaterial im Werte von vierhunderttausend Dollar zerstört und ließ alle noch mal ganz von vorne anfangen. Goldwyn glaubte, in der Rubensschen Sten *seine* Garbo gefunden zu haben und engagierte Lehrer für eine Sprecherziehung, um ihren holprigen Akzent zu glätten, Masseure, um sie abzuspecken, und gab Order an seine Pressechefin Lynn Farnol, publicitymäßig alle Hebel in Bewegung zu setzen. Als Stens Debüt hatte er *Nana*, Emile Zolas 1880 entstandene Geschichte über ein Mädchen, das sich aus seinem armseligen Straßendirnendasein zur Halbweltdame in der Pariser Gesellschaft mausert und die Herren der Oberschicht, die sie verantwortlich für ihre Misere macht, in ärgste Bedrängnis bringt. Als die überarbeitete *Nana* 1934 in der New Yorker Radio City Music Hall erstmals gezeigt wurde, wurden dank Farnols Publicity-Bemühungen alle bisherigen Premierenbesucherzahlenrekorde gebrochen. Und am nächsten Tag wurde Sten samt *Nana* von den Kritiken zerrissen.

Goldwyn ließ sich nicht irritieren und gab Sten eine russische Geschichte und Rouben Mamoulian als Regisseur und Fredric March als Filmpartner an die Seite. *We Live Again* war nach der Vorlage von Tolstois Roman *Die Auferstehung* entstanden, ein Drama von Sünde und Erneuerung. Nachdem auch dieser Film durchgefallen war, startete Goldwyn nochmals einen neuerlichen Versuch mit Arzner, die Anna Sten nun in *Die Hochzeitsnacht (The Wedding Night)* auf Herz und Nieren prüfen sollte. Von Paramount lieh er Gary Cooper aus, der den Schriftsteller spielen sollte, der sich bei einem Aufenthalt auf einer Farm in Connecticut mit einem polnischen Bauernmädchen einläßt. Als dieses Drama im Kino ausgelacht wurde, verabschiedete Goldwyn sich endgültig von Sten.

Cukor und Hepburn konnten mit *Vier Schwestern (Little Women)* einen überraschenden Hit landen, ein Film, der nach Louisa May Alcotts Roman über vier Schwestern entstand und im Milieu Neuenglands in den Zeiten vor dem Bürgerkrieg spielte. Joan Bennett, Jean Parker und Frances Dee spielten die Schwestern Hepburns, die in der Rolle des Wildfangs, der unbedingt Schriftstellerin werden will, im Mittelpunkt der Geschichte steht. Die Verfilmung war ebenso gelungen wie die Besetzung. Allerdings fand Cukor die Neuentdeckung Spring Byington in der Rolle der Mutter der Mädchen etwas zu süßlich. Die siebenundvierzigjährige Byington war lesbisch und lebte mit der Komikerin Marjorie Main zusammen.

Die Jeanne d'Arc bot sich im Sommer 1934 wiederum als Filmmöglichkeit an, allerdings nicht für Garbo, sondern für Hepburn. Das Drehbuch hatte nicht Mercedes de Acosta, sondern Thornton Wilder geschrieben, und das Studio war RKO, das mit *Vier Schwestern* großen Reibach gemacht hatte. Während Wilder noch an der Jeanne d'Arc schrieb, fuhren Hepburn und Laura Harding zusammen nach Mexiko, um für Hepburn eine Scheidung im Schnellverfahren von ihrem Angetrauten Ludlow Ogden Smith zu erwirken. Die im Dezember 1928 geschlossene Ehe mit dem Börsenmakler aus Philadelphia hatte ganze sechs Wochen gehalten, ehe Kate ihm endgültig wieder den Rücken kehrte. »Ich weiß, was meine Beziehungen angeht, daß ich Eigenschaften habe, durch die andere, insbesondere Männer, sich angegriffen fühlen«, sagte sie 1975. Nachdem sie vier Wochen Mrs. Ogden Smith gewesen war, bat sie den Broadway-Produzenten Arthur Hopkins, sie als zweite Besetzung für Hope Williams zu engagieren.

Laura Hardings Platz bei Hepburn wurde 1935 von einer jungen Cutterin eingenommen, und Harding kehrte voller Verbitterung zu ihrer Familie nach New Jersey zurück. »Es war offensichtlich geworden, daß ich nicht mehr zum Mittelpunkt ihres Lebens gehörte«, erinnerte Harding sich vierzig Jahre später. Jane Loring war die Cutterin von *Alice Adams,* womit Hepburn und RKO 1935 ihren Kinoerfolg landeten, und die Cutterin wurde die neue junge Frau in Hepburns Leben. Genau wie Barbara Stanwycks Verbindung mit ihrer Managerin Helen Ferguson gab auch Lorings Beruf ihrer Freundschaft den Anstrich einer Arbeitsbeziehung.

Louis B. Mayer lockte Arzner und Akins und 1939 auch Hepburn zu MGM.

Arzner sollte bei Garbo Regie führen, und Akins' erster Auftrag für Irving Thalberg bestand darin, eine neue Fassung von *Der grüne Hut (The Green Hat)* zu schreiben. Der Zeitpunkt war nicht gerade günstig. Mit der Unterzeichnung des inzwischen revidierten (und verschärften) Production Code hatten die Studios sich nicht nur verpflichtet, auf die Darstellung »jeder ausschweifenden oder anzüglichen Nacktheit – sowohl konkret als auch in der Silhouette –, der Hörigkeit und der Geschlechtshygiene«, sondern auch auf die Darstellung von Geschlechtskrankheiten zu verzichten. Nach dem von Akins bereinigten und von Robert Z. Leonard als Regisseur verfilmten Stoff, mit Constance Bennett und Herbert Marshall in den Hauptrollen, beging der Held nun in der dritten Filmfassung von Michael Arlens Roman Selbstmord, weil seine Braut dahinterkommt, daß er wegen eines Verbrechens, das als schändlich bezeichnet, aber niemals benannt wird, eine Zeitlang in einem deutschen Gefängnis gesessen hat. Gedreht wurde der Film unter dem Titel *Iris March,* kam dann aber als *Outcast Lady* in die Kinos, nachdem das Hays Office gerügt hatte, Kinobesucher mit einem langen Gedächtnis könnten ihn mit Arlens Bestseller aus dem Jahre 1924 in Verbindung bringen. *Outcast Lady,* schrieb *Variety,* sei »das übriggebliebene Chassis von *Der grüne Hut,* bei dem man den Motor herausgenommen hat ... langweilig, wirr und witzlos.«

Das angesagte Arzner-Garbo-Projekt warf Mayer erstmal über Bord und wies der Regisseurin zunächst einmal die Aufgabe zu, Joan Crawford ein neues Image zu verpassen und dabei mit *The Girl From Trieste zu* beginnen, Molnárs intimer Fallgeschichte einer jungen Frau, die in die Prostitution absteigt. Als Arzner sich dann jedoch zur Arbeit meldete, wurde ihr Luise Rainer, die in Wien geborene Schauspielerin, als Hauptdarstellerin präsentiert. Derweil Arzner unterwegs war, um die Drehörtlichkeiten auszukundschaften, wurde Rainer gefeuert. Der Grund: Sie heiratete Clifford Odets, den Bühnenautor, der sich mit der aggressiveren sozialen Agenda des New Deals identifizierte und damit für Mayer ein mutmaßlicher Kommunist war. Joseph Mankiewicz schrieb nun die Molnár-Story nochmals um, um sie auf Crawford zuzuschneiden. Die Heldin war nun keine kokette Prostituierte mehr, die sich besinnt und keine krummen Sachen mehr macht, sondern eine leicht zynische Nachtclubsängerin, die zwei Wochen in einem schicken österreichischen Urlaubsort verbringt, wo dann Robert Young und Franchot Tone hinter ihr her sind. Arzner hatte ihre Zweifel: »Ich wußte, es würde künstlich sein, aber Mayer lag mir zu Tränen gerührt zu Füßen und sagte: ›Wir werden der Frau auf ewig dankbar sein, die Crawford zurückbringt.‹« Adrian lieferte ein rotes, mit Perlen besetztes Kleid, das, wie Howard Stricklings Publicity-Abteilung vernehmen ließ, zehntausend Dollar kostete. Cedric Gibbons entwarf die Szenenbilder.

Jenseits der Leinwand waren Franchot Tone und Crawford ein Paar, das am Ende seiner Ehe stand. Um sich an Joan wegen ihres beißenden sexuellen Gespötts zu rächen, ging er mit einem Starlet ins Bett. »Es war nicht der Betrug, der mich ärgerte. Es war die Möglichkeit, daß das Mädchen uns erpressen konnte«, erzählte Crawford Katharine Alberts von *Photoplay*.

Für Publicity-Fotos ließen sich Star und Regisseur in den gleichen Männeranzügen ablichten. In *The Bride Wore Red* umbenannt, war der Film ein humoriger, aber nur sehr bedingt erfolgreicher Aufguß.

Der Verband der Filmverleiher Amerikas setzte Crawford 1937 auf seine Liste der Stars, die vom Verband als Kinokassen-»Gift« betrachtet wurden. Dietrich und Hepburn standen mit ihr auf der Liste. Franchot Tone erinnerte seine Frau an seinen Vorschlag, zeitweilig in New York zu leben und zu versuchen, an rühmlichere und lohnendere Bühnenangebote heranzukommen. Aber Joan wiegelte ab: »Nein. Wir haben diese Pläne gemacht, als ich ein Star war. Ich kann heute nicht nach New York gehen und ein Nobody sein.« Sie beschloß, erst einmal nicht sofort zuzuschlagen, als MGM ihr das Angebot von glatten dreihunderttausend Dollar für die nächsten zwei Filme machte, unterschrieb dann aber einen Jahresvertrag, der ihr zweihundertfünfzigtausend Dollar sicherte. Richard Boleslawski führte zunächst die Regie bei ihrem neuen Film *Mrs. Cheyneys Ende (The Last of Mrs. Cheyney)*, eine High-Society-Komödie mit Juwelendieben und Robert Montgomery und William Powell in den weiteren Hauptrollen. Als Boleslawski während der Dreharbeiten starb, übernahm Arzner die Regie.

Jahre später, als Crawford Präsidentin von Pepsi-Cola wurde, engagierte sie die inzwischen im Ruhestand lebende Arzner, um sechzig Werbespots für Pepsi zu drehen. Francine Parker, eine Filmemacherin der neunziger Jahre, ist der Überzeugung, Arzner habe sich versteckt, »sogar vor sich selbst«, und wäre sicherlich offen schwul gewesen, wenn sie fünfzig Jahre später geboren wäre.

Wir wissen nichts von den sexuellen Neigungen Laura Hardings und Jane Lorings, aber Hepburns lebenslange Freundin und Mentorin, Constance Collier, eine britische Schauspielerin und zwanzig Jahre älter als Kate, war auch die Gespielin von Mercedes de Acosta, Alla Nazimova und Katharine Cornell. Sie hatte als Revuetänzerin angefangen, 1916 in D. W. Griffiths Film *Intoleranz (Intolerance)* ihr Debüt gemacht und ein

Jahr später mit John und Lionel Barrymore mit einer sensationellen *Peter Ibbetson*-Aufführung die Broadway-Saison eröffnet. Als John Barrymore 1926 mit seinem Hamlet nach London ging, spielte Collier die Königin und war seither in mehr als einhundert Theaterproduktionen aufgetreten.

Hepburn und Collier machten den Film *Bühneneingang (Stage Door)* zusammen, Kate bekam die dritte und Constance die sechste Rolle. Hepburn wollte unbedingt bei der Verfilmung des witzigen Stückes von Edna Ferber und George S. Kaufman über die Intrigen und Kameradschaft unter ambitionierten jungen Schauspielerinnen dabeisein, die alle auf den großen Durchbruch hoffen. Die Hauptrollen wurden mit Ginger Rogers und Adolphe Menjou besetzt. Constance Collier spielte eine schöne alternde Schauspielerin, die sich, mit viel Bluff, als Schauspiellehrerin zu verdingen suchte. »Mit ihrem zigeunerinnenhaften Aussehen, dem schwarzen Haar und den dunklen Augen, ihrer fülligen Figur und ihrem köstlichen ausgefallenen Humor faszinierte sie Kate, und ihre Bewunderung wird in vielen ihrer gemeinsamen Szenen im Film sichtbar«, schrieb Charles Higham, mit dem delikaten Zusatz, daß »die inzwischen weichere, zärtlichere und besonnenere Kate von Constance Colliers reicher Erfahrung auf britischen und amerikanischen Bühnen gelernt hat, so daß sie schließlich wußte, was sie wert war, was in Hollywood nicht so leicht zu finden war.«

Collier war auch noch da, um Hepburn bei einem Shakespeare-Drama Hilfestellung zu geben, als Kate 1950 am Broadway die Rosalinde in *Wie es euch gefällt (As You Like It)* spielte.

16. Sappho-Anhängerinnen in Europa

»Indiskretionen« seitens der Schauspieler und Schauspielerinnen bedeuteten die Todesstrafe für ihre Karriere. Die Frauen Hollywoods und am Broadway, die Frauen liebten, schienen sich nicht wie lesbische Karrierefrauen der Mittelschicht miteinander verbünden zu müssen, aber ebensowenig wagten sie es, sich in den Bars zu zeigen, wo die Lesbierinnen der nachgeordneten Gesellschaftsstufen ihre Sexualität mit oft rigidem, betont männlichem Gehabe und einer nicht minder rigiden Abgrenzung gegenüber allzu Femininem ausleben konnten. In den Tagen vor den schnellen Flugverbindungen und den Vergünstigungen für Vielflieger gab es jedoch notfalls für sie noch ein fernes Refugium – Natalie Barneys sapphische Oase in Paris. Paris und Barneys berühmte Freitagnächte waren ein Ziel erster Wahl für die reisewilligen Mitglieder des »Nähkreises«.

In den Zwanzigern und Dreißigern trafen sich die Reichen, Brillanten, Sinnlichen und alle, die irgendwie aus dem Rahmen fielen, in Barneys Salon. Zu ihren Freunden gehörten Homosexuelle wie Marcel Proust, André Gide und Max Jacob, heterosexuelle Autoren wie Gabriele d'Annunzio, Ezra Pound, Sherwood Anderson sowie die Komponisten Darius Milhaud, Virgil Thomson und George Antheil. Vor allem war ihr Haus jedoch als lesbischer Hafen berühmt. Barney war exzentrisch, voller Selbstironie, eine Frau, die keine gesellschaftlichen Schranken kannte, deren Liebesleben ebenso berühmt wie berüchtigt war. Ihre Geliebten waren schön, berühmt und Gewalttätigkeiten gegenüber oft nicht abgeneigt. Schon über achtzigjährig, meinte sie, als Inschrift auf ihrem Grabstein sollte dereinst stehen: »Sie war die Freundin von

Männern und die Geliebte von Frauen, was für Menschen voller Leidenschaft und Glut besser als andersherum ist.«

Natalie Clifford Barney wurde 1877 in Dayton, Ohio, in wohlhabende Verhältnisse hineingeboren. Als hübscher, aufgeweckter Teenager verführte sie eine Dame, die bei ihrer Mutter zu Besuch war, eroberte ein Dienstmädchen und eine Hauslehrerin. Ihre Erziehung beschloß sie – nicht zuletzt auf der sinnlichen Ebene – auf der Mädchenschule Les Ruches in Fontainebleau in Frankreich, wo sie das Geld, das ihre Eltern ihr schickten, für die Frauen ausgab, an die sie herankam. Sie wehrte sich gegen den Wunsch ihres Vaters, sich einen Ehemann zu suchen und Lord Alfred Douglas, Oscar Wildes Ex, zu heiraten. Mit ihrem 3,5 Millionen Dollar schweren Erbe siedelte sie 1909 nach Paris über.

Ihre erste ernsthafte Liebesaffäre hatte sie mit der berühmtberüchtigten Kurtisane Liane de Pougy. Henri Meilhac, zusammen mit Jacques Offenbach Autor von *Pariser Leben – Stück in fünf Akten*, zahlte achtzigtausend Francs, um Pougy nackt zu sehen (was 1995 etwa dem Wert von einhundertsiebzigtausend Dollar entsprach). Barney verliebte sich fast auf den ersten Blick in Liane de Pougy, als sie sie bei einem Ausflug im Bois de Boulogne sah, und verführte sie, nachdem sie ihr Blumen und leidenschaftliche Briefchen geschickt hatte. Liane betonte gerne, daß sie sich gegenüber Männern »rationierte«, um so mehr von sich für Natalie aufzuheben.

Barneys nächste Eroberung war die englische Dichterin Renée Vivien. Sie waren beide zwanzig, und obwohl die charmante Renée wenig von der berauschenden Schönheit einer Kurtisane hatte, zog es Natalie in ihren Bann. Sie konnte die Dichterin mit Serenaden unter ihrem Fenster von einer anderen Frau weglocken. Barney und Vivien stritten und liebten und stritten sich wieder. Als Besiegelung einer großen Versöhnung unternahmen sie mit dem Orient-Express eine gemeinsame Reise nach Lesbos, um die lesbische Tradition wiederaufleben zu lassen. Sie gründeten zwar keine Dichterinnenkolonie auf der griechischen Insel, zelebrierten aber lyrisch und körperlich die Liebe, die, wie sie sagten, seit der Antike nie mehr angemessen gefeiert worden war.

Was Barney an Paris liebte, war die Gleichgültigkeit der Pariser gegenüber Ausländern. Sie verfaßte Gedichte und Prosawerke in Französisch und sagte, eine zweisprachige Erziehung sei, als hätte man eine Geliebte und eine Ehefrau zugleich – und das hieße, daß man sich weder der einen noch der anderen sicher sein könne. Barney trat als Flossie in einem Colette-Roman und als Valerie Seymour in *Quell der Einsamkeit* (Radclyffe Hall lebte in Paris, als sie das Buch schrieb) und als »Mondstrahl« in einer Geschichte von Liane de Pougy in Erscheinung. Sie behandelte Männer wie verletzte Hunde, unterstützte zeitweilig die Schriftsteller Remy de Gourmont und James Joyce und blieb noch mit über Neunzig die Doyenne der reichen Amerikanerinnen, die sich in Paris freier fühlten. Barney und Gertrude Stein hatten wohl nicht allzuviel füreinander übrig. Stein sagte von Natalie, sie sei schon berühmt gewesen, ehe sie berühmt war, und Barney war der Meinung, daß Stein in ihren Schriften »nie wirklich auf den Punkt kommt«.

Gertrude Stein, »Unser aller Mutter«, wie Ernest Hemingway sie nannte, und ihre unscheinbare Gefährtin, Alice B. Toklas, waren zu ernsthaft für die reiselustige Hollywood-Clique. Aber stets in Kontakt blieb Mercedes de Acosta unter anderem mit einem anderen Amazonen-Gespann, der kleinen Sylvia Beach mit ihrer hervorstechenden Nase, Besitzerin des Shakespeare & Co-Buchladens und Verlegerin von James Joyces *Ulysses*, sowie deren Lebensgefährtin, Adrienne Monnier.

Eine weitere Pariser Anlaufstelle war Elsa Maxwell, die prominente Klatschspaltenkolumnistin, und Dorothy (Dickie) Fellowes-Gordon, Sproß einer schottischen Familie, mit der sie ihr Leben teilte. Zusammen veranstalteten sie Kostümfeste, bei denen jeder, aufgemacht wie jemand, den jeder, zumindest vom Sehen, kannte, erscheinen sollte. Maxwell, die Ende der Zwanziger nach Paris kam und mit ihren beachtlichen Talenten als professionelle Gastgeberin das Pariser Gesellschaftsleben bereicherte, trat bei einem solchen Kostümfest beispielsweise als die Dichterin Aristide Briand und Fellowes als Garderobenfräulein im Ritz in Erscheinung. Dolly Wilde kostümierte sich als ihr Onkel Oscar, und Barney zeigte sich als Kriegerin. Coco Chanel machte glänzende Geschäfte mit der Anfertigung von entsprechenden Kleidern für junge Männer, die in der Stadt weilten und sich bei derlei Gelegenheiten als diese oder jene allseits bekannte weibliche Berühmtheit präsentieren wollten. Auf einer Reise nach Venedig hatten Maxwell und Fellowes den mittellosen jungen Schauspieler Noël Coward mitgenommen und ihn beflügelt, in seinem Tagebuch zu vermerken, daß »das von jedweden amourösen Verpflichtungen unbehelligte Leben eines Gigolo in der Tat zweifellos sehr vergnüglich sein kann«.

Der »Nähkreis« war tief in der Welt der Avantgarde, der Mode und des Pariser Nachtlebens verwurzelt. Frédérique Baulé, alias Frédé, war Dietrichs Geliebte und Besitzerin einer Reihe von Nachtclubs, in denen das Geschlecht, wie sie sagte, ebenso mysteriös wie das der Engel war. Eine Zeitlang war Jean Cocteau ihr Rivale, der verklemmte Homosexuelle, der seinen eleganten Daumenabdruck in der Kunst, beim Theater und Ballett und im flotten Gesellschaftsleben hinterließ und dessen diskrete Bleibe über den Dächern von Paris der Sammelplatz der Avantgarde und High-Society war. Cocteau und Christian Bérard, der homosexuelle Modedesigner und Illustrator, dachten sich Gipsmasken und Perücken für die Kostümpartys von Maxwell und Fellowes aus und zählten Prinzessin Alis Dilkusha »Dil« de Rohan und Maria »Poppi« Kirk zu ihrer lesbischen Klientel. Dil war die Tochter einer Amerikanerin und eines britischen Armeeoffiziers, der die Namen für seine Kinder, während er in Indien stationiert war, ausgesucht hatte. Mit dreiundzwanzig hatte sie Carlos de Rohan geheiratet, Sproß einer französischen Linie mit Prinzen, Generälen und einem Kardinal. Nachdem de Rohan bei einem Autounfall in Österreich ums Leben gekommen war, arbeitete sie in der Haute Couture. Kirk, die auch in der Modebranche arbeitete und Ende der Vierziger de Acostas Geliebte war, hatte das Gefühl, Dil sei an Sex nicht interessiert, während Alice B. Toklas sie ausgesprochen »obszön« fand.

Madame Poppi, wie Maria Kirk in Molyneux' Modesalon gerufen wurde, war die Tochter eines Diplomaten aus Philadelphia. Mit zweiundzwanzig war sie in die Ehe mit einem fünfzehn Jahre älteren italienischen Anwalt gedrängt worden. Sie verließ ihn, arbeitete in Paris als Model, liebte chinesische Gebrauchsgegenstände, las chinesische Gedichte, konvertierte zum Buddhismus und tat sich mit Cocteau zusammen, der in seiner Zeitschrift *Schéhérazade,* die er vor dem Krieg herausbrachte, Gedichte von de Rohan und Barney veröffentlichte.

Lady Mendl, wie Bessie Marburys frühere Geliebte Elsie de Wolfe sich nach ihrer Eheschließung mit Sir Mendl im Jahr 1926 nannte, war ebenso berühmt für ihre großen international besuchten Gesellschaften wie für die astronomischen Preise, die sie als Innenausstatterin ihren Klienten und Klientinnen in der Park Avenue und in den goldenen Ghettos wie Palm Beach, Cannes, Nizza und Portofino in Rechnung stellte, wenn sie ihnen erzählte, wie sie ihre Wohnungen einrichten konnten. Sir Mendl war so etwas wie ein Frauenheld, bekannt ist aber auch, daß Francis Scott Fitzgerald in der bittersüßen Ehe- und Liebesgeschichte *Zärtlich ist die Nacht (Tender Is the Night)* den homosexuellen Kompagnon nach ihm »modellierte«. Da Elsie de Wolfe von Haus aus reicher war als er, sagte sie gerne, er habe sie wegen ihres Geldes geheiratet, was er damit parierte, daß er behauptete, sie habe ihn wegen seines Titels geheiratet. Sie waren mit Linda und Cole Porter befreundet, für die ihre Ehe in erster Linie ein Garant gesellschaftlichen Ansehens war.

Zu den an der französischen Riviera bereits traditionellen ausländischen britischen Stimmen kam nun allmählich ein zusehends anschwellender Chor amerikanischen Slangs hinzu. Cole und Linda Porter hatten sich bereits seit 1921 am Cap d'Antibes eingemietet, und Gerald und Sara Murphy, die nobelsten New Yorker, die sich hier einfanden, kauften eine Villa mit einem riesigen Garten, der bis zu einer Klippe ans Meer hinunterführte. In ihrem Schlepptau brachten sie Gertrude Stein und damit auch Alice B. Toklas, die immer dabeisein mußte, sowie die Hemingways, die MacLeishes, Picasso samt Frau, Sohn und Mutter, Fernand Léger und seine russische Frau sowie F. Scott und Zelda Fitzgerald mit.

In der Saison quartierte sich Cocteau mit seinem Gefolge in dem berühmt-berüchtigten Hotel du Cap ein, wo auch Jo Carstairs wohnte, eine Millionärin, die mit ihrem sprühenden Witz, ihrem blonden kurzgestutzten Bürstenhaar, ihren Jack-Dempsey-Schultern, ihrem tätowierten Körper und ihren prächtigen Motorbooten allseits bekannt war. »Toughie« Carstairs war die Tochter eines schottischen Oberst und einer amerikanischen Ölerbin. Sie war 1932 nach Los Angeles gepilgert, als Dietrich, Garbo und Mercedes de Acosta dafür sorgten, daß Frauen in saloppen Freizeitanzügen mit einemmal chic waren. Sieben Jahre später gelang es Carstairs, Dietrich vom damaligen US-Botschafter in Großbritannien, Joseph P. Kennedy, weg- und zu sich an Bord ihrer Yacht zu locken.

Salka Viertel und Mercedes de Acosta sorgten dafür, daß ihre »Schwestern« auch an so fernen Treffpunkten wie Eleonora von Mendelssohns österreichischem Nest eingeführt wurden. Wie etwa die herausragende Auslandskorrespondentin der *New York Post*, Dorothy Thompson. Abgesehen davon, daß sie die Ehefrau von Sinclair Lewis war, war sie auch die Geliebte von Christa Winsloe, der geschiedenen Autorin des Buches, nach dem *Mädchen in Uniform* gedreht wurde.

Jo Carstairs, Dolly Wilde, Constance Collier und Beatrice Lillie hielten die Türen in London geöffnet. Lady Ottoline Morrell war die Schwester eines Herzogs, eine schillernde Persönlichkeit und die fantastischste bisexuelle Gastgeberin des Bloomsbury-Jet-Sets. In viktorianischer Korrektheit erzogen und mit einem ehrwürdigen Mitglied des britischen Parlamentes verheiratet, war sie berühmt für die Exzentrizitäten ihrer Kleidung und Aufmachung. Stein lobte sie als eine »herrliche weibliche Ausgabe von Disraeli«, und Cecil Beaton beschrieb sie mit seiner boshaften Zunge als Vogelscheuche mit »puterroten Wangen, Haaren wie rote Beete und zwei vorstehenden Zähnen«.

Ihre Rivalin war Victoria »Vita« Sackville-West, die viele Frauen und einige Männer liebte und sich darauf verstand, Ex-Geliebte zu Freunden respektive Freundinnen zu machen. Ihre Liaison mit Virginia Woolf war kurz, aber ihre Freundschaft hielt den Rest ihres Lebens (Woolfs *Orlando* ist, wie es heißt, ein Porträt Sackville-Wests), obwohl daran fast Vitas Ehe mit dem Diplomaten Harold Nicolson in die Brüche ging.

Ihre Affäre mit Virginia Woolfs älterer Schwester, der Malerin Vanessa Bell, war ebenfalls kurz, sie führte aber dazu, daß Vanessa für sich einen neuen Stil in der Aktmalerei entwickelte. Jeder erinnerte sich an Vanessas Maskenparty 1931, bei der Sackville-West als Sappho, Leonard Woolf mit Perücke und Lady Ottoline Morrell angemalt erschien. Vita Sackville-West hatte als Schriftstellerin mit Bestsellern wie *Schloß Chevron* und *Erloschenes Feuer* von sich reden gemacht. Zu ihren Vorfahren gehörte Thomas Sackville, dem Königin Elisabeth I. den Ahnensitz Knole Castle in Kent vermacht hatte, der jetzt Sackville-West gehörte.

Wenn der Bloomsbury-Kreis für die reiselustigen Kalifornierinnen etwas zu dürftig oder schöngeistig war, dann traf das für den sapphischen Kreis der britischen *Vogue*-Herausgeberin, Dorothy Todd (in einem Wortspiel über den

Quell der Einsamkeit hatte de Acosta sie scherzhaft »den Eimer im Quell der Einsamkeit« genannt), und den prominenten West-End-Zirkel von Lynn Fontanne definitiv nicht zu. Verschiedene Mitglieder des »Nähkreises« wurden Freundinnen oder Geliebte von Gladys Calthrop, Noël Cowards Gefährtin und Bühnenbildnerin bei allen seinen Bühnenproduktionen, bis Cecil Beaton sie ihm 1950 abspenstig machte. Coward war mit Hingabe und ausschließlich homosexuell, und die dunkelhaarige Kettenraucherin Gladys war, wenn sie in New York weilte, Le Galliennes Geliebte und Art-director.

17. Die Kameliendame:
Die exklusive schwule Produktion

Hollywood erzählte die Geschichten von millionenschweren Erbinnen und Goldgräberinnen, von Debütantinnen und Ehebrecherinnen, von Frauen, die ihren Filmpartner jagen, bis er sie fängt, oder von Frauen, die *alles* auf dem Altar der Liebe opfern. Die einzigen Berufe, die den Frauen in den dreißiger Jahren auf der Leinwand offenstanden, waren die der Kurtisane und Schnulzensängerin, der Spionin und für Barbara Stanwyck und Carole Lombard dann zumeist auch noch die komische Rolle der ebenso forschen wie dummen Sekretärin. Im Frühjahr 1936 bot *Die Kameliendame (Camille)* einem halben Dutzend Mitgliedern des »Nähkreises« und Clubs der Jungs eine einträgliche Beschäftigung. Irving Thalberg brauchte einen Hit, und mit Garbo in der Hauptrolle erschien *Die Kameliendame* als ein nicht sonderlich risikoreiches Projekt.

Thalbergs letzte Renommierfilme hatten sich als kostspielige Enttäuschungen erwiesen. Das nationalistische Regime Tschiang Kaischeks war mit der Verfilmung von *Die gute Erde (The Good Earth)* nicht einverstanden gewesen und hatte sich quergestellt, als ein zweites Team nach China geschickt werden sollte, um einige Hintergrundaufnahmen zu drehen. Und daß ein Paar zurechtgeschminkter jüdischer Schauspieler, Paul Muni und Luise Rainer, Pearl S. Bucks unvergeßliche chinesische Bauern spielte, war dem Ganzen auch nicht unbedingt förderlich. Die Besetzung ruinierte auch Thalbergs andere große Produktion, *Romeo und Julia (Romeo and Juliet)*. Statt mit frischgebackenen jungen Schauspielern besetzte Thalberg die Rollen der tragisch endenden Jugendlichen aus Verona mit seiner fünfunddreißigjährigen Frau, Norma Shearer, und dem zweiundvierzigjährigen Leslie Howard. George Cukor hatte dabei Regie geführt und Thalberg mit seiner Intelligenz und seinem Einfallsreichtum beeindruckt. Sein sattes Wochensalär von viertausend Dollar gab Cukor für sein Haus am Cordell Drive, oberhalb des Sunset Boulevard und Doheny Drive, aus.

Die Heldin in Alexandre Dumas' Roman *Die Kameliendame* ist eine in Sex erfahrene, aber in der Liebe unschuldige Frau, die in einem treuherzigen jungen Mann ihre letzte Chance zu lieben findet. Marguerite Gautier ist eine Kurtisane mit einer Schwäche für Vergnügungen und Kamelien, die sich durch die Pariser Halbwelt treiben läßt, ohne auf ihre angeschlagene Gesundheit zu achten, und sich am Ende für den mittellosen Armand Duval opfert. Sie war auf der Bühne schon von Sarah Bernhardt, Eleonora Duse, Eva Le Gallienne, Ethel Barrymore und Alla Nazimova gespielt worden. Clara Kimball Young, Pola Negri, Alla Nazimova und Norma Talmadge hatten sie in verschiedenen Stummfilmfassungen dargestellt, und Yvonne Printemps in einem französischen Tonfilm. Alla Nazimovas Stummfilm mit der ausschließlich homosexuellen Besetzung, mit ihr selbst in der Rolle einer eidechsenähnlich aufgemachten Marguerite und Rudolph Valentino, der einen sexuell ausgehungerten Armand spielte, hatte Nazimovas Reputation letztlich arg angeschlagen.

An RKO ausgeliehen, hatte Cukor gerade Regie bei Katharine Hepburn und Cary Grant in *Sylvia Scarlett* geführt, eine langweilige Komödie, die das größte Fiasko in seiner Karriere war, sich aber im nachhinein zum Kultfilm entwickelte. Die *New York Herald-Tribune* bezeichnete Hepburns erotisch aufgepeppten Peter Pan als »den schmuckesten Jungen der Saison«.

Der Film entstand nach der Vorlage des 1918 erschienenen Romans der lesbischen Autorin Compton MacKenzie über eine Frau, die gegen die traditionelle Frauenrolle rebelliert. In der Filmfassung schneidet Sylvia ihr Haar ab, zieht Männerkleidung an und legt sich den Namen Sylvester zu, so daß sie sich ihrem Vater (Edmund Gwenn), einem Gauner, anschließen und sich mit ihm zusammen mit einem großspurigen, mit allen Wassern gewaschenen Artisten (Cary Grant) und einer betrügerischen Kammerzofe (Dennie Moore) zu einer in England über Land fahrenden Theatergruppe zusammentun kann. Bis zum unnötigen Tod des Vaters ist die Story eine ausgesprochen flotte Komödie, aber von diesem Einbruch erholt sie sich nicht mehr. Die Verkleidung erlaubte eine riskante Szene. Die Zofe findet Gefallen an Hepburns Jungen. »Du bist sehr attraktiv«, sagt die Zofe, und sie küssen sich. Bei der Vorpremiere hatte das Publikum an diesem Punkt das Kino verlassen, und RKO hatte die Szene Jane Loring nochmals zum Schneiden gegeben, um sie unverfänglicher zu machen.

Was das Drehbuch, die Regie, die Kulissen, die Kamera, die Kostüme und die Stars anging, war *Die Kameliendame* Hollywoods exklusive Schwulen-Produktion der Goldenen Ära – allerdings fand Cukor die Garbo dann doch etwas zu eigensinnig und lesbisch. Das Drehbuch hatte Zoë Akins geschrieben. Obwohl Akins sich im Abspann des Films die Drehbuchlorbeeren mit James Hilton und Frances Marion teilen mußte, hatte sie das Drehbuch, wie Cukor sich erinnerte, ganz allein geschrieben. Der Film, so beschloß Thalberg, sollte von zwei Menschen handeln, die »sagen, daß sie heiraten werden, aber wissen, daß das ein unmöglicher Traum ist«.

Das Production Office erhob genügend Einwände zur Zensur, daß Thalberg über eine Alternative nachdachte und sich fragte, ob er sich nicht lieber Garbos Zusage sichern sollte, die Hauptrolle in einer Verfilmung von Prosper Mérimées *Carmen* zu übernehmen. Das Production Office gab dann aber schließlich, wenn auch widerwillig, doch sein Okay zur *Kameliendame*, nachdem Thalberg persönlich die Verantwortung dafür übernommen hatte, genau auszufeilen, was in der Geschichte bleiben konnte und was wegzufallen hatte. Das Ergebnis war eine derart »ausgedünnte« Marguerite Gautier, daß von einer Hure beim besten Willen nichts mehr blieb. »Kein Film hat eine Kurtisane jemals romantischer dargestellt«, sagte Pauline Kael sechsundvierzig Jahre später.

Bill Daniels war wie gewöhnlich hinter der Kamera. Cedric Gibbons entwarf die Szenenbilder, und Adrian sorgte für Garbos Garderobe. David Lewis, Thalbergs schwuler zweiter Mann vor Ort, trat als Mitproduzent auf. Der Film war eine Gelegenheit für Thalberg, seine alte Fehde mit Mercedes de Acosta zu vergessen und sie zu engagieren, um etwas über die Hintergründe von Dumas' Roman zu recherchieren. Alphonsine Plessis hieß die wirkliche Kameliendame ursprünglich, wie de Acosta herausfand, und Dumas hatte sozusagen aus erster Hand recherchiert und wenig Zeit verloren, bis er ihre Geschichte in Druck gab. Zwei Jahre, ehe Alphonsine 1847 im Alter von dreiundzwanzig Jahren starb, war Dumas ihr Liebhaber gewesen, und nicht einmal ein Jahr nach ihrem Tod stand sein Roman in den Buchläden. Thalberg bat de Acosta, bei den täglichen Vorführungen der Aufnahmen jeweils mit dabeizusein.

Cukor mochte Garbo nicht. In einem Brief an Hugh Walpole schrieb er, ihr erlauchtes Leiden deprimiere ihn. Er glaubte jedoch, sie könnten etwas aus der Story machen, wenn es Garbo gelänge, dem Publikum begreiflich zu machen, daß die Geschichte in einer Zeit spielt, in der ihr Ruf für eine Frau alles war, und sie erreichte, daß das Publikum vergaß, daß es einen Kostümfilm sah. Salka Viertel erklärte ihm, was einen Garbo-Film ausmachte: »Komödie, Tragödie, die Kinokasse, Sex-Appeal und vor allem nichts Bürgerliches.«

Alle wußten, daß ein Garbo-Film einen Leinwandliebhaber verlangte, der jung, etwas unbeholfen und unwiderstehlich war, so daß ihr desillusioniertes Ego ihn als ein Liebesobjekt behandeln konnte, dem sie nie und nimmer ihre Autorität überantworten und sich ausliefern würde. Thalbergs und Cukors Wahl fiel auf Robert Taylor, der Marguerite Gautiers jungen, unerfahrenen Armand Duval spielen sollte.

Cukor teilte durchaus Taylors Sorge, er könnte zu schön und edel wirken. »In jenen Tagen mußte man schon sehr männlich sein, oder sie dachten, man sei entartet«, sagte der Regisseur zu Gavin Lambert. Mitarbeiter Thalbergs äußerten die Sorge, Taylor sei noch zu »grün«, um zu Garbo zu passen, aber Thalberg und Cukor waren sich darin einig, daß die Rolle nichts weiter verlangte, als daß Taylor ein gutes Bild abgab und so tat, als liebte er Garbo unsterblich.

Lionel Barrymore übernahm die Rolle des Monsieur Duval, Armands Vater, der, um seinen Sohn aus den Fängen der Hure zu retten, Marguerite bewegt, den Jungen, den sie liebt, zu verlassen und wieder zu ihrem früheren zügellosen Leben zurückzukehren. Henry Daniell, der zuvor bereits coole, sadistische, wohlhabende Typen gespielt hatte, wurde für die Rolle von Marguerites Ex-Liebhaber ausgewählt, der anbietet, alle ihre Schulden zu begleichen, wenn sie wieder seine Mätresse wird. Rex O'Malley sollte den homosexuellen Spezi Gaston spielen. Thalberg zeigte de Acosta die ersten Aufnahmen in einem Vorführraum, ehe sie für weitere Recherchen nach Frankreich fuhr. Aus einem Dorf in der Normandie telegraphierte sie ihm, sie habe eine Bauersfrau gefunden, die eine Nachfahrin von Marguerites Schwester sei.

Armand war Robert Taylors bisher ehrgeizigste Rolle. Wenn Garbo bei den Dreharbeiten von *Die Kameliendame* de Acosta als Beistand mit dabeihatte, dann hatte Taylor hinter den Kulissen Barbara Stanwyck als Beraterin. Und sie riet ihm, in den Drehpausen Garbo in Ruhe zu lassen, nicht auf sie zuzugehen und sich erst recht nicht an sie heranzumachen. Um ihrerseits die emotionale Spannung aufrechtzuerhalten, die sie bei ihrer Arbeit an diesem Film brauchte, blieb Garbo bewußt auf Distanz zu Taylor. Es gibt Szenen, in denen Marguerite ihn an sich reißt, sein Gesicht mit Küssen bedeckt, ihn auf den Mund küßt und wegstößt. Cukors Anweisungen verlangten den Schauspielern einiges ab. Jeder hatte seine Zehn-Stunden-Tage am Drehort zu absolvieren.

Cukors Verhaftung im Juni 1936 wegen eines sittlichen Vergehens hätte fast das Aus für die Dreharbeiten an *Die Kameliendame* bedeutet. Im Hafen von Long Beach oder am Pershing Square in der Innenstadt von Los Angeles Matrosen aufzugabeln, die gerade auf Landurlaub waren, war ein sonntäglicher Sport mit besonderem Thrill, nicht nur für Cukor, sondern auch für den MGM-Star William Haines und dessen Freund Jimmy Shields. Jahre vorher, als Constance Talmadge noch Thalbergs Verlobte war, gehörte es zu ihren Lieblingsbeschäftigungen, mit Haines Schwulentreffs abzugrasen und ihm zu helfen, Matrosen aufzugabeln. Kokain und der Tonfilm hatten zwar ihre Karriere – und die ihrer Schwester Norma – kaputtgemacht, aber William Haines war noch immer MGMs beliebter windiger Collegeboy-Klugscheißer. Seine Filmkarriere endete an jenem Juninachmittag am Strand, als Cukor und Haines den falschen Jungen anmachten und dann von einem aufgebrachten Mob gejagt wurden. Die Story war ein Knüller für die Zeitungen in Los Angeles. Aber Howard Strickling bei MGM reagierte schnell. Innerhalb von vierzig Stunden waren die Anklagen vom Tisch.

Die Mitglieder des »Nähkreises« operierten diskreter. Wenn aber, wie im vorgenannten Fall, Gefahr im Verzug war, dann funktionierte das Schwulennetzwerk der Männer in vieler Hinsicht besser und war hilfreicher. Walter Plunkett, MGMs Kostümdesigner, war oft mit Kautionsgeldern zur Stelle, um irgendwelche Unglücklichen herauszuboxen, die sich von einer Sittenstreife hatten schnappen lassen.

Die Homosexuellen beider Geschlechter waren zwar noch ein halbes Jahrhundert davon entfernt, sich selbst offen zu ihrer

Homosexualität zu bekennen, aber was diejenigen anging, die sich bereits in jener Zeit aus ihrem Versteck wagten, waren die Frauen im Vergleich zu den Männern, die sich zu ihrer Homosexualität bekannten, mit Abstand in der Minderheit. Die viktorianischen Eltern hatten ihre Töchter gelehrt, ihre Passionen unter Kontrolle zu halten und sich nie »gehen zu lassen«. Und Frauen, die Frauen liebten, gingen fast nie das Risiko ein, ihre wahre sexuelle Orientierung zuzugeben, nicht einmal Frauen gegenüber, bei denen sie sich eigentlich sicher waren, daß sie auch lesbisch waren.

In Hollywood galten für Lesbierinnen und homosexuelle Männer nicht die gleichen Regeln. Solange eine Frau vorweisen konnte, daß sie verheiratet oder zumindest gelegentlich für Männer verfügbar war, waren lesbische Affären in bestimmten Kreisen akzeptabler als avantgardistische Kunst. Wenn demgegenüber Männer in einer sexuell eindeutigen Situation mit einem Mann erwischt wurden, dann war ein »erklärter Junggeselle« wie Cukor ruiniert oder zumindest, wenn das Studio zuviel in ihn investiert hatte und er zu wichtig war, um ihn kurzerhand rauszuwerfen, massivem Druck aus der Chefetage ausgesetzt, wobei öffentlich dann natürlich alles darangesetzt wurde, das Gesicht mit einer fingierten und nicht minder massiven Publicitykampagne zu wahren.

Cukor war der festen Meinung, daß die Öffentlichkeit niemals erfahren sollte, daß im Filmgeschäft alle schwul waren, gleichwohl seine Homosexualität dann der Grund war, warum er 1939 bei den Dreharbeiten von *Vom Winde verweht* gefeuert wurde. Er arbeitete aber weiter als Regisseur, noch als er bereits über achtzig war, und wurde mit Ehrungen überhäuft. Er starb 1983.

Er war, genau wie Mamoulian, ein Mann vom Theater, der erfolgreich den Wechsel vom Broadway nach Hollywood geschafft hatte. Belesen, geistreich, weltoffen und mit einer starken Überzeugungskraft machte er als Regisseur sein Filmde-

büt mit *Eine Lady mit schlechtem Ruf (Tarnished Lady)* mit Tallulah Bankhead in der Hauptrolle. Die bemerkenswerten schauspielerischen Leistungen, die er aus Garbo, Hepburn, Shearer,
Crawford, Garland und Bergman herausholte, brachten ihm
den Ruf als *der* »Frauenregisseur« ein, eine Etikettierung, die
er allerdings nicht gerne hörte. Temperamentvolle und sensi-
ble Schauspielerinnen ließen sich jedoch gerne von ihm führen.

Zusammen mit Harpo Marx verbrachten die Regisseure Sam
Wood und Mervyn LeRoy sowie Irving und Norma Thalberg das durch den Tag der Arbeit lange erste Septemberwo-
chenende des Jahres 1936 im Del Monte Club in Monterey im
Norden Kaliforniens. Beim Bridge-Spielen in der frischen Mee-
resbrise zog Thalberg sich eine Erkältung zu, die sich nach der
Rückkehr nach Los Angeles zu einer manifesten Lungenent-
zündung auswuchs. Am 14. September war der als Wunderkind gefeierte Siebenunddreißigjährige mit dem schwachen
Herzen tot.

Als die Beerdigung begann, stand in Hollywood zum Ge-
denken an ihn fünf Minuten alles still, und bei MGM wurde für
den Rest des Tages die Arbeit niedergelegt. Robert Taylor und
Cukor nahmen zusammen mit den Barrymore-Brüdern, den
Marx Brothers, Charlie Chaplin, Walt Disney, Howard Hughes
und den Topstars von MGM an der Beisetzungsfeier in der Syn-
agoge B'nai B'rith teil. Mercedes de Acosta erfuhr von Thalbergs Tod durch ein Telegramm von Garbo; ihr war klar, daß
mit seinem Tod auch jede Chance gestorben war, daß sie mit-
erleben würde, wie ihre Jeanne d'Arc auf die Leinwand kam.

Angesichts der Spekulationen, daß mit Thalberg auch die
erstklassigen Filme bei MGM gestorben waren, setzte Mayer
alles daran, seine Autorität zu behaupten. Ganz auf Linie des
altehrwürdigen Hollywood-Rituals, wonach die Arbeit, die
jemand geleistet hatte und die man nun aus welchen Grün-

den auch immer übernahm, sowieso nichts war, nahm Mayer Thalbergs gutorganisierten Studiostab erst einmal auseinander. Und für *Die Kameliendame* wurde ein neuer verwirrender Anfang gedreht. Gleichwohl wird in der Bilanzierung von Garbos Karriere *Die Kameliendame* als ihr bester Film gesehen.

Dietrich war der bestbezahlte Star, der 1936 unter Vertrag stand, aber sie war auch diejenige, die sich am meisten langweilte. Keiner ihrer Regisseure machte sich nach Josef von Sternberg die Mühe oder verstand sich darauf, das, was das Berauschende an ihrer Persönlichkeit war, aus ihr herauszuholen. Was sie nicht sehen wollte, war, daß die Filme mit den unwiderstehlichen ausländischen Femmes fatales allmählich passé waren. Warner Brothers brachte eine einheimische »böse« Frau heraus, die den Garbo-Dietrich-Zauber sogar noch übertraf. Mit ihren verblüffenden Augen, ihrem verächtlichen Mund, ihrer schneidigen, fast britischen Sprechweise wurde Bette Davis in einer Reihe von rücksichtslosen, gefühllosen, aber starken Rollen der Inbegriff des Mistweibes schlechthin.

Dietrich hatte 1934 Hitlers Einladung zu einer »triumphalen« Rückkehr nach Berlin ausgeschlagen, aber ja gesagt, als Alexander Korda, ihr alter UFA-Regisseur, der als Englands glänzendster Filmtycoon zu Macht, Ansehen und Wohlstand gekommen war, ihr dreihundertfünfzigtausend Dollar anbot, um nach England zu kommen und die Hauptrolle in *Tatjana (Knight Without Armour)* zu spielen. Ihre Tochter Maria, ein pummeliges und aufgewecktes Mädchen, wurde auf ein exklusives Mädcheninternat in die Schweiz geschickt, während Dietrich das Jahr 1936 größtenteils in England verbrachte. Ihre neue Flamme war Jo Carstairs. Wenn Marlene den Film aufgäbe, versprach Carstairs, könnten sie in Wonne und Glückseligkeit auf ihrem Wohnsitz auf den Bahamas leben.

Dietrich zog es vor, weiterzumachen. Ernst Lubitsch bat sie, zu Paramount zurückzukommen und in einem Film die Hauptrolle zu übernehmen, bei dem er selbst Regie führen wollte. Mercedes de Acosta gab mehrere Willkommensfeste, als Dietrich im Februar 1937 nach Los Angeles zurückkehrte, ein Haus in Beverly Hills mietete und die US-Staatsbürgerschaft beantragte. *Engel (Angel)*, ein Stoff, der eine flotte, sprühende Komödie versprach, erwies sich statt dessen jedoch als ein etwas linkischer, künstlich zusammengestrickter Streifen, in dem der Lubitsch-typische geistreiche Witz durch narrative Steifheit ersetzt wurde. Es war Dietrichs bis dato steifste Darstellung, und sie beschwerte sich täglich bei ihrem Kameramann, weil sie mit dem, was bei den Dreharbeiten herauskam, alles andere als glücklich war. Als der Film im Juni dann endgültig im Kasten war, war der Punkt erreicht, daß sie kaum noch ein Wort mit Lubitsch sprach.

Dietrich hatte inzwischen ihr Interesse an Astrologie entdeckt und geriet in den Bann des gebildeten und homosexuellen Sternendeuters Carroll Righter, der in Hollywood eine große Klientel hatte. Righter war bald auch in ihr Sexleben eingeweiht, sagte ihr, ob die Sterne günstig oder ungünstig standen, und hatte demgemäß ein entscheidendes Wörtchen bei der Planung ihrer Rendezvous mit Mercedes de Acosta und ihren neuen Liebhabern, dem Schriftsteller Erich Maria Remarque und Joan Crawfords Ex-Mann, Douglas Fairbanks Jr., mitzureden.

Die heimlichen Treffen mit de Acosta fanden für gewöhnlich in Mercedes' Haus in Brentwood oder am Wochenende in einem Hotel in Santa Barbara statt. Als Fairbanks leidenschaftliche Liebesbriefe von Mercedes entdeckte und Dietrich damit konfrontierte, verwahrte sie sich gegen seine Schnüffeleien. Remarque fand Dietrich unendlich bezaubernd und konnte offensichtlich lockerer damit umgehen, daß er sie nach der Maßgabe von Righters Sternendeutereien teilen mußte. Sie kam ihm »wie eine ›Seemannstochter‹ vor, ein derbes Weib von stürmischer Leidenschaft; wenn sie jedoch wollte, war sie wie die Göttin ›Diana mit dem silbernen Bogen – verwundbar, kühl und todbringend.‹«

Dietrich kehrte nach Europa zurück, holte ihre Tochter in der Schweiz ab und lud Fairbanks ein, nach Österreich nachzukommen. Der Schauspieler hatte ein Rendezvous à deux in Tirol erwartet und war reichlich befremdet, bei seiner Ankunft auf Maria, Rudi Sieber und dessen Mätresse Tamara zu treffen. »Das Arrangement war selbst nach tolerantesten Kriterien verzwickt«, schrieb Dietrichs Biograph Donald Spoto, »und es ließ vermuten, daß das Verhältnis der Dietrich zu Sieber zumindest gelegentlich nicht nur platonisch war. Selbst wenn sie mit Fairbanks ein Zimmer teilte, war sie doch recht großzügig, verließ das gemeinsame Bett und tappte unbekümmert den Flur hinunter, um sich Rudi und Tamara anzuschließen – und das nicht nur für heiße Schokolade.«

18. Die Modemacher der Leinwand

Kinos waren Traumpaläste. Gedämpfte Musik und gedämpftes, auf exotische Dekors fallendes Licht und eine warme, behagliche Dunkelheit lockten das Publikum an, bis der glänzende Vorhang aufging und der Titel eines weiteren Films auf der Leinwand prangte, in dem wahre Liebe alles besiegte und das Gute am Ende triumphierte. Selbst wenn die Kinobesucher in ihrem Alltag in einer völlig anderen Welt lebten als der, die ihnen in schillernden Farben vom Leben der Stars vorgegaukelt wurde, blieb, zumindest für die Frauen, daß sie ihren Idolen äußerlich nacheifern konnten, indem sie sich ein Kleid, einen Hut oder Accessoires kauften, die die Eleganz der Leinwand widerspiegelten.

Die Kamera ließ neue Schönheitsideale entstehen. Wenn die Superreichen auch nach Paris blickten, um zu sehen, wohin der Modetrend ging, galt für die meisten Frauen und Couturiers dennoch, daß sie die Leinwand im Auge behielten. Hutsalons gingen dazu über, ihre Modelle teilweise unter dem Namen einer jeweils aktuellen Filmgröße zu präsentieren, so daß eine extravagante Kreation an einem Tag Myrna Loy, am nächsten Joan Crawford, am darauffolgenden Carole Lombard, Greta Garbo oder Rosalind Russell hieß, bis man sie schließlich verkauft hatte. »Wer hat diesen Look als erstes herausgebracht, Hollywood oder Paris?« fragte *Vogue* 1933. Nachdem Garbos Pagenkopf und Dietrichs Federboas lobend hervorgehoben und Adrian sowie Howard Greer ein sechster Sinn als Modetrendsetter bescheinigt worden war, räumte die Zeitschrift ein, daß Modetrends das Ergebnis »zündender Ideen« waren. Die Modeindustrie übernahm Hollywood-Innovationen wie falsche Fingernägel und Wimpern. Jeder wichtige Star trug, wie *Vogue* befand, etwas zu einem neuen Look oder zur Mode bei:

Garbo – tiefe Augenhöhlen und gezupfte Augenbrauen;
Dietrich – gezupfte Augenbrauen und eingefallene Wangen;
Joan Crawford – volle, geschwungene Lippen;
Tallulah Bankhead – einen verhaltenen, trägen Gesichtsausdruck;
Mae West – die Sanduhrfigur und eine anziehende Anrüchigkeit;
Constance Bennett – platinblondes Haar;
Vivien Leigh – den farbenfrohen Zigeunerlook, eine glanzvolle Kombination von weißer Haut, grünen Augen und dunkelrotem Haar.

Von den von *Vogue* herausgestellten acht Trendsetterinnen starb Jean Harlow 1937 im Alter von sechsundzwanzig Jahren. Von den übrigen sieben waren, soweit wir wissen, nur drei heterosexuell – Constance Bennett, Mae West und Vivien Leigh. Mae West war mit ihrer schlampigen Art und drallen Figur bei Schwulen sehr beliebt. Ihre Popularität und ihre schwule Anhängerschaft verdankte sie dem Umstand, daß sie sich mit Vorliebe über ihren Status als Sexsymbol mokierte. Sie war 1935 die bestbezahlte Frau in den Vereinigten Staaten, aber gegen Ende des Jahrzehnts begann der Abstieg, sie wurde zu einer Legende des Showbusineß. Constance Bennett heiratete fünfmal (wobei ihre zweite Scheidung ihr eine Abfindung von einer Million Dollar einbrachte) und gehörte zum Jet-Set. Sie schaffte 1926 ihren Durchbruch, als Edmund Goulding sie in *Sally, Irene und Mary (Sally, Irene and Mary)* mit Joan Crawford und Sally O'Neil in der Rolle der drei Frauen zusammenbrachte, die sich in Verhalten und Kleidung über alle Konventionen hinwegsetzen. Während O'Neils Karriere sich später auf einem mittelmäßigen Niveau bewegte, schaffte Bennett dank ihres Talentes zur Perfektion, ihren großen klaren Augen, ihrer rauchigen Stimme und ihrer natürlichen Gabe, Witze schlagfertig rüberzubringen, den Sprung, von RKO als eine der führenden Schauspielerinnen des Tonfilms aufgebaut zu werden. Und Vivien Leigh, die einen gut Teil ihres Triumphes mit *Vom Winde verweht* den Regieanweisungen Cukors zu verdanken hatte, war die Dominante in ihrer Ehe mit Laurence Olivier.

Obwohl Coco Chanel keine Verwendung für schwule Modedesigner hatte und in den Fünfzigern Frauen vorwarf, sich nicht mehr zu kleiden, »um Männern zu gefallen, sondern um Päderasten zu gefallen«, war sie diejenige, die angefangen hatte, Männerkleidung zu feminisieren bzw. die Frauenmode von allzu femininen Attributen zu befreien und einem salopperen männlichen Stil anzupassen. Trends und jeden Wandel im Verhalten intuitiv und sehr schnell wahrnehmend, hatte sie eine Vorliebe für Rollkragenpullover entwickelt, wie englische Seeleute sie im Sommer 1913 im Hafen von Deauville an der kühlen Küste der Normandie trugen. Ihren bleibenden Erfolg begründete im wesentlichen ihre Vorstellung, natürliche Lässigkeit betone die Weiblichkeit, und eine selbstsichere Frau könne es sich leisten, ihre Reize *nicht* zu zeigen. 1921 steckte sie Frauen in Pullover, kurze Faltenröcke mit herabgezogener Taille, entwarf Topfhüte und Stirnbänder. Diese gertenschlanke Silhouette bezeichnete Paris als den *garçonne*-Look, London und New York nannten sie *flapper*. Chanel verkörperte die Quintessenz der umwälzenden zwanziger Jahre, wonach es einer Frau möglich war, selbst ihren Lebensunterhalt zu verdienen, zu wählen, wen sie liebte, und (weitestgehend) nach ihren eigenen Vorstellungen zu leben.

Sam Goldwyn lockte Chanel 1930 nach Hollywood, um die United-Artists-Stars Ina Claire und Gloria Swanson einzukleiden. Die Französin reagierte eher gereizt auf das in ihren Augen plumpe Filmgeschäft und konnte weder Beverly Hills noch dem Studiosystem etwas abgewinnen, das Stars zu bezahlten Fiktionen machte. Nur Katharine Hepburn gefiel ihr. Chanel war siebenundvierzig und sah in der knochendürren, sommersprossigen Dreiundzwanzigjährigen ihr jüngeres Selbst.[1]

Der Einfluß der Lesbierinnen und homosexuellen Männer auf das klassische Hollywood war ebenso subtil wie durchschlagend. Jenseits der Götzenbilder, die mit Garbo, Dietrich, Crawford und Bankhead hochgehalten wurden, waren in der Filmbranche viele Positionen mit Schwulen besetzt. Neben Cukor und Arzner war Mitchell Leisen, der schwule Regisseur, der Paramounts ergreifendste Romanzen und mitreißendsten Musicals produzierte. Jeder Star, der bei Paramount unter Vertrag stand, und die besten Drehbuchautoren des Studios wollten mit dem ehemaligen Kostümdesigner und Cecil B. DeMille, dem Art-director, arbeiten, weil er sich darauf verstand, sowohl den »großen Filmen« wie *Steh auf, Geliebte (Arise My Love)*, *Die Dame im Dunkel (Lady in the Dark)* und *Der Pirat und die Dame (Frenchman's Creek)* als auch der archetypischen Screwball-Comedy wie *Leichtes Leben (Easy Living)* und den zweitklassigen Streifen sichtbaren Glanz und Schwung zu geben.

Filmhistoriker gingen nach Leisens Tod 1972 psychoanalytisch an seine Filme heran und stellten bei seinen nach Emanzipation strebenden Heldinnen eine unterdrückte Homosexualität fest – eine Analyse, bei der allerdings Leisens erstklassige Drehbuchautoren wie Preston Sturges und Billy Wilder nicht berücksichtigt wurden. »Während Cukors Frauen in *Erpres-*

---

[1] Chanel entwarf einige Kleider für Charlotte Greenwood in dem überzogenen komischen Melodram *Palmentage (Palmy Days)* mit Eddie Cantor und den beineschwingenden Goldwyn-Girls und kleidete – mit Goldwyns Zustimmung dann wieder von Paris aus – Gloria Swanson in *Heute nacht oder nie (Tonight or Never)* ein [Axel Madsen, Chanel, S. 229f.].

sung (A Woman's Face), Die ist nicht von gestern (Born Yester-day), Ein Stern ist erschienen (A Star Is Born) und My Fair Lady Pygmalion-ähnliche Helden brauchen, stellten Leisens Filme klarer die emotionale Schutzfunktion der Männer gegenüber Frauen in Frage«, schrieb Yann Tobin in American Directors.

Leisen spielte auf hetero, obwohl er sein Leben mit sei-nem Kameramann Ted Tetzlaff teilte. James Whale, der mit Thalbergs früherem Assistenten David Lewis zusammen-lebte, zahlte mit seiner Karriere dafür, daß er sich schließlich weigerte, sich weiterhin zu verstecken. Whale wurde 1930 aus England importiert, um bei der Filmfassung seines Büh-nenerfolgs Das Ende der Reise (Journey's End) Regie zu füh-ren. Am besten in Erinnerung geblieben ist er durch seine vier unvergessenen Horrorfilme Frankenstein, Das alte dunkle Haus (The Old Dark House), Der Unsichtbare (The Invisible Man) und Frankensteins Braut (Bride of Frankenstein). Der engagierte Homo-Aktivist Vito Russo sah eine Parallele zwischen Henry Frankensteins Monster, das sich schmerzlich seiner Widerna-türlichkeit bewußt ist, und Whales »Verirrung«, die schließlich seine Karriere zerstörte.

»Der alte Baron, Frankensteins Vater, fleht seinen Sohn im-mer wieder an, ›von diesem Wahnsinn abzulassen‹, nach Hause zu kommen und die junge Elizabeth zu heiraten«, schreibt Russo. »Schließlich gehen der Vater, Elizabeth und Henrys bester Freund ins Schloß und zwingen ihn, seiner kör-perlichen und geistigen Gesundheit zuliebe seine Schöpfung im Stich zu lassen, um sich von seinem ›Zwang‹ zu befreien. Später erfüllt das Monster Mary Shelleys Prophezeiung, in-dem es in der Hochzeitsnacht bei seinem Schöpfer auftaucht, Elizabeth entführt und so die bevorstehende Vollziehung der Ehe verhindert. Das Monster wird dann von den Stadtbewoh-nern auf die gleiche Art gejagt, wie Männerhorden einst in den Stummfilmkomödien weibische Männer von Piers und aus der Stadt gejagt haben.«

Whale drehte 1941 seinen letzten Film und zog sich, wie Ephraim Katz es in *The Film Encylopedia* formulierte, »in den Ruhestand zurück, um sich anderen Passionen hinzugeben«. Whale ertrank 1957 unter mysteriösen Umständen in seinem Swimmingpool.

Bei den meisten *Namen*, die auf dem Abspann erschienen, die zum festen Stab gehörten und zur künstlerischen Gestaltung beitrugen, handelte es sich um Homosexuelle – die Designer, Dekorateure, Choreographen, Aufnahmeleiter, die ganz wesentlich dazu beitrugen, daß die Fantasiegebilde, die häuslichen Dramen und Salonkomödien so glanzvoll ausgeschmückt wurden. »Die meisten Kostümdesigner waren Homosexuelle«, sagte Edith Head, die 1939 als erste Frau zur Chefin der Kostümabteilung eines Studios ernannt wurde, sich selbst aber bei den Männern einordnete und Journalisten korrigierte, die sie den Frauen in der Branche zurechnen wollten.

Irene (geborene Irene Lentz) war Adrians Nachfolgerin bei MGM, eine hartgesottene Junggesellin aus Brookings in Süddakota, die bereits in ihren Zwanzigern ein Bekleidungsgeschäft in Los Angeles eröffnete und sich genau wie Chanel darauf verstand, Prominente als Kundschaft zu gewinnen. Wann immer Irene und ihr Stab bei MGM im Studio oder am Drehort auftauchten, trugen sie makellose weiße Handschuhe und passende Hüte dazu. Die von ihr kreierte Garderobe stand für Geschmack, Status und Vermögen. Ganz auf der Linie dessen, was Pandro Berman Elia Kazan erklärte, als er 1946 unglücklich mit MGMs »Exterieurs« für *Endlos ist die Prärie (Sea of Grass)* war: »Junger Mann, Sie müssen eines lernen: Wir sind in einem Geschäft, in dem wir schöne Bilder von schönen Menschen machen, und jemand, dem das nicht klar ist, hat in dem Geschäft nichts zu suchen.« Es war die Zeit vor dem unerbittlichen Kino- und Fernsehrealismus, die Kinobesucher akzeptierten noch Kulissen, Rückprojektion und

Begleitfahraufnahmen, Techniken, die es den Darstellern erlaubten, vor einer Leinwand zu sitzen oder zu stehen, die sie an jeden beliebigen Ort der Welt versetzte.

Irene begann 1933, die ersten Filmkostüme zu entwerfen, und wurde neun Jahre später fest von MGM engagiert. Sie entwarf die Kostüme von Vivien Leigh und Robert Taylor in dem Film *Ihr erster Mann (Waterloo Bridge)*, von Dietrich in *Das Haus der sieben Sünden (Seven Sinners)*, von Carole Lombard in *Sein oder Nichtsein (To Be or Not to Be)* und kleidete die Stars in dreiunddreißig weiteren Filmen ein. Für Barbara Stanwycks Kostüme in dem viktorianischen Melodram *B. F.'s Daughter* wurde sie für einen Academy Award nominiert und war berühmt für die berauschenden weißen Outfits, die sie für Lana Turner in dem Film *Im Netz der Leidenschaften (The Postman Always Rings Twice)* kreiert hatte, und ebenso für die Kleider, mit denen sie Doris Day ausstattete. Sie beging 1961 Selbstmord, indem sie vom elften Stock des Knickerbocker Hotels auf den Hollywood Boulevard sprang.

Edith Head, die ihre acht Oscars »die Männer in meinem Leben« nannte, schaffte dank Stanwyck und *Die Falschspielerin (The Lady Eve)* aus dem Schatten von Paramounts alkoholabhängigem Chefdesigner Travis Banton heraus den Sprung nach vorn. »Wir haben uns auf Anhieb gut verstanden«, sagte die Designerin zu ihrer Begegnung mit Stanwyck, »und es war der Beginn einer langen und wichtigen Freundschaft.« Sowohl Banton als auch Head waren seit den zwanziger Jahren bei Paramount, er kam von der Haute Couture und sie als High School-Kunstlehrerin in Los Angeles dorthin. Banton wurde durch die berauschenden Federn, Schleier und Chiffon-Ensembles, die er für Dietrich kreierte, in Ruhmeshöhen katapultiert, und nur ihm wurde die Ausstattung von Clara Bow, Claudette Colbert, Carole Lombard, Pola Negri und Mae West anvertraut. Das alles änderte sich 1939 jedoch, als er Paramount verließ und zu Fox wechselte und Edith Head die Chefdesignerin wurde. Ein Jahr später machten der Regisseur und Drehbuchautor Preston Sturges sowie Barbara Stanwyck, Henry Fonda und Heads fünfundzwanzig Kleider mit der sprühenden Screwball-Comedy *Die Falschspielerin* Geschichte.

»Die *Falschspielerin* veränderte unser beider Leben«, erinnerte sich Head. »Es war Barbaras erster wirklicher Kostümfilm und die größte Verwandlung, die sie mit Kostümen machte. Barbara war ziemlich gut gebaut und hatte eine bessere Figur als die meisten anderen Schauspielerinnen. Sie hatte, was manche Designer wohl als ein Figur-›Problem‹ sehen würden, eine lange Taille und ein vergleichsweise kurzes Gesäß. Indem ich den Bund an ihren Kleidern vorne breiter machte und am Rücken leicht verengte, konnte ich ihr dennoch problemlos glatte Röcke anziehen, wovor andere Designer zurückschreckten, weil sie fürchteten, sie könnte dann im Sitzen zu dick aussehen. Ich habe ihre lange Taille einfach genutzt, um die Illusion zu erzeugen, ihr Hinterteil sei genauso perfekt proportioniert wie das irgendeines anderen Stars.« Head wurde als Edith Claire Posener in San Bernardino, östlich von Los Angeles, geboren. Sie hatte einen leitenden Verkaufsmanager, Charles Head, geheiratet und war auch noch mit ihm verheiratet, als sie und Stanwyck sich 1937 bei den Dreharbeiten von *Internes Can't Take Money* kennenlernten.

Sie kleidete Elizabeth Taylor, Bette Davis, Grace Kelly, Audrey Hepburn, Paul Newman und Robert Redford ein, und aufgrund ihrer beschwichtigenden Art im Umgang mit temperamentvollen Stars und Regisseuren und ihrer stillen Autorität bestanden diese immer wieder darauf, daß sie auch bei ihren nächsten Filmen engagiert wurde. Was sie in ihrer beruflichen Karriere am meisten bedauerte, war, daß sie nie etwas für Garbo entworfen hatte. 1938 ließ sie sich von Charles Head scheiden und heiratete den Art-director Wiard Boppo »Bill« Ihnen. Sie nannte ihn ihren »besten Freund«, und abgesehen von ihrem Haus im Coldwater Canyon, wo sie beide mit Vorliebe im Garten arbeiteten und zusammen Kunstwerke sammelten, führten beide ihr eigenständiges Leben. Die Ehe dauerte neununddreißig Jahre, bis zu Ihnens Tod mit einundneunzig Jahren.

Edith Head war genau wie Barbara Stanwyck verschwiegen und wich ängstlich jedem Gespräch über Sexualität aus, sei es über ihre eigene oder die anderer. Daß sie lesbisch war, war im Grunde allgemein bekannt, aber sie wahrte bewußt Distanz zu den vielen Schauspielerinnen, deren Kleider sie entwarf, mit einer Ausnahme: Stanwyck und Robert Taylor, die häufig auf Ediths und Bills wildwüchsiger Hazienda zu Gast waren. »Edith war eine entsetzlich verschlossene, versteckte Lesbierin«, sagte der Autor Paul Rosenfield, »die mit den meisten Frauen, sei es als Individuen oder Verbündete, nichts anzufangen wußte.«

19. Judy Garland im Zauberland von Oos

Tallulah Bankhead, Anita Loos und Lady Mendl waren im Januar 1941 in George Cukors Treff am Cordell Drive, als jemand das Gespräch auf Edouard Bourdets Drama aus dem Jahre 1926, *The Captive (La Prisonnière)*, brachte, ein verwegenes Stück über eine junge Frau, die so besessen von einer anderen Frau ist, daß sie in ihrer Ehe nicht mehr glücklich werden kann. Ehe ein New Yorker Staatsanwalt das Stück unter Berufung auf die Zensurgesetze absetzte und den Produzenten, den Regisseur und das gesamte Ensemble mit dem Vorwurf der Verbreitung von Obszönitäten vor Gericht stellte, hatte das Stück – und Tallulah Bankhead – dafür gesorgt, daß Veilchensträuße das stillschweigende Erkennungszeichen lesbischer Liebe geworden waren. Bankhead bot Lady Mendl einen Veilchenstrauß an, die so tat, als wüßte sie nicht, was die Blumen bedeuteten.

»Was ist eine Lesbierin?« fragte ihre Ladyschaft. »Erzählen Sie mir, was sie macht.«

Worauf Bankhead mit ihrer bekannten Schlagfertigkeit erwidern konnte: »Wenn *Sie* es nicht wissen, was Lesbierinnen sind, wer dann?«

Die erste Frage, die sich eine lesbische Frau stellte, war: Wer noch? Sofern eine Lesbierin nicht in der glücklichen Lage war, einem informellen »Nähkreis« anzugehören, war es schwierig und problematisch, Kontakte mit anderen Lesbierinnen herzustellen. Um »Flos« und »Freddies« zu treffen, wie die *Femmes* und explizit maskulin auftretenden Lesbierinnen genannt wurden, konnte jemand, der Ende der Dreißiger neu nach Los Angeles kam, vielleicht in den If Club oder die Open Door auf der Alvarado Street oder in die nahe gelegene Lakeshore Bar in der Nähe des Westlake-Parks gehen. Im Lakeshore verkehrten ausschließlich Schwule, während im Golden Bull und im S. S. Friendship auf der Channel Road auch neugierige Heterosexuelle Zugang hatten. William Hearst und Marion Davies tauchten genau wie etliche Produzentenfrauen dort auf, die, wie Aldous Huxleys Biograph, David King Dunaway, es formulierte, »Schauspielerinnen in Hosenanzügen und mit kurzgestutztem Haar etwas von Filmrollen ins Ohr flüsterten«. Lili Damita und Errol Flynn wagten es nie, sich in den Clubs von Los Angeles sehen zu lassen, sie zogen aber gerne zusammen durch die Lesbenbars in Paris.

Eine lesbische Beziehung zuzugeben hieß, irgendwann, früher oder später, der Angst zu begegnen, die im Leben jeder Lesbierin eine große Rolle spielte. »Da ist die Angst vor der öffentlichen Meinung und der daraus folgenden Ächtung«, schrieben Del Martin und Phyllis Lyon 1972. »Die Angst, als Lesbierin identifiziert zu werden, führt zu der Angst, sich lächerlich zu machen, der Angst vor Ablehnung, der Angst vor der Gruppenidentifikation, der Angst vor der homosexuellen Gemeinschaft, der Angst vor der Polizei, der Angst vor der Familie, der Angst, Freundschaften einzugehen, der Angst vor Einsamkeit, der Angst vor dem Verlust des Arbeitsplatzes oder dem Zusammenbruch der Karriere, der Angst, nicht mehr geachtet zu werden, der Angst, Zuneigung zu zeigen, und der vielleicht größten und schlimmsten Angst, der Angst vor der Selbstannahme.«

Judy Garland kämpfte mit ihrer Sexualität und mit ihrem meteorhaften Aufstieg zum Ruhm mit der Angst vor Entdeckung und der Ablehnung und Ächtung, die zwangsläufig damit verbunden sein würden. Für Millionen war sie Dorothy, das Mädchen von nebenan, das über den Regenbogen reiste. In Wahrheit war ihr Leben angesichts des emotionalen Chaos, ihrer Abhängigkeit, ihrer stürmischen Ehen und der anderen Frauen, bei denen sie Trost in der Liebe suchte, eine schlingernde Achterbahn. Sie war stark, eigensinnig und explosiv, besessen von dem unersättlichen Wunsch zu gefallen. Schon als Teenager behauptete sie, ihr Leben sei »ein absolutes Chaos«.

Alles begann damit, daß Louis B. Mayer neidisch auf Twentieth Century-Fox' Shirley Temple war. Mit vier hatte Shirley Temple Marlene Dietrich und andere Hauptdarstellerinnen in Kurzfilmen, den sogenannten Babyburleskes, parodiert und mit sechs eine Gesangs- und Tanznummer in *Stand Up and Cheer* dargeboten. Innerhalb weniger Monate, nachdem sie von Fox unter Vertrag genommen worden war, sang, tanzte und bezauberte sie das von der Wirtschaftskrise geschüttelte Amerika und die ganze Welt mit ihrem mitreißenden Optimismus. Mayer glaubte, MGMs Antwort mit der dreizehnjährigen Frances Garland gefunden zu haben, und nahm sie 1935 unter Vertrag.

Garlands Vater, ein Filmmanager mit Ambitionen im Showbusineß, war schwul; ihre Mutter, die seine sexuellen Neigungen kannte und verabscheute, war die archetypische Bühnenmutter schlechthin. Sie hatte zwei Töchter von Francis Gumm und versucht, Frances, die dritte Tochter, abzutreiben. Als Garland dann ein Star war, erzählte ihre aufdringliche Mutter, wie Garland sagte, »mit Begeisterung in Räumen voller Leute« von dem mißglückten Versuch, sie abzutreiben. Zusammen mit ihren Schwestern machte Frances ihr Gesangsdebüt mit zweieinhalb Jahren und sang mit ihrer kräftigen Stimme das Haus in Grund und Boden. Als Frances vier war, zog die Familie nach Los Angeles um, um das Kinder-Gesangs- und Tranztrio, dem sie den Namen Gumm Sisters Kiddie Act gegeben hatten, besser vermarkten zu können. Auf Vorschlag von George Jessel änderte das Trio seinen Namen auf Garland. Aus Frances wurde, als sie neun war, Judy, und sie wuchs als ein verwöhntes und temperamentvolles Kind heran.

Wir wissen nicht, ob Howard Strickling Betty Asher beauftragte, Judy Garland zu verführen, um den Teenager unter Kontrolle zu haben. Asher war fünf Jahre älter als Garland, Tochter eines Produzenten von B-Filmen bei Universal Pictures, und ihre Aufgabe war es, sich bei MGM um das Verhalten der minderjährigen Garland und Lana Turner zu kümmern. »Ein unglückliches Erbe dieser Beziehung« war zumindest, wie Garlands Biograph David Shipman schrieb, »daß Asher Garland zum Trinken animierte, wofür sie bis dahin keine Begeisterung entwickelt hatte.«

Nachdem Garland ein Jahr bei MGM unter Vertrag war, entschied das Studio, daß man keine zwei jungen Sängerinnen brauchte. Neben Garland gab es noch Deanna Durbin, und sie mußte gehen und wurde an Universal abgegeben. Der sensationelle Erfolg, den sie dort dann jedoch mit *Drei schlaue Mädchen (The Smart Girls)* feiern konnte, ließ Garland in Tränen ausbrechen und Mayer Überlegungen anstellen, ob er nicht lieber Garland fallenlassen und versuchen sollte, Durbin zurückzubekommen. Garlands Erfolg kam, als sie bei Clark Gables sechsunddreißigstem Geburtstag in einem sorgfältig geprobten, »spontanen« Ständchen zur Ehre des Stars ein flottes, jazziges »Dear Mr. Gable« schmetterte, das im Radio übertragen und für die *Broadway-Melodie (Broadway Melody of 1937)* verfilmt wurde (die alsbald in *Broadway Melody of 1938* umbenannt wurde)... Garland wurde zur »sensationellen flotten kleinen Gesangsnummer« gekürt und war mit siebzehn Amerikas beliebtester weiblicher Kinderstar. Sie war allerdings eifersüchtig auf Lana Turner, die den Männern den Kopf verdrehte und mit allem, was dazugehörte, in den Genuß einer »Glamour-Behandlung« kam, inklusive Pin-up-Poster, auf denen sie in hautengen Pullovern zu sehen war.

Garland beherrschte alle Tricks eines Kinderstars. Ihre Rache, daß sie nur jedermanns liebes Mädchen war, während Turner als Sexsymbol gehandelt wurde, bestand darin, daß sie sich mit David Rose verlobte, dem frisch von der Komikerin Martha Raye geschiedenen Musiker, und zu ihrer Verlobungsfeier sechshundert Gäste einlud. Überzeugt, sie werde von ihrem Studio nicht genügend gewürdigt, nahm Garland kurzerhand – mit ihrer Mutter, ihrem neuen Stiefvater und mit Asher im Schlepptau – Reißaus, um Rose in Las Vegas zu heiraten. Er war der erste von fünf Ehemännern. Die Heirat befreite sie jedoch nicht von der autoritären Kontrolle MGMs. Das Studio verordnete ihr Pillen, um sicherzustellen, daß sie nachts schlief, und Pillen, um sicherzustellen, daß sie strahlend und früh bei den Dreharbeiten war, und Appetitzügler, Amphetamine, um sicherzustellen, daß sie dünn blieb. Mit zwanzig war sie bereits in höchstem Maße abhängig.

Eine Schwangerschaft wurde unter Mitwirkung des Studios unterbrochen, und als Garland ein Jahr später geschieden wurde, zog Betty Asher in das Nachbarapartment von Judy ein. Ihre Aufgabe bestand unter anderem darin, Stricklings Büro alle publicityträchtigen Aktivitäten von Garland zu melden. In einem Wutanfall nannte Garland sie später »einen weiteren MGM-Spion«, aber die beiden blieben Freundinnen, wenn nicht gar ein Liebespaar. Asher, die schließlich Selbstmord beging, war Garlands Trauzeugin, als sie ihren homosexuellen Regisseur Vincente Minnelli heiratete.

Auch Minnelli war ein Kind von Showbusineßleuten – sein Vater war zu fünfzig Prozent Eigner des Minnelli Brothers Tent Theater, und seine Mutter war die Hauptdarstellerin im eigenen Programm. Mit drei stand Vincente auf der Bühne, »zog sich« fünf Jahre später aber »zurück«, als der Film solche kleinen Wanderbühnen kaputtmachte. Er hatte als Assistent eines Fotografen gearbeitet, als Kostümdesigner an der Radio City Music Hall und als Regisseur von Broadway-Musicals, ehe MGM ihn unter Vertrag nahm. Sein Boß war Arthur Freed, der zum Leiter der Musical-Abteilung avancierte Lyriker, dessen Name Synonym für den Glamour und die Qualität der MGM-Musicals war. Zu Freeds Team gehörte ein derart großes Kontigent von Homosexuellen, daß es als »die schwule Truppe« bekannt war.

Minnellis erster Job war, Judy Garlands Musical-Nummer in Busby Berkeleys *Die große Band (Strike Up the Band)* zu inszenieren. Bis er bei ihr in *Triff mich in St. Louis (Meet Me in St. Louis)* Regie führte, waren sie beste Freunde. Garland störte sich nicht an den Gerüchten, die über ihn und seinen japanischen Diener in Umlauf waren, da Vincente der erste Mann in ihrem Leben war, der Flair hatte und Eleganz ausstrahlte. Er wußte, wie er ihr schmeicheln und väterliche Ratschläge geben konnte – und sie führte ihn der Presse vor. Indem sie einen Homosexuellen heiratete, schrieb David Shipman, konnte sie ohne Schuldgefühle weiterhin ihre bisexuellen Neigungen ausleben. Sie fühlte sich immer zu homosexuellen Männern hingezogen und genoß es, Schwulen beim Oral- und Analverkehr zuzuschauen. In späteren Jahren hatte sie ihr eigenes Kultpublikum, das sich in weiten Teilen aus Homosexuellen rekrutierte.

MGM »inszenierte« die Garland-Minnelli-Hochzeit 1945. »Fast jeder hatte seine Zweifel hinsichtlich der Ehe, aber Louis B. Mayer gehörte nicht dazu«, schrieb Garlands Biograph David Shipman. »Minnellis Homosexualität war keineswegs ein Hindernis.« Ihre Tochter Liza wurde 1946 geboren. Vier Jahre später waren Garland und Minnelli sich einig, daß sie nicht mehr miteinander zurechtkamen, und Garland zog in ein Apartment in West Hollywood, das einst Marlene Dietrich gehört hatte.

20. Frische Gesichter

Der »Nähkreis« war so transitär – und so dauerhaft – wie Hollywood selbst. Fünfzehn Millionen Amerikaner gingen 1938 allwöchentlich ins Kino. Es gab mehr Kinos (15 115) als Banken (14 952), und der Druck, immer umwerfendere Fantasiegebilde auf die Leinwand zu bringen, gipfelte in dem Film *Vom Winde verweht*. Am Abend des 10. Dezember 1938 schrie George Cukor: »Action!« Und damit stand Atlanta auf dem Gelände von Selznick International in Culver City – in Flammen, mit drei Clark-Gable-Doubles in weißen Anzügen, bereit, in die Flammen zu stürzen und drei verschiedene Scarletts zu retten. David O. Selznicks Bruder, der Agent Myron Selznick, tauchte spät auf, betrunken und in Gesellschaft der jungen englischen Schauspielerin Vivien Leigh.

»Ich möchte, daß du deine Scarlett O'Hara kennenlernst«, sagte Myron zu David, der zu der legendären Begegnung später erklärt haben soll: »Ich sah nur einmal hin und wußte, daß sie die Richtige war.« Weniger sagenumwoben war Cukors Rausschmiß nach neunzehn Tagen Dreharbeiten, nachdem Clark Gable bei einer schwierigen Szene explodiert war: »Ich kann diesen Film nicht mehr weitermachen. Ich lasse mich nicht von einem Schwulen in der Regie führen. Ich muß mit einem *richtigen Mann* arbeiten!«

Hintergrund des Wirbels, mit dem der Werbemanager Russell Birdwell den Rausschmiß ausgelöst hatte – und dafür sorgte, daß anstelle von Cukor Clark Gables Lieblingsregisseur, Victor Fleming, eingestellt wurde –, war, daß Cukor Vivien Leigh und Olivia de Havilland zuviel und seinem Hauptdarsteller zuwenig Beachtung geschenkt hatte. Einen Monat später begann Cukor mit den Dreharbeiten von *Die*

Frauen (The Women) mit Norma Shearer, Joan Crawford, Rosalind Russell, Paulette Goddard und Joan Fontaine – alles Ausrangierte nach der von Selznick und Birdwell inszenierten publicityträchtigen Jagd auf eine Scarlett O'Hara, wie einige Witzbolde in Hollywood anmerkten.

Anita Loos und Jane Murfin überarbeiteten Clare Boothes gehässiges Stück über eine New Yorkerin der oberen Zehntausend, die sich scheiden läßt, um sich später jedoch eines Besseren zu besinnen. Die Filmfassung beinhaltete einhundertfünfunddreißig Sprechrollen, die sämtlich Frauen zufielen, so daß der Film *Die Frauen* werbemäßig als die Geschichte von »135 Frauen, die Männer im Kopf haben«, vermarktet werden konnte.

»Alles war weiblich«, erinnerte sich Cukor später. »Die Bücher in der Bibliothek waren alle von Autorinnen. Die Fotografien und Kunstgegenstände waren von Frauen gemacht. Selbst die Tiere – die Affen, die Hunde, die Pferde – waren weiblich. Ich weiß nicht, ob das Publikum das überhaupt gemerkt hat, aber in dem ganzen Film kam nicht ein Mann vor, obwohl neun Zehntel der Dialoge sich um sie drehten.«

Zur Besetzung gehörte ein neues Mitglied des »Nähkreises«. Marjorie Main hatte einen langen Weg hinter sich, seit sie 1927 mit Barbara Stanwyck am Broadway über die Bühne getingelt war. Nach Jahren im Varieté und am Theater entwickelte sie sich zu einer auf gesalzene und unanständige Rollen spezialisierten Darstellerin, die bekannt dafür war, daß sie anderen fantastisch die Show stehlen konnte. Nachdem sie in *Sackgasse (Dead End)* Humphrey Bogarts Mutter gespielt hatte und 1937 in *Stella Dallas* Stanwycks Schwiegermutter, wurde sie auf die Rolle der schlampigen Mutter festgelegt. Sie wohnte mit der Schauspielerin Spring Byington am Cordell Drive, gegenüber von Cukor, zusammen. Byington spezialisierte sich auf geistig junggebliebene, leicht verrückte Mütter wie 1938 in Frank Capras *Lebenskünstler (You Can't Take It With You)*.

Garbo blieb ein häufiger Gast bei Cukors abendlichen Festen. Ihre Popularität ließ allmählich nach, und nachdem man davon Abstand genommen hatte, ihr die Hauptrolle in dem Film über die Lebensgeschichte Marie Curies zu geben (die Rolle fiel am Ende Greer Garson zu), fand Mayer die Lösung, sie eine Komödie spielen zu lassen. Es ging um *Ninotschka (Ninotchka)*, Regie führte Ernst Lubitsch, der sieben Jahre zuvor in seinem Strandhaus ausgerufen hatte: »Warum sagen Sie diesen Idioten in Ihrem Studio nicht, sie sollen uns zusammen einen Film machen lassen?«

Ninotschka war eine schwungvolle Komödie, und Lubitsch war in Topform. Garbo spielte eine egozentrische, humorlose sowjetische Kommissarin, die sich von Paris und einem Playboy namens Graf Leon d'Algout verführen läßt. Der Graf wurde schließlich mit Melvyn Douglas besetzt, nachdem zuvor auch William Powell und Robert Montgomery in die engere Auswahl gekommen waren. Die Rolle der Großherzogin wurde an Ina Claire vergeben. Dem Biograph von Cecil Beaton, Hugo Vickers, erzählte Claire vierzig Jahre später, wie Garbo einen Annäherungsversuch bei ihr unternahm. Nachdem Claire nicht darauf einging, sagte Garbo: »Jetzt muß ich ans stille Örtchen für kleine Jungs.« Als Claire wenig später in die Toilette kam, war der Sitz hochgeklappt. Antoni Gronowicz berichtet, daß die beiden Schauspielerinnen sich absolut nicht ausstehen konnten.

Etwa zur gleichen Zeit kehrte Mercedes de Acosta im Frühjahr 1939 von einer einjährigen spirituell-orientierten Reise aus Indien nach Los Angeles zurück. Inzwischen hatten sich, wie sie feststellen mußte, nicht nur ihre eigenen, sondern auch die US-amerikanischen Werte verändert. Sie fand die Amerikanerinnen ausgesprochen borniert und entsetzlich uninformiert. Sie hatte mit siebenundvierzig das untrügliche Gefühl, daß es mit ihrem Konzentrationsvermögen ebenso wie mit ihrer Gesundheit bergab ging. In der Nähe von Garbo mietete sie in der Amalfi Road in Brentwood ein Haus, und beider Beziehung wurde wiederbelebt. Aus Paris bat Jean Cocteau in einem Brief de Acosta, ob sie nicht Garbo überreden könnte, die Hauptrolle in einer Verfilmung seines Stückes *Der Doppeladler* (*L'Aigle à deux têtes*), einem abenteuerlichen, romantischen Melodram, zu übernehmen.

Es war eine glückliche Zeit für de Acosta und Garbo. Jeden Tag gingen sie nach den Dreharbeiten auf den Hügeln oberhalb Brentwoods spazieren, so wie sie es getan hatten, als Garbo *Menschen im Hotel* drehte und de Acosta wegen *Rasputin und die Kaiserin* mit Irving Thalberg ihre Kämpfe ausfocht. Die Arbeit an der Komödie veränderte Garbo, wie de Acosta sich später in ihren Memoiren erinnerte:

> *Sie lachte fortwährend und wiederholte ständig die Frage: »Warum?« – genau wie sie es im Film tun mußte. Sie machte Lubitschs Akzent nach und fragte immer wieder und noch mal: »Varum, varum?« Sie spielte mir einzelne Szenen aus dem Film vor und war an manchen Tagen tatsächlich Ninotschka.*

Mercedes de Acosta nahm die Kontakte mit dem »Nähkreis«, mit alten und neuen Mitgliedern, wieder auf. Judith Anderson war eine sich betont männlich gebende neu hinzugekommene Lesbierin, die Tragödin von übermenschlichen, entrückten Rollen, deren Merkmale und Manieren sie zu der Frau machten, zu der das Kinopublikum eine Haßliebe entwickelte. »Sie kann allein schon von ihrem Temperament her keine Mauerblümchen spielen«, sagte Eva Le Gallienne. Richard Sarafian, der die in Australien geborene Anderson 1971 wegen einer Rolle interviewte, sagte, sie werde nie jemanden finden, mit dem sie spielen könne, der noch männlicher sei als sie. Sie wünschte sich nie ein weicheres Gesicht und tat Fragen, ob sie nicht auch einmal gerne weichere Rollen spielen würde, mit der Gegenfrage ab, wer wohl gerne gewöhnliche Typen spielen würde. Als Boze

Hadleigh sie mit zweiundneunzig fragte, ob es ihr etwas ausmache, für eine Lesbierin gehalten zu werden, grinste sie herausfordernd und sagte: »Viele Leute tun das bereits.«

Sie hatte ihre Schauspielkarriere mit siebzehn in Sydney begonnen, kam 1920 nach Amerika und trat zwölf Jahre später die Nachfolge von Lynn Fontanne in der Rolle der Nina Leeds in O'Neills Stück *Strange Interlude (Verhängnisvolle Liebe)* an. Auf Drängen Katharine Cornells gab Guthrie McClintic ihr in dem Stück *Divided by Three* eine Rolle. Ihr Filmdebüt machte Anderson in *In meiner Wut wieg' ich vier Zentner (Blood Money)*, einem raffinierten Thriller voll zweideutiger sexueller Spannung, in dem sie eine Nachtclubbesitzerin spielte. Drehbuchautor und Regisseur des Films war Rowland Brown, ein ehemaliger Modezeichner, der einen aufregenden optischen Stil entwickelte und das Drehbuch mit schwulen Doppeldeutigkeiten spickte. Als sie ihren kleinen Bruder, der sich in der Unterwelt herumtreibt, vor der Sorte von Frauen warnt, mit denen er sich abgibt, tut er ihre Befürchtungen ab: »Ach, mach dir keine Gedanken, Schwester, die hier ist anders. Geht im Smoking.« Und sie rüffelt ihn, als er einen schüchternen Taxifahrer warnt, ihr Ziel nicht an die Polizei zu verraten, mit der Drohung: »Hör gut zu, du Schwuchtel.«

Die Hochphase von Andersons Bühnenkarriere begann 1936, als sie am Broadway die Gertrude in John Gielguds *Hamlet* spielte. »Nun, da ich meine klassische Ausbildung begonnen habe, darf ich es wagen, es da verlauten zu lassen, daß ich von Lady Macbeth träumte und mir jetzt wünsche, sie zu spielen?« fragte sie. Ein Jahr später spielte sie in London die Rolle an der Seite von Laurence Olivier. Ihr großer Durchbruch kam, als Zoë Akins ihr die Hauptrolle in ihrer Bühneninszenierung von Edith Whartons *The Old Maid* gab. Und Cheryl Crawford, die sich als einzige unabhängige Produzentin am Broadway behauptete, gab Anderson die Hauptrolle in *Familienporträt (Family Portrait)*.

Durch Maria und Aldous Huxley freundete de Acosta sich mit einer weiteren Neuen in Hollywood an, der deutschen Malerin Eva Hermann, die sich in Berlin vor allem mit ihren Karikaturen einen Namen gemacht hatte. Sie teilte gelegentlich das Bett mit Maria und Aldous Huxley und legte sich bei intimen Zusammenkünften im Hause der Huxleys auch schon mal nackt auf den spiegelverglasten Eßtisch und ließ sich von den Gästen fotografieren oder streicheln. »Sie war ein netter und einfühlsamer Mensch, eine enge Freundin der Huxleys, die mich mit ihr bekannt machten«, schrieb Mercedes. »Ich habe sie oft in jenen letzten Jahren in Hollywood gesehen, und wir sind gute Freundinnen geblieben.«

Es gab neue Umbrüche und eine weitere Lavendel-Ehe. Dolores Del Rio ließ sich von Cedric Gibbons scheiden und kehrte in ihre Heimat nach Mexiko zurück, da sie die ständige Festlegung auf exotische Rollen satt hatte, die durch ihr Äußeres allerdings unvermeidlich war. Janet Gaynor und MGMs Hochglanzdesigner Adrian heirateten in Yuma, Arizona. Gaynor war sechsunddreißig, Adrian drei Jahre älter. Sie sagten, sie führten eine enge und intime Ehe. Gaynor, die in der Regel die Rolle des Wildfangs spielte, sagte Frances Goldwyn, sie habe geheiratet, um ihrem »speziellen Korridor« zu entfliehen »und auch die andere Seite des Lebens kennenzulernen«. Adrian behauptete, er sei ein zurückhaltender Mensch, schon allein wegen seines Aussehens. Und er fand, daß er »wie ein Kamel« aussah.

Gaynors Karriere hatte mit dem von David O. Selznick produzierten Film *Ein Stern ist erschienen* Auftrieb bekommen. Sie stand auf seiner engeren Auswahlliste für die Rolle der Melanie in *Vom Winde verweht*, beschloß dann aber ein Jahr später, ihre Filmkarriere aufzugeben.

Gaynor wurde als Laura Gainor in Philadelphia geboren und wuchs in Chicago auf, wo ihre geschiedene Mutter wieder heiratete. Sie wurde mit neunzehn von Fox Film entdeckt und, nachdem der Produktionschef Winfield Sheehan persönliches Interesse an ihr gefunden hatte, in mehreren Topfilmen des Studios eingesetzt. Sie spielte die Hauptrolle in *Sonnenaufgang (Sunrise)*, F. W. Murnaus außergewöhnlichem sinnlichen Film, der zu den Klassikern der Stummfilme zählt. Ihre Rolle als Pariser Obdachlose in Frank Borzages populärem Film *Der siebente Himmel (Seventh Heaven)* markierte ihren ersten Auftritt neben Charles Farrell. Ihr freches, entschlossenes Auftreten machte ihre Darstellung der süßen, bewundernswerten, kindlichen Frauen berühmt und brachte ihr 1929 von der neu gegründeten Motion Picture Academy den ersten Preis als beste Schauspielerin ein. Die nächsten sieben Jahre waren Gaynor und Farrell bei Fox das klassische Leinwand-Liebespaar.

Gaynor war mehr Mannweib und hatte jenseits der Leinwand mehr männliche Züge als Farrell, und die Musicals, die sie zusammen machten und die kaum voneinander zu unterscheiden waren, wurden ihr allmählich zuwider. Sie rebellierte gegen den Fox-Chef Sheehan und entschwand 1930 nach einem dramatischen Abgang nach Hawaii. Von Honolulu aus erklärte sie, sie werde nur zurückkehren, wenn Sheehan ihr zusicherte, daß sie keine kindlichen Frauen mehr zu spielen brauchte. Genau wie Garbo hielt sie monatelang durch und schlug die Rolle der Julie in *Liliom* aus, die Eva Le Gallienne auf der Bühne berühmt gemacht hatte. Ihr Sieg war allerdings nur von kurzer Dauer. Als William Fox sein Studio mit Darryl Zanucks Twentieth Century fusionierte, wurde Sheehan gefeuert. Mit ihm hatte sie ihren Trumpf in der Hand verloren.

Mercedes de Acosta fand Huxleys glänzenden Intellekt erregend, und in ihren Memoiren erzählte sie von einsamen Spaziergängen mit ihm. »Unmittelbar vor oder nach dem Sonnenuntergang pflegten wir zusammen spazierenzugehen. Wenn ich allein mit Aldous war, hatte ich immer das Gefühl, er weiß so viel, daß ich nicht eine Sekunde mit ihm verbringen sollte, ohne irgendein rares Stück an Informationen aus ihm herauszugraben.« Der Autor von *Schöne neue Welt* und *Kontrapunkt des Lebens* war mit einer Lesbierin verheiratet, die sich als Gegenleistung für die Freiheit von ehelichen Pflichten und die Freiheit, die ihr die Ehe zugleich sicherte, damit revanchierte, daß sie ihrem Mann Damen beschaffte. Gelegentlich teilte sie das Bett mit ihm und den Frauen, die er verführte, und schaffte ihm die Mätresse auch wieder vom Hals, wenn er genug von ihr hatte.

Maria Nys Huxley war von Geburt Belgierin, eine zierliche dunkelhaarige, aristokratisch aussehende Frau mit großen blaugrünen Augen. Mit ihrer Familie war sie während des Ersten Weltkrieges nach Italien evakuiert worden, wo sie Constanza Fasola, eine Professorentochter, verführte. Nach dem Krieg geriet sie in London in den Bann von Lady Ottoline Morrell, der bisexuellen Gastgeberin des Bloomsbury Jet-Sets. Lady Ottoline setzte sich für D. H. Lawrence, den Sohn eines Bergarbeiters, ein, und Maria erlangte eine gewisse Berühmtheit dadurch, daß sie sein Manuskript von *Lady Chatterley und ihr Liebhaber* getippt hatte. Maria glaubte an Stars, beschäftigte sich mit der Handlesekunst und konsultierte Wahrsager.

Die Huxleys kamen 1937 nach Hollywood. Sie fuhren, Maria am Steuer, ihr heranwachsender Sohn auf dem Rücksitz, von der Ostküste quer durch die Vereinigten Staaten – Aldous mit dem Ziel, sich als Drehbuchautor zu versuchen, und Maria, sich dem »Nähkreis« anzuschließen. Peggy Kiskadden, Aldous Huxleys langjährige Sekretärin, glaubte, daß Maria nie eine Verbindung zwischen Sex und Ehe gesehen hat. Während ihrer Jahre mit den Huxleys hielt sie sich tunlichst aus Marias Beziehungen heraus. »Nachmittags«, schrieb Huxleys Biograph David King Dunaway, »setzte Maria Aldous oft an einer Buchhandlung oder vor einem Museum ab, während sie sich mit Mercedes de Acosta traf.« Manchmal schloß die blasse, würdevolle Malerin Eva Hermann sich den beiden an, die Marias Geliebte in Frankreich gewesen war. Mercedes fand, daß Maria zerbrechlich und bezaubernd aussah. Sexuell fühlte Mercedes sich zu »der netten und einfühlsamen« Eva hingezogen.

Huxley verdankte die Tatsache, daß er bei MGM »reingekommen« war, dem »Nähkreis«. Anita Loos beschaffte ihm den Job bei MGM, das Drehbuch von Jane Austens *Stolz und Vorurteil (Pride and Prejudice)* für die Verfilmung mit Laurence Olivier und Greer Garson zu schreiben; und dank Garbo, Salka Viertel und Maria wurde er engagiert, das Drehbuch für *Madame Curie zu* schreiben; und dank Viertel blieb er auf der Lohnliste. Es war Mercedes, die Maria und Aldous Huxley Garbo vorstellte. Zusammen mit Salka Viertel gingen Mercedes und Maria zu Dichterlesungen und Séancen im Brevoort. Ein weiterer beliebter Ort war die Villa Carlotta. Hier wohnten Ona Munson sowie zwei Nachtclubsängerinnen, Marguerite d'Alvarez und Kathleen Howard.

Die Huxleys liebten Picknicks, und Anita Loos erinnerte sich an einen Ausflug in der Zeit des Ausbruchs des Zweiten Weltkrieges. Bertrand Russell, Krishnamurti und mehrere indische Damen in Saris, neben Garbo, die als Mann verkleidet war, und Paulette Goddard in einem farbenprächtigen mexikanischen Outfit und außerdem Charlie Chaplin sowie Christopher Isherwood waren mit von der Partie. Aus Angst, sie würden beim Reiskochen die zundertrockenen Canyons in Brand setzen, beschloß die Gesellschaft, mit dem ausgetrockneten sandigen Flußbett des Los Angeles River vorliebzunehmen. Mit Garbos vegetarischen Möhren und Goddards Kaviar wurden Brote belegt. Krishnamurtis Reis köchelte gerade, als ein Sheriff auftauchte und Huxley fragte, ob er nicht lesen könne. Huxley räumte ein, daß er es konnte, aber niemand begriff die Anspielung, bis der Sheriff auf ein Zutritt-verboten-Schild zeigte. Huxley versicherte dem Gesetzeshüter, daß sie das Flußbett nicht schänden und nach ihrem Picknick alles wieder reinlich verlassen würden. Als das nicht zog, erinnerte Loos sich,

> spielte Aldous seinen Trumpf aus. Er wies auf die Anwesenheit von Miß Garbo, Miß Goddard und Mr. Chaplin hin. Mit seinen mickerigen kleinen Augen blinzelte der Sheriff nur kurz in Richtung der Gruppe. »Ist das so?« fragte er. »Nun, ich habe jeden Film gesehen, den sie gemacht haben«, sagte er, »und von diesen Stars gehört keiner zu diesem Trupp hier. Macht also, daß ihr hier wegkommt, ihr Halunken, oder ich werde euch, wie ihr hier seid, alle verhaften.«
>
> Wir brachen wie die Araber unsere Zelte ab und stahlen uns schuldbewußt von dannen. Erst als wir im Garten von Huxleys Haus saßen und unser Picknick wiederaufnahmen, fingen die Flachsereien an, als wir uns die schillernden Schlagzeilen vorstellten... »Massenverhaftung in Hollywood. Greta Garbo, Paulette Goddard, Charlie Chaplin, Aldous Huxley, Lord Bertrand Russell, Krishnamurti und Christopher Isherwood festgenommen.«

Im September 1939 brach in Europa der Krieg aus. In Amerika gab es keine Kriegsbegeisterung. In Meinungsumfragen sprach sich die Mehrheit gegen eine Einmischung aus. Nach nicht einmal vierzehn Tagen hatte Deutschland Polen überrollt. Aber an der Westfront standen sich die deutschen und französischen Soldaten einstweilen nur finsteren Blickes gegenüber, so daß bald von einem »Scheinkrieg« die Rede war.

Salka Viertels Haus in der Maberry Road zog immer mehr Flüchtlinge an. Fred und Renée Zimmerman aus Berlin kauften ein Haus in der Maberry Road, ebenso Christopher Isherwood sowie Donald Ogden Stewart und seine Frau Ella Winter. Viertel nahm Bertolt Brecht auf, als er, unterstützt von Lion und Marta Feuchtwanger, via Dänemark und Sowjetunion samt Ehefrau und Mätresse ankam. Ohne jede Reputation in Amerika hatte Brecht keinen leichten Stand in der Emigriertenwelt.

Tallulah Bankhead. »Die Sache mit Tallulah war«, sagte Alfred Hitchcock, «daß
sie keine Hemmungen kannte.« Tallulah Bankhead von Cecil Beaton fotografiert.
Foto: Bettmann Archives

Tallulah Bankhead wird für *Eine Lady mit schlechtem Ruf* zurechtgemacht. Nach ihrem siebenjährigen Triumph auf der Londoner Bühne kehrte sie nach Amerika zurück und unterzeichnete bei Paramount einen Vertrag, der ihr die Hauptrolle in der Verwicklungskomödie sicherte, bei der George Cukor Regie führte.
Foto: Library of Congress

Tallulah Bankhead war sich mit ihrem Vater, einem Kongressabgeordneten, darin einig, daß man eine gute Allgemeinbildung hatte, wenn man die Bibel und seinen Shakespeare kannte und Craps spielen konnte. Nach ihrem ersten Hollywood-Film kam sie mit einhunderttausend Dollar in der Tasche nach New York zurück.
Foto: Library of Congress

Libby Holmes war mit Fünfundzwanzig bereits »verdorben und überreif« und wurde mit Dreißig des Mordes an ihrem millionenschweren Ehemann beschuldigt. Sie fühlte sich zu jungen schwulen Männern hingezogen, die sie beherrschen konnte – und war lange Zeit eine Seelengefährtin und Drogenlieferantin von Montgomery Clift sowie Geliebte von Jane Bowles, der Ehefrau des Schriftstellers Paul Bowles.
Foto: Library of Congress

Dorothy Arzner. Sie war in der Ära der Studios Hollywoods einzige Regisseurin und als solche »eine der Jungs«.
Foto: Library of Congress

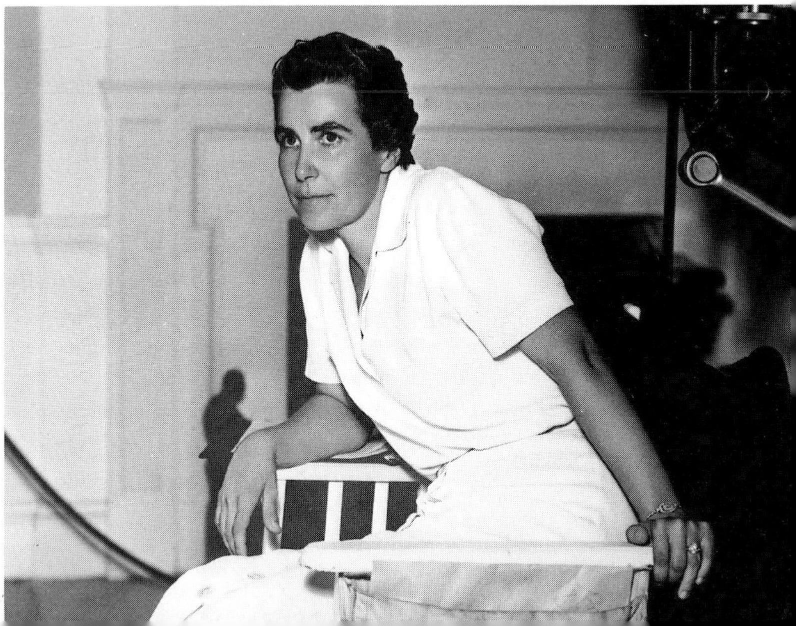

Katharine Hepburn haßte sich selbst in *Ihr großes Erlebnis*. Dorothy Arzners Film, zu dem die Flugbegeisterung Amelia Earhearts sie inspiriert hatte, erwies sich als Kinoflop, wurde aber von den Feministinnen späterer Jahre zum Kultfilm gemacht.

Foto: The Academy of Motion Picture Arts and Sciences

Hochzeit im Juni: Vincente Minelli und Judy Garland heirateten am 15. Juni 1945.
Foto: National Archives

»In manchen Jahren konnte ich nichts falsch machen, in anderen konnte ich nichts richtig machen.« Patsy Kelly machte und verschleuderte mit ihrem trockenen Humor vier Millionen Dollar.
Foto: Sammlung des Autors

Lizabeth Scott verklagte *Confidential* auf 2,5 Millionen Dollar Schadensersatz und verlor, da die Zeitschrift in Kalifornien nicht publiziert wurde. 1942 vermarktete Paramounts Publicity Abteilung Scott als die neue Lauren Bacall oder Veronica Lake. Zehn Jahre später war sie die einzige Hollywood-Schauspielerin, der in der Presse unnatürliche Sexpraktiken vorgeworfen wurden.
Foto: Sammlung des Autors

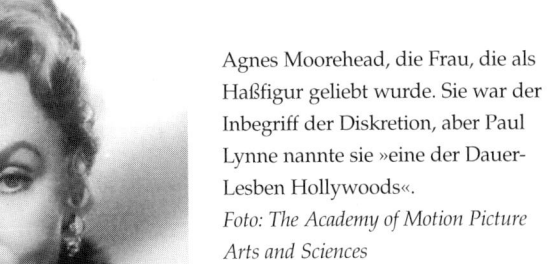

Agnes Moorehead, die Frau, die als Haßfigur geliebt wurde. Sie war der Inbegriff der Diskretion, aber Paul Lynne nannte sie »eine der Dauer-Lesben Hollywoods«.
Foto: The Academy of Motion Picture Arts and Sciences

»Ich hatte immer geglaubt, ich bräuchte einen Mann, um mich selbst zu definieren«, sagte Capucine dem *Harper's Bazaar* im September 1982. Das Ex-Model aus Paris war Holdens Gegenspielerin in *Beim siebten Morgengrauen* (1964).
Foto: Sammlung des Autors

»Sie hätten mich nicht abschlachten sollen.« Sandy Dennis (Bild) und Anne
Heywood waren zwei Lesben, die in *The Fox* (1968) glücklich und zufrieden auf
einer abgelegenen Farm lebten, aber der Plot verlangte, daß Dennis umkam, als
ein Mann, Keir Duella, dazukam.
Foto: Sammlung des Autors

Da Viertel durch ihre Freundschaft mit Garbo einen gewissen Einfluß bei MGM hatte, versuchte Brecht, ein Drehbuch für sie zu schreiben.

Angesichts des Krieges, der in Europa wütete, machten sich Schuldgefühle in der numerisch stattlichen englischen Filmkolonie breit, auch bei Huxley, der Scham ob der Tatsache empfand, daß er den Krieg in Kalifornien aussaß, während die Luftwaffe London bombardierte. Mit der Zeit gewann er jedoch eine gewisse Distanz und verfolgte den Wahnsinn mit tiefer Sorge und einem mitunter sarkastischen Humor. Mit der Kapitulation Frankreichs im Juni 1940 wurden zwei Mitglieder des »Nähkreises«, Lili Damita und Marlene Dietrich, zur zentralen Anlaufstelle für exilierte Franzosen, angeführt von Jean Renoir.

21. Die Schwestern und der Krieg

Der Krieg in Europa war im Frühjahr 1940 in eine andere Phase getreten, als Deutschland in Dänemark und Norwegen einmarschierte und eine Blitzoffensive begann, die im Juni zur Kapitulation Frankreichs führte. Als die Herren Europas, von Norwegen über Italien bis nach Nordafrika, sperrten Deutschland und seine Achsenmächte sich gegen alle amerikanischen Filme. In Amerika selbst wurden die Einbußen an den Kinokassen darauf zurückgeführt, daß die Kinobesucher zu Hause blieben, um den Fortgang der Weltereignisse am Radio mitzuverfolgen. Nach dem 7. Dezember 1941 änderte sich alles – für Hollywood und für den »Nähkreis«.

Die Stars meldeten sich zum Kriegsdienst an die Front. Im Rahmen einer Umfrage der *Chicago Tribune* hatten zwanzig Millionen Kinobesucher Clark Gable zum »König von Hollywood« gekrönt (die Königin war Myrna Loy), und Louis B. Mayer fürchtete, sein wichtigster Star würde in dem patriotischen Fieber hinweggefegt. Tatsache ist, daß der einundvierzigjährige Gable keineswegs erpicht auf den Militärdienst war, sich aber bereit erklärte, sich zum Präsidenten eines Siegeskomitees machen zu lassen. Aus der ersten Sitzung des Komitees machte Howard Strickling ein Medienereignis. Des Königs neue Frau, Carole Lombard, erschien in einem dunklen Pelzmantel und einem schwarzen Seidenkleid und erzählte jedem, sie habe sich als »Blackout« verkleidet. Sie strahlte vor Stolz, als Clark zu den versammelten Schauspielern sprach und an alle eindringlich appellierte, sich freiwillig zu Propagandatouren zum Kauf von Kriegsanleihen zu melden. Ein sodann gewählter Unterausschuß, dem Gable vorstand und Myrna Loy, Claudette Colbert, Charles Boyer, Bob Hope, Ginger Rogers und neun weitere Prominente angehörten, sollte die Talentauswahl für Kundgebungen, Massenveranstaltungen und Touren durch Hospitäler koordinieren, bei denen für den Kauf von Kriegsanleihen geworben werden sollte.

Die Einberufung jedes Prominenten wurde als ein wichtiges Ereignis in der Publicity-Abteilung seines Studios gefeiert. Henry Fonda meldete sich siebenunddreißigjährig und als Vater von drei Kindern bei der Navy, nur um wieder nach Hollywood zurückbeordert zu werden, da Twentieth Century-Fox ihn in einem Kriegsfilm haben wollte. Jimmy Stewart meldete sich als Privatmann, um am Ende Bomberpilot und zum Oberst befördert zu werden. Robert Montgomery ging zur Navy. Tyrone Power ließ sowohl seine Frau als auch seinen Geliebten im Stich, um sich den Marines anzuschließen. Robert Taylor konnte es nicht abwarten, seine Mannhaftigkeit in der Navy zu beweisen, und meldete sich hinter Barbara Stanwycks Rücken freiwillig zum aktiven Dienst.

Der Krieg und die in der Folge aufgeworfenen Fragen für die gesellschaftliche Ordnung der Nachkriegszeit machten Taylor und Stanwyck zu Ultrakonservativen. Neben Clark Gable, Gary Cooper, John Wayne, der Gesellschafts-Kolumnistin Hedda Hopper und anderen gehörten sie zu den Gründungsmitgliedern des Verbandes der Filmschaffenden zum Erhalt amerikanischer Ideale, der Motion Picture Alliance for the Preservation of American Ideals, eine renitente, rechtslastige Organisation, die eine starke reaktionäre Gegenbewegung zu den Gilden darstellte, die Hollywood als Reaktion auf die radikale linksgerichtete Gesinnung der Intellektuellen und Künstler des New Deal gewerkschaftlich organisiert hatten. Stanwyck, die sich »privat« mehr denn je versteckte, öffnete ihr Portemonnaie und ihre Tür für den Verband und stellte ihr Wohnzimmer für Sitzungen zur Verfügung, derweil ihr Ehemann sich bei der Navy einer Grundausbildung zum Fluglehrer unterzog.

Mit seinem Bedarf an weiblichen Arbeitskräften zwang der Krieg auch Hollywood, sich auf neue Konzeptionen einzustellen und nicht nur den harten, zupackenden Frauentypus zu zeigen, Frauen, die etwa in den Rüstungsfabriken ihren Mann standen, sondern auch Stanwyck-Colbert-Crawford-Hepburn-Streifen von gestandenen Frauen, die ohne ihre Männer an der Heimatfront überlebten. Wenn der GI nach Hause kam, darin war sich die Gesellschaft einig, dann war der Platz der Frau zu Hause, und entsprechend waren die Leinwände wieder einmal voll von unerschütterlichen, anmutigen Ehefrauen, die die perfekte Ergänzung zu ihren heldenhaften Männern verkörperten. Rebellische Damen waren verpönt und wurden auf das neue Filmgenre, den *film noir*, die Schwarze Serie, verbannt.

Der Bedarf an weiblichen Arbeitskräften an der Heimatfront führte junge Frauen in reinen Frauenwelten zusammen. In den Fabriken und militärischen Einheiten sah es nun nicht anders als in reinen Fraueninstitutionen wie Frauen-Colleges und Frauengefängnissen aus. Junge Frauen, die vielleicht zum erstenmal in der Abgeschiedenheit ihres Lebens beim Militär mit Sexualität unter Frauen in Kontakt kamen, entwickelten oft eine gewisse Toleranz gegenüber diesen Dingen. Der Krieg, sein Sinn und die damit verbundenen Probleme war allemal viel wichtiger als die Frage, wer wen in den Baracken küßte.

Lebendiger, seelischer Mittelpunkt der lesbischen Schwestern im Los Angeles der Kriegszeit war Dorothy Binney Putnam. Sie war die Tochter eines wohlhabenden Industriellen in Connecticut, Chef der Binney & Smith Crayola-Bleistifte- und Buntstiftefabrik. Sie war eine sportliche, eigenwillige junge Frau mit einer aufgeschlossenen Persönlichkeit und einem ausgesprochenen Sinn für Humor, als sie 1911 G. P. (George Palmer) Putnam heiratete. Sie gebar dem Verleger zwei Söhne. Nachdem sie geschieden waren und Putnam die Pionierin der Luftfahrt, Amelia Earhart, heiratete, brachte sie der neuen Frau ihres Exmannes das Autofahren bei. Sie unterstützte auch

Amelia Earharts Bemühungen, Frauen für das Fliegen zu begeistern, und flog als erster weiblicher Fluggast in einer Transcontinental Air-Transport-Maschine von Los Angeles aus mit. Und zusammen mit den Pionierfliegerinnen Ruth Nichols und Thea Rasche gründete sie einen Pilotinnenverband. Nachdem Earhart 1927 anläßlich ihres Versuches, rund um die Welt zu fliegen, im Pazifik verschollen war und ein Jahr später auf Initiative von G. P. Putnam offiziell für tot erklärt worden war, so daß er die geschiedene Jean-Marie Cosigny James aus Beverly Hills heiraten konnte, gründete Dorothy Binney Putnam in Hollywood einen Hausstand mit Lois Mercer und arbeitete als Stuntwoman im Filmgeschäft, wobei sie sich darauf spezialisierte, die Filmheldinnen auf Pferden zu doubeln.

Dorothy Binney Putnam kam zu dem ihr gebührenden Ansehen, als die U. S. Army im Frühjahr 1942 das Frauenhilfskorps der Armee ins Leben rief, das Women's Army Auxiliary Corps (WAAC – wobei das Wort auxiliary und damit der Hilfscharakter des Korps alsbald fallengelassen wurde), und sie aus dem Stand heraus Offizier wurde. Lois Mercer, ihre Lebensgefährtin, übernahm die Organisation des WAC-Ambulanzkorps. Zusammen veranstalteten sie Neujahrspartys, bei denen sich zwischen Brunch und nächtlichen Feiern ein »erstaunlicher« Andrang von Frauen aus dem Filmgeschäft sehen ließ. Door Legg, Gründer der ersten »oberirdischen« Homosexuellenzeitschrift, *One, Inc.*, erinnerte sich, daß er bei einer der Partys der einzige Mann war. Aber selbst nachdem Dorothy Putnam und Lois Mercer im Alter von über neunzig Jahren gestorben waren, verriet Legg nie, wer zu ihren Partys kam.

Dabei war Nancy Kulp. Die zweiundzwanzigjährige Reservistin des Marinehelferinnenkorps sollte in *Beverly Hillbillies* als Sekretärin Jane Hathaway, die hoffnungslos in den Tölpel Jethro Bodine verliebt ist, durch das Fernsehen Berühmtheit erlangen. Kulp fühlte sich durch die rein von Frauen geprägte Atmosphäre im Marinehelferinnenkorps angezogen.

In ihrem Buch *Odd Girls and Twilight Lovers* zitiert Lillian Faderman die Antwort von Sergeant Johnnie Phelps vom Women Army Corps (WAC) auf General Eisenhowers Ersuchen, Lesbierinnen in ihrem Bataillon aufzuspüren und zu melden:

Ja, Sir. Wenn es dem General gefällt, mache ich sehr gerne diese Untersuchung... Aber, Sir, es wäre unfair von mir, Ihnen nicht zu sagen, daß mein Name ganz oben auf der Liste stehen wird... Und Sie sollten sich auch der Tatsache bewußt sein, daß Sie dann Ersatz für alle Schreibstubenbediensteten, Zugführerinnen und den Großteil der Kommandeurinnen und der Fahrbereitschaft finden müssen. Berücksichtigen sollten Sie meines Erachtens durchaus auch, daß es keine unrechtmäßigen Schwangerschaften und keine Fälle von Geschlechtskrankheiten gab, und daß der General selbst diejenige war, der diese Angehörigen des WAC-Bataillons wegen guter Führung und Leistung mit Auszeichnungen geehrt hat.

Und damit zog Eisenhower seinen Befehl zurück.

Der Krieg wurde – wie besessen – auch mit Filmen geführt. An den Heimatfronten auf beiden Seiten genoß das Publikum in vollen Zügen die einzig verbliebene Ablenkung. Filme wurden nun nicht mehr nur in Kinos gezeigt, sondern auch in Fabriken, Schulen und Versammlungsräumen. Millionen von Männern in Uniform konsumierten endlos Filme, an Bord ihrer Schiffe, in Baracken und Messehallen. In amerikanischen Industriestädten blieben die Kinos rund um die Uhr geöffnet, um auch den Spät- und Nachtschichtarbeitern gerecht zu werden. Die Besucherzahlen boomten und erreichten die Marke von achtzig Millionen in der Woche. Hollywood wurde zum Fließband – 1942 wurden insgesamt vierhundertachtundachtzig Filme hergestellt, ein Rekord, der nie übertroffen werden sollte.

Wandelnde Einstellungen, der lockere kameradschaftliche Umgang und eine Reihe von Neuankömmlingen trugen dazu bei, daß der »Nähkreis« sich sowohl lockerte als auch vergrößerte. Agnes Moorehead war eine der Neuen, die problemlos intime Freundinnen fand. Sie war die Diskretion in Person, sagte ihre Freundin Elsa Lanchester von ihr, während Paul Lynde der Meinung war: »Alle Welt wußte, daß Agnes lesbisch war ... Ich meine, sie war Klasse, aber eine der Dauer-Lesben Hollywoods.«

Moorehead war vierunddreißig, als sie 1940 an Orson Welles' Mercury Theater kam. Ein Jahr später spielte sie seine Mutter in *Citizen Kane* und machte damit ihr Filmdebüt. 1942 wurde sie für ihre Darstellung der alten Jungfer in Orson Welles' Film *Der Glanz des Hauses Ambersons (Magnificent Ambersons)* für eine Preisverleihung als beste Nebendarstellerin nominiert. Als nächstes wirkte sie in *Von Agenten gejagt (Journey Into Fear)* mit. Berühmt wurde sie mit dem Ein-Personen-Radiohörspiel *Du lebst noch 105 Minuten (Sorry, Wrong Number)*, das später mit Barbara Stanwyck verfilmt wurde, die die bettlägerige Neurotikerin spielt, die, als sie ihren Mann anruft, in ein fremdes Telefongespräch gerät und mithören kann, wie Männer einen Mord planen, bis ihr schließlich bewußt wird, daß sie das Opfer sein soll.

»Es gibt die Schauspielerin, die den Großteil ihrer Arbeit vor vierzig leistet, und die, die den Großteil ab vierzig leistet«, sagte Moorehead, als sie bereits über sechzig war. Genau wie Judith Anderson wurde sie auf auffällige Rollen festgelegt, in denen sie die Neurotische, Besitzergreifende oder Puritanische spielte. In *Dominique, die singende Nonne (The Singing Nun)* spielte sie eine Nonne wie eine Hexe, und im Fernsehen spielte sie acht Jahre lang in der Serie *Bewitched* die Hexe Endora.

Der Krieg führte andere Mitglieder des »Nähkreises« zusammen. Mercedes de Acosta verbrachte die ersten Kriegsjahre mit

Garbo und gelangte zu der Überzeugung, daß der zunehmend neurotische Wunsch ihrer Freundin nach Alleinsein das Ergebnis einer tiefwurzelnden Enttäuschung über sich selbst war – daß sie nicht härter um wirklich gute Filme gekämpft hatte. Garbo brachte ihre Mutter, ihren Bruder und ihre Schwägerin nach Los Angeles und suchte ein Haus für sie. Garbos Mutter, Anna Gustafsson, nörgelte und kritisierte ständig an allem herum, ihr langsamer körperlicher und geistiger Verfall war offensichtlich.

Als Louis B. Mayer Garbo drängte, die Hauptrolle in *Die Frau mit den zwei Gesichtern (Two-Faced Woman)* zu übernehmen, suchte sie Rat bei dem toten Mauritz Stiller. Genau wie bei dem Exorzismus im Hotelzimmer in New York, wo Mercedes Kerzen angezündet und Garbo sich nackt neben sie gekniet hatte, schloß Garbo sich in ihr Schlafzimmer ein, stellte Stillers Bild zwischen brennende Kerzen und hoffte, daß er aus seinem Grab mit ihr spreche. Als nichts passierte, suchte sie Medien und Wahrsager auf. »Sie hat in meinen Augen eine sehr faszinierende Eigenschaft«, schrieb Mercedes de Acosta, »eine tiefe Reinheit in der Absicht bei allem, was sie tut. Ich glaube, ihr größtes Problem, das sie zugleich unsäglich unglücklich macht, ist ein grundlegendes Mißtrauen gegenüber Menschen und dem Leben selbst.«

George Cukor sollte die Regie bei *Die Frau mit den zwei Gesichtern* führen. Um die Tatsache zu überdecken, daß Schweden sich im Krieg neutral verhielt, sollte der Film, wie Mayer verdeutlichte, die Garbo amerikanisieren. Der Patriotismus verlangte erklärte amerikanische Heldinnen, und in *Die Frau mit den zwei Gesichtern* sollte sie eine Skilehrerin spielen, die aus Angst, ihren Mann an eine andere Frau zu verlieren, sich als ihre flottere Zwillingsschwester ausgibt. Ungeachtet der Tatsache, daß Mayer ihr mit der Rolle den Stempel des »typischen amerikanischen Mädchens« aufdrücken wollte, basierte der Stoff auf Ludwig Fuldas Theaterstück *Die Zwillingsschwe-*

ster aus dem Jahre 1901. Als Garbo Bedenken gegenüber dem Stück anmeldete, heuerte das Studio neben Salka Viertel und S. N. Behrman noch George Oppenheimer zur Überarbeitung des Drehbuches an. Namen, die für Qualität standen, und damit versuchte jeder, Garbo zu beruhigen. Später behauptete sie, sie habe ja gesagt, damit Salka Viertel ihr Honorar nicht verliert. Melvyn Douglas spielte ihren Ehemann und Constance Bennett die andere Frau. Noch ehe die Dreharbeiten begannen, verabschiedete Adrian sich von MGM. Nachdem niemand die Verantwortung dafür übernehmen wollte, seine halbfertige Garderobe für Garbo abzusegnen, nahm er kurzerhand seinen Hut.

Die Frau mit den zwei Gesichtern geriet zum Desaster und trug dem Film die berühmte *Time*-Kritik ein, er sei »fast so schockierend, wie die eigene Mutter betrunken zu sehen«. Garbo behauptete später, Louis B. Mayer habe ihr gesagt, er habe nichts mehr für sie bis nach dem Krieg. Es gab jedoch weitere Projekte, und sie soll, wie es heißt, über de Acostas alte Vorschläge nachgedacht haben, die Theresa von Avila, den Dorian Gray oder die Eleonora Duse zu spielen. Im übrigen schnitt Salka Viertel ein Drehbuch über George Sand auf sie zu.

Viertel hatte George Sands Romane als junge Frau verschlungen, und sie und Garbo waren beide überzeugt, daß Garbo eine fantastische Aurore Dupin bzw. Madame Dudevant abgäbe, die mit siebenundzwanzig ihren Ehemann verließ, um Schriftstellerin zu werden, und sich nicht nur das männliche Pseudonym George Sand zulegte, sondern auch begann, sich wie ein Mann zu kleiden. Es war aufregend, schrieb sie, »sich unbeobachtet, unbemerkt und ungehemmt zu bewegen, die Füße fest auf dem rutschigen Eis, die Schultern mit Schnee bedeckt, die Hände in den Taschen, den Magen gelegentlich ein wenig leer, aber den Kopf um so voller mit Liedern und Melodien, weder *dame* noch *monsieur*«.

Garbo war erst ein Jahr nicht mehr auf der Leinwand gewesen, als *Trauer muß Elektra tragen (Mourning Becomes Electra)*
wieder als eine Garbo/Hepburn-Möglichkeit ins Gespräch gebracht wurde. Aber Louis B. Mayer war dagegen, mit dem Ar-
gument, Eugene O'Neills Mutter und Tochter, die den gleichen
Mann liebten, seien als Stoff zu provokativ. Katharine Hepburn
war wütend und schimpfte auf den Production Code. Sie hatte
große Achtung vor O'Neill, wie sie der *Los Angeles Times* erklärte, und war der Überzeugung, wenn der Krieg vorbei wäre
und amerikanische Filme wieder in den europäischen Kinos
liefen, daß »seine Stücke sich als ein ausgezeichnetes Mittel er-
weisen könnten, die Botschaft von unseren kreativen Leistungen in andere Länder zu bringen. Wenn dabei die Zensur im
Weg steht, dann zeigt das vielleicht, daß ein gewisser Bedarf
da ist, die Dinge zu modifizieren und zu ändern.«

Lady Mendl, Bessie Marburys alte Gefährtin Elsie de Wolfe,
suchte zusammen mit Gefährtin Hilda West und ihrem alternden Ehemann Zuflucht in Los Angeles. Sie gab nun zwar keine
Partys mit Gatsbyschen Dimensionen von siebenhundert Gästen mehr, aber sie stattete immer noch die Wohnungen und
Häuser der Neureichen Hollywoods aus, die ihrem eigenen
Geschmack nicht vertrauten. Hugo Vickers schrieb, sie habe in
dieser Zeit auch eine gewisse Feindseligkeit zu spüren bekommen, weil sie ein deutsches Hausmädchen beschäftigte. 1943
wurde ihr dann jedoch eine Position in der Redaktion einer
Propagandazeitschrift, *Victory*, angeboten, und sie zog mit ihren Lieben nach New York … Garbo folgte ihr und mietete sich
ein Apartment im Ritz Towers in Manhattans Park Avenue.
Ihre Pläne für die Zukunft waren vage, und was Salka Viertel in Los Angeles anging, so gab sie nicht auf. 1944 versuchte
sie, Garbo zu bewegen, die Jeanne d'Arc zu spielen, aber nicht
Mercedes de Acostas Johanna, sondern George Bernard Shaws
Heilige Johanna.

Der Autor und Regisseur Preston Sturges, dessen Mutter, Mary Desti, mit Mercedes de Acosta befreundet war, gab Stanwyck – und Edith Head – 1941 einen schwungvollen Auftritt in der Slapstick-Komödie *Die Falschspielerin*. Die frivole Satire zeigte Stanwyck, ganz Lady, als Kartenschwindlerin und Henry Fonda als einen etwas verwirrten Millionär. Zwei Jahre später sorgte Billy Wilder dafür, daß *Frau ohne Gewissen* Stanwycks berühmtester Film wurde. Durch ihre Rolle der kaltblütigen, bis in die Knochen verdorbenen Blondine, die dem Versicherungsagenten, Fred MacMurray, hilft, ihren Ehemann loszuwerden, wurde die siebenunddreißigjährige Stanwyck zur klassischen Darstellerin der Schwarzen Serie und verlängerte damit ihre Karriere um vierzig Jahre.

Alla Nazimova behauptete sich als klassische Besetzung für böse Rollen. David O. Selznick hatte sie zunächst im Auge, um die eiskalte und schließlich verbrannte Mrs. Danvers in *Rebecca* zu spielen, entschied sich dann aber doch zusammen mit Alfred Hitchcock, den Part an Judith Anderson zu geben. Anfang der Vierziger spielte Nazimova verschiedentlich die Mutter von schwulen Schauspielern: in Mervyn LeRoys Anti-Nazi-Film *Das Entkommen (Escape)* die von Robert Taylor – und in Rouben Mamoulians Neuverfilmung von *Blut und Sand (Blood and Sand)* die von Tyrone Power. Ihren »Garten Allahs« hatte sie inzwischen mit dem Vorbehalt verkauft, daß ihr auf Lebenszeit ein mietfreies Bleiberecht eingeräumt wurde. Sie mußte zusehen, wie die neuen Eigentümer ihre halbtropischen Gärten planierten und statt dessen fünfundzwanzig Gästehäuser hochzogen. Das Gardenof-Allah-Hotel samt seinen Gästehäusern entwickelte sich zu einem, sagen wir, unkonventionellen, wenn auch teuren Hafen der oberen Preisklasse für Durchziehende. 1937 bezahlte F. Scott Fitzgerald vierhundert Dollar im Monat für seine Unterkunft in einem der Häuser. Gelegentlich wohnten auch Orson Welles, Errol Flynn, Dorothy Parker und Robert Benchley dort. Nazimova starb 1945, verarmt und vergessen.

Patsy Kelly war eine Lesbierin, die genau wie ihre Freundin Tallulah Bankhead Witze über ihre Sexualität machte. Als ein Reporter von *Motion Picture* die »Königin der Schlagfertigkeit« fragte, ob sie sich als kleines Mädchen gewünscht hätte, ein Junge zu sein, antwortete sie: Nicht ein Junge mit einem Penis.

Als Boze Hadleigh in den Siebzigern in Hollywood heimliche Lesbierinnen interviewte, war Kelly die einzige, die ihm erklärte, daß sie lesbisch sei. Sie wurde nie zu einer Lavendel-Ehe gezwungen, aber, gesetzt den Fall der Fälle, hätte sie dann nicht einen schwulen Ehemann vorgezogen?

»Yeah ... Cole Porter, aber der war schon vergeben.«

Hätte sie einen Heterosexuellen geheiratet?

»Yeah, hätte ich nicht. Ich meine nein. Yeah, warten Sie, wissen Sie, ich bin eine Lesbe. Was also? Große Frage.«

Sie wurde als Bridget Sarah Veronica Kelly in Brooklyn geboren und wollte als Kind immer Feuerwehrmann werden. Damit sie sich nicht auf der Straße herumtrieb, schickte ihre Mutter sie zu Jack Blues Tanzschule. Mit zwölf war sie Stepptänzerin und lernte Ruby Keeler kennen, mit der sie ein Leben lang befreundet blieb. In Hollywood war Patsy Kelly ein Star in Hal Roachs Komödien, spezialisiert auf gepfefferte Seitensprünge, die jemand sich leistete, oder das ängstliche Mädchen. Sie und Thelma Todd, eine weitere Komikerin in Hal Roachs Komödien, die 1935 aus nie geklärter Ursache tot in ihrem Wagen gefunden wurde, waren unzertrennliche Freundinnen.

Kelly war während des Krieges eine vielbeschäftigte Schauspielerin, wirkte zwischen 1941 und 1945 in acht Filmen mit, aber Ende der Vierziger brachen schwierige Zeiten für sie an. Sie wurde schließlich die ausgehaltene Gefährtin Tallulah Bankheads – »Gastmitbewohnerin« war der diskrete Terminus, mit dem sie vorgestellt wurde, als sie zusammenlebten. Bankhead gab ihr eine Rolle in *Dear Charles*, ein Stück ihrer Wanderbühne. 1956 waren sie zusammen mit Tennessee Williams' Stück *Endstation Sehnsucht* auf Tournee.

Kelly half Bankhead über mehr als nur eine Nacht hinweg, in der Tallulah sich völlig betrank. In einer Nacht warf Patsy sich vor sie auf den Boden, um Bankheads Landung weicher zu machen – Tallulah hatte sich die Kleider vom Leib gerissen, verkündet, sie könne fliegen, war auf eine Anrichte gestiegen und gesprungen. Kelly spielte 1971 in einer Neuverfilmung von *Nein, nein Nanette* die kokette Maid und in *Rosemaries Baby (Rosemary's Baby)* eine Hexe. »Für die lausigen Filme wurde ich nicht besser und nicht schlechter als für die guten bezahlt«, sagte sie Boze Hadleigh. Sie sagte, sie habe vier Millionen Dollar gemacht und verschleudert. »In manchen Jahren konnte ich nichts falsch machen, in anderen konnte ich nichts richtig machen«, erklärte sie.

Der Krieg war der Beginn von Dietrichs zweiter Karriere. Sie war nicht der einzige verblassende Stern, der sich für die endlos von der USO[1] organisierten Touren zur Unterhaltung der Truppen mobilisieren ließ, aber sie war besser als die alten Unterhaltungskünstler wie Al Jolson, Noël Coward, Bob Hope und Maurice Chevalier – und schaffte es, ihre Legende wiederzubeleben. Unermüdlich und bester Laune trat sie vor einer halben Million Soldaten der Alliierten und Kriegsgefangenen in Europa und in Nordafrika auf, sang ihre Filmsongs, die internationale Ballade der Kriegszeit »Lili Marleen« und inszenierte Musicalnummern mit einem Geschick, das sie schon auf der Berliner Bühne beherrscht hatte. Unmittelbar nach Pearl Harbor hatte sie mit Orson Welles angefangen, vor GIs aufzutreten, die durch Los Angeles kamen, hatte dann aber bis 1945 eine vollendete Ein-Frau-Show entwickelt, die ihr welt-

[1] Zivile Organisation, die zur Förderung der Kampfbereitschaft amerikanischer Soldaten Unterhaltungskünstler in alle Welt schickte.

weit ein Publikum verschaffte, das ihr in den nächsten dreißig Jahren treu bleiben sollte.

Dietrich und Garbo begegneten sich nur ein einziges Mal, nach Kriegsende, als Dietrich von ihrer letzten USO-Tour in Europa zurückkehrte und bei Orson Welles und seiner Frau Rita Hayworth am Carmelina Drive in Brentwood zu Gast war. »Laut Welles bewunderte die Dietrich ihre große Kollegin einfach«, schrieb Dietrichs Biograph Donald Spoto, »andere hatten freilich den Eindruck, Marlene wollte nur feststellen, wie die Schwedin nach mehreren Jahren Abwesenheit von der Leinwand inzwischen aussah, und daß sie vielleicht darüber hinaus die Frau treffen wollte, die Mercedes de Acosta einst geliebt hatte. Ihre eigene Affäre mit de Acosta gehörte mittlerweile auch der Vergangenheit an.« Die Begegnung wurde im Haus von Clifton Webb in Beverly Hills arrangiert. Dietrich fiel mit einem Redeschwall über Garbo her, die es nur schaffte, ihr kurz förmlich guten Tag zu sagen.

Garbo wurde kritisiert, daß sie nichts für die Alliierten getan hatte. Dreißig Jahre nach dem Krieg erzählte William Stevenson jedoch in seinem Buch *A Man Called Intrepid: The Secret War*, daß sie der britischen Spionageabwehr geholfen habe, Nazi-Sympathisanten im neutralen Schweden zu identifizieren.

Ein Unbehagen gegenüber allem, was anders war, beherrschte die Nachkriegspsyche. Der Optimismus des Sieges wich einer vagen Abwehrhaltung, die sich schließlich zur Fremdenfeindlichkeit und einem rigiden Antikommunismus auswuchs. Kommunismus war das große Thema bei den Kongreßwahlen 1946. In Kalifornien schickte der Nominierungsausschuß der Republikaner, das »Komitee der Hundert«, gegen die Zusage, alle Wahlkampfkosten zu übernehmen, den ausgemusterten Lieutenant Commander der Navy, Richard M. Nixon, gegen den Mandatsinhaber, den Demokraten Jerry Voorhis, ins Rennen, der sich wirksam als Kongreßabgeordneter hervorgetan und den National School Lunch Act durchgesetzt hatte. Mit den nie bewiesenen Anschuldigungen, Voorhis sei »der Kandidat des Kreml«, gewann Nixon die Wahl.

Nach den Kommunisten waren die Homosexuellen die besondere Zielscheibe. Es wurde zum Beispiel behauptet, daß ein Anhänger der kommunistischen Partei eher bereit sei, seine Mitgliedschaft zuzugeben, als eine prominente Lesbierin Hollywoods, aus ihrem Versteck zu kommen.

22. Die dunkle Ära

Lizabeth Scotts sexy Stimme und eiskaltes Aussehen brachten sie 1945 auf Anhieb in die Umlaufbahn. Als Startrampe diente ihr eine Paramount-Romanze mit dem Titel *You Came Along* über ein Mädchen aus dem Finanzministerium, das auf eine Dienstreise im Zusammenhang mit Kriegsschuldverschreibungen drei GIs als Begleiter mitnimmt und sich in den Offizier verliebt, der an Leukämie stirbt. Robert Cummings spielte den Air-Force-Offizier, Don DeFore und Charles Drake waren seine Kumpel. Regisseur war John Farrow, der sich mit seiner Frau, Maureen O'Sullivan, darauf verständigt hatte, ihrer gerade geborenen Tochter den Namen Mia zu geben. Paramounts Publicity-Abteilung pries Lizabeth Scott als eine neue Lauren Bacall oder Veronica Lake mit den Markenzeichen »schön, blond, zurückhaltend und bezaubernd« an. Und in Erwartung der massiven Konkurrenz, die sie für die anderen kessen Leinwandsirenen darstellen würde, verkaufte man sie als »Die Bedrohung«.

In ihrer dem Studio vorliegenden Vita wurde sie als ehemaliges Modemodel und Bühnenschauspielerin vorgestellt, die, nachdem sie sich 1942 für Tallulah Bankhead als zweite Besetzung in der Broadway-Produktion *Wir sind noch einmal davongekommen (The Skin of Our Teeth)* bereitgehalten hatte, bei einem Filmtest zugelassen, angenommen und nach Hollywood verfrachtet worden war. Den Kritikern gefiel *You Came Along*, und sie lobten ihre »sonore Stimme«, ihre »faszinierenden Umgangsformen« und ihr »zartes und ansprechend offenes Gesicht«. Zehn Jahre später war sie die einzige Hollywood-Schauspielerin, der in der Presse unnatürliche Sexpraktiken vorgeworfen wurden.

Ihr wirklicher Name war Emma Matzo. Sie wurde in Scranton, Pennsylvania, geboren und war gerade zwanzig geworden, als sie in das Ensemble für Thornton Wilders Stück *Wir sind noch einmal davongekommen* aufgenommen wurde. Elia Kazan war der Regisseur der zwanglosen Komödie. Fredric March spielte das Familienoberhaupt, Florence Eldridge seine Frau, Montgomery Clift ihren Sohn und Tallulah Bankhead das Stubenmädchen Sabina, das alle Erschütterungen der Welt, von der Eiszeit bis 1942, überlebt. Im ersten Akt ist sie ein possenhaftes französisches Stubenmädchen, im zweiten eine geziert trippelnde Badeschönheit, im dritten die Mitläuferin und im ganzen Stück die ewig »andere Frau«.

Bankhead erwies sich als zu gesund, und Scott verließ das Ensemble, nachdem sie sieben Monate in Wartestellung hinter der Bühne gesessen hatte. Monate später wurde verzweifelt nach ihr gerufen, als Bankhead dann plötzlich erkrankte. An einem der Abende, an denen sie die Sabina spielte, war der Produzent Hal Wallis im Publikum. Der Filmtest folgte. Wallis, der selbständig für Paramount produzierte, nahm sie unter Vertrag und gab ihr zwei Monate nach ihrer Ankunft im November 1944 in Los Angeles die weibliche Hauptrolle in *You Came Along*.

Der Film *Frau ohne Gewissen* machte Barbara Stanwyck zu der kaltblütigen Spinne, die jeder für die Schwarze Serie haben wollte. Mit *Die seltsame Liebe der Martha Ivers (The Strange Love of Martha Ivers)* kam Lizabeth Scott, in der Besetzung gleich nach Stanwyck und Van Heflin genannt, voll in den Aufwind des neuen Genrefilms. Hal Wallis konnte Lewis Milestone für die Regie gewinnen. Stanwyck spielte die hartgesottene, rücksichtslose und wohlhabende Martha Ivers, in deren Vergangenheit ein Mord liegt und die einen weiteren im Sinn hat. Kirk Douglas spielte ihren Ehemann, einen dümmlichen Distriktanwalt. Van Heflin war eine wiederentfachte Flamme aus der Vergangenheit, Scott ein Mädchen, das auf Ehrenwort aus der Haft entlassen wird, und Judith Anderson übernahm die Rolle von Marthas Tante. Wenn Lizabeth Scott nur einige alberne Sätze zu sagen hatte und ihre schauspielerische Leistung wenig überzeugte, dann lag das, wie die *New York Times* schrieb, daran, daß ihre Rolle schlecht geschrieben war.

Mit ihren Schlafzimmeraugen, ihrer rauchigen Stimme und erotischen Ausstrahlung war Lizabeth Scott die perfekte Besetzung für die Schwarze Serie, die für ihre Vorliebe für Zweideutigkeiten, Verführungen, sexuelle Obsessionen und Verbrechen bekannt war. In *Späte Sühne (Dead Reckoning)* spielte sie neben Humphrey Bogart die Hauptrolle und machte in den nächsten zehn Jahren neunzehn weitere Filme.

Sie war gerade in *Gold aus heißer Kehle (Loving You)* neben Elvis Presley in den Kinos zu sehen, als sie die Zeitschrift *Confidential* auf 2,5 Millionen Dollar Schadensersatz verklagte. In der September-Ausgabe 1955 war, wie sie sich beschwerte, ein Artikel »unter einer Überschrift und mit einer deskriptiven Sprache« erschienen, »der dazu angetan war, eine Klage wegen Verleumdung und Lächerlichmachung zu erheben, da mir in den Augen jedes Lesers unschickliche Beziehungen und ebenso ein unanständiger, widernatürlicher und sträflicher Lebenswandel unterstellt wurden«. Dahinter stand, daß der Artikel andeutete, sie »neige in ihrem privaten und öffentlichen Leben zu unanständigen, sträflichen und höchst anstößigen Handlungen«.

Der kalte Krieg verlangte neben politischer Konformität auch sexuelle Korrektheit, und *Confidential* fühlte sich von der amtlicherseits vom Hause Un-American Activities Committee ausgerufenen Hexenjagd auf »unamerikanische Umtriebe« auf den Plan gerufen und glaubte, im besten Sinne zu handeln, als sie ihre Anwürfe über Homosexualität und die versteckten Frauenhasserparolen verbreitete. Um ihre nächtliche Gerichtsreportage über prominente Säufer und Unholde noch weiter auf die Spitze zu treiben, kopierte die Zeitschrift die in der

Police Gazette übliche Umgangssprache (Beispiel: »Vic Mature, erinnerst du dich noch an die süße Mieze, mit der du aus warst? Sie war ein Er«). Was den Homosexuellen in Hollywood angst machte, war, daß die Berichte in den billigen Revolverblättern wie *Confidential* eher des öfteren als nur selten todsicher ins Schwarze trafen. Lizabeth Scott unterlag nach dem Urteil des Richters Leon T. David mit ihrer Klage vor dem Superior Court in Los Angeles, da die Zeitschrift *Confidential*, wie es in dem Urteilsspruch hieß, in Kalifornien keine Vertreter hatte.[1]

»Homosexuelle sind von subversiven Elementen kaum zu unterscheiden«, erklärte der US-Senator und Wortführer der Republikaner Kenneth Wherry aus Nebraska der *New York Post*. »Verstehen Sie mich richtig, ich sage nicht, daß jeder Homosexuelle subversiv ist, und ich sage nicht, daß jeder Subversive ein Homosexueller ist, aber [Personen] mit mangelnder Moral stellen eine Bedrohung für die Regierung dar.« In dem Sinne beschloß denn auch der US-Senat, daß Schwule aus der Regierung zu entfernen seien, da es ihnen an »emotionaler Stabilität« fehlte, »die bei den meisten sexuell Pervertierten nicht vorhanden ist«.[2]

---

[1] In der Anhörung am 7. März 1956 gab Richter David dem Antrag des *Confidential* – Anwaltes H. F. Birnbaum statt, auf weitere Zeugenvorladungen zu verzichten, nachdem Birnbaum behauptet hatte, die Zeitschrift werde in Kalifornien nicht publiziert, und wenn, dann werde jede Ausgabe einer Vertriebsfirma übergeben, die sie für die Weitervertreibung gekauft habe. Jerry Giesler, Scotts Anwalt, sprach davon, das Verfahren vor einem Bundesgericht in New York wiederaufzurollen, aber der Fall wurde nicht weiterverfolgt.

[2] Quasi als Echo Senator Wherrys forderte *Human Events*, ein wöchentlich in Washington erscheinender Nachrichtenbrief, der sich auf eine Leserschaft von vierzigtausend »führenden Geschäftsleuten und Führungskräften« berief, daß Homosexuelle aufzuspüren und die Gesellschaft von ihnen zu säubern sei, weil sie »durch die

Es gab keine politischen Organisationen für Lesbierinnen und auch keine »alternative Presse«. Fünfundsiebzig Prozent der Frauen, die sich Rat und Unterstützung suchend an eine lesbische Selbsthilfegruppe wandten, sagten, sie hätten mehr als einmal Sex mit Männern gehabt und ihn genossen. Der heterosexuelle Verkehr hatte sich bei einem Rendezvous, in der Ehe, aus Neugier ergeben oder war nichts weiter als ein Testballon für die eigene sexuelle Identitätsfindung gewesen. Was dabei fehlte, war die emotionale Zuneigung und Bindung, die die Frauen in lesbischen Beziehungen erfuhren.

Bei vielen jungen Frauen wurden sehr früh ambivalente Gefühle zur Geschlechterfrage geweckt, die sie, wie im Falle von Emma Goldman, ein Leben lang plagten. Nach der brutalen Aufklärung über ihre sexuelle Identität, die ihr als junges Mädchen erteilt worden war, schrieb die radikale Sozialistin: »Ich habe mich in der Anwesenheit von Männern immer wie zwischen zwei Feuern gefühlt. Die Verlockung war groß, aber stets mit heftigen Reaktionen verbunden. Ich konnte es nicht ertragen, wenn sie mich anfaßten.« Mit neununddreißig Jahren entdeckte sie dann jedoch in den Armen von Ben L. Reitman ihre heterosexuelle Leidenschaft und schrieb ihrem jungen Geliebten höchst erotische Briefe. Als Door Leggs Zeitschrift *One* 1954 eine kurze Story über eine Frau veröffentlichte, die sich für das Lesbischsein entschied, konfiszierte der oberste Postbeamte in Los Angeles alle Exemplare in der Post und forderte von dem Verleger, den Beweis anzutreten, daß die Geschichte nicht obszön sei. Ein Bundesbezirksgericht unterstützte den Beamten in seiner Auffassung. Es gab wenige lose Sonderinteressen-

Natur ihres Lasters einer finsteren, mysteriösen und schlagkräftigen Internationalen [Vereinigung] angehörten, [und] die Mitglieder einer konspirativen Vereinigung neigen dazu, sich einer anderen konspirativen Vereinigung anzuschließen.« (Quelle: Rose G. Waldeck, »Homosexuell International«, *Human Events*, in: New York Lesbian Herstory, Akte: 1950er.)

gruppen und nur einige wenige Bars, deren Stammpublikum sich oft aus der Arbeiterschicht rekrutierte, in denen Lesbierinnen sich ohne Angst vor Razzien der Sittenpolizei treffen konnten. Am meisten mußten berufstätige Frauen und Karrierefrauen auf der Hut sein, da das FBI die Daughters of Bilitis infiltrierte, eine private Organisation von Lesbierinnen, die sich für die Imageverbesserung der gleichgeschlechtlichen Liebe einsetzte. Gegründet wurde die Organisation als ein geheimer Club in San Francisco 1955, um sich dann aber ein Jahr später entlang der ökonomischen Trennungslinie in zwei Lager zu spalten. Die Frauen der Arbeiterschicht wollten einen geheimen, rein lesbischen Club, und die Frauen der Mittelschicht wollten mit der Mattachine Society und One Inc., zwei aufkeimenden Schwulen-Vereinigungen in Los Angeles, zusammenarbeiten.

Polizistinnen wurden als Lockvögel eingesetzt, und in der Regel lauteten die nach erfolgreichen Razzien in den Bars erhobenen Anklagen auf »Besuch eines Bordells«, »ungebührliches Verhalten« oder »moralisch widerrechtliches Verhalten gegen das öffentliche Wohlergehen«. Vielen verängstigten Lesbierinnen wurde angesichts der Schamgefühle, die ihnen wegen ihrer Homosexualität oktroyiert wurden, so zugesetzt, daß sie sich schuldig bekannten. In ihrem Buch *Lesbian/Woman* schildern Del Martin und Phyllis Lyon eine Razzia in Kellys Bar, einem Lesben-Treff in San Francisco, im Jahr 1956, die zu sechsunddreißig Verhaftungen wegen des Vorwurfs »Besuch in einem Bordell« führte. Alle außer vier bekannten sich schuldig, und ihre Strafen wurden zur Bewährung ausgesetzt. Die Anklagen gegen die vier jungen Frauen, die sich nicht schuldig bekannten, wurden fallengelassen.

Harry Hay, ein Schauspieler und Gründer der Mattachine Society, hatte sich unter Berufung auf die Menschenrechtscharta der Vereinten Nationen seit 1945 für eine größere Toleranz gegenüber Homosexuellen eingesetzt. Hay organisierte den Circle of Loving Companions, ein Kollektiv von Homosexuellen, dem auch Stella Rush und Sandy Sandoz, ein Lesbenpaar, angehörten, die unter den Namen Sten Russell und Sandy Saunders die Zeitschrift *The Ladder* herausgaben. Die Zeitschrift betonte, daß Lesbierinnen nichts zu fürchten hätten, wenn sie sich den Daughters of Bilitis anschlossen. »Dein Name ist sicher«, versicherten sie den Leserinnen zu ihrer Abonnentenliste. Wenn die Verfassung der Vereinigten Staaten, die die Pressefreiheit garantierte, nicht genug war, so tat der Oberste Gerichtshof mit seinem Urteilsspruch 1953 ein übriges, indem er die Rechtsauffassung bestätigte, wonach Verleger die Namen der Personen, die gedruckte Materialien kauften, nicht preisgeben mußten, auch nicht gegenüber einem Untersuchungsausschuß des Kongresses. Was das FBI allerdings nicht hinderte, die Daughters of Bilitis zu infiltrieren.

Lesbierinnen fühlten sich gezwungen, im Versteck zu leben, schwule Männer zu heiraten und sicherzustellen, daß jeder sie angesichts des Drucks, der von zu Hause und der Gemeinschaft ausgeübt wurde, als »Mrs.« ansprach – und viele gaben den Bitten ihrer Familien nach, sich einer Psychoanalyse zu unterziehen, die die Heilung von lesbischen Neigungen auf der Couch versprach. Barbara Stanwyck fühlte sich der Lächerlichkeit und dem Mitleid ausgesetzt, als Taylor sich 1950 von ihr scheiden ließ. Katharine Cornell pflegte umsichtigerweise ihre »Scheinehe« mit Guthrie McClintic und hielt sich bei aller Wertschätzung Hollywoods vom Filmgeschäft fern. Libby Holman heiratete Ralph Holmes, einen gutaussehenden, zwanzig Jahre jüngeren homosexuellen Schauspieler, der sieben Jahre später Selbstmord beging. Agnes Moorehead heiratete Robert Gist, der ebenfalls zwanzig Jahre jünger als sie war. Die Ehe hielt nicht einmal ein Jahr. Sandy Dennis, die 1961 mit Elia Kazans Film *Fieber im Blut (Splendor in the Grass)* den Durchbruch schaffte, sorgte dafür, daß jeder glaubte, sie sei mit dem Jazzmusiker Gerry Mulligan verheiratet.[3]

Zu den Methoden, derer sich Psychologen und andere bedienten, um Homosexuelle mittels Gesprächs- oder Schocktherapie zur sexuellen und gesellschaftlichen Konformität hinzuführen, gehörte auch die Aversionstherapie mit Elektroschocks, um einen Mann davon abzubringen, sich an einem nackten männlichen Körper zu erfreuen. Ein Therapeut, von Haus aus Jungianer, versicherte einer Frau, ihre Liebe zu einer anderen Frau sei »nicht schlimmer als Alkoholismus« und in sechs Monaten hätte er sie geheilt. Lesbischsein war reversibel, behaupteten viele Therapeuten, entscheidend war nur, daß die Ärzte richtig an die Sache herangingen und beharrlich die dahinterstehenden neurotischen Motivationen aufdeckten.

Homosexualität wurde als ein Fall von »Entwicklungshemmung« betrachtet, wie die Freudianer es nannten, obgleich Sigmund Freuds Tochter Anna lesbisch war.[4] Um zu zeigen, wie krank Lesbierinnen waren, griff ein Arzt »Fallgeschichten« aus Zeitschriften wie *Life Romances* und *My Confession* auf. Ein anderer verstieg sich zu der Behauptung, Cunnilingus sei eine Manifestation kannibalistischer Fantasien. Viele Lesbierinnen hatten die Hoffnung, geheilt zu werden. In ihrem Buch *Odd Girls and Twilight Lovers* zitiert Lillian Faderman eine Frau, die sich in den fünfziger Jahren in Los Angeles bei drei verschiedenen Psychiatern einer Therapie unterzog: »Viele von uns waren voller Selbsthaß und wollten anders werden. Wie hätte es auch anders sein können? Alles, was wir über Homosexualität hörten und lasen, war dieser Mist, daß wir verkehrt im Kopf, pervers, komisch – eine Bedrohung für die Kinder,

---

[3] Die Zeitschrift *People* konnte allerdings nach Dennis' Tod 1992 nirgends eine Heiratsurkunde auftreiben.

[4] Erst 1972 strich die American Psychological Association Homosexualität von der »Krankheitsliste«.

Giftmischerinnen für alle anderen und auf immer und ewig zum Unglücklichsein verdammt waren.«

Im Oktober 1947 sollte Robert Taylor der einzige Schauspieler sein, der vor dem House Un-American Activities Committee (HUAC) Namen nannte. 1951 erklärte Ronald Reagan als Präsident der Screen Actors Guild, die Gilde werde keine Mitglieder verteidigen, die sich dem HUAC widersetzten. Joseph Mankiewicz kostete es fast seine Karriere, als er sich vor der Directors Guild dagegen verwahrte, bei jedem Mitglied auf Loyalitätsschwüren zu bestehen.

Salka Viertel kam auf die Schwarze Liste. John Huston, der ihren Sohn Peter mit dem Drehbuch für seinen Film *African Queen (The African Queen)* betraute, erzählte dem Kolumnisten George Sokolsky und namentlich nicht benannten FBI-Beamten, Salka sei die großzügigste und zivilisierteste Person, die er kenne, und ihre »linksorientierten« Aktivitäten bestünden im wesentlichen darin, ihr Haus in der Maberry Road zu einem Hafen für Intellektuelle zu machen. Die McCarthy-Ära desillusionierte Viertel hinsichtlich Amerika, und sie zog nach Klosters in der Schweiz, wo de Acosta, Garbo und andere alte Geliebte sie besuchten. Ihre Freundin Eleonora von Mendelssohn beging Selbstmord in New York. Dorothy Arzner wurde zur Einsiedlerin.

Die Schauspielerinnen des »Nähkreises« schlossen ihre Reihen, um sicherzustellen, daß ihr Privatleben ein großes Geheimnis blieb. Nichtsdestotrotz kamen Gerüchte in Umlauf. Demnach waren Claudette Colbert und Dietrich vermeintlich Liebende. Ein schockierter Frank Sinatra sollte angeblich Lana Turner und Ava Gardner bei einer Hemdchen-und-Höschen-Party erwischt haben.

Die antikommunistische Hatz trug mitnichten dazu bei, die Qualität der Hollywood-Filme zu verbessern. Nur wenige Regisseure oder Produzenten wagten es, politisch strittige Themen aufzugreifen, und was die Branche somit auftischte, war unverfängliche, leichte Unterhaltungskost. Barbara Stanwyck und Joan Crawford spielten herrische Xanthippen in seichten Thrillern und Western. Unverkennbar war, daß beide in ihrem Äußeren und Verhalten zunehmend betont männliche Züge annahmen. Als die Filme weniger und schäbiger wurden, wechselte Stanwyck zum Fernsehen, um zwanzig Jahre lang nahezu geschlechtslose Familienmütter zu spielen – und ihr Leben zum bestgehüteten Geheimnis Hollywoods zu machen. Um sich vor einem etwaigen Bankrott zu bewahren und die äußere Fassade zu wahren, heiratete Joan Crawford 1956 den Pepsi-Cola-Chef Alfred Steele und engagierte, nachdem er drei Jahre später gestorben war, Dorothy Arzner, um Werbespots für Pepsi zu drehen. Crawford kehrte jedesmal zur Leinwand zurück, wenn ihr eine Rolle angeboten wurde. In *Was geschah wirklich mit Baby Jane? (What Ever Happened to Baby Jane?)* glänzten sie und Bette Davis in der Rolle zweier verrückter alter Weiber.

1950 ließ MGM Judy Garland fallen, und der Rest ihres kurzen Lebens bestand aus einer Serie von Comebacks, gelegentlich im Film, meistenteils auf der Bühne, und zwar jeweils nach Nervenzusammenbrüchen, Drogenentzügen, Pechsträhnen und gescheiterten Ehen. Sie sah im Smoking besser aus als in Chiffon- und Lamégewändern. Durch ihre Konzerttouren blieb sie jedoch berühmt. Libby Holman trat nach sechzehn Jahren wieder am Broadway auf. Dietrich stand in Las Vegas auf der Bühne und ging mit Constance Collier und Katharine Hepburn nach London, um die Hauptrolle in G. B. Shaws Stück *Die Millionärin (Millionairess)* zu spielen. Auch Hepburn wagte es, sich als der bekannte Wildfang in Benehmen und Aufmachung betont männlich zu zeigen, und erzählte in Hosenanzügen, Rollkragenpullovern und lässigen Jacketts jedem Talkshow-Publikum mit pointiert witzigen und verächtlichen Bemerkungen, was sie über die Frauenbewegung und die Ehe dachte und wie es um ihr Bedürfnis nach Abgeschiedenheit und ihre zunehmend wachsende Furcht vor allem möglichen bestellt sei.

Der nach dem Roman von William Bradford Huie 1956 entstandene Film *Bungalow der Frauen (The Revolt of Mamie Stover)* über eine heruntergekommene Prostituierte und ihre lesbische Puffmutter machte aus Jane Russells Nutte eine Tänzerin und aus Agnes Mooreheads Bordellwirtin eine ältere Freundin. Sechs Jahre später wurde es Stanwyck als mutig angerechnet, daß sie die Rolle der lesbischen Puffmutter in der verwässerten Verfilmung von Nelson Algrens Roman *Wildnis des Lebens* angenommen hatte, die unter dem Titel *Auf glühendem Pflaster (Walk on the Wild Side)* in die Kinos kam. Ihre Liebe zu ihrer besten Anschafferin im Bordell wurde bis zum Punkt völlig unbeabsichtigter Implikationen verwässert. Statt anzudeuten, daß sie Capucine sexuell begehrte, geriet ihre Interaktion aus der Sicht der Zuschauer zur Bewunderung einer Arbeitgeberin für eine besonders fleißige Angestellte.

Als Lesbierin gestand die achtundzwanzigjährige Capucine (geborene Germaine Lefebvre) später, sie hätte nichts gegen ein Techtelmechtel mit Stanwyck gehabt, sie habe jedoch das Gefühl gehabt, daß Stanwyck bereits eine Freundin hatte und nicht auf der Suche nach jemand anderem war. »Und als ein derart großer Star«, meinte Capucine, »als jemand, der in Hollywood so bekannt ist, mußte sie sehr vorsichtig sein. An ihrer Stelle hätte ich auch die Chancen nicht genutzt.«

Capucine war ein Pariser Laufstegmodel mit klassischem Aussehen und einer klassischen Figur. Ihre Schauspielkarriere begann sie in dem Film über die Lebensgeschichte Franz Liszts *Nur wenige sind auserwählt (Song Without End)* an der Seite des schwulen Schauspielers Dirk Bogarde, bei dem teilweise George Cukor Regie führte, und beendete sie 1971 mit Vicente Arandas *Las Crueles*, worin sie eine Lesbe spielte. Sie war drei Monate verheiratet, als sie achtzehn war, und in der Folge mit William Holden (der sie großzügig in seinem Testament »bedachte«) und dem Produzenten Charles Feldman »liiert«. »Ich hatte immer geglaubt, ich bräuchte einen Mann, um mich selbst zu definieren«, sagte sie dem *Harper's Bazaar* im September 1982. »Nicht mehr. Sicher, ich möchte meinem Seelengefährten begegnen, aber ich mache keine Obsession daraus.« Unter tiefen Depressionen leidend, sprang die siebenundfünfzigjährige Schauspielerin 1990 aus dem achten Stock ihres Penthouse-Apartments in Lausanne in der Schweiz in den Tod.

23. Die Suche nach Zugehörigkeit

Mercedes de Acosta verbrachte die fünfziger Jahre meistenteils in Paris und teilte ihr Leben in Folge mit Maria »Poppi« Kirk und einem weiteren Hollywood-Flüchtling, Ona Munson. Nachdem sie sich von Ernst Lubitsch getrennt hatte, war es mit Munsons Filmkarriere trotz ihrer prominenten Rolle als Rhett Butlers Freudenmädchen, Belle Watling, in *Vom Winde verweht* nicht weitergegangen. De Acosta und Munson wurden 1939 Geliebte, als Munson bei den Republic Studios unter Vertrag war. Einen sensationellen Erfolg hatte Munson als die verderbte Bordellmutter in Josef von Sternbergs Film Im *Banne von Shanghai (Shanghai Gesture)* feiern können, aber von John Coltons Theaterschocker war bei der verwässerten und stark zensierten Filmversion letzten Endes nicht mehr als eine Klamotte übriggeblieben.

Ona Munsons Briefe an Mercedes waren voller Leidenschaft. »Ich sehne mich danach, Dich in meine Arme zu schließen und meine Liebe in Dich zu verströmen«, schrieb sie 1940. Sechs Jahre später hatte sie das Gefühl, sie hätten »gemeinsam den erhabensten spirituellen Augenblick erlebt, den Menschen je erleben können«, und »eine Wesenheit geschaffen, ganz so, als ob [wir] ein Kind empfangen und geboren hätten«.

Sie betrauerten zusammen den Selbstmord von Eleonore von Mendelssohn. Sie war unbeschadet durch den Krieg gekommen und hatte in Salzburg ihre Rembrandts, Tizians, Corots, van Goghs und Goyas retten können, sich in ihrem New Yorker Exil jedoch ruhelos und entwurzelt gefühlt und mit einem Sprung aus dem Fenster das Leben genommen.

Garbo nannte sich selbst einen »Wanderer«. Sie reiste ziellos in der Welt herum, war hier wie dort Gast der feinen Gesellschaft, von Cecil Beaton bis zu Aristoteles Onassis und Cecile de Rothschild. In Paris wohnte sie zusammen mit Mercedes de Acosta im Hotel Crillon. Wenn der einsiedlerische Star weder für Mercedes noch für Cecil Beaton zugänglich war, trösteten die beiden sich, indem sie über Garbos Gesundheit, Verfassung und Launen miteinander korrespondierten. Am 5. Oktober 1953, als Garbo achtundvierzig und de Acosta sechzig waren, schrieb Mercedes:

Greta ist zurück, aber ich habe sie noch nicht getroffen. An dem Abend, bevor sie im Juli nach Europa abreiste, machte sie über Dich eine Bemerkung, die ich zurückwies (ist zu kompliziert, um Dir darüber in diesem Brief zu berichten). Wir hatten einen Krach, und ich sagte ihr ein paar Wahrheiten. Sie war wütend und fuhr ab, ohne mich am nächsten Morgen anzurufen und auf Wiedersehen zu sagen. Auch seit ihrer Rückkehr hat sie mich noch nicht angerufen.

Cecil antwortete am 11. Oktober:

Liebste Mercedes,
sehr froh, von Dir zu hören, wenngleich es mir leid tut, daß Du mit Greta einen Streit hattest, insbesondere, weil es meinetwegen war. Es ist sehr traurig, wenn Menschen, die einander lieben, sich weniger häufig sehen als flüchtige Bekannte, & mir tut es sehr leid um Greta, die alles andere ist als glücklich & ihr Leben immerfort noch komplizierter macht. Ich weiß nicht, weshalb sie sich gegen einen von uns beiden wenden sollte, da wir beide ja immer ehrlich waren & das Richtige für sie zu tun versuchten. Ich glaube, sie wird sich bei Dir melden, da ich sicher bin, daß sie Dich braucht – & ich war immer der Ansicht, daß Ihr beide Euer restliches Leben gemeinsam verbringen werdet.

Garbo hielt Mercedes auf Distanz, da sie wußte, daß sie mit Beaton über sie klatschte. Ins Gesicht schworen sie ihr absolute Verschwiegenheit, aber hinter ihrem Rücken plapperten sie endlos über sie. Garbo war der Meinung, Mercedes habe ihr mit ihrem Klatsch großen Schaden zugefügt. »Immer versucht sie, etwas auszuhecken und Dinge herauszubekommen, und man kann sie nicht loswerden«, klagte Garbo 1947 gegenüber Beaton. Nicht, daß er um einen Deut besser gewesen wäre. Garbo hatte ihm in Wirklichkeit nie verziehen, daß er in *Cecil Beaton's Scrapbook* geschrieben hatte:

Sie ist an nichts und niemandem besonders interessiert, und sie ist so schwierig und so selbstbezogen geworden wie eine unheilbar Kranke, völlig unfähig, sich einem anderen Menschen anzuvertrauen. Sie wäre eine anstrengende Freundin, die ständig seufzt und tragisches Bedauern äußert. Sie ist abergläubisch, argwöhnisch und weiß nicht, was Freundschaft bedeutet; sie ist unfähig zu lieben.

De Acosta war mit ihren Memoiren beschäftigt, die sie immer wieder neu überarbeitete und versprachen, einiges zu ihrer langen und intimen »Freundschaft« mit Garbo zu sagen. In Homosexuellenkreisen war de Acosta als »die Schwule am Ende der Treppe« bekannt; diese Titulierung hatte sie einer Wortspielerei mit William Inges 1958 entstandenem Stück *Das Dunkel am Ende der Treppe (The Dark at the Top of the Stairs)* über die Dunkelheit zu verdanken, in die sich weder das Kind noch seine Eltern hineinwagen, egal, was sie einander auch vortäuschen mochten.

Freud und Kinsey machten Homosexualität zu einem Gesprächsthema, über das man nett miteinander plaudern konnte, aber an der öffentlichen Einstellung gegenüber Personen, die Personen des eigenen Geschlechts liebten, änderte sich nicht sehr viel. Als de Acosta ihre Autobiographie *Here Lies the Heart* 1960 veröffentlichte, ging sie sehr vorsichtig mit der Wahrheit um. Bei der Beschreibung ihrer Gäste und bei einem Essen Anfang der dreißiger Jahre in Hollywood sagte sie nicht etwa, daß zwei Drittel, wenn nicht gar alle Frauen waren, die sie geliebt hatte, sondern erklärte lediglich lapidar: »Furchtlos lud ich die Gäste ein, die ich wollte, und die Tischkarten lasen sich wie die Galastarbesetzung bei einer Benefizveranstaltung: Mrs. Patrick Campbell, Doris Keane, Jeanne Eagles, Alla Nazimova, Elsie Ferguson, Constance Collier, Laurette Taylor, Helen Hayes, Helen Menken und Katharine Cornell.«

Der Titel ihrer Autobiographie ging, wie sie im Vorwort erklärte, auf ein Zitat des Malers Ignacio Zuloaga zurück. »Alle großen Menschen funktionieren mit dem Herzen«, hatte er ihr in jungen Jahren gesagt. »Vergiß nie, damit zu denken, damit zu fühlen und vor allem auch damit zu urteilen.« Sie verstand sich genial darauf, mit den »Zwischentönen des Lebens« zu spielen, und schrieb, sie könne Menschen nicht verstehen, die glaubten, ein Mann sollte nur eine Frau lieben und eine Frau nur einen Mann. Alle, von Isadora Duncan und Nazimova bis zu Garbo und Dietrich wurden zwar sehr intim und aufschlußreich beschrieben, aber so, daß jede sapphische Andeutung fehlte.

Garbo verzieh ihr das Buch nie, und als Mercedes sie kurz nach der Veröffentlichung anrief, legte sie auf.

De Acostas spätere Jahre waren traurig und von körperlich schmerzhaften Krankheiten gezeichnet. Sie lebte in einem Zweizimmerapartment in der Achtundsechzigsten Straße im Osten Manhattans und mußte ihren Schmuck verkaufen, um damit eine Gehirnoperation bezahlen zu können. Weitere Operationen folgten. Das Angebot eines Interessenten, der ihr zehntausend Dollar für Garbos Briefe bot, schlug sie aus, erhielt aber etwas Geld, als sie ihre gesammelten Unterlagen dem Rosenbach-Museum in Philadelphia mit dem Vorbehalt vermachte, daß Garbos Briefe befristet bis zehn Jahre nach ihrem Tod unter Verschluß zu bleiben hatten. Eine treue Freundin war die Bildhauerin Malvina Hoffman, die aber 1966 starb. Mercedes starb zwei Jahre später mit fünfundsiebzig Jahren.

Garbo und Dietrich lebten mehr als zweiundzwanzig bzw. vierundzwanzig Jahre länger. Beide gerieten zunehmend in Vergessenheit, aber beide wußten auch gleichermaßen geschickt dafür zu sorgen, daß sie nicht vollends aus dem öffentlichen Bewußtsein verschwanden, Garbo, indem sie sich immer einmal wieder von Fotoreportern aufspüren ließ, und Dietrich, indem sie gelegentlich kapriziöse Interviews gab. Abgesehen von Transvestiten- und Lesbenclubs, in denen ihr Stil aufgegriffen wurde, inspirierten sie eigentlich niemanden zur Nachahmung. Garbo lebte in der Zweiundfünfzigsten Straße im Osten Manhattans mit Blick auf den East River und reiste unter Inanspruchnahme der Gastfreundschaft reicher Berühmtheiten ziellos in der Welt herum. 1933 erzählte Janet Flanner ihrer *New Yorker*-Leserschaft: »Fräulein Dietrich ist die erste Ausländerin und Persönlichkeit, in die sich die Pariser Gesellschaft im Laufe der Jahre verliebt hat.« In Paris verbrachte Dietrich denn auch ihren Lebensabend, in einem Apartment in der Avenue Montaigne, das sie sich in Wirklichkeit nicht einmal mehr leisten konnte; sie wurde zur Einsiedlerin, die immer einmal wieder von sich hören, sich aber zum Schluß nie mehr sehen ließ.

Wie Flanner in Zusammenhang mit Natalie Barney festgestellt hatte, die im Alter von dreiundneunzig Jahren ihr Haus in der Rue Jacob zwangsweise räumen mußte und bis zu ihrem Tod noch zwei Jahre im Hôtel Meurice wohnte, konnten Lesbierinnen sich häufig eines langen Lebens erfreuen, da ihnen manches, wie auch das Kindergebären, erspart blieb. Garbo war vierundachtzig, als sie 1990 starb. Dietrich war neunzig, als sie zwei Jahre später starb, wobei sie allerdings eine Tochter geboren hatte.

Viele aus dem »Nähkreis« wurden über achtzig und neunzig. Dorothy (Dickie) Fellowes-Gordon wurde sogar hundert Jahre alt.

Zwei Ausnahmen waren Judy Garland und Tallulah Bankhead. Garland war ebenso zäh wie kaputt, sie kannte sich im Showbusineß aus, und ihr konnte niemand etwas vormachen. 1964 erzählte sie einem Reporter, sie habe so viele Comebacks gehabt, schließlich sei jedes Mal, wenn es ihr gelungen sei, aus ihrem Badezimmer zurückzukommen, wie ein Comeback gewesen. Sie war siebenundvierzig, als sie sich fünf Jahre später in einem Badezimmer einschloß und an einer Überdosis starb.

Genau wie Garland lebte Bankhead von Alkohol, Barbituraten, Amphetaminen und Zigaretten, die zusammen mit immer wiederkehrenden Crash-Diäten dafür sorgten, daß diese zierliche Frau ausgemergelt und ihr Leben »fast wie ein einziger langer Selbstmordversuch erschien«, wie ihr Biograph Denis Brian erklärte. Sie trat sporadisch im Fernsehen auf und spielte 1967 in einem *Batman-Film die* heimtückische schwarze Witwe. Sie wohnte 1967 Marlene Dietrichs Eine-Frau-Show am Broadway bei und starb ein Jahr später im Alter von fünfundsechzig Jahren.

Anfang der Sechziger wurden der Welt im Kino immer noch Lesben vorgesetzt, die man gerne haßte. Stanwycks lesbische Liebe in *Auf glühendem Pflaster (Walk on the Wild Side)* wurde um des Erfolges willen 1962 wieder ausgepackt und neuerlich in die Kinos gebracht. Mit *Lilith, Bis das Blut gefriert (The Haunting), Die Nacht des Leguan (The Night of the Iguana)* und *Sieben Frauen (Seven Women)* wurden Lesbierinnen gezeigt, die in der zwielichtigen Welt neurotischer Unterdrückungen lebten und irgendwie überlebten. Und in dem James-Bond-Film *Liebesgrüße aus Moskau (From Russia With Love)* spielte Lotte Lenya eine sowjetische Agentin, Rosa Klebb, die behende Daniela Bianchis Knie, ihre Schultern und ihr Gesicht streichelt und lispelnd erklärt: »Ich habe dich für eine sehr wichtige Aufgabe auserwählt.«

Jenseits der Leinwand wurde Nancy Kulp von ihrem Kollegen, dem Schauspieler Buddy Ebsen, als eine verkappte Rosa Klebb verleumdet. Nachdem sie ein Jahrzehnt als Jane Hataway in *The Beverly Hillbillies* und in kleinen Rollen in einem Dutzend Filmen zu sehen war, ging Kulp nach Pennsylvania zurück und kandidierte 1962 als Demokratin für den Kongreß. Im Wahlkampf bezeichnete Ebsen die ihm unliebsame Kulp als eine kommunistisch Angehauchte aus Hollywood. In Radiospots für ihren republikanischen Kontrahenten verbreitete er, sie sei zu liberal für Pennsylvania, was zweifelsfrei mit zu ihrer Niederlage beitrug.

Die Urlaubsorte Santa Barbara und Palm Springs, über Kaliforniens neue Autopisten nicht einmal zwei Stunden von Los Angeles entfernt, wurden die Oasen der alternden Mitglieder des »Nähkreises«. Santa Barbara und die exklusiven Montecito Hills, mit Blick auf den Pazifik, dienten vielen der halbwegs im Ruhestand lebenden Schwestern als Zufluchtsort.

Judith Anderson ließ sich als angesehene, halbwegs aus ihrem Versteck gekommene Stammesmutter nach Los Angeles kutschieren, als die Regisseure wieder nach ihr riefen. Sie war sechsundachtzig, als sie 1984 in *Star Trek III* auftrat, und anschließend spielte sie drei Jahre lang die Minx in der Seifenoper *Santa Barbara*. Sie starb 1992 im Alter von dreiundneunzig Jahren.

Virginia Valli ließ am Wochenende und in den Ferien die Lesbierinnen der Branche immer wieder nach Palm Springs pilgern. Valli war, mit Charlie Farrell, die andere Hälfte des ersten bekannten »zwielichtigen Tandems«. Sie hatte mit siebzehn in ihrer Heimatstadt Chicago mit Filmen angefangen und wurde einer der schönsten Stummfilmstars. In einem der letzten Stummfilme Howard Hawks, *Bezahlte Liebe (Paid to Love)*, war sie in der Hauptrolle neben William Powell zu sehen, und den Sprung zum Tonfilm schaffte sie an der Seite von Ronald Colman in *Clothes Make the Man*... Sie heiratete Charlie Farrell und zog sich aus dem Filmgeschäft zurück. Farrell und Valli waren in einem gemeinsamen Schlafzimmer untergebracht, als William Randolph Hearst sie nach San Simeon einlud. Joel McCrea wurde im gleichen Bungalow einquartiert und registrierte, daß Farrell jedoch nie da war.

Die stadtplanerische Entwicklung von Palm Springs machte Valli und Farrell zu Millionären. Dinah Shore gehörte zwar selbst nicht zu den sapphischen Schwestern, aber das alljährlich von ihr veranstaltete Golfturnier wurde mit den zehntausend Lesbierinnen, die es alljährlich nach Palm Springs brachte, zum größten lesbischen Ereignis des Jahres. Janet Gaynor, Farrells Partnerin in all den romantischen Filmen der dreißiger Jahre, überlebte Adrian um fünfundzwanzig Jahre, war gelegentlich in Fernsehrollen und bei Oscar-Verleihungen als diejenige zu sehen, die den Preis überreichte. Fünf Jahre nach Adrians Tod 1959 heiratete sie den Produzenten Paul Gregory, Kompagnon von Charles Laughton und fünfzehn Jahre jünger als sie. Bei einem Autounfall 1982 wurde sie schwer verletzt und starb zwei Jahre später.

Katharine Hepburn lebte zwischen den Dreharbeiten zu ihren Filmen in Connecticut. 1969 kehrte sie als Coco Chanel in *Coco* an den Broadway zurück und gewann 1981 ihren vierten Oscar für ihre schauspielerische Leistung in *Am goldenen See (On Golden Pond)*. Trotz schlechter Gesundheit trat sie weiterhin gelegentlich in Filmen auf und durfte 1992 erleben, wie ihre diskrete Autobiographie *Ich – Geschichten meines Lebens* ein internationaler Bestseller wurde.

Agnes Moorehead blieb in Beverly Hills. Paul Lynde, der zynische Komiker der Bühne, der Leinwand und des Fernsehens, sagte von ihr: »Sie hatte eine Reihe intimer Freundinnen in Folge, mit denen sie oft ausging, und es gab Gerüchte, aber alles blieb in der Familie. Als einer ihrer Ehemänner beim Seitensprung erwischt wurde, so wird erzählt, habe Agnes ihn angeschrien, wenn er eine Mätresse haben könnte, dann sie auch!« Nachdem sie ihre zwei Ehemänner 1952 und 1958 beerdigt hatte, wirkte sie noch in zehn Filmen mit. Als Robert Aldrichs Hasardspiel aufging, daß das Publikum sich für alternde Stars, die sich nun unter Wert verkauften, begeistern würde und sich mit *Was geschah wirklich mit Baby Jane? (What Ever Happened to Baby Jane?)* 1964 auszahlte, spielte Moorehead bei der Neuverfilmung von *Wiegenlied für eine Leiche (Hush... Hush, Sweet Charlotte)* neben Bette Davis in der Rolle der verrückten Cousine Charlotte das bissige Dienstmädchen. Ursprünglich hatte auch Stanwyck mitwirken sollen, sie spielte dann aber statt dessen Elvis Presleys Chefin in *König der beißen Rhythmen (Roustabout)*. Ihre Freundin Edith Head fertigte ihre Garderobe an und erzählte der Presse, Barbara sehe fantastisch in ihren Blue jeans aus. Moorehead starb 1974. Head und Stanwyck machten weiter. Für die klassischen Anzüge, die Head für Paul Newman und Robert Redford in *Der Clou (The Sting)* entwarf, wurde sie mit einem Academy Award ausgezeichnet. Ihr letzter Film *Tote tragen keine Karos (Dead Men Don't Wear Plaid)* kam ein Jahr nach ihrem Tod 1981 heraus.

Stanwyck und Crawford führten einander zum Essen aus, in New York in den 21 Club, in Los Angeles ins Hotel Don the Beachcomber in Beverly Wilshire. Sie ergingen sich in Erinnerungen an die guten alten Tage, als die Studios, mit welcher Brutalität auch immer, Karrieren aufbauten und die Stars noch Stars waren – sie selbst inzwischen mit Verachtung gestrafte Schauspielerinnen, die sich nach einer Saison im Fernsehen jedoch selbst wieder als Stars sahen. Crawford fuhr schließlich nicht mehr nach Kalifornien. »Alle meine Freundinnen sind arbeitslos«, sagte sie, »es ist so traurig.«

Ihre Adoptivtochter, Christina Crawford, porträtierte sie in ihrer Biographie *Meine liebe Rabenmutter, die* zum Bestseller wurde, als eine grausame Bisexuelle, die alle manipulierte. Joan Crawford starb 1977. Als die Biographie *Meine liebe Rabenmutter (Mommie Dearest)* vier Jahre später verfilmt wurde, übernahm Faye Dunaway die Hauptrolle als Joan Crawford.

Stanwyck hatte im Alter mit schweren gesundheitlichen Problemen zu kämpfen, war aber nicht bereit, sich in der Öffentlichkeit davon etwas anmerken zu lassen. Sie fühlte sich ruhelos, wenn es keine Rolle gab, in die sie sich hineinknien konnte, und nahm jede Rolle an, um möglichst jeder Untätigkeit zu entgehen. Sie bemühte sich, wieder einmal neben Henry Fonda zu stehen, als es um die Besetzung von *Am goldenen See (On Golden Pond)* ging, unterlag im Endeffekt jedoch gegen Katharine Hepburn. Mit fünfundsiebzig spielte sie dann in *Die Dornenvögel (The Thorn Birds)* eine Frau, die von sexuellen Gelüsten überfallen wird. Bezeichnend für sie war, daß sie auf jede Form der Überwachung durch andere allergisch reagierte, und selbst nach ihrem Tod im Alter von zweiundachtzig Jahren 1990 hatten Freunde noch immer das Gefühl, ihren Willen zu verletzen, wenn sie über sie sprachen.

Die sexuellen Restriktionen und Tabus ertranken im *Aquarius* der *Hair*-Zeit mit der neu ausgerufenen sexuellen Freizügigkeit und Spontaneität. Und mit dem Feminismus, der sich in den Siebzigern neuerlich durchsetzte, forderten junge Frauen Rechte ein, die für ihre Mütter undenkbar gewesen wären. Auf der Leinwand wurde der Wandel in den öffentlichen Sensibilitäten und des allgemeinen Bewußtseins von einem Ansatz begleitet, bei dem Schwülstigkeit, Schmiß, Spontaneität und eine Sag-wie-es-ist-Direktheit im Vordergrund standen. 1964 flocht Gore Vidal das Wort *homosexuell* bei der Verfilmung seines Stückes *Der Kandidat (The Best Man)* ein, und ein Jahr später führte John Schlesinger mit seinem Film *Darling* die Bisexualität ein. In Mark Rydells Verfilmung von D. H. Lawrence' *The Fox* 1968 spielten Sandy Dennis und Anne Heywood zwei

Lesbierinnen, die auf einer einsamen Farm leben und in ihrem Frieden durch das Auftauchen eines Seemannes (Keir Dullea) gestört werden, den es zufällig in ihre Gegend verschlagen hat.

Beschlossen wurde die Dekade mit Robert Aldrichs plumpem Film *Das Doppelleben der Sister George (The Killing of Sister George)*, die Geschichte über eine alternde Lesbierin (Beryl Reid), deren Leben zusammenbricht, nachdem sie aus einer Fernsehserie geflogen ist. Wegen einer Szene, in der Reid Susannah York verführt, wurde der Film als »nicht jugendfrei« eingestuft. Nachdem die Szene in Connecticut und Massachusetts herausgeschnitten worden war, bot Aldrich an, im Tausch gegen eine Freigabe »ab siebzehn« bzw. »für Jugendliche in Begleitung Erwachsener« die Szene generell herauszunehmen. »Die ›Tötung‹ im Film war nicht der Tod der Homosexualität«, schrieb Vito Russo in *Die schwule Traumfabrik*, »sondern der Tod ihrer Unsichtbarkeit; das Versteckspiel befand sich im Krieg gegen die Extravaganz der Sister George. Homosexualität war eine Tatsache geworden, und Hollywood machte ein Tamtam, als hätte das Kino sie erfunden.«

Der Alles-ist-möglich-Mythos Hollywoods öffnete lasziven Spekulationen Tür und Tor, aber da es nicht im Interesse irgendeines Studios war, daß es ruchbar wurde, daß seine Leinwandheldin nur Leidenschaft mimte, wenn sie ihren Filmpartner küßte, existierte die gleichgeschlechtliche Liebe weiterhin nur hinter der Wand des Schweigens. Und wenn wir nur wenig von den Hollywood-Schauspielerinnen und ihren Liebesbeziehungen mit anderen Frauen gehört haben, dann nicht nur, weil die Stars emotionale Mauern errichteten, durch die fast niemand hindurchgelassen wurde, sondern auch weil die Möchtegernsternchen, die, um vorwärtszukommen, mit jedem schliefen und hätten plaudern können, sich im Alter ihrer Mittel und Erfolglosigkeit oft schämten und nicht bereit waren, etwas zu erzählen.

Das Bedürfnis, Anerkennung zu finden, gehört zum Selbstverständnis im Showbusineß, und es wäre Selbstmord für einen Schauspieler oder eine Schauspielerin, sich willentlich zum Objekt von Schimpf und Schande zu machen. Das Gebot, sich keine Blöße zu geben, blieb weiterhin die zweite Natur eines jeden und führte zu einem Primat des Mißtrauens gegenüber allem und jedem. Und damit blieb auch die lesbische Subkultur noch eine weitere Generation im Untergrund.

24. Fünfzig Jahre später:
Lesbierinnen im Showbusineß heute

Fünfzig Jahre nach den friedlichen Jahren in Hollywood waren die Lesbierinnen auf der Straße – konfrontativ nahmen sie nun kein Blatt mehr vor den Mund, machten ihr Thema zum politischen Thema und waren für niemanden mehr zu übersehen. »Zwei, vier, sechs, acht, weißt du, wie's deine Großmutter macht?« skandierten sie in Sprechchören 1993 in Washington. Da war nichts mehr von Verwundbarkeit zu spüren. Während die Massenmedien über die Macht und den Stolz der einst unsichtbaren Homosexuellen sinnierten, erklärte das *New York*-Magazin mit der Sängerin k. d. lang auf dem Titelblatt die lesbische Liebe mit einemmal für chic. *Newsweek* schätzte, daß zwei bis drei Millionen Amerikanerinnen lesbisch waren, und zitierte Aktivistinnen, die behaupteten, die meisten Lesbierinnen seien immer noch nicht aus ihrem Versteck gekommen. Das Gay Games and Cultural Festival, eine Veranstaltung im olympischen Stil, ist inzwischen im Vierjahresturnus zu einem Ereignis geworden, und Firmen wie AT& T, Anheuser-Busch, Apple Computer, Benetton, Philip Morris, Seagram und Sony haben die Homosexuellen längst als Käuferschicht entdeckt und sprechen mit gezielten Werbungen Schwule und Lesben an.

Ein klareres Bild der Szene kristallisierte sich heraus, als die US-amerikanische Unternehmerwelt den Schwulen- und Lesbenmarkt schließlich genauer unter die Lupe nahm, um ihn auch dollarmäßig in den Griff zu bekommen. Es war nicht die Angst vor den Reaktionen der Konservativen, daß die Madison Avenue zunächst nur vorsichtig hinter dieser Klientel her war, der Grund war vielmehr, daß einfach zuverlässige demographische Daten fehlten. Ehe sie mit entsprechenden Anzeigenkampagnen auf diesen Markt setzten, wollten sich die Mainstream-Unternehmer absichern, und zwar mit nicht weniger als mit direkten Umfragen in Schwulen-Zeitschriften und Zählungen bei Schwulen-Paraden und -Demonstrationen. Das Meinungsforschungsunternehmen Yankelovich Partners sprang hier hilfreich in die Bresche und fand im Rahmen einer entsprechend gestarteten Umfrage heraus, bei der allerdings nur eine von zweiundfünfzig Fragen auf die Sexualität einging, daß annähernd sechs Prozent der US-amerikanischen Verbraucher von sich sagten, sie seien homosexuell. Die Umfrage erbrachte des weiteren, daß Homosexuelle – entgegen der allgemeinen Annahme – mit ihren Einkommen nicht wesentlich über dem Durchschnitt lagen, daß sie aber in bestimmten Branchen verstärkt auftraten, »aufgeschlossener gegenüber Technologie« und vielfach selbständig waren, daß sie etwas für ihre körperliche Fitneß und ihr Wohlbefinden taten und generell an sich arbeiteten, aber auch, daß sie in ihrem Leben mehr Streß als Heterosexuelle erfuhren.

Die heterosexuelle Gesellschaft betrachtet Bisexuelle in der Regel als Homosexuelle, während Homosexuelle einen Bisexuellen als einen Homosexuellen sehen, der sich seine Homosexualität aus irgendeinem Grund noch nicht eingestehen kann. Showbusineßidole wie Madonna schlossen sich mit griffigen Sprüchen als sexuell Geächtete der Parade an. Und Hetero-Kritikern sagte Madonna bei ihren Konzerten dann ordentlich die Meinung, als sie zur hellen Freude ihres schwulen Publikums erklärte, sie sei ein in einem Frauenkörper gefangener schwuler Mann. Lily Tomlin und ihre langjährige Gefährtin, die Autorin Jane Wagner, schufen Parodien von lesbischen Heldinnen, die Tomlin in ihren Ein-Frau-Shows aufführte. 1991 begannen Aktivistinnen dann, auch die Namen Prominenter aufzudecken, nicht, wie sie behaupteten, um ihnen

Schande zu bereiten, sondern um sie und ihre Geliebten von ihren Ängsten und Schamgefühlen zu befreien.

Hollywood und seine Lesbierinnen waren jedoch alles andere als erpicht darauf, nun offen und begeistert auf den Zug aufzuspringen, wonach Lesbischsein mit einemmal chic war. Es ist nun zwar nicht mehr schicklich, in feiner Gesellschaft die lesbische Liebe *vehement* zu verdammen, es *ist* aber sehr wohl in Ordnung zu sagen, daß einem jedes Verständnis für Homosexualität fehlt. Natürlich sind inzwischen, in den Neunzigern, weitaus mehr Frauen aus ihrem Versteck gekommen, aber die meisten nur vor Freunden und der Familie. Sich als Lesbierin zu erkennen zu geben, ist nach wie vor ein Karrierekiller und die Berufswelt somit für die meisten noch immer das heilige Terrain, wo absolutes Stillschweigen zu wahren ist. Die Medien können im Handumdrehen Schauspielerinnen nennen, die Lesbierinnen *spielen,* sind aber mehr als zögerlich, als solche auch welche namentlich zu benennen. OutPost, die New Yorker Organisation, die es sich zum Ziel gemacht hat, homosexuelle Prominente öffentlich zu machen, brachte 1991 auf einem Flugblatt Jodie Foster als »Absolute Lesbe« heraus. Eine öffentliche Anprangerung, die bei vielen Frauen, bei lesbischen wie heterosexuellen, heftige negative Reaktionen auslöste. Drei Jahre später bezeichnete *Mirabella* Jodie Foster als das »weibliche Rollenmodell, das alle übertraf«, ein Echo der Anspielung aus der Goldenen Ära, in der es hieß: »Marlene Dietrich und Greta Garbo sind Gentlemen in ihrem Herzen«, oder wie *Vanity Fair* Garbo und Dietrich 1932 unter der Schlagzeile darstellte: »Beide Mitglieder desgleichen Clubs.«

Hedda Hopper und Louella Parsons mögen von der Bildfläche verschwunden sein, aber über die Boulevardpresse und Talkshows ist ihr Einfluß erhalten geblieben. Verglichen mit anderen Klatschshows mag *Entertainment Tonight* dem Thema aufgeschlossen gegenüberstehen, aber wirklich pikante Geschichten werden auch hier nicht ausgepackt. Howard Strickling und die anderen Doktoren, die in den goldenen Jahren die Fäden sponnen, haben nie etwas wirklich »Geheimes« aufgedeckt. Heute ist es gang und gäbe, daß die Stars über ihre Drogen- und Alkoholprobleme und ihre gescheiterten Beziehungen in den Talkshows sprechen und ihre Verwandten brühwarm heikle Geschichten nachliefern. Themen wie Drogenmißbrauch, Mißhandlung der eigenen Ehefrau und gescheiterte Ehen sind inzwischen so abgegriffen, daß mit derartigen Enthüllungsgeschichten nichts mehr zu gewinnen ist. Intimitäten – insbesondere Intimitäten über die gleichgeschlechtliche Liebe – bedeuten hingegen Risiken, und das bedeutet, daß wahre Intimitäten nicht preiszugeben sind. Trotz der vielgepriesenen Ehrlichkeit und Offenheit der heutigen Gesellschaft ist noch kein Star in den mitternächtlichen Plaudershows hingegangen und hat Jay Leno oder David Letterman erklärt: »Wissen Sie, ich bin schwuler als sonstwas. Ich gestehe, ich habe entsetzliche Angst, es zuzugeben. Ich habe Angst, daß die Leute dann nichts mehr mit mir zu tun haben wollen, ich habe Angst, daß sie mich dann in einer Sexszene nicht mehr für glaubwürdig halten, aber, was soll ich sagen, so ist es nun mal.« Homosexualität ist noch immer ein zu gefährliches Thema.

Was natürlich bleibt, ist die Hoffnung. Als die Zeitschrift *Out* beschloß, in ihrer November-Ausgabe 1994 die Homosexuellen in Hollywood herauszustellen, wollten eine Reihe namenloser Insider der Filmbranche dabeisein. Die Zeitschrift interviewte Dutzende von Schauspielern, Agenten, Werbeleuten und Studiomanagern für einen Sonderbericht über Hollywoods Schwule und Lesben, die aus ihrem Privatleben kein Geheimnis mehr machen. »Vor vier Jahren wäre mir nicht einmal die Idee gekommen, eine solche Story zu schreiben«, sagte der Herausgeber Kevin Koffler. Aber angesichts der Tatsache, daß die sexuelle Orientierung inzwischen in den Antidiskriminierungsgesetzen mitberücksichtigt worden war, erlaubten die Großen der Unterhaltungsbranche ihren homosexuellen Beschäftigten indes auch, etwas offener mit diesen Dingen umzugehen, ohne Angst vor Repressalien haben zu müssen.

Noch Anfang der Siebziger war für die sapphischen Aktivistinnen ihre Befreiung kaum mehr als ein Ideal oder ein Ziel. Trotz aller Umwälzungen, die die Frauenbewegung brachte, sahen sich Lesbierinnen, die sich aus ihrem Versteck herauswagten, weiterhin mit dem Preis des Martyriums konfrontiert. Und für manche war es einfach eine Frage der Schicklichkeit, im Versteck zu bleiben. Nancy Kulp war eine ältere Schauspielerin, die sich weigerte, herauszukommen, weil sie von vornherein wußte, daß die Leute entweder sagen würden, sie hätten es sowieso gewußt, oder daß sie nur herauskäme, weil sie keinen Job hätte und die Publicity bräuchte. Was sich nicht änderte, war das proportionale Verhältnis von schwulen Männern, die im Vergleich zu Lesbierinnen bereit waren, sich als homosexuell zu erkennen zu geben. Die schwulen Männer der Branche, die sich in der Zeitschrift zu erkennen gaben, übertrafen die Lesbierinnen zahlenmäßig im Verhältnis von drei zu eins (zu den Frauen gehörten zum Beispiel Amanda Bearse, die die Hauptrolle in *Married With Children* gespielt hatte, die Produzentin Leslie Belzberg und die Regisseurin Tammy Billik).

Wie emanzipiert sich die heutigen modernen Frauen auch fühlen und wie sehr sie auch versuchen mögen, die traditionellen Rollen abzuschütteln, die meisten scheuen nichtsdestotrotz davor zurück, sich als Lesbierinnen zu erkennen zu geben. Die Protagonistinnen der Frauenbewegung erklären sich solidarisch mit den Problemen der Lesbierinnen, aber aus Angst, die Mehrzahl der engagierten Frauen zu befremden, zögern sie, allzu enge Allianzen mit den erklärten Lesbierinnen einzugehen. »Für diejenigen von uns, die sich ebenso als Frauen wie als Lesbierinnen verstehen«, schrieben Del Martin und Phyllis Lyon, »war der emotionale Aufruhr, den unsere Präsenz in der Frauenbewegung auslöste, ebenso komisch wie tragisch. Es war wie ein Hindernislauf zu sehen, wer wen am meisten fürchtete.«

Mittlerweile räumen die Biologen ein, daß auch auf die Lesbierinnen gehört und nicht nur nach ihren Genen geschaut werden sollte, sie glauben aber auch, daß die menschliche Sexualität »elastisch« und Homosexualität mitnichten eine »fixe Schaltung« ist. Das Thema wird von Psychotherapeuten, Sexualerziehern und Meinungsforschern untersucht. In ihrem Buch *Der neue Hite-Report – Frauen und Liebe* stellt Shere Hite fest, daß das, was Frauen in ihren Liebesbeziehungen mit Frauen am meisten genießen, eine Kombination aus Reden und körperlicher Nähe ist. Der zweite am häufigsten genannte Punkt ist Sex bzw. die Sexualität mit einer anderen Frau. Ein Drittel der lesbischen Frauen war verheiratet gewesen, und 24 Prozent hatten sich erstmals mit über vierzig Jahren in eine andere Frau verliebt.

Die engagierte lesbische Sexologin JoAnn Loulan führte zwischen 1985 bis 1987 in den Vereinigten Staaten und in Kanada eine inzwischen berühmt gewordene Erhebung durch und kam zu dem Ergebnis, daß Lesbierinnen nicht so sehr auf Sex als vielmehr auf den emotionalen Aspekt der Beziehung fixiert waren. Für junge Frauen war die gleichgeschlechtliche Liebe weniger attraktiv. Nur zehn Prozent der 1566 Lesbierinnen, die Loulans Fragebogen beantworteten, waren unter fünfundzwanzig, während zwei Drittel über dreißig und vierzig waren. Nur sechs Prozent rechneten sich zur Arbeiterschicht, während siebzig Prozent einen Collegeabschluß oder weitergehende Studienabschlüsse vorzuweisen hatten. Fast zwei Drittel waren der Meinung, ihre religiöse Erziehung habe wenig mit ihren sexuellen Präferenzen zu tun, aber über ein Drittel gaben an, sie seien als Kinder mißbraucht worden, die

Hälfte davon im Alter zwischen fünf und zehn Jahren und in den meisten Fällen von den eigenen Vätern – Zahlen, die vergleichbar mit denen heterosexueller Frauen sind.

»Nun zum guten Teil«, schrieb Loulan in *Lesbian Passion: Loving Ourselves and Each Other* zu den gegenwärtigen sexuellen Praktiken. 96 Prozent gaben an, daß sie und ihre Partnerinnen sich umarmten, 91 Prozent küßten sich, 90 Prozent hielten gegenseitig ihre Körper umschlungen, 89 Prozent masturbierten, 87 Prozent waren nackt zusammen, 72 Prozent hielten Händchen, gaben sich Zungenküsse, liebkosten sich oder schmusten miteinander. Etwas mehr als die Hälfte gaben an, sie würden sich am ganzen Körper küssen, etwas weniger als ein Drittel badeten zusammen, und fast ein Drittel gaben sich beim Sex Fantasien hin. Auf die Frage, was sie im Bett machten, sagten 63 Prozent, sie hätten oralen Sex oder stimulierten ihre Partnerinnen, während nur 12 Prozent einen Vibrator oder Dildo benutzten.

Die meisten waren der Meinung, sie gäben ihrer Partnerin sexuell mehr als die Partnerin ihnen, was Loulan fragen ließ: Verstehen Lesbierinnen ihre Sexpraktiken mehr als Geben denn als Nehmen? Ist Nehmen schwieriger als Geben? Haben wir Hemmungen, genau zu berichten, was wir miteinander machen?«

In der Beantwortung von Hites umfangreichem Fragebogen erklärten 14 Prozent der Lesbierinnen, in den Beziehungen zwischen Frauen werde ihrer Meinung nach *zuviel* geredet und die ganze damit verbundene Innenschau sei traumatischer als in einer Beziehung mit einem Mann. 96 Prozent sagten, sie fühlten sich von ihrer Partnerin geliebt, aber fast drei Viertel räumten auch ein, daß sie mit emotionalen Unsicherheiten zu kämpfen hatten. 54 Prozent waren der Meinung, die Frage der Homosexualität sei biologisch bedingt, während 46 Prozent sie für eine Frage der Präferenz hielten – und die Hälfte davon erklärte, die lesbische Liebe im Sinne einer Frau-zu-Frau-Kultur sei ein gewählter Lebensmodus.

Eine 1994 durchgeführte Studie über die in den USA vorherrschenden Sexualpraktiken sollte die inzwischen politisierte Frage beantworten: Wie verbreitet ist Homosexualität? Seit dem Kinsey-Report von 1948 war allgemein bekannt, daß einer von zehn Amerikanern homosexuell war und daß, was allerdings weniger bekannt war, von den Frauen in Alfred Kinseys Mustererhebung 12 Prozent lesbische Kontakte gehabt hatten, die zum Orgasmus führten, und 28 Prozent »homosexuelle Neigungen« hatten, die als homoerotisches Interesse an anderen Frauen definiert wurden, die zu irgendeinem Zeitpunkt in ihrem Erwachsenenleben zutage getreten waren. Kinseys Berichte und ebenso die später folgenden Umfragen von *Playboy*, Hite und der Zeitschrift *Redbook* waren allerdings statistisch suspekt, da sie sich auf freiwillige Probanden stützten, das heißt auf Personen, die ein erklärtes Interesse an Sex hatten. Als das National Opinion Research Center der University of Chicago die von 3432 zufällig ausgewählten Männern und Frauen erhobenen Daten auswertete, kam dabei heraus, daß 2,8 Prozent der Männer sich als homosexuell oder bisexuell definierten, aber nur 1,4 Prozent der Frauen. Bei einer anderen Fragestellung gaben jedoch 9 Prozent der Männer und 5 Prozent der Frauen an, seit ihrer Pubertät mindestens eine homosexuelle Erfahrung gehabt zu haben. Gefragt, ob Sex mit einer Person des gleichen Geschlechts ihnen reizvoll erschiene, sagten 5,5 Prozent der Frauen und 6 Prozent der Männer, die Vorstellung sei durchaus oder sehr reizvoll.

Die Forscher mutmaßten, daß der Anteil der Homosexuellen in der Bevölkerung insgesamt jedoch geringer ist, als er allgemein von den homosexuellen Protagonisten angenommen wird, da Homosexuelle dazu neigen, in größere Städte abzuwandern, wo sie auf eine größere Toleranz rechnen können. Bei Erhebungen in den zwölf größten Städten der USA gaben 10,2 Prozent der Männer und 2,1 Prozent der Frauen an, im letzten Jahr eine(n) gleichgeschlechtliche(n) Sexualpartner(in) gehabt zu haben, während die Zahlen aus ländlichen Gegenden lediglich bei 1 Prozent bzw. 0,6 Prozent lagen. 40 Prozent der Männer, die irgendwann eine homosexuelle Erfahrung gehabt hatten, hatten sie vor – und nicht nach – ihrem achtzehnten Lebensjahr. Genau auf Linie der Umfragen von Hite und Loulan sagten die meisten Frauen demgegenüber, sie seien achtzehn oder darüber gewesen, als sie ihre erste lesbische Erfahrung hatten.

Die Welt der Musik war die letzte in der Kunstdomäne, die ihre verschlossenen Türen noch aufzustoßen hatte, aber als es dann soweit war, war auch hier der Unterschied zwischen den Männern und den Frauen bemerkenswert groß. Während homosexuelle Komponisten von Aaron Copland und Cole Porter bis zu John Corigliano und Ned Rorem sich als solche zu erkennen gaben, blieben lesbische Komponistinnen weiterhin unsichtbar, weil sie, wie K. Robert Schwartz schrieb, »die geschlechtsspezifische Diskriminierung, der sie sich sowieso bereits ausgesetzt sehen, nicht noch verschlimmern möchten«.

Was für uns die besondere Faszination des Kinos ausmacht, ist unsere Identifikation mit den Emotionen der Leinwandcharaktere. Als Publikum müssen wir uns sowohl auf die Charaktere, die wir sehen, projizieren als auch mit ihnen identifizieren können. Jede Unterbrechung dieser – wie Gilbert Cohen-Séat sie nannte – Projektion-Identifikation, die etwa eintritt, wenn Schauspieler plötzlich in die Kamera sprechen, kommt dem Effekt eines Stromausfalls gleich. Die Magie geht verloren. Rock Hudson war clever genug, um zu wissen, daß seine Karriere an dem Tag beendet sein würde, an dem die ganze Welt erführe, daß er allen nur etwas vormachte, wenn er Doris Day küßte. Und das ist genau der Punkt, den die schwulen Aktivisten hassen und entsprechend »den Machtstrukturen« die Schuld dafür geben, daß die Homosexuellen unsichtbar bleiben.

Ihre rauchige Stimme half Lizabeth Scott, beim Synchronisieren von Filmen und als off-Kommentatorin beim Fernsehen unterzukommen. Auf die Leinwand kam sie 1972 in *Schund (Pulp)* zurück und spielte an der Seite von Michael Caine und Mickey Rooney einen alternden Filmstar. Lesbische Schauspielerinnen und homosexuelle Schauspieler leben zwangsläufig ein Leben verleugneter Vorlieben, Emotionen und Leidenschaften. Und zum großen Bedauern vieler homosexueller Aktivisten tragen gerade die in ihrem Versteck bleibenden Lesbierinnen und Homosexuellen an der Spitze der Unterhaltungsbranche mit dazu bei, daß sich am Status quo des Versteckenmüssens nichts ändert.

»Diejenigen, die in ihrem Versteck bleiben, setzen alles daran, um ihre verschlossenen Türen fest zuzuhalten«, schrieb Michelangelo Signorile in *Queer in America*, »sie engagieren Anwälte, um sich zu schützen und jede Story über ihr schwules Leben im Keim zu ersticken. Oft heiraten sie und bekommen Kinder, um als Heteros zu erscheinen und ihr Geheimnis zu schützen. Manche engagieren sogar Werbefachleute, um ihr Hetero-Image aktiv zu unterstützen. Werden sie nach ihrer Homosexualität gefragt, leugnen sie sie geradewegs oder geben ausweichende, mitunter lächerliche Antworten. Und zu ihrem Schutz mobilisieren sie auch ihre heterosexuellen Vorgesetzten und Freunde.«

Um es noch einmal zu sagen: Schauspielen heißt, jemand anderer zu werden. Und wer könnte geeigneter sein, ein erfundenes Leben vorzuleben, als ein Homosexueller?

Transvestismus wird heutzutage von manchen als krank, von den meisten jedoch als harmlose Erscheinung angesehen. Filme wie *The Crying Game, Mrs. Doubtfire – das stachelige Kindermädchen (Mrs. Doubtfire)* und *Priscilla – Königin der Wüste (The Adventures of Priscilla, Queen of the Desert)* sind jüngste Beispiele für die Akzeptanz der Popkultur und von Männern, die, nach der modernen Pseudopsychologie, ihre weicheren Seiten und neuen kulturellen Freiheiten erkunden dürfen. Frauen in

Männerkleidung sind etwas völlig anderes. Die Modedesigner haben die männliche Garderobe zwar feminisiert, seit Coco Chanel die Frauen anfang der Zwanziger in Jacketts steckte, aber Frauen in Anzügen werden zumeist nicht so sehr als Herausforderung gegenüber der männlichen Mode als vielmehr der männlichen Macht gesehen. Ganz wie Kathi Maio in ihrer Kritik des feministischen Westerns *The Ballad of Little Joe* schrieb: »Es gibt keinen besseren Antihelden als einen Helden, der in Wirklichkeit eine Heldin ist.«

Ein Star werden heißt, einen Faustschen Pakt mit der Gesellschaft einzugehen. Im Tausch gegen den Ruhm wird das erfundene Leben eines Schauspielers zur öffentlichen Angelegenheit. Das Leben eines Stars wird eine Art Kunstwerk, ein bildhauerisches Gebilde, und nur das und nichts weiter. Stars glauben allzugern, ihr Beruf beinhalte den Freibrief, sich lächerlich machen zu dürfen, im Zweifelsfall ihr Selbst in der Öffentlichkeit untersuchen zu dürfen, Fehler machen und Dinge eingestehen zu dürfen. Von homosexuellen Schauspielern verlangt der Prominentenstatus jedoch, daß sie einen Teil von sich verstecken nicht so sehr vor den Menschen, mit denen sie arbeiten, als vielmehr vor ihren Bewunderern.

»Ich kenne eine fünfzigjährige Schauspielerin, die sich rausgewagt und gesagt hat: ›Ich bin stolz, in der Öffentlichkeit eine Lesbierin zu sein‹«, sagte Ian McKellen. »Jetzt ist sie nach Hollywood gegangen und versucht sich mit einer Karriere, und plötzlich heißt es von ihr, sie sei heterosexuell.« McKellen hat nicht aufgehört, Heterofilmrollen zu spielen, nachdem er 1988 aus seinem Versteck kam, aber er spielt keine Liebhaberrollen mehr. »Wäre ein schwuler Schauspieler, der den Romeo spielt, für Sie glaubhaft, wenn er privat seine Fantasien Mercutio und nicht Julia schenkt?« fragte er 1994.

Die Unterhaltungsindustrie war nie bereit, das Leben von Lesbierinnen in realistischen Bildern zu zeigen, in Bildern, die sie als realistisch verstehen. Realitäten, die die Traummaschine in irgendeiner Form anschlagen könnten, werden nach wie vor tunlichst ausgespart.

Eine Handvoll von Produzenten, Regisseuren und Agenten sind in Hollywood inzwischen aus dem Versteck gekommen; was allerdings den Punkt angeht, homosexuelle Themen auf die Leinwand zu bringen, hat sich wenig geändert. Den lesbischen Produzentinnen Lauren Lloyd und Leslie Belzberg zufolge muß ein Film, der lesbische Themen aufgreift, zum einen provokativ für das Mainstream-Publikum sein und zum anderen, genau wie zu Garbos Zeiten, eine Frau in der Hauptrolle zeigen, die die Männer sehen möchten, um erfolgreich zu sein. »Und das ist die große Frage für mich«, sagte Belzberg 1994. »Wie macht man einen Film, in dem die Menschen merken, daß schwule Männer und Lesbierinnen auch ein reales Leben haben?« Fest steht im übrigen, wie die Autorin Fran Lebowitz amüsiert anmerkte: »Wenn man Hollywood von jedem homosexuellen Einfluß bereinigte, daß dann nichts weiter als *Let's Make a Deal* bliebe.«

Nur wenige lesbische Kinogängerinnen finden in den Mainstream-Kinos etwas, womit sie sich identifizieren können. Angesichts dieses Mankos fühlen sie sich von den Filmen der dreißiger und vierziger Jahre angezogen, in denen unabhängige und einfühlsame Frauen dargestellt wurden, die sich nach ihren eigenen Vorstellungen selbstbestimmt definierten. Garbos Darstellung in *Königin Christine* und die Rollen, die Dietrich in ihren Filmen verkörperte, sind in diesem Sinne ebenso anregend wie die hartgesottenen Schwindlerinnen, die Revolverheldinnen, die Betrogenen und sentimentalen Masochistinnen, die Ende der Vierziger die Leinwand füllten. Diese Filme sind sogar wesentlich reizvoller für Lesbierinnen als eher explizit lesbische Charaktere, wie etwa Beryl Reid sie in Robert Aldrichs Film *Das Doppelleben der Sister George* verkörperte oder Cher in *Silkwood*, die sich in eine Frau verliebt, die sie nie haben kann, oder Mariel Hemingway und Patrice Donnelly in *Personal Best*, worin die gleichgeschlechtliche Liebe zwischen zwei Frauen gezeigt wird, die im Sinne eines Initiationsrituals für die Olympischen Spiele trainieren, oder Julie Andrews in *Victor/Victoria* oder Whoopi Goldbergs und Margaret Averys sterilisierte Beziehung in Steven Spielbergs Film *Die Farbe Lila (The Color Purple)* oder Tilda Swintons Androgynie in der Verfilmung von Virginia Woolfs 1928 erschienenem Roman *Orlando*.

Nora Ephron äußerte die Bedenken zum Mainstream-Publikum, nachdem sie *Silkwood* geschrieben hatte: »Karen war sehr sinnlich und ziemlich leicht zu haben. Sie hatte bestimmt einige Erlebnisse mit Frauen. Die Frage war, ob wir das im Film zeigen wollten. Der wichtige Punkt in ihrem Leben war, daß sie ihre Kinder aufgegeben hatte und in ihrem Kreuzzug ein Mittel der Wiedergutmachung fand. Die eigentliche Frage ist, ob wir, angenommen, Karen Silkwood wäre wirklich lesbisch gewesen, das im Film gezeigt hätten. Ich weiß nicht. Wenn sie nicht nur eine etwas labile Mutter gewesen wäre, die ihre Kinder aufgab, sondern eine labile lesbische Mutter, die ihre Kinder aufgab, wer weiß, wie das Publikum reagiert hätte?« *Philadelphia* war, trotz gemischter Kritiken, ein Durchbruch, der rund fünfundsiebzig Millionen Dollar einspielte und bewies, daß ein Publikum mitgeht, wenn sowohl die Geschichte als auch die Stars gefällig sind.

Sigourney Weaver konnte eine glückliche New-Age-Lesbe spielen und der Star von *Star Trek the Next Generation*, Patrick Stewart, 1995 in *Jeffrey* einen extravaganten, Innenarchitekten. Was schwule und lesbische Filme angeht, kann von einem *Post-Philadelphia*-Boom jedoch mitnichten die Rede sein. Als die Zeitschrift *Out* sich in ihrer November-Ausgabe 1994 mit Hollywood befaßte, kam sie zu dem Ergebnis, hier finde eine stille Revolution in der Einstellung gegenüber schwulen und lesbischen Projekten und Beschäftigten statt. Lesbische Produzentinnen räumten aufgrund ihrer Erfahrungen mit den

Studiochefs jedoch ein, es sei vergebliche Liebesmüh, Projekte mit Themen und Charakteren durchsetzen zu wollen, die nicht dem Geschmack der Masse des Publikums entsprachen.

Als Vita Sackville-West sich 1920 in Violet Trefusis verliebte und ihre Gefühle zu der ersten Nacht mit Violet niederschrieb, fügte sie ihrem Tagebucheintrag hinzu, wenn ihr Mann, Harold Nicolson, dies je lesen sollte, »bitte ich ihn, daran zu denken, daß er über einen *anderen* Menschen liest, nicht über den, den er kennt«. Sie wollte ehrlich über diese Nacht schreiben,

weil ich von keiner wahrheitsgetreuen Aufzeichnung einer solchen Verbindung weiß, und damit meine ich eine Aufzeichnung, die ohne den geringsten Wunsch niedergeschrieben ist, lasterhaften Neigungen bei möglichen Lesern entgegenzukommen. [Und] weil ich der Überzeugung bin, daß die Geschlechter im Lauf der Jahrhunderte infolge ihrer wachsenden Ähnlichkeiten mehr und mehr ineinander übergehen; weil ich überzeugt bin, daß man sehr weitgehend aufhören wird, solche Verbindungen als lediglich unnatürlich zu betrachten, und daß man zumindest ihre intellektuelle Seite, wenn auch nicht ihre physische, wesentlich besser verstehen wird ... Ich glaube, daß dann die Psychologie von Menschen wie mir von Interesse sein wird und man erkennen wird, daß viel mehr Menschen meines Typs existieren, als unter dem heutigen System der Scheinheiligkeit allgemein zugegeben wird.

Das Zusammenleben von Frauen als alternativer Lebensstil, als Quelle der Stärke und Schönheit, bietet neue Möglichkeiten, die Welt zu erleben, schrieb Shere Hite in *Der neue Hite-Report – Frauen und Liebe*. »Manche Frauen empfinden zu Frauen eine größere emotionale Nähe als zu Männern«, schrieb sie, und die meisten wünschten sich, mit Männern genauso intim reden zu können wie mit ihren besten Freundinnen. Aber die meisten Frauen hätten auch »das Gefühl, im wesentlichen ›heterosexuell‹ zu sein – das heißt, daß sie sich von anderen Frauen physisch und sexuell nicht ›angezogen‹ fühlen, sondern daß sie eine psychische Gemeinsamkeit feststellen, eine Seelenverwandtschaft«.

Filmstars, die andere Frauen liebten, taten dies insgeheim. Sie tun es immer noch. Sich in der Welt der Film- und Fernsehstars zu einem lesbischen Freundinnenkreis zusammenzuschließen ist heute noch ebenso risikobehaftet wie zu den Zeiten, als Garbo und Mercedes de Acosta sich ineinander verliebten. Der »Nährkreis« gab denen, die dazugehörten, ein Gefühl von Gemeinschaft und Unterstützung, wenn nicht gar von Familie, das rückblickend ebenso beständig wie weitreichend und effektiv war. Das Leben der lesbischen und bisexuellen Frauen in Hollywood war vielschichtig, intensiv, bisweilen widersprüchlich und mitunter auch bewegend. Ihre Geschichte sollte nicht nur ein Maßstab für unsere Sicht der nur allzu kurzen Goldenen Kinoära sein, sondern auch dazu beitragen, ein Bewußtsein für die vorherrschenden und sich wandelnden Sittenkodizes und Verhaltensmaßstäbe zu schaffen.

Außerdem können wir dadurch vielleicht Garbo, Dietrich, Bankhead, Stanwyck, Cornell, Fontanne, Moorehead sowie Cukor, Gibbons, Minnelli, Arzner, Head und andere als Personen sehen, die mit ihrer Gegenwart und ihren Talenten die jugendliche Leinwand erhellten. Sie wurden von ihren Zeitgenossen und -genossinnen entsetzlich behandelt, aber das ist kein Grund, sie als eine weitere Gruppe von Opfern auf der bereits langen Verlustliste durch Intoleranz zu sehen. Das größte Kompliment, das wir in Erinnerung an sie anbieten können, ist, sie als Menschen zu sehen, die mit ihrem Talent das Beste von sich gaben.

Zu den Quellen

Bei den Recherchen zu diesem Buch habe ich, wie ich glaube, mit jeder relevanten lebenden Person gesprochen, die das sapphische Hollywood kannte. Die Unterhaltungsindustrie zwang die Homosexuellen, die auf dem Präsentierteller lebten, einfallsreich zu sein und sich in luxuriöse Äußerlichkeiten, lächerliche Verkleidungen und witzige Verschwörungen zu flüchten. In den vierziger Jahren wurde kurzzeitig eine lesbische Zeitung, *Vice-Versa*, herausgegeben.

Schauspieler und Schauspielerinnen reden sehr viel, auch wenn sie im allgemeinen nicht allzuviel schriftlich hinterlassen – Garbos Ausstoß an Briefen, die sie schrieb, könnte, um nur ein Beispiel zu nennen, bestenfalls als minimalistisch bezeichnet werden. Bei den Quellen, die ich für dieses Buch anzapfte, handelt es sich um Zeitzeugen, die Hollywood in den dreißiger und vierziger Jahren selbst miterlebten. Dazu gehören Samson De Brier, der legendäre Geliebte André Gides; die Klatschspezialistin und Hintergrundakteurin bei Kenneth Angers zwei *Hollywood Babylon*-Büchern, Ruth Morgenroth, die als Ruth Albu vor *Der blaue Engel* zusammen mit Marlene Dietrich getanzt hatte; und Door Legg, der Gründer des *One Magazine*, der ersten auflagenstarken Zeitschrift, die eine Marktlücke füllte und zugleich Vorreiter der modernen Schwulenpresse war; Forman Brown, Gründer des Turnabout Theaters; Harry Hay, Gründer der Mattachine Society, der sich an eine Schwulen-Soiree bei Mercedes de Acosta im Jahr 1935 erinnerte; James Kepner, Kurator der noch immer nur teilweise katalogisierten National Gay Archives in West Hollywood; Joseph J. Cohn, ehemals Geschäftsführer bei Metro-Goldwyn-Mayer; Talli Wyler, Witwe des Regisseurs William Wyler; die

Tänzerin und Schauspielerin Iris Adrian; Maggy Maskel Ferguson, Warners Werbeagentin in den dreißiger Jahren; und Margaret Sherry, Bibliothekarin und Archivarin an der Princeton University.

Mercedes de Acosta verkaufte den Großteil ihrer Unterlagen an das Rosenbach Museum in Philadelphia, mit der Verfügung, daß Garbos Briefe an sie bis zum Jahr 2000, also zehn Jahre lang nach Garbos Tod, unter Verschluß zu bleiben hatten.

Im Laufe von fast drei Jahrzehnten interviewte ich Harry Brand, George Cukor, Shirley Eder, Dana Henninger, Rouben Mamoulian, Nolan Miller, Ruth Morgenroth, Anaïs Nin, Milla Recsei, Otto Reischow, David Shipman, Adela Rogers St. Johns, Barbara Stanwyck, Josef von Sternberg, Gloria Swanson, Stuart Thomas, Viege Traub, Gertrude Walker, Billy Wilder, William Wyler und Paul Zimmerman. Elizabeth Fuller, Bibliothekarin des Rosenbach Museum in Philadelphia, gewährte mir Zugang zu unveröffentlichten Fassungen von Mercedes de Acostas Autobiographie.

Die in diesem Buch als Quellen herangezogenen Werke sind in der Bibliographie erfaßt. Darüber hinaus werden einzelne Zitate und Aussagen kapitelweise wie folgt belegt:

Vorwort

Zu den Ursprüngen, warum Lavendel mit lesbischer Liebe in Zusammenhang gebracht wird: Diana Frederics, *A Strange Autobiography*, 1939.

Zu Goldmans sexuellen Neigungen: Candace Falk, *Liebe und Anarchie & Emma Goldman*, Berlin 1987, S. 190 ff.

Rezension der britischen *Vogue* zu Hugo Vickers *Loving Garbo*, Mai 1994.

Edmund Goulding: »Wogegen sie sich sperrt«: Ezra Goodman, *The Fifty-Year Decline and Fall of Hollywood*, New York 1961, S. 293.

Garbo über Mercedes de Acosta: Antoni Gronowicz, *Greta Garbo. Ihr Leben*, München 1993, S. 326.

De Acostas Memoiren: *Here Lies the Heart*, New York 1960.

De Acosta-Bild in Hugo Vickers' Garbo-Biographie: Hugo Vickers, *Loving Garbo: Die Affären der Göttlichen*, München 1995, S. 11 ff.

De Acosta-Bild in Dietrich-Biographie: Maria Riva, *Meine Mutter Marlene*, München 1992.

Kapitel 1 – Das merkwürdige Gespann

Mercedes de Acostas Unterredung mit Thalberg zu Desperate: De Acosta, *Here Lies the Heart*, S. 231 f.

Irving Thalberg: »Möchtest du ganz Amerika«: De Acosta, *Here Lies the Heart*, S. 233.

Dorian Gray-Zitat: »Ich werde alt«: Oscar Wilde, *Das Bildnis des Dorian Gray*, München 1993, S. 34.

Irving Thalberg: »Man darf es ihr nie überlassen«: Bob Thomas, *Thalberg: Life and Legend*, Garden City, N. Y. 1969, S. 308.

Joel McCrea erzählte von der notorischen Bemerkung Garbos: »Ich glaube, ich gehe nach Hause«, wenn ihr Drehbücher nicht gefielen: John Kobal, *People Will Talk*, New York 1985, S. 403.

Joan Crawford: »Sie liebt ihn nicht«: Roland Flamini, *Thalberg: The Last Tycoon With the World of MGM*, New York 1994, S. 103.

Thalbergs Büro: *Fortune*, Dezember 1932.

Joseph L. Mankiewicz: »George [Cukor] war für sie«: Patrick McGilligan, *George Cukor: A Double Life*, New York 1991, S. 72.

Maria Riva über Mercedes de Acosta: Maria Riva, *Meine Mutter Marlene*, München 1992, S. 163.

Mercedes de Acosta: »Wer von uns«: Mercedes de Acosta, zweite Fassung von *Here Lies the Heart*, S. 338.

Isadora Duncans Gedicht an Mercedes de Acosta: Hugo Vickers, *Loving Garbo: Die Affären der Göttlichen*, München 1995, S. 20.

Kapitel 2 – Verstrickte Leben

Nachruf auf Greta Garbo: *New York Times*, 16. April 1990.

Photoplay: »Wo andere um Aufmerksamkeit buhlen«, Ausgabe von Januar 1930.

Joseph Cohn zum Garbo-Image: gegenüber dem Autor 1993.

Clarence Brown: »Wenn sie eine Person eifersüchtig anzusehen hatte«: Kevin Brownlow, *The Parade's Gone By*, New York 1968, S. 146.

Constance Collier. »Armer Richard«: Richard Stoddard Aldrich, *Gertrude Lawrence as Mrs. A.*, New York 1954, S. 4.

Zu Einzelheiten über Howard Stricklings Karriere: Nachrufe im *Los Angeles Herald-Examiner* und in *Variety*, 16. Juli 1982.

David O. Selznick zur hauseigenen Pressearbeit: gegenüber dem Autor 1964.

Harry Brand: »Man nimmt sie unter Vertrag«: gegenüber dem Autor 1970.

Zu den Mußheiraten und wie der Lebenswandel der Schauspieler und Schauspielerinnen die vorherrschenden Moralmaßstäbe beeinflußte: Anita Loos, *Fate Keeps on Happenings*, London 1985, S. 155.

Laszlo Willinger über Frank Whitback: John Kobal, *People Will Talk*, S. 378.

Howard Strickling: »Wir sagten Stars«: Strickling gegenüber dem Autor 1970.

Zum Hays Office: Vito Russo, *Die schwule Traumfabrik + Homosexualität im Film*, Berlin 1990, S. 32.

Noël Coward über Nelson Eddys Heirat: Boze Hadleigh, *Hollywood Babble On*, New York 1994, S. 164.

Elsa Lanchester: »In unseren Gesprächen gab es«: Elsa Lanchester, *Herself*, ohne Ortsangabe, 1972.

Janet Gaynor im Interview über Frauen und Gefühle: *Denver Post*, 29. März 1936.

Harry Hay: »Wir sind immer kostümiert«: gegenüber dem Autor.

Mercedes de Acosta über John Barrymores Androgynie: Margot Peters, *The House of Barrymore*, New York 1960, S. 132.

Kapitel 3 – Liebende

Salka Viertel über Garbo: Salka Viertel, *Das unbelehrbare Herz. Ein Leben in der Welt des Theaters, der Literatur und des Films,* Düsseldorf 1970, S. 208 ff., 215, 219, 222, 225 ff.

F. W. Murnaus Homosexualität und Tod: Kenneth Anger, *Hollywood Babylon*, Frankfurt 1992.

De Acosta über Garbo: Mercedes de Acosta, *Here Lies the Heart*, S. 213 f.

De Acostas erster Eindruck von Garbo: Hugo Vickers, *Loving Garbo: Die Affären der Göttlichen*, S. 33 f.

Zum Tod von Moje Stiller: Antoni Gronowicz, *Greta Garbo. Ihr Leben*, München 1993, S. 271.

Anita Loos über Garbos Schönheit: Anita Loos, *Fate Keeps on Happening*, S.198.

Leonore Coffee: »Neben ihr sehen alle«: Leonore Coffee, *Storyline*, London 1973, S. 129.

Antoni Gronowicz zu Garbos Erkältung und ihrer ersten gemeinsamen Nacht mit Mercedes de Acosta: Antoni Gronowicz, *Greta Garbo*, S. 323 ff.

Kapitel 4 – In Amerika

Szene zwischen den Eltern Garbos: Antoni Gronowicz, *Greta Garbo*, S. 51 ff.

Garbos Kindheit und Jugend: Antoni Gronowicz, *Greta Garbo*, S. 29 ff. und Raymond Baum, *Walking With Garbo*, New York 1991.

Pastor Ahlfeldt: Antoni Gronowicz, *Greta Garbo*, S. 41 ff.

Garbo zur Dreierbeziehung ihrer Eltern mit dem Pastor: Antoni Gronowicz, *Greta Garbo*, S. 60 ff.

Zu Carl Brisson und die Schauspielschule: Antoni Gronowicz, *Greta Garbo*,
S. 45 ff., 76.

Zu Erik Petschler: Antoni Gronowicz, *Greta Garbo*, S. 65, 72 ff.

Lehrerin zu Garbo: »Du bist groß«: Antoni Gronowicz, *Greta Garbo*, S. 77.

Garbo und *Gösta Berling:* Antoni Gronowicz, *Greta Garbo*, S. 79 ff., 94 ff.

Stiller zu Garbo und der Namensänderung: Antoni Gronowicz, *Greta
Garbo*, S. 98 ff.

Zur Premiere von *Gösta Berling* und Selma Lagerlöf: Antoni Gronowicz,
Greta Garbo, S. 110 ff.

Garbo und *Das Mädchen von Sewastopol:* Antoni Gronowicz, *Greta Garbo*,
S. 114 ff.

Garbo, Stiller und Pabst: Antoni Gronowicz, *Greta Garbo*, S. 118 f., 199 f.

Zu Stillers Homosexualität und seinem chaotischen Privatleben: Bengt
Forslund, *Victor Sjöström*, New York 1988.

Zu Stillers Karriere: Georges Sadoul, *Histoire du Cinéma Mondial*, Paris
1949, und Jean Tuelard, *Dictionnaire de Cinéma*, Paris 1985.

Zu Charlie Chaplin: Antoni Gronowicz, *Greta Garbo*, S. 167 ff.

Zum Fototermin und zu *Vanity Fair:* Antoni Gronowicz, *Greta Garbo*,
S. 158 f.

Zu Thalberg und *Fluten der Leidenschaft:* Antoni Gronowicz, *Greta Garbo*,
S. 191 ff.

Zu Totentanz der Liebe: Antoni Gronowicz, *Greta Garbo*, S. 195 ff.

Zu Es war: Antoni Gronowicz, *Greta Garbo*, S. 236 ff.

Zu Anna Karenina: Antoni Gronowicz, *Greta Garbo*, S. 247 ff.

Garbo und Gilbert als MGM-Liebespaar: Antoni Gronowicz, *Greta Garbo*,
S.237.

Zur Liebesaffäre Garbo und Gilbert: Antoni Gronowicz, *Greta Garbo*,
S. 231 ff.

Alvas Tod: Antoni Gronowicz, *Greta Garbo*, S. 207 f.

Stillers Rückkehr nach Schweden: Anton Gronowicz, *Greta Garbo*, S. 245.

Tod Stillers: Antoni Gronowicz, *Greta Garbo*, S. 270 f.

Garbos Schweden-Reise: Antoni Gronowicz, *Greta Garbo*, S. 279 ff.

Cecil Beaton: »Ein intimes Abendessen«: Cecil Beaton, unveröffentlichtes
Tagebuch, Winter 1948 / 49.

Kapitel 5 – Geliebte der Stars

Mercedes de Acostas Schock zu entdecken, daß sie ein Mädchen war: Mercedes de Acosta, erste Fassung des Manuskriptes, *Here Lies the Heart*,
S. 29 f.

Mercedes de Acosta: »Meine Mutter und mein Vater«: Mercedes de Acosta, *Here Lies the Heart*, S. 1.

Mercedes de Acosta: »Jedes Kind war verrückt nach ihr«: Mercedes de Acosta, *Here Lies the Heart*, S. 17.

Mercedes de Acosta: »Rita war meine erste«: Mercedes de Acosta, *Here Lies the Heart*, S. 5.

Mercedes de Acosta: »Ich wußte, diese Geste«: Mercedes de Acosta, erste Fassung des Manuskriptes, *Here Lies the Heart*, S. 46.

Mercedes de Acosta: »Ich lernte dadurch die Zwischentöne«: erste Fassung des Manuskriptes, *Here Lies the Heart*, S. 33 f.; Hugo Vickers, *Loving Garbo: Die Affären der Göttlichen*, S. 17.

Die Beschreibungen von Maude Adams und Katharine Cornell basieren auf Nachrufen: Adams, *Hollywood Citizen-News*, 17.Juli 1953; Cornell, *London Times*, 11.Juni 1974.

Brooks Atkinson: »Nur wenige Menschen«: Brooks Atkinson, *Broadway*, New York 1970, S. 2 7.

Zu den Biographien von Elisabeth Marbury und Elsie de Wolfe: *Notable American Women*, ohne weitere Angaben, S. 494 f. und S. 469 ff.

Mercedes de Acosta über Marbury: de Acosta, *Here Lies tbe Heart*, S. 71.

Mercedes de Acosta: »Sie hatte dickes schwarzes Haar«: Mercedes de Acosta, *Here Lies the Heart*, S. 74.

Robert A. Schanke über das Treffen zwischen de Acosta und Le Gallienne: Robert A. Schanke, *Shattered Applause*, Carbondale 1992, S. 54.

Dorothy Fellowes-Gordon über das Liebespaar de Acosta und Le Gallienne: Hugo Vickers, *Loving Garbo: Die Affären der Göttlichen*, S. 21 ff.

Zu Natalie Barney in Paris: Djuna Barnes, *Ladies Almanach*, mit einem Nachwort von Brigitte Siebrasse, Frankfurt 1990, S. 98 ff.

Zu Janet Flanners Kolumne in *The New Yorker:* Janet Flanner, *Paris Germany. Reportagen aus Europa 1931-1950*, München 1992, S. 223 f.

Colette über Mata Hari: Stephen Longstreet, *We All Went to Paris*, New York 1972, S.332.

Sam Lyons: »Du brauchst einen Kerl«: Robert A. Schanke, *Shattered Applause*, S. 60.

Cecil Beatons Tagebuchnotizen zum Treffen mit de Acosta in Palm Beach: Cecil Beaton, unveröffentlichtes Tagebuch, 6. Januar 1930.

Kapitel 6 – Die perfekte sapphische Liaison

Mercedes de Acosta: »In ihr spürt man«: De Acosta-Drehbuch zu *Desperate*, S. 16; Hugo Vickers, *Loving Garbo: Die Affären der Göttlichen*, S. 12.

Mercedes de Acosta: »Um Greta wirklich zu kennen«: Mercedes de Acosta, *Here Lies the Heart*, S. 319.

Thalberg und MGM schnappen RKO die *Mata Hari* –Story weg: Pola Negri, *Memoirs of a Star,* Garden City 1970, S. 355.

Verwechslung von de Acosta und Viertel: *Hollywood Reporter,* 2. 1. 1932.

Mercedes de Acosta über Eleonora von Mendelssohn: Mercedes de Acosta, *Here Lies the Heart,* S. 268.

Kapitel 7 – Den Reigen erweitern

Salka Viertel und das Drehbuch von *Königin Christine:* Salka Viertel, *Das unbelehrbare Herz,* S. 239 f., 251, 262, 267 ff.

Zu *Mädchen in Uniform:* Vito Russo, *Die schwule Traumfabrik,* S. 50 ff.

Cecil Beaton über seine Begegnung mit Garbo bei den Gouldings: Cecil Beaton, *Cecil Beaton's Diaries, The Wandering Years (1922-1939),* Boston 1961; er zitiert sie in seinem Tagebuch von März 1932.

Joan Crawford über ihre Begegnung mit Garbo im Treppenhaus: Bob Thomas, *Joan Crawford. A Biography,* New York 1978, S. 84.

Christina Crawford über ihre Mutter: Christina Crawford, *Meine liebe Rabenmutter,* München 1982, S. 170.

Louise Brooks über Crawford: David Shipman, *Judy Garland,* New York 1993, S.180.

Mercedes de Acosta über Garbos Vermögensverlust beim Bankenzusammenbruch: Mercedes de Acosta: *Here Lies the Heart,* S. 228 f.

Ernst Lubitsch: »Mein Gott, mein Gott«: Herman G. Weinberg, *The Lubitsch Touch: A Critical Study,* New York 1968, S. 139.

Ona Munsons Briefe an de Acosta: Hugo Vickers, *Loving* Garbo: Die Affären der Göttlichen, S. 88.

Anita Loos' Brief vom 29. September 1932 an Cecil Beaton: Hugo Vickers, *Loving Garbo: Die Affären der Göttlichen,* S. 9.

Garbo und de Acosta in New York, einschließlich Zitate aus ihrem Streit: Antoni Gronowicz, *Greta Garbo,* S. 328 ff.

Kapitel 8 – Dietrich als Seelentrösterin

Zur Begegnung Dietrichs mit de Acosta und Dietrichs Brief an Sieber: Maria Riva, *Meine Mutter Marlene,* S. 163 f.

Begegnung mit Dietrich aus de Acostas Sicht: Mercedes de Acosta, *Here Lies the Heart,* zweiter Entwurf, S. 389.

Marlene Dietrich: »So ungewöhnlich es auch sein«: Mercedes de Acosta, *Here Lies the Heart,* S. 242.

Ruth Albu über Dietrich: gegenüber dem Autor 1994.

Dietrichs Briefe an ihren Mann: »Papilein«: Maria Riva, *Meine Mutter Marlene,* S. 164.

Mercedes de Acostas Brief an Dietrich: »Ach, Du Wunderbare«: Maria Riva, *Meine Mutter Marlene*, S. 165.

Truman Capote: Hugo Vickers, *Loving Garbo: Die Affären der Göttlichen*, S. 19.

Josef von Sternberg über Dietrich und ihre Filme: gegenüber dem Autor 1966.

Zu Dietrichs Liebhabern: »Diese Aktivitäten im Morgengrauen«: Maria Riva, *Meine Mutter Marlene*, S. 177.

Zum Erpressungsversuch und der Lösegeldforderung: Maria Riva, *Meine Mutter Marlene*, S. 148 f.

Innenansichten zu Roxbury: Richard Lamparski, *Lamparski's Hidden Hollywood*, New York 1981, S. 44, und *Architectural Digest*, April 1990.

Maria Riva über Mercedes de Acosta und da Acostas Briefe an Dietrich: Maria Riva, *Meine Mutter Marlene*, S. 163 f.

De Acostas Gedicht über Marlene Dietrich: Hugo Vickers, *Loving Garbo: Die Affären der Göttlichen*, S. 71.

Zu Maria und »Tami«: Maria Riva, *Meine Mutter Marlene*, S. 181.

Irving Thalberg und die Auseinandersetzung mit de Acosta über das Rasputin Drehbuch: Mercedes de Acosta, *Here Lies the Heart*, S. 245.

Paramounts Vertragsforderungen an Dietrich: Maria Riva, *Meine Mutter Marlene*, S. 171.

Zur Mercedes-uniformen Kleidung: Maria Riva, *Meine Mutter Marlene*, S. 165.

Mercedes de Acostas Briefe, die Dietrich ihrem Mann vorlas: Maria Riva, *Meine Mutter Marlene*, S. 182 f, 197.

Thalbergs und Mayers Pro-Hoover- und Anti-Sinclair-Wahlkampf: Bob Thomas, *Thalberg*, S. 268 f.

Kapitel 9 – Königin Christine

Marlene Dietrichs Einstellung zu Mercedes de Acosta: Maria Riva, *Meine Mutter Marlene*, S. 181 f.

Telegramm Rudi Sieber zur Situation in Deutschland und neuer Film Dietrichs: Maria Riva, *Meine Mutter Marlene*, S. 205 f.

Dietrich und Sternberg und die neue Filmstory: Maria Riva, *Meine Mutter Marlene*, S. 208.

Zu den »Labersitzungen« der Drehbuchautoren: Axel Madsen, *William Wyler*, ohne weitere Angaben, S. 127

Sam N. Behrman zitiert Garbo zu ihrer Liaison mit Gilbert: S. N. Behrman, *People in a Diary*, ohne weitere Angaben, S. 149 ff.

Garbo und Gilbert in *Königin Christine*: Antoni Gronowicz, *Greta Garbo*, S. 341.

Garbo über Mamoulian: Antoni Gronowicz, *Greta Garbo*, S. 340 f.

Dietrichs Rückreise aus Europa und Abschied von Rudi Sieber: Maria Riva, *Meine Mutter Marlene*, S. 294.

Dietrich über de Acostas Verfassung: Maria Riva, *Meine Mutter Marlene*, S. 324.

Dietrichs Brief an Rudi Sieber: »Liebster Papi«: Maria Riva, *Meine Mutter Marlene*, S. 311.

Thalbergs Krankheit und Folgen für *Königin Christine:* Bob Thomas, *Thalberg*, S. 271, und Roland Flamini, *Thalberg: The Last Tycoon With the World of MGM*, New York 1994, S. 190.

Adela Rogers St. Johns über Gilberts Ansinnen, Louis B. Mayer umzubringen: gegenüber dem Autor 1969.

Garbos Reaktion auf *Der bunte Schleier:* A. Gronowicz, *Greta Garbo*, S. 343 f.

Kapitel 10 – Die aufregenden Zwanziger

Marlene Dietrich: »Also wirklich«: M. Riva, *Meine Mutter Marlene*, S. 233.

Marlene Dietrich: »Ich habe in Wirklichkeit sogar«: *Screen Book*, Nov. 1934.

Katharine Hepburns Hosenstreit mit RKO: Gary Carey, *Katharine Hepburn: A Hollywood Yankee*, New York 1983, S. 48.

Coco Chanel und die Mode: Axel Madsen, *Chanel – Die Geschichte einer emanzipierten Frau*, Hamburg 1992, S. 88 ff.

Martin S. Weinberg, Colin J. Williams, Douglas W Pryor, *Dual Attraction*, ohne weitere Angaben, besprochen in *Mirabella*, Februar 1994.

Pat Califia, *Sapphistrie. Das Buch der lesbischen Sexualität*, Berlin 1981, S. 135 f.

Diana Frederics, *Diana*, ohne weitere Angaben.

Anita Loos, *Fate Keeps on Happening*, S. 97.

Lillian Faderman, *Odd Girls and Twilight Lovers. A History of Lesbian Life in Twentieth Century America*, New York 1991, S. 105.

Djuna Barnes, *Ladies Almanach*, S. 43.

Iris Adrian: »Die Bars waren«: gegenüber dem Autor 1993.

New York World über den Mangel an Kultur in Los Angeles: Andrew Rolle, *California: A History*, New York 1969, S. 119.

H. L. Mencken: »Und das ist kein Wunder«: *Photoplay*, April 1927.

Alla Nazimova und ihr Film *Salomé:* Vito Russo, *Die schwule Traumfabrik*, S. 29 f.

Diane Vreeland über König Alfonso XIII.: Diane Vreeland, *D. V.*, New York 1984, S. 40.

Errol Flynn: »Alles an ihr war arrogant«: Errol Flynn, *My Wicked, Wicked Ways*, New York 1959, S. 187.

Kapitel 11 – Barbara Stanwyck

Die Barbara-Stanwyck-Geschichte basiert auf: Axel Madsen, *Stanwyck*, New York 1994.

Clifton Webb: »meine amerikanische Lieblingslesbe«: Boze Hadleigh, *Hollywood Babble On*, New York, S. 147.

Joan Crawford: »Ihre Auseinandersetzungen waren fürchterlich«: Jane Ellen Wayne, *Crawford's Men*, New York 1988, S. 6.

Louis B. Mayer: »Wir haben andere junge Männer«: David Shipman, *Judy Garland*, New York 1993, S. 186.

Robert Taylor zu Crawford: »Alles, was ich sagen mußte«: Jane Ellen Wayne, *Crawford's Men*, S. 154.

Zu den Ehrungen Marguerite Radclyffe Halls mit der Einführung von »clyffe«: Lillian Faderman, *Odd Girls and Twilight Lovers*, S. 173.

Samuel Goldwyn und *Quell der Einsamkeit* bzw. *Diese drei:* Vito Russo, *Die schwule Traumfabrik*, S. 56 f.

Kapitel 12 – Hollywood und Broadway

Tallulah Bankhead gegenüber Tennessee Williams zu ihrem Lesbischsein: Sandy Campbell, *Bankhead: Letters From the Coconut Grove*, Verona 1974, S. 15.

Zur Anekdote mit dem Yale-Studenten: Cheryl Crawford, *One Naked Individual*, Indianapolis 1977, S. 115.

Gale Wilhelm, *Wir treiben dahin*, Zeitbild-Verlag, 1936.

Zu den Zensurpraktiken bei lesbischen Inhalten auf der Bühne und im Film: Lillian Faderman, *Odd Girls and Twilight Lovers*, S. 102 f.

Zu Alfred Hitchcock und Tallulah Bankhead bei den Dreharbeiten zu *Lifeboat:* Donald Spoto, *Alfred Hitchcock. Die dunkle Seite des Genies*, München 1993, S. 312 f.

Tallulah Bankheads Dialog mit Alfred Kinsey: Denis Brian, *Tallulah, Darling*, New York 1972, S. 13.

Tallulah Bankhead: »Ich komme um fünf«: Ted Morgan, *Maugham*, New York 1980, S. 281.

Gladys Bentley plauderte über ihr Leben in *Ebony*, August 1952.

Vincent Price über Tallulah Bankhead: Denis Brian, *Tallulah, Darling*, S. 90.

Anita Loos: »Tallulah glaubte nie«: Anita Loos, *Fate Keeps on Happening*, S. 132.

Cheryl Crawford und Katharine Hepburn: Michael Freedland, *Katharine Hepburn. Eine Biographie*, München 1993, S. 30 ff.

Brooks Atkinson über Laurette Taylor: Brooks Atkinson, *Broadway*, New York 1970, S. 37.

Gore Vidal über Jane und Paul Bowles: Gore Vidal, *United States: Essays 1952-1992*, New York 1993, S. 432 ff.

Beatrice Lillie über Rückkoppelung mit dem Publikum: *Los Angeles Herald-Examiner*, 21. Januar 1989.

Der »Lillie and Lawrence«-Song: Nachruf zu Beatrice Lillie in der Londoner *Times*, 21. Januar 1989.

Kapitel 13 – Sodom am Pazifik

Minta Durfee Arbuckle schilderte dem Autor 1971 die Einzelheiten des Taylor-Mordes.

Buster Keatons Verteidigung von Fatty Arbuckle: Kevin Brownlow, *The Parade's Gone By*, New York 1968, S. 486.

Allan Dwan: »Jeder machte es«: Sidney D. Kirkpatrick, *A Cast of Killers*, New York 1986, S. 50.

Kapitel 14 – Als die Bilder sprechen lernten

Zu den Folgen der Umstellung auf den Tonfilm für die Studios und Regisseure: William Wyler gegenüber dem Autor 1975.

Zur Toleranz gegenüber männlichen Homosexuellen in komischen Filmrollen: Vito Russo, *Die schwule Traumfabrik*, S. 31 ff.

Greta Garbo: »Nie werde ich«: Antoni Gronowicz, *Greta Garbo*, S. 321.

Kapitel 15 – Hepburn und die Regisseurin

Zu Einzelheiten über Dorothy Arzners Leben und Karriere: aus der Huldigung Arzners durch die Directors Guild of America, Oktober 1975.

Marjorie Main über Arzner: Boze Hadleigh, *Hollywood Lesbians*, New York 1994, S.94.

Dorothy Arzner: »Ich wollte wie Jesus sein«: Arzner-Interview mit Gerard Peary und Karyn Kay in *Film World*, Oktober 1977.

Joseph Mankiewicz' Erinnerungen an Zoë Akins: Kenneth L. Geist, *Pictures Will Talk: The Life and Films of Joseph L. Mankiewicz*, New York 1978, S. 35 f.

Katharine Hepburn: »Oh, Miß Garbo«: Anne Edwards, *A Remarkable Woman: A Biography of Katharine Hepburn*, New York 1985, S. 99.

Margaret Sullavan: »Die schwule Hexe«: Boze Hadleigh, *Hollywood Babble On*, New York 1994, S. 154.

Zu Katharine Hepburns Jungenkleidung und Namensgebung: Christopher Anderson, *Young Kate: The Remarkable Hepburns and the Childhood That Shaped an American Legend*, New York 1988, S. 140.

Laura Harding: »Ich bewunderte sie«: Charles Higham, *Kate: The Life of Katharine Hepburn*, New York 1975, S. 65.

David Selznick: »Als sie das erstemal bei RKO auftauchte«: Rudy Behlmer, *Memo From David O. Selznick*, New York 1972, S. 43.

Adela Rogers St. Johns über Hepburn: gegenüber dem Autor 1969.

Zu den Spekulationen über die Aussichten Hepburns, ihren Erfolg aus *Eine Scheidung* zu wiederholen: *Variety*, 14. März 1933.

Michael Freedland interviewte Pandro Berman zu Katharine Hepburns Überlegenheitskomplex: Michael Freedland, *Katharine Hepburn – Eine Biographie*, München 1993, S. 48.

Dorothy Arzner: »Sie lag in ihrem Tonfall«: Charles Higham, *Kate*, S. 41.

Pauline Kael: »Bis zu den Siebzigern«: Pauline Kael, *5001 Nights at the Movies*, New York 1985, S. 108.

Dorothy Arzner: »Ich wußte, es würde künstlich sein«: *New York Times*, 10. Februar 1976.

Kapitel 16 – Sappho-Anhängerinnen in Europa

Zu Nathalie Barneys Leben und Ruf: Arlen J. Hansen, *Expatriate Paris: A Cultural and Literary Guide to Paris of the 1920s*, New York 1990; Dell Richards, *Superstars: Twelve Lesbians Who Changed the World*, New York 1993; Djuna Barnes, *Ladies Almanach*, Frankfurt 1990, S. 98 ff.

Natalie Barneys Kommentar zu Gertrude Steins Schriften: Stephen Longstreet; *We All Went to Paris: Americans in the City of Light, 1776-1971*, New York 1972, S. 330.

Zu Victoria »Vita« Sackville-Wests Leben: Dell Richards, *Superstars*, S. 261 ff.

Kapitel 17 – Die Kameliendame

Zu den Reaktionen auf *Sylvia Scarlett: Hollywood Reporter*, 15. Januar 1936.

George Cukors Meinung über Garbo: Patrick McGilligan, *George Cukor: A Double Life*, New York 1991, S. 108.

Pauline Kael: »Kein Film hat eine Kurtisane«: Pauline Keal, *5001 Nights at the Movies*, S. 90.

Salka Viertel zu dem, was einen Garbo-Film ausmacht: Manuel Levy, *George Cukor: Master of Elegance*, New York 1994, S. 144.

George Cukor: »In jenen Tagen mußte man«: Gavin Lambert, *On Cukor*, New York 1972, S. 115.

Garbos Distanz zu Taylor bei den Dreharbeiten von *Die Kameliendame*: Antoni Gronowicz, *Greta Garbo*, S. 352.

George Cukors Verhaftung: Patrick McGilligan, *George Cukor*, S. Irving

Thalbergs Tod und die Konsequenzen für MGM und *Die Kameliendame:*
Roland Flamini, *Thalberg*, S. 271; Patrick McGilligan, *George Cukor*, S. 130.
Marlene Dietrich und Carroll Righter: Donald Spoto: *Marlene Dietrich –*
Biographie, München 1992, S. 190.
Erich Maria Remarque über Marlene Dietrich: Donald Spoto, *Marlene Diet-*
rich, S. 192.
Donald Spoto: »Das Arrangement war selbst nach tolerantesten Krite-
rien«: Donald Spoto, *Marlene Dietrich*, S. 173.

Kapitel 18 – Die Modemacher der Leinwand

Vogue zu den Trendsetterkriterien der Stars: Georgina Howell, *In Vogue*,
New York 1991, S. 109.
Zu Coco Chanel: Axel Madsen, *Chanel*, S. 83, 89, 144, 220 ff.
Yann Tobin über Mitchell Leisen; Jean-Pierre Coursodon und Pierre Sau-
vage, *American Directors*, New York 1983, Bd. 1, S. 206.
Vito Russo über James Whale und Frankenstein: Vito Russo, *Die schwule*
Traumfabrik, S. 45 ff.
Edith Head: »Die meisten Kostümdesigner«: Boze Hadleigh, *Hollywood*
Lesbians, S. 133.
Pandro Berman: »Junger Mann, Sie müssen«: Howard Mandelbaum und
Eric Myers, *Forties Screen Style*, New York 1989, S. 26.
Edith Head: »Wir haben uns auf Anhieb« und *»Die Falschspielerin* verän-
derte«: Edith Head und Paddy Calistro, *Edith Heads's Hollywood*, New
York 1983, S. 33, 45.
Paul Rosenfield über Edith Head: Boze Hadleigh, *Hollywood Lesbians*, S. 122.

Kapitel 19 – Judy Garland

Zum Swimmingpool-Gespräch zwischen Tallulah Bankhead und Lady
Mendl: George Cukor gegenüber Autor 1972; Anita Loos, *Kiss Holly-*
wood Goodbye, New York 1974, S. 55 f.
David King Dunaway über Lesbenbars: David King Dunaway, *Huxley in*
Hollywood, New York 1989, S. 70.
Del Martin und Phyllis Lyon: »Da ist die Angst«: Del Martin und Phyllis
Lyon, *Lesbian / Woman*, San Francisco 1972, S. 189.
Zu Judy Garlands Werdegang: David Shipman, *Judy Garland*, S. 138 ff.

Kapitel 20 – Frische Gesichter

David Selznick: »Ich sah nur einmal hin«: Gavin Lambert, *GWTW: The*
Making of Gone With The Wind, Boston 1974, S. 51.

Clark Gable: »Ich kann diesen Film nicht«: Patrick McGilligan, *George Cukor*, S. 150.

Ina Claire zur Arbeit mit Garbo an *Ninotschka:* Hugo Vickers, *Loving Garbo: Die Affären der Göttlichen*, S. 86.

Antoni Gronowicz zum Verhältnis zwischen Garbo und Ina Claire: Antoni Gronowicz, *Greta Garbo*, S. 269 f.

Mercedes de Acostas Rückkehr nach Los Angeles: Mercedes de Acosta, *Here Lies the Heart*, S. 300 ff.; Hugo Vickers, *Loving Garbo*, S. 86 ff.

Judith Anderson: »Viele Leute tun das bereits«: Boze Hadleigh, *Hollywood Lesbians*, S. 176.

Zu dem Film *In meiner Wut wieg' ich vier Zentner:* Vito Russo, *Die schwule Traumfabrik*, S. 42.

Judith Anderson: »Nun, da ich meine klassische Ausbildung«: Nachruf auf Judith Anderson, *The* (London) *Times*, 6. Januar 1992.

Mercedes de Acosta: »Unmittelbar vor und nach dem Sonnenuntergang«: Mercedes de Acosta, *Here Lies the Heart*, S. 304.

David King Dunaway: »Nachmittags setzte Maria«: David King Dunaway, *Huxley in Hollywood*, S. 70.

Anita Loos: »spielte Aldous seinen Trumpf aus«: Anita Loos, *Fate Keeps on Happening*, S. 169.

Brechts Start in Hollywood: Marta Feuchtwanger gegenüber dem Autor 1973.

Kapitel 21 – Die Schwestern und der Krieg

Zur Geschichte der Frauen bei den US-Streitkräften während des Zweiten Weltkrieges: Martin Binkin und Shirley T. Bach, *Women and the Military*, Washington, D. C. 1977

Zu Änderungen in der Politik des Militärs gegenüber Homosexuellen: *Newsweek*, 9. Juli 1947.

Zum Leben von Dorothy Binney Putnam und Lois Mercer: Door Legg gegenüber dem Autor 1994.

Johnnie Phelps: »Ja, Sir«: Lillian Faderman, *Odd Girls and Twilight Lovers*, S.118.

Paul Lynde: »Alle Welt wußte«: Boze Hadleigh, *Hollywood Babble On,* S. 154.

Agnes Moorehead: »Es gibt die Schauspielerin«: Boze Hadleigh, *Hollywood Lesbians*, S. 188.

Garbos Mutter in Amerika: Antoni Gronowicz, *Greta Garbo*, S. 375 ff.

Garbo und *Die Frau mit den zwei Gesichtern:* Antoni Gronowicz, *Greta Garbo*, S. 380 f.

Mercedes de Acosta: »Sie hat in meinen Augen«: Mercedes de Acosta, *Here Lies the Heart*, S. 318.

Time –Kritik zu *Die Frau mit den zwei Gesichtern*: Antoni Gronowicz, Greta Garbo, S. 383.

Katharine Hepburn zu *Trauer muß Electra tragen*: Anne Edwards, *A Remarkable Woman*, S. 235.

Hugo Vickers über Lady Mendl: Hugo Vickers, *Loving Garbo: Die Affären der Göttlichen*, S. 89.

Patsy Kelly: »Yeah«: Boze Hadleigh, *Hollywood Lesbians*, S. 62.

Donald Spoto: »Laut Welles bewunderte die Dietrich«: Donald Spoto, *Marlene Dietrich*, S. 253.

Zu Garbos Zusammenarbeit mit der Spionageabwehr während des Zweiten Weltkrieges: William Stevenson, *A Man Called Intrepid*, erwähnt im Nachruf auf Garbo in der *New York Times*, 16. April 1990.

Kapitel 22 – Die dunkle Ära

Zu Lizabeth Scotts Karriere: *Hollywood Studio*, Juli 1973.

Kritik zu *Die seltsame Liebe der Martha Ivers*: *New York Times*, 25. Juli 1946.

Der Prozeß von Lizabeth Scott gegen *Confidential*: *Variety*, 26. Juli 1955; und zur Gerichtsanhörung: *Los Angeles Times*, 8. März 1956.

Senator Wherry: »Homosexuelle sind von subversiven Elementen«: *New York Post*, 11. Juli 1950.

Emma Goldman: »Ich habe mich in der Anwesenheit«: Candace Falk, *Liebe und Anarchie & Emma Goldman*, S. 27.

Zur Jagd auf Homosexuelle in der Regierung und in Hollywood: Michelangelo Signorile, *Queer in America*, New York 1993; Larry Caplar und Steven Englund, *The Inquisition in Hollywood*, Garden City, N. Y. 1980.

Zum Circle of Loving Companions und *The Ladder*: Stuart Timmons, *The Trouble With Harry Hay: Founder of the Modern Gay Movement*, Boston 1990, S. 214.

Anna Freuds Leben als versteckte Lesbierin: Dell Richards, *Superstars*, S. 243 ff.

Capucine über Stanwyck: Boze Hadleigh, *Hollywood Lesbians*, S. 236.

Kapitel 23 – Die Suche nach Zugehörigkeit

Mercedes de Acosta und Maria »Poppi« Kirk: Hugo Vickers, *Loving Garbo: Die Affären der Göttlichen*, S. 175.

Ona Munson und ihr Brief an Mercedes de Acosta: Hugo Vickers, *Loving Garbo: Die Affären der Göttlichen*, S. 87 ff.

Korrespondenz zwischen Mercedes de Acosta und Cecil Beaton: Hugo Vickers, *Loving Garbo: Die Affären der Göttlichen*, S. 224 f.

Garbo über Mercedes de Acosta: Hugo Vickers, *Loving Garbo: Die Affären der Göttlichen*, S. 131.

Cecil Beaton über Garbo: Hugo Vickers, *Loving Garbo: Die Affären der Göttlichen*, S. 62.

Mercedes de Acosta als »die Schule am Ende der Treppe«: Cynthia Lindsay gegenüber dem Autor 1994.

Mercedes de Acosta: »Furchtlos lud ich die Gäste ein«: In der Rezension von *Here Lies the Heart* in der *New York Times* zitiert, 29. Mai 1960.

Janet Flanner: »Fräulein Dietrich«: Janet Flanner, *Paris Was Yesterday: 1925-1939*, New York 1972, S. 97.

Denis Brian über Tallulah Bankhead: Denis Brian: *Tallulah, Darling*, New York 1972, S. 274.

Paul Lynde über Agnes Moorehead: Boze Hadleigh, *Lesbian Hollywood*, S. 179.

Joan Crawford: »Alle meine Freundinnen«: Shaun Considine, *Bette & Joan: The Divine Feud*, New York 1989, S. 402.

Gore Vidal und *Der Kandidat*: Vito Russo, *Die schwule Traumfabrik*, S. 118.

Vito Russo: »Die ›Tötung‹ im Film«: Vito Russo, *Die schwule Traumfabrik*, S. 137.

Kapitel 24 – Fünfzig Jahre später

Lesbischsein als chic: *New York*, 10. Mai 1993.

Newsweek-Titelgeschichte über Lesbierinnen: 21. Juni 1993.

Die Erhebung von Yankelovic Partners unter homosexuellen Konsumenten; *New York Times*, 9. Juni 1994.

Zum OutPost-Outing von Jodie Foster: *Village Voice*, 16. Juni 1991.

Mirabella über Jodie Foster: Juni 1994.

Kevin Koffler: »Vor vierzig Jahren«: *Los Angeles Times*, 1. Oktober 1994.

Del Martin und Phyllis Lyon: »Für diejenigen von uns«: Del Martin und Phyllis Lyon, *Lesbian*/Woman, S. 275.

Zu den Liebesbeziehungen zwischen Frauen: Shere Hite, *Der neue Hite-Report – Frauen und Liebe*, München 1988, S. 579 ff., 655.

JoAnn Loulan zu ihren Untersuchungen über Lesbierinnen: JoAnn Loulan, *Lesbian Passion: Loving Ourselves and Each Other*, San Francisco 1987, S. 192 ff.; und »Sexueller Mißbrauch und die Folgen« in: JoAnn Loulan, Margaret Nichols, Monica Streit u. a., *Lesben, Liebe, Leidenschaften – Texte zur feministischen Psychologie*, Berlin 1992, S. 213 f.

Zur Untersuchung der University of Chicago: *New York Times*, 7. Oktober 1994.

K. Robert Schwartz über homosexuelle und lesbische Komponistinnen: *New York Times*, 19. Juni 1994.

Michelangelo Signorile: »Diejenigen, die in ihrem Versteck bleiben«: Michelangelo Signorile, *Queer in Amerika*, S. xv.

Kathi Maio: »Es gibt keinen besseren Antihelden«: Zeitschrift *Sojourner*, Oktober 1993.

Ian McKellen über sein Herauskommen aus dem Versteck: *Los Angeles Times*, 26. Juni 1994.

Nora Ephron über *Silkwood*: Vito Russo, *Die schwule Traumfabrik*, S. 230.

Vita Sackville-Wests Tagebucheintrag vom 27. September 1920: Nigel Nicolson, *Portrait einer Ehe – Harold Nicolson und Vita Sackville-West*, München 1974, S. 110 f.

Shere Hite zur lesbischen Liebe: Shere Hite, *Der neue Hite-Report – Frauen und Liebe*, S. 674, 676.

Bibliographie

Acker, Ally, *Real Wornen: Pioneers of the Cinema*, New York 1991.

Acosta, Mercedes de, *Here Lies the Heart*, New York 1960.

Aldrich, Richard Stoddard, *Gertrude Lawrence as Mrs. A.*, New York 1954.

Algren, Nelson, *Wildnis des Lebens*, Frankfurt 1988.

Andersen, Christopher, *Young Kate: The Remarkable Hepburns and the Child-hood That Shaped an American Legend*, New York 1988.

Anger, Kenneth, *Hollywood Babylon*, Bd. 1 u. 2, Frankfurt 1992.

Arce, Hector, *The Secret Life of Tyrone Power*, New York 1979.

Atkinson, Brooks, *Broadway*, New York 1970.

Bainbridge, John, *Garbo*, New York 1955.

Baum, Raymond und Muse Vance (hg. von Vance Muse), *Walking With Garbo*, New York 1929.

Barnes, Djuna, *Ladies Almanach*, Frankfurt 1991.

Baxter, John, *Hollywood in the Thirties*, New York 1970.

Beaton, Cecil, *Cecil Beaton's Diaries: The Wandering Years (1922-1939)*, Boston 1961.

– *Cecil Beaton's Scrapbook*, ohne weitere Angaben.

Behlmer, Rudy, Hg., *Menio From David O. Selznick*, New York 1972.

Behrman, S. N. *People in a Diary*, ohne weitere Angaben.

Berube, Allan und John D'Emilio, *Coming Out Under Fire: The History of Gay Men and Women in World War II*, Chicago 1985.

Binkin, Martin und Shirley T. Bach, *Women and the Military*, Washington, D. C. 1977.

Blair, Frederika, *Isadora*, Wellingborough, Northamptonshire 1987.

Bosworth, Patricia, *Montgomery Clift: A Biography*, New York 1978.

Bradshaw, Jon, *Dreams That Money Can Buy: The Tragic Life of Libby Holman*, New York 1985.

Brian, Denis, *Tallulah, Darling*, New York 1972.

Brownlow, Kevin, *The Parade's Gone By*, New York 1968.

Burkhart, Charles, I. *Compton-Burnett*, London 1965.

Califia, Pat, *Sapphistrie. Das Buch der lesbischen Sexualität*, Berlin 1992.

Campbell, Sandy, *Bankhead: Letters From the Coconut Grove*, Selbstverlag, Verona 1974.

Carey, Gary, *Katharine Hepburn: A Hollywood Yankee*, New York 1983.

Ceplar, Larry und Steven Englund, *The Inquisition in Hollywood*, Garden City, N. Y. 1980.

Coffee, Leonora, *Storyline*, London 1973.

Considine, Shaun, *Bette & Joan: The Divine Feud*, New York 1989.

Cornell, Katharine, I *Wanted to Be an Actress*, New York 1938.

Coursodon, Jean-Pierre mit Pierre Sauvage, *American Directors*, New York 1983.

Coward, Noël, *The Noël, Coward Diaries*, ohne weitere Angaben.

Crawford, Cheryl, *One Naked Individual*, Indianapolis 1977.

Crawford, Christina, *Meine liebe Rabenmutter*, München 1982.

Davis, Katharine Bement, *Factors in the Sex Life of Twenty-two Hundred Women*, New York 1929.

Dunaway, David King, *Huxley in Hollywood*, New York 1989.

Duncan, Isadora, *Memoiren*, Frankfurt/Berlin 1988.

Edwards, Anne, *A Remarkable Woman: A Biography of Katharine Hepburn*, New York 1985.

Eisler, Benita, *Class Act: America's Last Dirty Secret*, New York 1977.

Faderman, Lillian, *Odd Girls and Twilight Lovers: A History of Lesbian Life in Twentieth Century America*, New York 1991.

Fairbanks, Douglas, Jr., *A Hell of a War*, New York 1993.

– *Salad Days: An Autobiography*, New York 1988.

Flamini, Roland, *Thalberg: The Last Tycoon With the World of MGM*, New York 1994.

Falk, Candice, *Liebe und Anarchie und Emma Goldman*, Berlin 1987.

Flanner, Janet, *Darlinghissima: Letters to a Friend*, New York 1985.

– *Paris Was Yesterday: 1925-1939*, New York 1972.

– *Paris, Germany. : Reportagen aus Europa 1931-1950*, München 1992.

Flynn, Errol, *My Wicked, Wicked Ways*, New York 1959.

Forslund, Bengt, *Victor Sjöström*, New York 1988.

Fowler, Gene, *Good Night, Sweet Prince*, New York 1944.

Frederics, Diana, *Diana: A Strange Autobiography*, ohne Ortsangabe, 1939.

Freedland, Michael, *Katharine Hepburn. Eine Biographie*, München 1993.

Gardner, Gordon, *The Censorship Papers; Movie Censorship Letters From the Hays Office, 1934 - 1968*, New York 1987.

Geist, Kenneth L., *Pictures Will Talk: The Life and Films of Joseph L. Mankiewicz*, New York 1978.

Goldman, Emma, *Gelebtes Leben. Eine Biographie*, Berlin 1988.

Goodman, Ezra, *The Fifty-Year Decline and Fall of Hollywood*, New York 1961.

Gordon, Suzanne, *Prisoners of Men's Dreams*, Boston 1991.
Gronowicz, Antoni, *Greta Garbo. Ihr Leben*, München 1993.
Guiles, Fred Lawrence, *Marian Davies*, New York 1972.

Hadleigh, Boze, *Conversations With My Elders*, New York 1986.
   – *Hollywood Babble On*, New York 1994.
   – *Hollywood Lesbians*, New York 1994.
   – *The Lavender Screen: The Gay and Lesbian Films; Their Stars, Makers, Characters and Critics*, New York 1993.
Hall, Marguerite Radclyffe, *Quell der Einsamkeit*, Göttingen 1991.
Hansen, Arlen J., *Expatriate Paris: A Cultural and Literary Guide to Paris of the 1920s*, New York 1990.
Head, Edith und Paddy Calistro, *Edith Head's Hollywood*, New York 1983.
Higham, Charles, *Errol Flynn: The Untold Story*, Garden City, N. Y. 1980.
   – *Kate: The Life of Katharine Hepburn*, New York 1975.
   – *Merchant of Dreams: Louis B. Mayer*, New York 1993.
Hite, Shere, *Frauen und Liebe*, München 1991.
Howell, Georgina, *In Vogue*, New York 1976.
Huston, John, *Ein offenes Buch. Autobiograpie*, Köln 1991.

Israel, Lee, *Miß Tallulah Bankhead*, New York 1972.

Kael, Pauline, *5001 Nights at the Movies*, New York 1985.
Katz, Ephraim, *The Film Encyclopedia*, New York 1994.
Kendall, Elizabeth, *The Runaway Bride: Hollywood Romantic Comedy of the 1930s*, New York 1990.
Kirkpatrick, Sidney D., *A Cast of Killers*, New York 1986.
Kobal, John, *People will Talk*, New York 1985.
Kohler, John, *Damned in Paradise: The Life of John Barrymore*, New York 1977.
Kuhn, Richard, *Greta Garbo*, Dresden 1935.
Kurth, Peter, *American Cassandra: The Life of Dorothy Thomspon*, Boston 1990.

Laffey, Bruce, *Beatrice Lillie: The Funniest Woman in the World*, New York 1989.
Lambert, Gavin, *GWTW: The Making of Gone With the Wind*, Boston 1974.
   – *On Cukor*, New York 1972.
Lamparski, Richard, *Lamparski's Hidden Hollywood*, New York 1981.
Lanchester, Elsa, *Herself*, o. Ortsangabe, 1972.
Levy, Manuel, *George Cukor: Master of Elegance*, New York 1994.
Lewton, Lucy Olga, *Alla Nazimova: My Aunt*, Ventura, Kalifornien 1988.
Lillie, Beatrice, *Every Other Inch a Lady*, ohne weitere Angaben.

Longstreet, Stephen, *We All Went to Paris: Americans in the City of Light*, 1776-1971, New York 1972.

Loos, Anita, *Fate Keeps on Happening*, London 1985.
– *Kiss Hollywood Goodbye*, New York 1974.

Loulan, JoAnn, *Lesbian Passion*, San Francisco 1987.

Loulan, JoAnn, Margaret Nichols, Monica Streit u. a., *Lesben, Liebe, Leidenschaft. Texte zur feministischen Psychologie*, Berlin 1992.

Lovell, Mary S. *The Sound of Wings: The Life of Amelia Earhart*, New York 1989.

Madsen, Axel, *Gloria and Joe: The Star-Crossed Love Affair of Gloria Swanson and Joe Kennedy*, New York 1988.
– *Stanwyck*, New York 1994.
– *Chanel. Die Geschichte einer emanzipierten Frau*, Hamburg 1992.
– *William Wyler*, ohne weitere Angaben.

Mandelbaum, Howard und Eric Myers, *Forties Screen Style*, New York 1989.

Marbury, Elisabeth und Elsie de Wolfe, *Notable American Women*, ohne weitere Angaben.

Martin, Del und Phyllis Lyon, *Lesbian / Woman*, San Francisco 1972.

Mayer, Michael, *Strindberg: A Biograpby*, New York 1985.

Mayne, Judith, *Women at the Keyhold: Femininity and Women's Cinema*, Bloomington, Indiana 1990.

McGilligan, Patrick, *George Cukor: A Double Life*, New York 1991.

Milne, Tom, *Mamoulian*, London 1969.

Morgan, Ted, *Maugham*, New York 1980.

Negri, Pola, *Memoirs of a Star*, Garden City, N. Y. 1970.

Nicolson, Nigel, *Portrait einer Ehe: Harold Nicolson und Vita Sackville-West*, Frankfurt/Berlin 1993.

Peters, Margot, *The House of Barrymore*, New York 1960.

Richards, Dell, *Superstars: Twelve Lesbians Who Changed the World*, New York 1993.

Riva, Maria, *Meine Mutter Marlene*, München 1992.

Robbins, John, *Front Page Marriage: Helen Hayes and Charles MacArthur*, New York 1982.

Rogers, W. G., *Ladies Bountiful: A Colorful Gallery of patrons of the Arts*, New York 1968.

Rolle, Andrew F., *California: A History*, New York 1969.

Russo, Vito, *Die schwule Traumfabrik: Homosexualität im Film*, Berlin 1990.

Sadoul, Georges: *Histoire du Cinéma Mondial*, Paris 1949.

Schanke, Robert A. *Shattered Applause: The Lives of Eva Le Gallienne*, Carbondale, Illinois 1992.

Schwartz, Charles, *Cole Porter: A Biography*, New York 1977.

Shipman, David, *Judy Garland*, New York 1993.

Signorile, Michelangelo, *Queer in America*, New York 1993.

Sjölander, Ture, *Garbo*, Berlin 1972.

Spoto, Donald, *Marlene Dietrich. Die Biographie*, München 1993.

– *Alfred Hitchcock*, München 1993.

– *Die Seeräuber-Jenny. Das bewegte Leben der Lotte Lenya*, München 1993.

Stearn, Jess, *The Grapevine*, New York 1964.

Stevenson, William, *A Man Called Intrepid: The Secret War*, ohne weitere Angaben.

Taylor, John Russell, *Fremde im Paradies. Emigranten in Hollywood 1933 bis 1950*, Berlin 1987.

Thomas, Bob, *Thalberg: Life and Legend*, Garden City, N. Y. 1969.

– *Joan Crawford. A Biography*, New York 1978.

Timmons, Stuart, *The Trouble With Harry Hay: Founder of the Modern Gay Movement*, Boston 1990.

Tuelard, Jean, Hg., *Dictionnaire de Cinéma*, Paris 1985.

Tunney, Kieran, *Tallulah, Darling of the Gods*, New York 1973.

Vickers, Hugo; *Cecil Beaton*, Boston 1985.

– *Loving Garbo: Die Affären der Göttlichen*, München 1995.

Vidal, Gore, *United States: Essays 1952-1992*, New York 1993.

Viertel, Salka, *Das unbelehrbare Herz: Ein Leben in der Welt des Theaters, der Literatur und des Films*, Düsseldorf 1970.

Vreeland, Diane, *D. V.*, New York 1984.

Wayne, Jane Ellen, *Crawford's Men*, New York 1988.

Weinberg, Herman G., *The Lubitsch Touch: A Critical Study*, New York 1968.

Weinberg, Martin S., Colin J. Williams und Douglas W. Pryor, *Dual Attraction*, ohne weitere Angaben.

Wilhelm, Gale, *Wir treiben dahin*, ohne weitere Angaben.

Williams, Tennessee, *Memoiren*, Frankfurt 1988.

Zierold, Norman, *Garbo*, New York 1969.

Namens- und Stichwortverzeichnis

KINO! KINO!

Die Heyne Filmbibliothek

Sabine Reichel
Bad Girls
Hollywoods böse Beauties
32/231

Matthias Peipp
Bernhard Springer
Edle Wilde – Rote Teufel
Indianer im Film
32/242

32/254

Andreas Pittler
Monty Python
Über den Sinn des Lebens
32/254

Lothar Just
Film-Jahrbuch 1997
Über 1.000 Filme
32/252

Sidney Lumet
Filme machen
Hinter der Kamera mit einem
großen Regisseur
32/246

Tony Thomas
Filmmusik
Die großen Filmkomponisten –
ihre Kunst und ihre Technik
32/222

Christian Haderer
Wolfgang Bachschwöll
Kultserien im Fernsehen
32/233

Norbert Stresau
Der Oscar
Alle preisgekrönten Filme,
Regisseure, Schauspieler
32/198

Friedemann Beyer
Die Gesichter der UFA
Aufstieg und Fall eines
Filmimperiums
32/175

HEYNE BÜCHER

Faszinierende Frauen

Die großen Stars
von Hollywood

Katharina Blum
Juliette Binoche
32/215

Katharina Blum
Juliette **Binoche**
Die unnahbare Schöne

32/215

Heyne-Taschenbücher

HEYNE BÜCHER

Zoé Oldenbourg

Katharina die Große

Ihre Zeitgenossen - darunter auch Voltaire und Diderot - nannten sie „Stern des Nordens", doch für die Geschichte ist Katharina die Große eine außergewöhnliche wie zwiespältige Herrscherin, die Rußlands Stellung als europäische Großmacht festigte.

19/353

H e y n e - T a s c h e n b ü c h e r

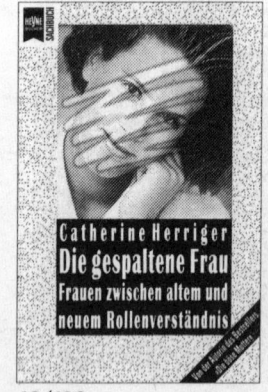